経済原論（簡約版）

資本主義経済の構造と動態

富塚良三 著

Yuhikaku

はしがき

　インフレーションと不況との同時進行という異常な事態に直面することによって,「高度成長」を遂げてきた戦後の資本主義も, いまや大きな転換期を迎えつつあるようにみえる。「管理通貨制度」とも呼ばれる不換銀行券制度下の独自の財政・金融機構を通じての, 国家の経済過程への積極的介入——それは,「有効需要」創出政策であると同時にインフレ政策である——と,「第二次産業革命」とも呼ばれるほどの飛躍的な技術革新とによって, 急速な発展を遂げてきた戦後の資本主義は, ようやくにしてそれに固有の構造的矛盾を露呈しはじめたのである。それは,「高度成長」という急速な資本蓄積の過程それ自体のなかに構造的に内包され成熟してきた矛盾であり, また, 資本主義的生産に本来的な矛盾が, 独占段階の構造変化とインフレ政策とによって, 屈折と変容をうけながら発現しているものにほかならない。それゆえに, 現今の状況をその必然性において認識し, 現代資本主義をそれに固有の問題性において把握するためには, 資本主義経済の構造と動態を《資本一般》の理論として原理的・体系的に明らかにする《経済学の原理論》についての正確な理解がまず前提されなければならない。マルクスの『資本論』は, そういうものとしての《経済学の原理論》の古典として, いまなお新鮮な魅力をもつ書物である。体制を与件として前提してその機構のもとで展開される経済現象を記述し定式化するだけでなく, 与件である体制そのものを分析対象とする・その意味での構造分析（経済的な諸範疇の内的編成の解明）にもとづく動態分析（運動法則の展開）たるところに, マルクスの『資本論』の経済学の古典としての不滅の意義があるのであるが, 本書は, その『資本論』の全体系の論述を整序し要約し, 主要な諸論点についてそれをさらに明確化し発展させようと試みたものである。

本書は《経済原論》のテキストとして企画されたものであり，また，現今の社会経済的な諸問題をその根源にさかのぼって深く考えてみようとする一般社会人によっても広く読まれることを期待し念願している。したがって叙述はできるだけ簡潔・平明になるように努めたが，しかし内容的にはかなりに高度な，専門的な研究者にも充分役立つものになっているとおもわれる。わが国におけるマルクス経済学の研究は，今日，世界的にみて最も高い水準に達しているといってよいであろうが，しかし，あの厖大な『資本論』の全体系を完全に読みこなしている人は，それほどは多くないのではないかとおもわれる。私自身もまた，本書を書くことによってはじめて，「商品」にはじまり「諸階級」で終わる『資本論』全体系を，ようやく私なりに「わが物とし (aneignen)」えたように感じている次第である。そうしてまた，誰も彼もが『資本論』と原理論の研究にのみ没頭しているわけにはいかず，むしろそれを理論的な基準としてヨリ現実的・具体的な諸問題の解明にむかうべきであろうが，それゆえにこそ『資本論』の全体を綿密・正確に，かつ体系的に再現し，さらに未完成な部分を敢て展開した書物が必要であるようにおもわれる。だが，果して本書がそうした意図と念願を実現したものとなりえているかどうか，それは読者の判定にまつ以外にない。

本書は，私の理解しえたかぎりの『資本論』の精髄を伝え，それに前著『恐慌論研究』(1962年初版，1975年増補再版，未来社刊) および『蓄積論研究』(1965年，同上社刊) でえられた成果を加え，さらに，前著への諸批判等をも考慮しながら，若干の理論的前進を試みたものとなっている。なお，インフレーション等の現代的な諸問題についても，関連個所において (補論として) 必要最少限の叙述があたえられている。本書には，拙いながらも私の全力が投入され，貧しいながらも原理論に関する全知見が集約されている。今後拙論を検討するにさいしては，本書の論旨をも参照されることを希望する。だが，なにごとであれ，「完全」ということは殆どありえない。読者諸氏の批

判と助言をえながら，次第に彫琢と改善を加えてゆきたいと考えている。

1976年2月23日

著　者

凡　例

たびたび出る引用文献は次のように略記した。

◆ 『資本論』＝ **K.** で表わした。Ⅰ, Ⅱ, Ⅲは各々第1巻, 第2巻, 第3巻を示す。出典ページはM・E・L研究所版(K. Marx, *Das Kapital, Kritik der politischen Ökonomie*, besorgt vom Marx-Engels-Lenin-Institut, Moskau, 1932–34.) の原典ページ数をまず記し, つづいて〔　〕内でWerke版 (*Marx-Engels Werke*, Bd. 23, 24, 25, Dietz Verlag, Belrin, 1962–64.) の原典ページ数を併記した。邦訳は, 長谷部文雄訳『資本論』(青木書店版, 角川文庫版) はM・E・L研究所版の, また岡崎次郎訳, 大月書店刊『マルクス＝エンゲルス全集』第23–5巻および国民文庫版はWerke版の原典ページで参照できる。

◆ 『経済学批判』＝ **Kr.** で表わした。出典ページはM・E・L研究所版(K. Marx, *Zur Kritik der politischen Ökonomie*, besorgt vom Marx-Engels-Lenin-Institut, Moskau, 1934.) の原典ページ数を, また〔　〕内でWerke版 (*Werke*, Bd. 13, Dietz Verlag, Belrin, 1961.) の原典ページ数を併記した。邦訳は, 旧国民文庫版(ML研究所版)はInstitut版で, 杉本俊朗訳『マルクス＝エンゲルス全集』第13巻および国民文庫版はWerke版で参照できる。

◆ 『剰余価値学説史』＝ **MW.** で表わした。出典ページ数は, K. Marx *Theorien über den Mehrwert*, Teil I, II, III. (*Werke*, Bd. 26-1, 26-2, 26-3, Dietz Verlag, Belrin, 1965–67.) の原典ページ数を示す。邦訳は岡崎次郎・時永淑訳『マルクス＝エンゲルス全集』第26巻および国民文庫版, 長谷部文雄訳・青木文庫版で参照できる。

◆ 『経済学批判要綱』(K. Marx, *Grundrisse der Kritik der politischen Ökonomie, Rohentwurf 1857–58*, Dietz Verlag, 1953.) は *Grundrisse* と略記した。邦訳は高木幸二郎監訳, 大月書店刊『経済学批判要綱』(I～V) で参照できる。

◆ 各引用文中の〔　〕内は引用者による補足である。なお, 訳文は適宜訂正した。

目　次

序　説　1. 経済学の方法的諸問題 …………………………………… 1
　　　　2. 社会科学としての経済学 …………………………… 8
　　　　3. 経済学（批判）総体系における『資本論』＝原理論
　　　　　　の位置 ……………………………………………… 13

第 I 編　資本の生産過程

序　章　基本的な生産関係 ……………………………………… 19

第1章　商　　品 ……………………………………………… 21
　第1節　商品の二要因――労働の二重性―― ………………… 21
　第2節　価　値　形　態 ………………………………………… 27
　　　1. 価値形態論の課題 ………………………………………… 27
　　　2. 価値表現の論理 …………………………………………… 28
　　　3. 価値形態の発展 …………………………………………… 33
　第3節　商品の物神性 …………………………………………… 38
　第4節　交　換　過　程 ………………………………………… 42
　　　1. 交換過程論の課題 ………………………………………… 42
　　　2. 全面的交換の矛盾と貨幣成立の必然性 ………………… 44

第2章　貨　　幣 ……………………………………………… 51
　第1節　価値の尺度 ……………………………………………… 51
　第2節　流　通　手　段 ………………………………………… 57

　　　　1. 商品の姿態変換 ……………………… 57
　　　　2. 貨幣の通流 ……………………………… 65
　　　　3. 鋳貨，価値章標 ……………………… 70
　　第3節　貨　　　　幣 ……………………………… 72
　　　　1. 貨幣蓄蔵 ………………………………… 73
　　　　2. 支払手段 ………………………………… 74
　　　　3. 世界貨幣 ………………………………… 81

第3章　資　　　　本 ……………………………… 83

　　第1節　貨幣の資本への転化 ……………………… 83
　　　　1. 資本の一般的範式 ……………………… 83
　　　　2. 一般的範式の諸矛盾 …………………… 85
　　　　3. 労働力の購買と販売 …………………… 87
　　第2節　剰余価値の生産 …………………………… 91
　　　　1. 労働過程と価値増殖過程 ……………… 91
　　　　　　a. 労働過程(91)　**b.** 価値増殖過程(95)
　　　　　　c. 不変資本と可変資本(98)
　　　　2. 絶対的剰余価値の生産 ………………… 102
　　　　3. 相対的剰余価値の生産 ………………… 106
　　　　　　a. 相対的剰余価値の概念(106)
　　　　　　❖　特別剰余価値に関する補説(111)
　　　　　　b. 相対的剰余価値生産の諸段階(113)
　　　　4. 絶対的並びに相対的剰余価値の生産 ……………… 126
　　第3節　労　　　　賃 ……………………………… 128
　　　　1. 労働力の価値の労賃への転形 ………… 128
　　　　2. 時間賃銀と個数賃銀 …………………… 130
　　　　　　a. 時間賃銀(130)　**b.** 個数賃銀(132)

第4章　資本の蓄積過程 …………………………… 135

　　第1節　資本関係の再生産――単純再生産―― ……………… 136

第2節　資本の蓄積――剰余価値の資本への転化――……………142
　　1. 商品生産の所有法則の資本制的取得法則への転化 ……142
　　2. 剰余価値の資本と収入とへの分割 …………………147
第3節　資本蓄積と雇用・失業――資本制的蓄積の一般法則 ……150
　　1. 資本構成が不変の場合 …………………………151
　　2. 資本構成が高度化する場合 ………………………154
　　　　❀　補説　古典派雇用理論とマルクスの相対
　　　　　　　　的過剰人口の理論(165)

第5章　本源的蓄積……………………………………………167

第1節　本源的蓄積の意義 ……………………………167
第2節　本源的蓄積の歴史的過程 ………………………171
　　1. 農民からの土地収奪 ……………………………171
　　2. 被収奪者に対する「流血立法」，初期労働立法………175
　　3. 産業資本家の創生 ………………………………178
第3節　産業革命による資本関係の確立……………………189
結　節　総括と展望――資本主義的蓄積の歴史的傾向――………193

第 II 編　資本の流通過程

第1章　資本の循環…………………………………………199

第1節　貨幣資本の循環 ………………………………199
第2節　生産資本の循環 ………………………………203
第3節　商品資本の循環 ………………………………205
第4節　資本循環の総過程 ……………………………210
第5節　流　通　費 ……………………………………213

第2章　資本の回転…………………………………………217

第1節　資本の回転，回転期間と回転数……………………217

第2節　固定資本と流動資本 …………………………………218
　　　　　1. 固定資本と流動資本 ……………………………………218
　　　　　2. 前貸資本の総回転・回転循環 …………………………220
　　　第3節　資本の回転と価値増殖 ……………………………………223
　　　　　1. 生産期間と流通期間 ……………………………………223
　　　　　2. 回転期間と前貸資本量 …………………………………224
　　　　　3. 可変資本の回転・剰余価値年率 ………………………226
　　　第4節　剰余価値の流通 ……………………………………………228

　第3章　社会的総資本の再生産と流通 ……………………………229
　　　序　節　分析課題と方法的限定 ………………………………229
　　　第1節　単純再生産 …………………………………………………232
　　　　　　　一般的規定 ………………………………………………232
　　　　　　　　a. 基本表式(232)　b. 貨幣還流の法則(236)
　　　第2節　拡張再生産 …………………………………………………240
　　　　　　　一般的規定 ………………………………………………240
　　　　　　　　a. 基本表式(240)　b. 貨幣還流の法則──
　　　　　　　　蓄積基金の積立と投下──(243)　c. 均衡
　　　　　　　　蓄積率──有効需要の構造──(249)

────────────────── 第Ⅲ編　資本の総過程

　第1章　剰余価値の利潤への転化 …………………………………271
　　　第1節　費用価格と利潤，利潤率 …………………………………271
　　　第2節　利潤率を規定する諸要因 …………………………………275
　　　　　　　❧　補説　古典派利潤論とマルクス──剰余
　　　　　　　　価値と利潤──(278)

　第2章　利潤の平均利潤への転化 …………………………………279
　　　第1節　平均利潤率の形成，価値の生産価格への転化 …………279

第2節　市場価格と市場価値，超過利潤……………………287
　　　　　　　　a. 市場価値の概念規定(288)　**b.** 市場価格
　　　　　　　　と市場価値(292)　**c.** 超過利潤(297)
　　第3節　賃銀の一般的変動が生産価格に及ぼす影響…………300

第**3**章　資本蓄積と利潤率の変動 ……………………………303
　　第1節　利潤率の傾向的低落法則……………………………304
　　　　1. 法則の論証 …………………………………………304
　　　　2. 反対に作用する諸要因 ……………………………315
　　第2節　資本制的生産の内的諸矛盾の開展 …………………318
　　　　1. 利潤率の傾向的低落過程…………………………318
　　　　2. 剰余価値生産の条件と実現の条件との矛盾……322
　　　　3. 資本の絶対的過剰生産……………………………326

第**4**章　商業資本と商業利潤………………………………………335
　　第1節　商品取扱資本…………………………………………336
　　　　1. 商業資本の自立化 …………………………………336
　　　　2. 商　業　利　潤………………………………………338
　　　　3. 商業資本の回転 ……………………………………346
　　第2節　貨幣取扱資本…………………………………………349
　　第3節　商人資本に関する歴史的考察………………………351

第**5**章　利子生み資本と信用………………………………………355
　　第1節　利子生み資本…………………………………………356
　　　　1. 利子生み資本 ………………………………………356
　　　　2. 利潤率と利子率 ……………………………………359
　　　　3. 利子と企業者利得 …………………………………361
　　　　4. 利子生み資本の形態における資本関係の外面化…362
　　第2節　商業信用と銀行信用…………………………………363
　　　　1. 商　業　信　用………………………………………363

2. 銀行信用……………………………………………368

序　説

1. 経済学の方法的諸問題

　《経済原論》すなわち《経済学の原理論》は，社会体制分析の学としての経済学の全体系の根幹部分をなすものであり，それは歴史的社会としての資本主義社会の経済構造とその運動法則を原理的かつ体系的に明らかにすることを課題とするが，そういうものとしての《経済学の原理論》の古典としては，カール・マルクスの『資本論』全3巻 (Karl Marx, *Das Kapital——Kritik der politischen Ökonomie——*, Bd. I, 1. Aufl., 1867, 2. Aufl., 1872–73, Bd. II, 1885, Bd. III, 1894.) がある。《経済学の原理論》の基盤ないしは骨骼をなすべき部分は，概ねこの『資本論』体系によってあたえられたということができよう。『資本論』において《原理論》があらゆる論点にわたって完成されていて彫琢の余地も発展の余地もなく，したがって《原理論》の研究は『資本論』の訓詁註釈にほかならないとする見解には必ずしも賛成できないが，しかし，マルクスの『資本論』によって，すくなくとも，《原理論》展開の確定的な基礎がすえられたことは，否定しえないところであろう。『資本論』は，典型的な径路をとって発展したイギリス資本主義がそれの内包する矛盾とともに成熟した19世紀の6〜70年代において，17〜8世紀以来の先行の経済諸学説（それらは資本主義の発展過程にともなう問題諸側面を種々なる角度から反映するものであった）の徹底的な批判的検討と総括のうえに展開されたものであるが，独占段階への移行前夜のその段階の資本主義は未だ古典的な形態をとっており，資本主義経済の構造と動態を《資本一般》の論理としてその純粋形態において把握する《原理論》の体系を展開するには，その時代は極めて好

都合であったということができよう。マルクスの『資本論』において《資本主義経済の一般理論》としての《経済学の原理論》の発展が一段階を劃し，それによって確定的な基礎がすでにあたえられたとみるのは，この理由による。いわば歴史的社会の自己認識の過程としてその発展がなされる社会科学の場合には，単純に進歩の概念を適用してこれを割り切ることはできないのであって，いやしくも《経済学の原理論》を学ぼうとする者は，『資本論』体系を批判もなしえずに無視ないしは回避することは許されないのである。もちろん，科学は研究の対象であって信仰の対象ではなく，われわれはあくまでも自由な批判的精神をもってそれにのぞむべきであり，事実また『資本論』といえども，さきにも述べたようになお検討と発展の余地を残すが，しかし，古典は，それに徹底的に内在することによって超えられるのでなければならない。

　なお，『資本論』は産業資本段階の古典的形態の資本主義社会の表象のもとに書かれたものであるが，そこで展開された経済学の諸法則は産業資本段階にのみ固有なものとしての運動法則を反映したものではなく，およそ資本主義が資本主義であるかぎり作用し貫徹するところの一般的な運動法則を定式化したものにほかならない。資本主義社会が独占段階に移行し，さらにいわゆる国家独占資本主義的な諸政策が展開されることになると，その一般的な運動法則の作用形態はかなりの変容を受けるのだが，しかしそれが作用しなくなるのではない。資本の論理と運動法則はさらに広汎かつ強力に作用しつつ，資本主義経済の構造変化にともなって一定の屈折と変容を受け，ヨリ複雑化した形態において貫徹されるのである。それゆえに，産業資本段階の原理論とは別個のものとして現代資本主義の原理論が展開されるべきだとするのは妥当ではない。そうではなくて，原理論によって析出された資本の一般的な運動法則が独占段階の経済構造のもとで如何ような屈折と変容を受けつつ貫徹されるかが明らかにされなければならないのである。それは，資本の論理のヨリ複雑化した形態における《展開》の問題である。かくして，《独占段階論》——それは，独占段階の資本主義経済の構造分析にもとづく

動態分析でなければならない——は，資本主義経済の一般的な運動法則を一定の抽象性のもとにその純粋形態において把握する《経済学の原理論》の基礎づけのもとに，一般法則の具体的かつ特殊な実現形態の問題として展開されるのでなければならない。いわゆる《原理論》と《段階論》は，こうした関連にあるものとして理解されなければならない。後者は一部の論者のいうようにたんなる歴史記述や歴史記述的ないわゆる「類型論」ではなく，やはり一つの理論的分析でなければならないが，しかし前者の《原理論》とは論理次元ないしは抽象段階を明確に異にするものとして展開されなければならないのである。また，そうした理論的分析の積重ねのうえにはじめて，科学的な《現状分析》も可能となるであろう。*

* 宇野弘蔵氏の《原理論》《段階論》《現状分析》のいわゆる「三段階論」は，原理論で明らかにされる資本主義経済の一般的な運動法則が独占段階以降にもそのまま妥当するとすることはできないし，また現状分析に原理論をそのまま適用することはできない，ということを主張されているかぎりでは，極めて当然なことを述べられているにすぎないようにおもわれるが，しかし原理論と段階論および現状分析が全く切り離されてしまっているところに問題がある。それは，宇野氏の場合には，原理論で明らかにされる法則が，たんにいわゆる「純粋資本主義像」のもとで反復しておこなわれる形式的法則としてとらえられていて，真に歴史的社会としての資本主義社会の経済的運動法則として把握されておらず，また段階論がたんなる歴史記述的な「類型論」であるべきだとされていることによる。

なお，ここで，科学とイデオロギーの問題について簡単に私見を述べておきたい。前述のように，マルクスは先行の経済諸学説の徹底的な批判的検討と総括のうえに資本主義体制をその根柢から批判的に解明するものとしての科学的経済学を定礎しえたのであるが，マルクスにおいてそうしたことが可能であったのは，その社会主義思想の媒介によって資本主義社会における「日常生活の宗教 (Religion des Alltagslebens)」ともいうべき固有のイデオロギーによる無意識的な呪縛からの解放がなされていたからである。そうしてまた，科学としての経済学の確立によってはじめて社会主義思想は確固たる方法と基礎を与えられ，まさに《科学的社会主義》として現実に体制を変革しうべき展望をもつものとなったのである。そうした二重の意味において

（すなわち，社会主義思想によって資本主義的なイデオロギーの呪縛から解放され科学的・批判的な経済学が展開されえたと同時に，それによってまた社会主義思想が科学的社会主義たりえた，という意味において），マルクスの社会主義思想と『資本論』の経済学とは不可分の連繋をもつといえよう。だがしかし，科学としての経済学それ自体は，イデオロギーではない。社会科学もまた科学であるかぎりはその認識はあくまでも客観的でなければならず，偏見や成心なしに読めば何人にも理解することができ，また論理的に承認せざるをえないものでなければならない。この点は，とくに銘記されなければならない。むしろ，マックス・ウェーバーにおけるよりもはるかに徹底した意味における《価値判断からの自由》すなわち《没価値性 (Wertfreiheit)》が要求されるのである。否，社会科学全体系の原理論たる科学的経済学の確立は，われわれの社会的行為や価値判断を背後から無意識的に規制し支配している「市民社会」に固有の社会的意識ないしはイデオロギーの発生根拠そのものの批判的解明を与えることによって，同時に，真に《没価値的》で客観的な社会科学的認識をうるための科学的な《方法》の確立を意味していたのである。

　ただし，この点を強調することは，《市民社会における人間の自己疎外》の根基を《労働の疎外》とその疎外された労働の所産たる《私有財産制》に見出し，「根柢的 (radikal)」＝「人間的 (menschlich)」解放をもとめる初期マルクスの問題意識が『資本論』体系を貫きその基調となっていることを，なんら否定するものではない。経済学は何よりも「人間の学」であり，『資本論』はそういうものとしての経済学の古典である。だが，初期マルクスにおける，抽象的な「人間なるもの (der Mensch)」を基準としての，問題の《哲学的》ないしは《人間学的》な把握は，『資本論』体系における問題の客観的分析と厳密科学としての法則定立にとって替わられたのであって，原点をなす問題意識が深められていった側面をみると同時に，《哲学》から《科学》への方法上の決定的な変革ないしは発展がなされたこともまた正当に認識されなければならない。『資本論』のいわゆる「人間学的」解釈の試みは，それがマルクスの初期の人間把握への逆行としてなされるならば，それによ

って必ずしも,『資本論』における人間把握が深められたことにはならないのである。そうではなくて,『資本論』体系における経済的諸範疇の批判的解明そのものが,人間疎外論の具体化,その科学的な発展として把握されなければならない。

* 「もちろん,批判の武器は武器の批判の代わりをすることはできないし,物質的な力は物質的な力によって倒されなければならない。だが,理論もまた,それが大衆をつかむやいなや物質的な力となる。理論が大衆をつかみうるようになるのは,それが人の心をとらえるように (ad hominem) 論証をおこなうときであり,理論が人の心をとらえるように論証をおこなうようになるのは,それがラディカルになるときである。ラディカルであるとは,ものごとを根底において把握することである。だが,人間にとっての根底とは人間そのものである。」(マルクス『ヘーゲル法哲学批判・序説』K. Marx, *Zur Kritik der Hegelschen Rechtsphilosophie, Einleitung. Werke*, Bd. I, S. 385. 大月書店刊『全集』第1巻 422 ページ)

** 『ユダヤ人問題によせて』(1843 年 9〜10 月執筆) において,ブルジョア民主主義的変革を課題とするにとどまる「政治的解放」にたいして,《市民社会》そのもの――そこでの「人間の自己疎外 (Selbstentfremdung des Menschen)」――の揚棄を課題とするさらに「根柢的 (radikal)」な観点をうち出し,また,『ヘーゲル法哲学批判・序説』(1843 年 12 月執筆) において,そうした「普遍的・人間的解放」=「根柢的な革命」の主体は市民社会の「否定的帰結」であり「自己疎外」の体現者たるプロレタリアート以外ではありえぬことを明らかにしたマルクスは,翌 1844 年に執筆の『経済学・哲学手稿』において,さらに問題の所在を経済的基礎構造に,生産の過程にまで掘り下げてとらえ,市民社会における人間疎外を根本的に規定するものは,《労働の疎外》とその所産としての《Privateigentum》(「私有財産」ないしは「私的所有」) にほかならぬとした。第一に,労働の生産物が生産者たる労働者から疎外されて逆に労働者を支配するものとして現われ,第二に,労働の過程そのもののなかにおける生産者の主体性が失われ,かくして,「労働生産物の労働者からの疎外」と「労働そのものの疎外」によって,第三に,人間が「対象的世界の実践的産出」・「加工」の過程である労働において,「意識的な類的存在 (Gattungswesen)」となる――合目的的な制作活動において人間が真の人間的存在となる――ということが,否定される結果となり,最後に第四に,そうした「労働の疎外」は「人間の人間からの疎外」と人間の他の人間に対する支配をもたらす。ほぼ以上が,『経済学・哲学手稿』におけるマルクスの労働疎外論の概要である。

この労働疎外論は,「人間なるもの (der Mensch)」を基準としての,問題の《哲学的》ないしは《人間学的》な把握にとどまっていた点に問題があるが,しかしそれはマルクスによる古典学派の揚棄の基礎視点をなすものであり,またそ

うした問題意識は『資本論』体系の基調をなすものである。(なお,この点について詳細には,拙著『蓄積論研究』(未来社刊)前編終章「マルクスによる古典学派の揚棄」を参照されたい。)

さらにまた,科学とイデオロギーの問題に関連して,社会科学としての経済学の分析対象は,明示的に,《歴史的社会》としての資本主義社会であり,それゆえにこそその分析は客観的たりうるのであることを,強調しておく必要があろう。これとまさに対照的な,「近代経済学」的思考をいまなお代表するものとされるライオネル・ロビンズの,「経済学とは,複数の目的と,これに対しいくつかの代替用途をもつ稀少手段とのあいだの関係としての,人間行為を研究する科学である」(Lionel Robbins, *An Essay on the Nature and Significance of Economic Science*, 1932, p. 15.) とする見解においては,経済学の分析対象は欲望充足のための人間行為一般という(孤島のロビンソン・クルーソーにも,資本主義社会における資本家および賃労働者にも,また社会主義社会の行政当局者にも,一様に妥当する)超歴史的なものとされることによって,事実上,資本主義的生産の歴史的形態規定と特徴的区別が見失われ,そのことによって同時にまた,資本主義的生産があたかも永遠の(あるいは自然法的意味における「自然的」な)生産体制であるかのように叙述される。生産における人と人との社会関係たる経済システムを人と物との間の関係としてとらえることによって,いつのまにかそうした「すり替え」がおこなわれるのである。(この点については,P. M. Sweezy, *The Theory of Capitalist Development*, 1942, Introduction を参照されたい。) それは,実は,資本主義社会という歴史的社会に固有のイデオロギーによって無意識的に支配され偏倚せしめられた見解にほかならない。イデオロギーから解放された真に客観的な社会科学的認識をうるためには,歴史的社会を歴史的社会として把握するという明確な方法的自覚に立つ必要があるのである。この意味においても,社会科学は,その本質上,すぐれて《歴史科学》でなければならない。

ただし,歴史的社会を歴史的社会として把握するといっても,資本主義社会の経済的諸範疇の生成過程をその時間的順序にしたがって叙述するという

方法がとられるべきだというのではない。すでに全機構的に確立し，（それの内包する矛盾とともに）成熟した資本主義社会の表象のもとに，特定の・歴史的に規定された・形態と構造をもつ《経済的諸範疇の内的編成》が，最も単純な・最も基礎的な・（諸規定が捨象されているという意味で）最も抽象的な範疇からヨリ複雑な・ヨリ発展した・ヨリ具体的な範疇へと諸規定を加えながら順次に上向してゆく発生的＝発展的な展開方法によって論理的・体系的に解明され，その経済構造把握を基準としてそれにいたる歴史的生成過程とそれ以後の構造変化の過程が明らかにされなければならない。なお，《経済的諸範疇の内的編成》を批判的に解明することは，同時にまた，古典派経済学をはじめとする諸経済学が資本主義経済の日常から借りてきてそのまま無批判的に経済学的範疇として措定しそれによって理論を構築した経済的諸範疇をそれの本源形態にひき戻し（カテゴリー批判），かつまた本源形態から諸転化形態へのそれら諸範疇の展開過程をたどりなおし再現することにほかならない。『資本論』の論述それ自体が，――その副題にも示されているように――，「経済学批判」の体系でもあるのは，（『剰余価値学説史』が『資本論』第4巻として構想されていたということだけでなく）まさにこの理由による。

　　＊　この点については，『経済学批判』への「序説」の「経済学の方法」と題する個所でのいわゆる「下降・上向法」についてのマルクスの論述が参照されるべきであろう。すなわち，そこでマルクスは，経済学の研究においては，具体的な《市民社会》すなわち近代的資本主義社会の全体像が絶えず分析対象として表象に浮べられていなければならないことを強調する反面，そうした具体的なものをいきなり把握しようとしても「全体の混沌たる表象」がえられるだけであるとし，具体的なものを具体的なものとして，すなわち具体的なものを具体的なものたらしめる諸規定の総括として，把握しうるためには，具体的・現実的なものから次第に下降して，ヨリ単純な・ヨリ基礎的な・ヨリ抽象的な範疇へと分析を掘り下げてゆき，最後に最も原基的な範疇に到達してのち，反転してその原基的な範疇から順次上向して，諸規定を加えながら具体的なものが具体的なものとして，「観念的に再生産」されてこなければならない，下降・上向のそうした手順をへてはじめて，主題として表象に浮べられていた具体的なものが科学的 (wissenschaftlich) に把握 (begreifen) しうるものとなる，という趣旨のことを述べている。下降の到達点であり上向の起点たる原基的な範疇（ヘーゲルの論理学体系における「有 (Sein)」概念に相当するもの）がすなわち《商品》にほかならない。こう

して商品―貨幣―資本という順次的な範疇展開の体系が展開されてゆくのである。その体系構成は（ヘーゲル論理学のそれとは異なって，たんなる観念的な構築物ではなく）資本主義経済の内的編成そのものによって規定され，それを厳密・正確に反映するものでなければならない。

だが，資本主義経済の内部構造は，下降・上向の反復たる研究を通じてはじめて次第に認識されてくるのであって，「研究は，素材を細部にわたってわがものとし，素材のいろいろな発展形態を分析し，それらの発展形態の内的な紐帯を探りださねばならない」のであり，そうした研究の積重ねのうえに「あたかも先験的 (a priori) な構成がなされているかのように」さえみえるような体系的な叙述展開がなされなければならないのである（『資本論』第1巻第2版への「あとがき」参照）。

＊＊　この点については，1858年2月22日のマルクスのラッサール宛の手紙で，「さしあたり問題になる仕事〔翌1859年に出版された『経済学批判』をさす〕は，経済的諸範疇の批判 (Kritik der ökonomischen Kategorien) だ。あるいはブルジョア経済の体系 (System der bürgerlichen Ökonomie) の批判的叙述といってもよい。それは，体系の叙述であると同時に，叙述による体系の批判でもある。……」(Werke, Bd. 29, S. 550.) と述べられていることが参考になるであろう。経済的諸範疇の批判的解明によって同時にまた，その経済的諸範疇を無批判的に経済学的諸範疇とした経済学の諸学説の批判がなされる。「ブルジョア経済の体系の批判的叙述」はまた「ブルジョア経済学の体系の批判的叙述」でもある。

2. 社会科学としての経済学

社会科学とは全体としての社会体制を客観的・科学的に分析する学問体系であって，経済学はそれの最も基礎的な環をなすべきものである。そうした社会科学の総体系における経済学の位置づけは，社会体制の構成そのものによって規定されている。

『経済学批判』の「序言」においてマルクスは，「法的諸関係ならびに国家諸形態は，それ自体からも，またいわゆる人間精神の一般的発展からも理解できるものではなく，むしろ物質的な生活諸関係に根ざしているもの」であり，その「物質的な生活諸関係の総体」としての《市民社会 (bürgerliche Gesellschaft)》の「解剖学」はこれを経済学に求めるべきであるとしてのち，「唯物史観」の定式化として知られる下記のような論述を展開している。

「人間は，彼らの生活の社会的生産において，一定の，必然的な，彼らの

意志から独立した諸関係を，彼らの物質的生産諸力の一定の発展段階に照応する生産諸関係を，とり結ぶ。これらの生産諸関係の総体は，社会の経済的構造を——その上に法的および政治的な上部構造がそびえたち，そしてそれに一定の社会的意識諸形態が照応するところの実在的土台を，形成する。物質的生活の生産の仕方が，社会的，政治的および精神的な生活過程一般を制約する。人間の意識が彼らの存在を規定するのではなく，逆に彼らの社会的存在が彼らの意識を規定するのである。／社会の物質的生産諸力は，その発展のある段階で，それらがそれまでその内部で運動してきた既存の生産諸関係，あるいはその法的表現にすぎないのだが，所有諸関係と，矛盾するようになる。これらの諸関係は，生産諸力の発展形態からその桎梏に変わる。そのときから社会革命の時代が始まる。経済的基礎の変化とともに，巨大な全上部構造が，あるいは徐々に，あるいは急速に変革される。」

上の論述の前段の部分は社会体制の構造を，後段の部分はその発展の基本法則を論じたものである。これによりながら，「《市民社会》の解剖学」としての経済学の課題および基本性格について考察しよう。

* 唯物史観と呼ばれる唯物論的な歴史および人間把握の方法は，ヘーゲルとフォイエルバッハの両面批判を通じて——ただし，両者をたんに否定するのではなく，ヘーゲルのすべてをその発展の相においてとらえる「壮大な歴史観」と弁証法的な問題把握の方法と，そのヘーゲルの観念論的側面の批判者としてあらわれたフォイエルバッハのあくまでも現存の人間を基点とする問題把握の，この両者を発展的に統合することによって——えられたものであり，その後のマルクスの研究の「導きの糸」として役立ったものである。一方ではヘーゲル弁証法の観念論的な逆立ちが批判されて「足で立つ」ものに改作され，他方では，フォイエルバッハの人間を基点としながらその人間そのものの把握はたんに観想的なものに止まったのに対して，社会的な，そして歴史的に規定された存在としての，また絶えず生産ないしは制作活動をおこなうものとしての，独自の人間および社会把握の観点がうち出されたのである。

社会体制は，下部構造と上部構造とからなる。下部構造とは社会体制の土台をなすところの経済構造をいい，上部構造とは，その上に構築され，一定の独自性をもってそびえ立つところの法制的・政治的上層建築と，それに照応する社会的意識形態（イデオロギー）とをいう。社会の下部構造と（社会

的意識形態を含めての）上部構造とは相互に規定し作用しあう関係にあるが，全体としての社会体制の在り方を根本的にあるいは究極的に決定づけるのは，その社会の土台たる経済構造である。社会の上部構造の下部構造に対する相対的な独立性と両者の間の相互規定関係——その意味での重層構造を認めず，下部構造による一方的・機械的な決定関係として過程をみるのはもちろん誤りであるが，下部構造と上部構造との絶えざる相互作用を通じて究極的に下部構造が全体としての社会体制の在り方を決定づけ，その発展方向を規定するものとされなければならない。そして，この経済構造を分析し解明するのが，すなわち経済学にほかならない。それゆえにまた，経済学は，法学や政治学を含めての社会科学の全体系を支える基底的な環をなすのである。

　　＊　社会の発展過程のこうした把握がマルクスの「唯物史観」なのであり，それはマックス・ウェーバーがそう誤り解したような「決定論的経済史観」（経済によって一方的・機械的に社会過程が規定されるとする歴史観）とは異なるのである。

経済構造とは，生産において人間が相互にとり結ぶ社会関係——生産（および分配）諸関係——の総体であり，それは，生産力の所与の発展段階に照応するところの，それぞれの段階に固有の形態をとる。どういう歴史時代，どういう社会形態のもとにあっても，人間は絶えず自然に働きかけ，自然を人間の生存に適合した形に作り変え，その果実たる生産物を消費することによって，物質的生活を生産し再生産しなければならない。これが，人間の基礎的な営みである。歴史を創造する主体はあくまでも人間であるが，しかし歴史を作るためには，まず人間は生きなければならない。生きるためには，まず，労働し生産しなければならない。すなわち，絶えず自然に働きかけて自然を人間の欲望充足に適合した形に作り変えてゆかなければならない。社会の基底にある生産者大衆のこの黙々たる生産活動＝労働の反復が，あらゆる歴史時代の基礎にある。仮に一切の労働が一定期間停止したとすれば人類は死滅せざるをえないという，この単純明白な真理をまずはっきりととらえることが，真の経済学的認識の出発点をなす。

　　＊　ここでは人間と自然との Stoffwechsel（物質代謝ないしは質料変換）の過程と

しての《労働》が人類生存の基本条件をなすという側面に重点をおいて論述しているが，人間の労働は，動物の本能的な所作とは異なって，(1) 最初に目的として意識されたものが労働の結果として出てくるという意味で，《目的意識的ないしは合目的的な生産活動》であり，また (2) その目的を実現するために対象的自然の客観的な合法則性を意識的に利用するという《技術》的な性格をもっている――「手の延長」としての道具，それの発展したものとしての機械といった《労働手段》を自ら作り出し用いることは，そうした技術的性格の現われにほかならない――という点，さらに (3) 以下の本文で述べるように，《社会的労働》としておこなわれる，という点，といった諸特性をもっているのであって，そうした諸特性をもつ《労働》を通じて人間のなかに眠っている自然が目覚め発展し，人間が人間的存在になる，というのがマルクス独自の労働観であった。マルクスの人間把握の根柢には，こうした独得の労働観がすえられていたのである。こうした労働観があればこそ，市民社会＝資本主義社会における人間疎外の根基を《労働の疎外》にもとめる初期マルクスの問題意識が成立しえたのであり，その問題意識はさらに深められ発展されつつ『資本論』体系のなかに内包されていると解することができる。なお，この点について詳細には，拙著『蓄積論研究』の前編終章「マルクスによる古典学派の揚棄」を参照されたい。

ところで，人間が自然に働きかけるという場合，孤立的に，個々ばらばらにそうするのではなく，なんらかの形で集団を組んでそうする。すなわち，個々の労働としてではなく，社会的に結合された労働として自然に働きかけるのである。人間はほんらい《社会的動物》であり，そこに人間存在の特質がある。この社会的動物たる性格は，基本的には，労働がなんらかの形態において社会的に結合された労働としておこなわれることにもとづく。労働の社会的な結合が，「生活 (Leben) の社会的生産」において人間が相互にとり結ぶ社会関係の基礎をなす。生産のこの社会的側面を，生産関係という。社会の土台たる経済構造は，生産の自然的・技術的側面たる生産力と，その社会的側面たる生産関係との，この二面の統一体として把握されなければならない。なお，生産力と生産関係との統一の仕方ないしは様式を，通常，生産様式という言葉であらわす。

全体としての社会体制の在り方を究極的に決定するのは，生産において人間が相互にとり結ぶ社会関係の基礎たる労働の社会的結合の様式である。どういう形で，どういうふうに労働が社会的に結合されるのか，その結合の仕

方——それは，生産手段を如何なる社会層がどのような形態で所有するかによって媒介され規定されるのだが——によって，社会の全体としてのしくみが根本的に決まってくるのである。そして，生産手段の所有形態に媒介されたこの労働の社会的な結合の仕方ないしは形態は，その歴史時代の生産力の発展水準に照応する。生産力の発展にともなって，人類史上の種々の歴史社会形態を特徴づける種々の生産関係が展開してきた。生産力が発展してゆくにつれて旧来の生産関係は新たな生産力の発展にとっての桎梏となり，やがて，それは，新たな生産関係にとって代わられ，新たな社会体制が成立する。もちろんなんの抵抗もなしにそうなるとはいえないが，しかし，新たな生産力と生産関係の担い手となるべき社会層が次第に力強く擡頭し，旧来の生産関係をそのまま維持しようとする支配階級の支配を掘りくずしうち倒して，やがて新たな社会体制を築きあげることとなるのである。このようにして，階級闘争を通じて歴史の法則が自己を貫き，社会の発展諸段階が画き出される。人類史上のそれらの社会形態を大ざっぱに分類すれば，原始共産社会，奴隷制社会，封建制社会，資本制社会，社会主義社会という五つの段階・類型に分けられる。奴隷制社会，封建制社会，資本制社会の三つの社会形態においては，非生産者層の生産者層に対する支配・搾取関係——階級関係がおこなわれる。すなわち，奴隷制社会においては奴隷所有者が直接の暴力をもって非人格としての奴隷を所有＝支配し，封建制社会においては封建領主が武力と司法権とをもって土地に緊縛された農奴・隷農を支配し，そして資本制社会においては資本家が賃金労働者を貨幣関係を通じて（法的には平等な人格関係の「仮象を」通じて）支配し，「近代国家」がこの支配関係を背後から支える。これら三つの社会形態においては，三様の支配関係を通じて，労働の社会的結合がおこなわれるのである。原始共産社会と社会主義社会においては，このような支配・搾取関係はない。この二つの社会形態の相違は，（極めて低い生産力水準のもとでの）原始共産社会においては，人間が個々に独立の人格として社会から独立する余地もなしに直接に社会的動物として存在し，労働が直接に社会的な集団労働としておこなわれる（そこでは未だ，人間の「自

然からの解放」自体が充分でなく，人間は自然のうちに，同時にまた社会＝共同体のうちに，埋没している）のに対して，（高度な生産力水準のもとでの）社会主義社会においては，人間が自由な人格として（自然からも，また相互にも）独立したうえで社会的に平等な結合関係に組織され，労働が高度に社会的な意識的結合形態をとる——そのことによってまた，その社会体制のもとではじめて，《労働の疎外》（5ページ註＊＊参照）が揚棄され人間が真に《人間》となりうる，という点である。すくなくも，《人間の解放》体制たるべき本来の社会主義の理念はそうである。そういうヨリ高次な社会体制への推転の主体的ならびに客観的な条件が，次第に資本主義社会の胎内に成熟してゆく。社会科学としての経済学の課題は，封建的な支配関係を解体せしめることによって成立し，またその発展過程それ自体のうちにおのずからヨリ高次な社会体制への条件をととのえつつある，この《歴史的社会》としての資本主義社会の，経済構造とその運動法則を，客観的かつ体系的に明らかにするにある。そうして，《経済学の原理論》は，そういうものとしての経済学総体系の根幹ないしは基礎をなすものであり，資本主義社会の経済的諸範疇の内的編成と動態過程を，《資本一般》の論理としてその純粋形態において把握することをその課題とする。

　＊　マルクスはそうした社会を「共同の生産手段をもって労働し，その多くの個人的諸労働力を自覚的に一つの社会的労働力として支出するような，自由人たちの結合体」（*K*. I, S. 84. 〔92.〕）と規定している。
＊＊　現実に出現した社会主義体制が，帝国主義の包囲の下で，またツァーリズムの遅れた共同体的社会構成の基盤の上に，まさに強力的に構築された社会主義として，いまなお官僚制的社会主義としての側面をもつことが，否定し難い事実だとしても，だからといって，人間の解放体制たるべき本来の社会主義の理念そのものがそれによって否定されてしまうわけではない。社会主義への途は種々でありえ，社会主義の形態もまた種々でありうる。

3. 経済学（批判）総体系における『資本論』＝原理論の位置

　経済学（批判）全体系のうちに占める『資本論』＝《原理論》の位置と範囲について，ここに要点を述べておく必要があろう。

マルクスが当初,彼のいわゆる《経済学批判》の全体系を,「〔Ⅰ〕資本〔(a) 資本一般 (b) 競争 (c) 信用 ((d) 株式会社)〕,〔Ⅱ〕土地所有,〔Ⅲ〕賃労働。〔Ⅳ〕国家,〔Ⅴ〕外国貿易,〔Ⅵ〕世界市場（と恐慌）。」という6部門から成るものとして構想していたことは諸資料（1857年8月23日付の「（経済学批判への）序説」と題する遺稿中の一節,翌58年2月22日付ラッサール宛の手紙,同年4月2日付エンゲルス宛の手紙,同じく1857-58年執筆の『経済学批判要綱』に散見される叙述,1859年1月付の『経済学批判』の「序言」,1859年2月1日付ワイデマイアー宛の手紙等）によってこれを知ることができるのであるが,『資本論』全3巻がその6部門のうちのどの範囲を占めるとみるべきか,あるいは,1857-59年に構想されていた当初のプランがその後も（とくに1862年における地代論の完成や63年の経済表の成立等の後にも）全く変更されなかったとみるのが果して妥当か否かについては,意見の分れるところである。このいわゆる「プラン論争」も未だ決着をみていないが,『資本論』が資本主義的生産様式の内的構造をその「理念的平均」において叙述し,もって「資本の一般的本性」を把握することを課題とするという意味でなお「資本一般」の論理段階に限定されての展開を主眼とするものであることは『資本論』の随所に明記されているところであり,他方,『資本論』体系のうちには資本主義経済の内的構造と一般的な運動法則を明らかにするに必要なかぎりでの「競争および信用」の基礎理論がすでに展開されており,また賃銀・利潤・地代等の所得諸範疇の批判的解明を通じて「三大階級（資本家・土地所有者・賃労働者）の経済的基礎」の解明がなされていることも疑いえないところであろう。すなわち,一方では「資本一般」の論理段階への方法的限定が固守され,他方では当初のプランにおける「資本一般」の項に想定されていたよりははるかに充実し完備した内容を,資本制経済機構の（再生産論を軸とする）全面的・体系的把握を,そのうちに含むものとなっているのである。すなわち,内容的には「〔Ⅰ〕資本,〔Ⅱ〕土地所有,〔Ⅲ〕賃労働」という当初のプランの前半部分に予定されていたものの主要部分を事実上含むものとなっているのである。ただし,「競争の現実的過程」や「信用の具体的諸形態」

（株式会社や公信用の問題等を含めての）に関する特殊研究は，依然として『資本論』の体系外に置かれている。当初のプランと『資本論』との関係は大体このように考えるのが妥当であろう。いずれにせよこの問題は，もっぱら文献詮索的にではなく，経済学の全体系は如何ように展開さるべきかという観点から解答されなければならないようにおもわれる。

　本書は，『資本論』体系の論述を整序し要約し，それを主要な諸論点についてなにほどか発展させようとしたものであり，概略，『資本論』全3巻の内容を含み，当初のプランの前半部分のうち《一般理論》として展開されるべき部分をほぼ蔽うものとなっている。

　なお，『資本論』が科学的経済学の原理論をなすという場合の，その原理論とは，資本主義経済の一般的運動法則の批判的解明という意味でのそれであって，古典派などで principles of political economy という場合の principles ——それは本来，ブルジョア国家の政策基準ないしはそれを根拠づけるものとしての意義をもつものであった——の展開とは本質的にその意味内容を異にすることが充分留意されなければならない。科学的経済学の原理論の展開はそれ自体，古典派的な principles の批判を意味していたのである。『資本論』に「経済学批判」というサブ・タイトルが付されているのはその理由による。ただしそのことから，科学的経済学には原理論はありえないとするのは誤りであろう。「経済学批判」といっても „Kritik der politischen Ökonomie" すなわち「政治経済学」の批判なのである。『資本論』はたんなる「批判経済学」ではない。

　社会科学総体系における経済学の位置づけ，経済学総体系における原理論の位置づけについては，以上概略説明したとおりである。あるいはここで原理論体系の構成とその展開方法についてさらに論述しておくべきかもしれないが，しかしそうした方法的諸問題の主要点についてはすでに *1.* において述べたし，また理論展開に先だってそうしたことを一般的・抽象的に論ずるよりは原理論体系の展開そのものによっておのずからそうした方法論が理解されてくる，という叙述方法をとるほうがより合理的ではないかとおもわれ

る。たとえば《弁証法》の理解にしても，それ自体として抽象的にではなく，経済学の理論的展開の過程そのものにおいてなされるべきである。対象が弁証法的な発展構造をもつがゆえに，理論もまた——それが科学的であるかぎり——おのずから弁証法的な展開となるのである。

* マルクスもまた，経済学の方法に関する「一般的序説」を《経済学批判》体系の前におくことは，「よく考えてみると，これから証明しなければならぬ諸結果をまえもってしめすことは混乱を生じさせるようにおもわれるし，それに，ともかくも私についてこようとする読者なら，個別的なものから一般的なものへとよじのぼってゆく覚悟はもたなければならないからである」という理由によって，さしひかえたのであって（『経済学批判』序言），経済学の方法論議をおこなおうとするばあいには，まずこのことが充分に留意されなければならない。
** 「批判によってはじめて一の科学を，弁証法的に叙述しうる点にまでもちきたすことは，ある抽象的な，出来合いの論理の体系を，そうした体系の漠然とした予想に適用することとはまるで別のことなのである。」（1858年2月1日付マルクスのエンゲルス宛の手紙）

第 I 編

資本の生産過程

  序章 基本的な生産関係
  第1章 商 品
  第2章 貨 幣
  第3章 資 本
  第4章 資本の蓄積過程
  第5章 本源的蓄積

本編の課題

　本書の第Ⅰ編「資本の生産過程」，第Ⅱ編「資本の流通過程」，第Ⅲ編「資本の総過程」は，『資本論』全3巻の構成に対応する。第Ⅰ編は，資本主義経済を生産過程の基礎において解明することを課題とする。ここに，第Ⅰ編の研究対象が生産過程であるという場合，それは「生産一般」ではなく，資本主義的生産という歴史的に規定された形態のもとでの生産であり，そういうものとしての生産によって資本主義経済の基本性格と総過程の態様が規定される。この規定的な過程たる資本主義的生産過程の分析が，当面の課題である。

　ここでは資本の生産過程がそれ自体として考察され，それを媒介するところの資本の流通過程は生産過程の解明に必要な最少限においてふれられるにすぎず，また，生産過程と流通過程とをそのうちに含むところの総過程の具体的な諸形態は捨象される。そのかぎりにおいて，本編の分析は一定の方法の限定と抽象性をもつ。生産過程の基礎視点からする資本家と賃労働者との基本的な階級関係の分析——搾取関係としての資本の，その単純な本源形態における分析が，当面の主題である。

　本編は，以下の三つの部分から成る。すなわち第一に，資本主義経済の（論理的・歴史的な）前提をなすと同時にその基礎的契機たる商品および貨幣流通の分析を課題とする，第1, 2章の序論的部分。第二に，資本の基本的な形態規定と直接的生産過程の分析を課題とする第3章「資本」。そして第三に，資本―賃労働関係そのものの再生産の過程としての資本主義的再生産過程の把握と資本主義的蓄積の一般的法則の解明がなされる第4章「資本の蓄積過程」，および資本関係の創出過程を考察する第5章「本源的蓄積」。この三つの部分から成る。

　そのうちの第一の部分は，第Ⅰ編「資本の生産過程」の序論的部分をなすと同時に，第Ⅱ，Ⅲ編を含めての経済理論の全体系の序論としての基礎的意義をもつ。

　『資本論』第1巻に該当する本編の論述は，以上のような構成をもって展開される。それは，生産過程の基礎視点からする考察という方法的限定のもとにおいてではあれ，一つのまとまりある全体をなし，そうであることによってまた経済理論の全体系を支える基盤をなす。

序　章　基本的な生産関係

　資本主義社会においては、すべての生産物が商品という形態をとる。そこで、資本主義社会の最も基礎的な生産関係は、商品生産者相互の交換関係——商品関係であると考えることができる。生産者がその生産物を商品として交換しあうことによって、その労働が広汎な社会的規模において結合される。『国富論』(1776年刊)の著者アダム・スミスが、近代市民社会をそれ以前の社会から区別する特徴的な事実として着目し強調してやまなかったのは、まさにこの点にほかならなかったのであるが、商品交換を通じての「社会的分業」というこの生産関係こそは、論理的にも歴史的にも、資本制的生産関係の基礎をなし、また前提をなすものにほかならない。

　しかるに、資本制社会においては、個々の生産者がそれぞれに生産手段をもち、個々に独立して生産を営むのではなくて、一部の社会層のみが生産手段を所有し、残余の大多数の社会層は、ただ労働力のみをもち、その労働力を生産手段の所有者に商品として売ることによってのみ生産に従事し、生活を営んでゆくことができる、といった独特の社会関係が展開されている。生産手段の所有者による労働力の購買——《雇傭》関係を通じてはじめて、個個の労働が社会的総労働へと結合される。この資本—賃労働関係こそは、資本制的生産関係の根幹をなすものにほかならない。商品関係は、アダム・スミスが考えたように、独立自営の生産者相互の関係としてではなく、資本—賃労働関係を通じて、はじめて全面的に展開されたのである。労働力もまた商品となるという特有の社会関係が展開されてはじめて、商品関係が全面化し、それと同時にその商品関係は、資本家と労働者との階級的な支配関係の

媒介契機となる。資本制的生産関係は，このような特徴的な論理と構造をもつのである。(資本主義社会における資本としての生産手段の階級的独占というこの基本的事実の認識を欠いている点において，「近代経済学」の「完全競争」概念は，当初から非現実的であったのである。それは，自由競争段階の資本主義にも妥当しない。諸資本相互の自由な競争は，そうした階級的独占のうえに展開されるのである。)

だがしかし，いきなり資本―賃労働関係を明らかにしようとすると，――それが(当事者間を平等な人格関係として現象せしめる)商品関係によって媒介されているものであるだけに――却って理論的な混乱におちいりやすい。まず基礎的な商品関係を明らかにしておいてから，それを前提して，資本―賃労働関係の本質を明らかにするという方法がとられなければならない。資本主義経済の内的編成＝論理構造によって規定されるところの，商品―貨幣―資本という体系的な範疇展開の順で論述がすすめられなければならないのである。商品範疇の分析がすすめられることによっておのずから貨幣範疇が導き出され，また，商品・貨幣範疇の前提のもとに資本範疇が展開される。単純な範疇からヨリ複雑な範疇へと諸規定を加えながら次第に上向してゆくそうした発生的＝発展的な展開方法によってのみ，資本制経済の内部構造(諸範疇の重層的な内的編成)をその完全な姿容において把握することが可能となるのである。(古典派経済学は，資本主義社会の富の諸形態を分析してその内的関連を明らかにし，経済過程の実体的基礎を把握しようとしたのであるが，しかしその歴史的観点の欠如のゆえに，それらの諸形態を発生的に展開しうることなく，所与の前提として出発し，必要な媒介項をとびこして直接に還元をおこなおうとしたため，種種の理論的矛盾におちいることとなった。この古典派の方法との対比において，マルクスの発生的＝発展的な，それゆえにまた体系的な展開方法の意義を理解することができよう。そうした体系的展開の端緒範疇として，資本主義社会の《富の原基形態》たる《商品》範疇が措定されるのである。それは――ヘーゲル論理学における「有(Sein)」概念と等しく――弁証法的に構成された全体系の出発点をなすと同時に基礎をなす範疇である。)

第 1 章　商　　品

第 1 節　商品の二要因——労働の二重性——

　資本主義社会の富は「厖大な商品集積」として現われ，個々の商品はその富の「原基形態 (Elementarform)」として現われる。それゆえ，資本主義経済の研究は商品の分析から始められなければならない。人間の欲望を充足すべき財とは何かといったような超歴史的な《財 (Güter)》概念の一般的分析ではなく，また，単なる価格の説明原理としての「価値論」ではなく，資本主義社会の「富の原基形態」としての《商品》の分析，資本主義社会における生産諸関係総体の最も基礎的・原基的な契機としての《商品関係》の分析，それが歴史的社会としての資本主義社会の経済構造と運動法則の解明を課題とする経済学の原理論の出発点をなすのでなければならない。この「ブルジョア社会の細胞形態」のうちに，資本主義社会の「全ての矛盾の胚芽」が含まれている。そういうものとしての商品の，すなわち，資本主義社会においてあらゆる生産物がとる商品形態の分析が，本章の内容をなす。

　*　例えば，「限界革命」を惹起し近代経済学を定礎した古典とされるカール・メンガーの『国民経済学原理』(Carl Menger, *Grundsätze der Volkswirtschaftslehre*, 1871.) は，まさにこの意味での「財概念の一般的分析」から始められているのであって，それは，この種の「経済学」の歴史的観点の欠如を端的に示すものといえよう。
　**　資本主義社会の富の原基形態としての商品は，資本主義的に生産され交換される商品であって，いわゆる「単純商品生産社会」の商品ではない。資本主義的に

生産され交換される商品は，（後にその価値の構成を分析するさいに明らかにされるように）そのうちに資本関係を，資本—賃労働関係を内包している。だが，経済学の端緒範疇としての商品は，そういう側面をすべて捨象したものとしての単なる商品である。そこでは商品は，商品としての商品——単なる商品としての規定性において現われる。そのかぎりにおいてそれは一定の抽象性をもった範疇であるが，しかし単なる思考の産物としての抽象的範疇ではなく，細胞が発達した生物の基礎的な構成要素をなすと同様の意味において，発展した資本主義社会の「原基形態」をなすのである。また，それは，そのうちに内包されている資本関係が捨象されているかぎりにおいて，資本主義社会に歴史的に先行しその前提となったところの単純商品とも一定の照応関係をもつものといえよう。以下の叙述において次第に明らかとなるように，商品の分析がすすめられ諸規定が加えられてゆくにつれておのずから貨幣範疇が展開され，その貨幣からさらに資本という発展した範疇が展開されてくるのだが，そうした商品—貨幣—資本の順次的な範疇展開の過程——それはまさに資本主義社会の経済的諸範疇の内的編成を反映するものであるが——は，資本関係成立の歴史的過程の本質的な一側面とある一定の照応関係をもつものといえよう。それはあたかも，生物の個体発生の過程が系統発生の過程を再現するのと同様である。（人間は母胎内の生育過程において幾億年もの生物進化の過程をたどる。）こうした意味において論理的であると同時に歴史的な端緒範疇としての商品が，当面の分析対象なのである。

冒頭の商品の性格規定は旧くからの論争問題であるが，以上のように考えるのが妥当であるとおもわれる。なお，生産過程分析にはいるまえに展開される商品—貨幣—資本の基本的な範疇展開（本編第１章〜第３章第１節）を，宇野弘蔵氏は純粋に「流通形態」のみを展開したものとされ，それゆえにまた商品の価値の実体規定も商品論の段階ではあたえられないとされるのであるが，そうした把握では，《商品に含まれる労働の二重性》も把握されえず，また商品範疇は資本主義社会の「すべての矛盾の胚芽」がそこに含まれているところの《原基形態》であるということが，とらえられないことになってしまうであろう。商品論は同時に商品という形態規定にふくまれる矛盾の分析なのである。商品・貨幣論が全体系の基礎としての意義をもつのは，まさにこの意味においてである。

商品は，さしあたり，人間の何らかの種類の欲望を充たすところの有用物——一定の効用をもった物——であり，使用価値である。およそ使用価値のない生産物は商品ではありえず，使用価値たることは生産物が商品であるための不可欠の前提をなす。だが，商品の商品たる所以は，それが交換価値をもつという点にある。商品の使用価値は販売者たるその商品所有者自身には役に立たない他人のための使用価値であって，それは「交換価値の素材的担

い手」としてのみ意義をもつ。ところで，交換価値はさしあたり，ある種類の使用価値が他の種類の使用価値と交換される量的関係——時と所によって絶えず変動する比率関係——として，現われる。だから，交換価値は偶然的なもの，純粋に相対的なものにみえ，商品に内的な・内在的な交換価値などというものは，たんなる形容矛盾にすぎないかのようにみえる。だが，ほんとうにそうであろうか？

　いまここに，x 量の米，y 量の絹，z 量の鉄等々があってそれらが相互に交換されるとすれば，これら x 量の米，y 量の絹，z 量の鉄等々は，相互に置き換えられうる・互に等しい大きさの・諸交換価値であるということになる。このことからわれわれは次のことを読みとることができよう。すなわち，諸商品の妥当な諸交換価値は比率関係においてなんらかの同等な或るものを表現する，ということ，交換価値は総じて，それとは区別される或る内実の，表現様式たり現象形態たりうるのみである，ということをである。この，諸交換価値が比率関係において表現している「同等な或るもの」，諸交換価値がそれの現象形態をなす「或る内実」，これを析出しなければならない。そこでさらに推論をすすめよう。

　二つの商品，たとえば米と鉄とが一定の比率関係で交換される場合，x キロの米＝y トンの鉄　というその等式関係は，いったい何を表現しているのであろうか？　同じ大きさをもつ或る共通なものが二つの相異なる物のうちに，すなわち，x キログラムの米のうちにも y トンの鉄のうちにも存在するということ，言い換えれば，二つの相異なる物は，それらが交換価値たるかぎりは，事実上，この共通な或るものに還元されている，ということをである。二つの相異なる物が一定の比率で等置されるということが，それらが質的に同等で量的にのみ相異なるものに還元されていることを意味する。

　この共通なものは商品の自然的な属性ではありえない。諸商品の物体的諸属性が問題となるのは，それらが諸商品を有用ならしめ，諸使用価値たらしめるかぎりにおいてであるが，諸商品の交換関係を明白に特徴づけているのは，まさに，それらの諸使用価値の捨象にほかならないからである。交換関

係においては，或る使用価値は——それが適当な比率で等置されてさえいれば——，どの他の使用価値とも全く同じものとみなされる。使用価値としては諸商品はなによりもまず相互に異なった質 (Qualität) であるが，そしてそれゆえにこそ（すなわち，相互に質的に異なった使用価値であるからこそ）交換がおこなわれるのであるが，交換価値としてはそれらはただ異なった量 (Quantität) たりうるのみであり，したがって一分子の使用価値も含んではいない。（相異なる諸量となるためには，それらの物は同等の質に還元されていなければならない。）

諸商品体の自然的諸属性が捨象されるとすれば，それら諸商品体になお残る共通の属性は労働生産物という一属性だけである。だがこの労働生産物もすでにわれわれの手中でその本来のものから転化している。労働生産物を使用価値たらしめるところの物体的・自然的な諸属性が捨象されるとすれば，それらを生みだす労働の種々なる具体的諸形態も消失して，これらの労働はもはや互に区別されることのない同等な人間労働に，「人間労働一般」に，「抽象的な人間労働 (abstrakt menschliche Arbeit)」に還元されている。「抽象的な」というのは，労働の具体的な支出の形態が捨象されているからである。諸商品は，諸価値としては，この無差別な人間労働の，その支出の形態にかかわらない人間労働力の支出の，凝結物としてのみ現われる。それらが表示しているのは，その生産に人間の労働が支出され，人間の労働がそのうちに堆積されているということだけである。このようなそれらに共通な社会的実体の結晶として，諸商品は諸価値なのである。諸商品の交換価値——諸商品が相互に比率関係として等置される交換関係——において表示される共通者は，この抽象的な人間労働を実体とするところの価値にほかならない。商品に内在的なこの価値は交換価値として諸商品の相互関係においてのみ表現されるのだが，商品に内在的なこの価値が如何にして交換価値として諸商品相互の関係において表現されるかという，価値の表現様式ないしは現象形態の問題はあらためて次節でみることにして，ここではまずもって価値をそれ自体としてその表現形態から独立に考察しておこう。

こうして，商品の価値が無差別な人間労働の対象化であるとすれば，商品の「価値の大いさ」*は価値を形成する実体たる労働の量によって規定されていることになり，そしてその労働の量は労働時間で計られる。ここに注意すべきは，この価値の実体をなす労働は無差別・同等の，社会的平均的な人間労働力の支出としてのそれであるということである。商品世界の諸価値に表わされる社会の総労働力は無数の個別的労働力から成っているのではあるが，ここでは一つの同じ人間労働力とみなされる。これらの個別的労働力の各々は，それが社会的平均労働力という性格をもち，社会的平均労働力として作用し，したがってまた一商品の生産において社会的平均的に必要な労働時間を要するにすぎぬかぎり，他の労働力と同じ人間労働力なのである。(或る人が商品の生産において社会的平均の2倍の労働時間を要したからといって，その人の商品が通常の2倍の価値をもつわけではない。)ここに社会的平均的に必要な労働時間とは，現存の社会的・標準的な生産諸条件と労働の熟練および強度の社会的平均度とをもって何らかの使用価値を生産するために必要とされる労働時間である。社会的な労働の生産力が発展すればするほど財貨の生産に要する労働時間はヨリ少なくなり，その価値はヨリ小となる。商品の価値の大いさは，その商品に実現される労働の量に正比例し労働の生産力に逆比例して変動する。同一量の労働は，その労働の生産力が大または小となるにつれてヨリ多いあるいはヨリ少ない使用価値を生産するが，つねに同一量の価値に対象化される。生産力とは具体的有用的労働の生産力であり，与えられた時間内における合目的的な生産活動の作用度ないしは効率を規定するだけであって，価値に対象化されるかぎりでの労働とは全く何の係りもないからである。

* この「価値の大いさ (die Wertgröße)」が岡崎次郎氏訳ではたんに「価値量」とされているが，ヘーゲルは『大論理学』および通常『小論理学』とよばれる『エンチクロペディ』において，「量 (die Quantität)」，「定量 (das Quantum)」，「大いさ (die Größe)」の三者をはっきり使いわけているし，マルクスはこのヘーゲルを意識して die Wertgröße という言葉を用いているように解されるので，やはり河上肇氏以来の「価値の大いさ」ないしは「価値の大きさ」という訳語のほうが——語感としてはやや野暮ったい感じがしないでもないが——ヨリ正確ではな

いかとおもわれる。die Größe とは、《一定の質をもったものの定量》というほどの意味と解するのが妥当であろう。

商品が使用価値であると同時に価値であるものとして「二面的(zwieschlächtig)*」であるのと対応的に、商品を生産する労働も「二重性(Doppelcharakter)」ないしは「二面的性質 (zwieschlächtige Natur)」をもつ。諸商品が相互に質的に異なった諸使用価値であるのと対応的に、かかるものとしての諸商品体を生みだす具体的有用的労働も相互に質的に異なっている。この質的に相異なる有用的諸労働——それらは商品生産社会においては相互に独立的な私的労働としておこなわれる——の総体が、商品交換に媒介されて、社会的分業を形成しているのである。社会的分業の環たるかぎり、相互に独立的におこなわれる個々の私的労働は社会的総労働の一分肢としての意義をもつ。だが、個々の私的労働の社会的総労働力の一分肢としての等置と交換は、商品生産社会においては、諸商品相互の価値関係という独特の対象的形態を通じてのみおこなわれるのであって、質的に相異なる有用的諸労働は、かかるものとしてではなく、価値を形成する実体としての・等質な人間労働力の支出一般として、人間の脳髄、筋肉、神経、手等々の生産的支出として、等置される。質的に相異なる諸使用価値としての諸商品が質的に同等な価値として等置され交換されることを通じて、それと対応的に、質的に相異なる有用的諸労働は、その具体的な諸形態を脱ぎすてて等質な「人間労働一般」として、その意味でまさに「抽象的な人間労働」として、等置され交換され、社会的総労働へと結合されるのである。

  * この „zwieschlächtig" を長谷部文雄氏は河上肇氏にならって「二者闘争的」と訳されているが、「二面的」ないしは「両面的」とするのが妥当である。schlächtig は Schlacht（戦闘）から来たものではなく、Schlachte, Geschlacht（種、種類）から来ているのであって「闘争」という意味はこめられていない（見田石介『資本論の方法』弘文堂刊 73-8 ページ）。

なお、ここに、「人間労働一般」ないしは「抽象的人間労働」といっても、それはたんに架空な、観念的なものではなく、「平均的に誰でも普通の人間が特別の発達なしにその肉体のうちにもっている単純な労働力の支出」、「単

純な平均労働」をその実体とするものである。※この単純な平均労働も，国が違い文化段階が違うにしたがって，その性格ないしは水準を異にするであろうが，所与の社会では所与のものとみなすことができる。特殊な熟練を要する「複雑労働 (komplizierte Arbeit)」は「自乗された」あるいは「倍加された」単純労働にほかならぬものとみなされ，そういうものとして，事実上，度量単位としての単純労働に還元される。すなわち，複雑労働の生産物は，数倍の価値として，単純労働の生産物と等置され交換されるのである。こうして，この「還元 (Reduktion)」が日々市場においておこなわれていることは，まさに「経験の示すところ」である。

* この「単純な平均労働」がかかるものとして現われるのは，発展した資本主義社会において，機械制大工業の所産としてであり，したがってそれ自体，一つの歴史的範疇である。

第2節　価 値 形 態

1. 価値形態論の課題

　前節において商品の価値の実体は何であるかが明らかにされた。本節の課題は，それを承けて，商品の価値は如何にして現象するか，如何なる形態において表現されるか，を明らかにするにある。

　前節では，諸商品が交換されるさいの量的比率としての交換価値というわれわれが日常眼にする現象から出発して，そうした交換価値の背後には無差別な人間労働の結晶としての価値が横たわっていることを析出した。そのさい価値は，その表現形態である価値形態または交換価値から切りはなして，ひとまずそれ自体として考察された。そうした方法によって，まずもって価値の実体をなすものが何であったかが明らかにされたのである。そうした分析をうけ，それを前提して，いまやわれわれは，ふたたび価値の現象形態——いかにして価値があらわされるかの形態——の考察に立ち戻らなければなら

ない。

　すでにみたように，商品は使用価値であると同時に価値であり，その二つの要因をそのうちに含むものである。商品において規定的なのは，それが「価値をもつ」，「価値である」という点にあるが，その「価値性格」ないしは「価値対象性」は純粋に社会的なものであり，したがって，個々の商品を個々の商品としていくらひねくりまわしてみても諸使用価値としての「感覚的な対象性」において現われるだけであって，価値がすけて見えるわけではない。商品はそれ自体として直接には使用価値として現われるにすぎず，その価値は他の商品との関係においてのみ現象しうる。だが，商品の価値は他の商品との関係においていかにして表現されるか。われわれは，諸商品の価値の大いさが，「価格」として，貨幣の形態で，すなわち貨幣の役割をする商品である金という物の量において表現されることを，事実としては知っているのだが，いったいどうして諸商品の価値とその大いさが貨幣商品の商品体において，物としての金の量において表現されるのであろうか？　このことは決して自明なことがらではない。そこで，価値形態論の課題は，いかにして商品の価値が他の商品の使用価値（価値の反対要因）によって表現されるかの，価値表現のメカニズムと論理を明らかにし，また，その価値の表現形態の発展を，最も単純な形態から貨幣形態にいたるまで辿ることによって，「貨幣形態の発生 (Genesis)」を証明し，そうすることによって同時にまた，「貨幣の謎 (Geldrätsel)」を，すなわち金という物それ自体が社会的・一般的に価値として妥当し，地中から出てくるままで「すべての人間労働の直接的な化身」として現われることの謎を，解き明かすことにある。

2. 価値表現の論理

　最も単純な価値関係は，ある一商品の，それと種類を異にする別の任意の一商品に対する価値関係であり，この二つの商品のあいだの価値関係において，一商品にとっての最も単純な価値表現があたえられる。この単純な価値表現の形態について，まず，価値表現の基本的なメカニズムと，その固有の

論理を明らかにしておこう。

単純な価値形態

　　　x 量の商品A＝y 量の商品B（例えば 20 ヤールのリンネル＝ 1 着の上衣）
この価値等式関係においては，x 量の商品Aの価値が y 量の商品Bの商品体によって表現されている。これが商品の価値の他商品との関係による表現の最も単純な形態であるが，「あらゆる価値形態の秘密は，この単純な価値形態のうちに潜んでいる」。この形態は，ヘーゲル流にいえば，「貨幣の an sich（即自）」であり，「貨幣の謎」もこの単純な価値形態における価値表現の論理を明らかにすることによって基礎的に明らかにされる。

　ところで，この価値表現の関係を理解する場合に注意すべきは，x 量の商品A＝y 量の商品B　というイコールで結ばれた価値等式関係において，左辺のA商品と右辺のB商品とは本質的に異なった役割を演じている，ということである。20 ヤールのリンネルは 1 着の上衣に値するという価値関係において，20 ヤールのリンネルの価値が 1 着の上衣によって，上衣という物によって表現されている。この価値等式関係では，左辺のA商品の価値が右辺のB商品の商品体によって相対的に表現され，B商品はA商品に対する「等価 (Äquivalent)」として機能している。だから，前者すなわち左辺のA商品は「相対的価値形態 (relative Wertform)」にあり，後者すなわち右辺のB商品は「等価形態 (Äquivalentform)」にあると呼ばれるのであるが，この価値等式関係では，左辺のA商品の価値のみが表現され，右辺のB商品はその価値表現の材料となっているにすぎない。それの価値が表現されるA商品は能動的な役割を演じ，それで価値が表現されるB商品はたんに受動的な役割を演じているにすぎない。x 量の商品A＝y 量の商品B　という価値等式関係は，A商品が展開するところの，A商品にとっての価値表現の形態にほかならないのであって，A商品がその価値をそれとは異なる任意の一商品たるB商品で表現する形態をあらわすものであり，それは全くA商品（およびその所有者）にとっての私事にすぎず，B商品（およびその所有者）の関知したことではない。また，この価値等式はA商品の x 量とB商品の y 量とが相互

に交換されたことをあらわすのでもない。ただA商品の所有者が自分の欲望の対象たるB商品を右辺にもってきて、B商品ならば自分のA商品と直接に交換可能だとすることによって、そのB商品で自己の商品の価値を表現しているにすぎない。B商品の価値がA商品で表現されるためには、この価値等式関係の左辺と右辺とを入れ換えた等式関係が展開されなければならないが、x 量の商品A＝y 量の商品B　なる関係は　y 量の商品B＝x 量の商品A　なる逆の関係をそのうちに含むものではない。この両者の関係が同時に成立した場合にのみこの価値関係は実際に交換としておこなわれることになるが、しかしそうなるかどうかはまだ分らない。x 量の商品A＝y 量の商品B　なる関係と　y 量の商品B＝x 量の商品A　なる関係とは相互に意味内容を異にする別個の価値等式関係なのであって、x 量の商品A＝y 量の商品B　はもっぱらA商品のみにとっての価値表現関係であり、それにおいてはA商品の価値のみが表現される。A商品がこの価値関係の主体であり、B商品は価値表現の材料としてたんなる客体であるにすぎない。しかしこの点をまず明確にしたうえで、その価値表現が以下に述べるような独特の「廻り途（Umweg）」を通じておこなわれるために、主客顚倒した関係が展開されてくる次第を把握しておくことが重要である。すなわち、左辺のリンネルがその価値を右辺の上衣で表現するさいに、「自分は上衣にとっての価値なのであり、いつでも上衣と交換できるのだ」としてその価値を表現するのではなく、その反対に、「上衣は価値として自分すなわちリンネルに等しく、リンネルにとっての価値なのでありいつでもリンネルと交換できるのだ」ということによって、その価値を表現する。リンネルは上衣に自分すなわちリンネルにたいする直接的な交換可能性の形態規定をあたえ、また、上衣は上衣という物そのままで自分（すなわちリンネル）にとって価値を体現するものとして現われるとすることによって、すなわち自分にとっての「価値物（Wertding）」であるとすることによって、その価値を表現する。左辺のA商品はまず右辺のB商品を自分にとっての「価値物」たらしめ、それから後、この「価値物」としてのB商品との関連においてA商品の「価値存在（Wertsein）」が現われてくる。こ

うした「廻り途 (Umweg)」を通じてはじめて，A商品の価値は「自立的な表現」をうるのである。それの価値が表現されるところの左辺のA商品が能動的な役割を演じ，それで価値が表現されるところの右辺のB商品は価値表現の材料として，A商品が自己の価値をそこに映しだす鏡として，たんに受動的な役割を演じているにすぎないにもかかわらず，この価値表現関係の内部では，逆にB商品の自然的形態はそのままA商品にとっての「価値姿態 (Wertgestalt)」としての意義を——その物としての自然的諸属性とともにそなわる「社会的な自然属性」であるかのように——もち，こうして，等価形態に置かれた商品が「価値物」として次第に黄金色の貨幣色に輝いてゆき（それはまさに，鏡に光をあてた場合，鏡がそれ自体として輝きだすかにみえるのと似ているといえよう），あたかもこの価値関係の主体であるかのような逆立ちした表象ができあがってくるのは，この価値表現に固有の「廻り途」の論理によるのである。それゆえにまた，この表象はたんなる錯覚ではない。事実また，x量の商品A＝y量の商品B　というこの価値関係が交換として実現されるかどうかの事の決定は，B商品の側にゆだねられているのである。こうしてまた等価形態は現実に謎的性格を帯びることとなる。「貨幣の謎」は，この「等価形態の謎性」の発展したものにほかならない。貨幣たる金・銀のみが富であるとする重金主義者や重商主義者の表象にたいするアダム・スミスによって代表される古典派の批判の限界は，貨幣が商品の価値の必然的な現象形態であることを把握しえなかった点にあった。等価形態においては，商品の使用価値がそのままその反対者たる価値の現象形態となり，したがってまた，具体的労働がそのままその反対者たる抽象的人間労働の現象形態となり，私的労働が直接にその反対者たる社会的労働として現われる。

　　＊　この商品の価値表現に固有の「廻り途」の論理を，『資本論』におけるよりも
　　　さらに明確なかたちで最初に説明したものとして，久留間鮫造著『価値形態論と
　　　交換過程論』（岩波書店刊）を参照されたい。

　商品Bによっての商品Aの価値表現関係の内部では，商品Bの自然的形態がそのまま商品Aにとっての価値姿態としての意義をもつのに対して，商品

Aの自然的形態はそれ自体たんなる使用価値の姿態として現われるにすぎない。こうして，商品の使用価値と価値との内的対立は，それ の 価 値 が 表 現 されるべき一方の商品は直接には使用価値としてのみ意義をもち，それで価値が表現されるべき他方の商品はこれに反して直接には交 換 価 値 としてのみ意義をもつところの，二つの商品の関係という，外的対立（それは発展して商品と貨幣との対立関係となってあらわれる）によって表示されることとなる。それゆえ，一商品の単純な価値形態は，その商品に含まれている使用価値と価値の対立の単純な現象形態にほかならないのである。

なお，商品の価値の大いさとその相対的表現との関係について，ここで簡単にみておこう。20 ヤールのリンネル＝1着の上衣　という価値等式は双方の商品が等量の人間労働の対象化として同じ大いさの価値をもつことが前提されているが，すでに第1節でみたように，商品の価値の大いさは労働生産力の変動につれて（それと逆方向に）増減する。この商品の価値の大いさの変化は，価値の相対的表現にどのように反映されるであろうか？

（1）右辺のB商品の価値は不変のままで，左辺のA商品の価値だけが変化する場合——この場合には，商品Bで表わされた商品Aの価値は，商品Aの価値変動に正比例して変動する。(2) 左辺のA商品の価値は不変のままで，右辺のB商品の価値だけが変化する場合——この場合には，商品Bで表わされた商品Aの価値は，商品Bの価値変動に逆比例して変動する。(3) 双方の商品の価値が同じ方向に同じ率で増減する場合——この場合には，A商品の価値のB商品による相対的表現はまったく変化しない。ただし，双方の商品の価値変動は，それらの商品を価値が不変であった第三の商品と比べてみればすぐに明らかとなる。(4) 双方の商品が同じ方向にではあるが等しくない率で増減したり，一方の価値は増加するのに他方の価値は減少するといったような場合——これらの場合にB商品によってのA商品の価値表現がどのように変化するかは，上記の（1），(2) および (3) のケースを応用すれば簡単にわかるであろう。以上の考察からしてわれわれは，商品の価値の大いさの現実的変動はそれの相対的表現ないしは相対的価値の大いさの変動のうち

にそのまま反映されるものでないことを知ることができる。一商品の相対的価値はその商品の価値が不変のままでも変動しうる。また，一商品の相対的価値はその商品の価値が変動しても不変でありうる。さらにまた，商品の価値の大いさとそれの相対的表現がともに変動する場合，両者の変動が一致する必要は少しもない。(この，商品の価値の大いさの変動とそれの相対的表現の変動との関係は，第2章貨幣論の段階では，商品価値の変動と価格の変動との関係としてあらわれる。)

3. 価値形態の発展

　前項では，x量の商品A＝y量の商品B　という単純な価値表現の形態を分析することによって，いかにして商品の価値が他商品の使用価値（価値の反対要因）によって表現されるかが明らかにされた。いまや，商品の価値表現のもっとも単純な形態から貨幣形態にまでいたる発展過程が明らかにされなければならない。この発展過程は価値の表現形態が価値概念に適合した形態に次第に近づいてゆく過程にほかならず，そういうものとして描き出されなければならない。

　x量の商品A＝y量の商品B　という単純な価値形態が価値という社会的実体の結晶の表現形態として不十分だということは，すぐにわかる。すなわち，x量の商品A＝y量の商品B　というこの単純な価値形態では，商品Aの価値がA商品自身の使用価値から区別された他の任意の一商品の使用価値によって個別的にそして偶然的に表現されているにすぎないのであって，こうした価値関係においては，商品Aの他のすべての商品との価値としての質的同等性および量的比率性が表示されず，商品Aの価値はその価値としての一般性において表現されていない。ここに価値表現の「萌芽形態」の不十分性がある。だが，この単純な価値形態において等価の位置におかれる商品は相対的価値形態の商品と種類を異にするものであれば何でもかまわないのであるから，商品Aの単純な価値表現は，商品Aの種々なる単純な価値諸表現の絶えず延長される系列に容易に転化し，この価値表現の萌芽形態はおのず

からより発展した形態に，すなわち「開展された価値形態」に移行する。

開展された価値形態

x 量の商品A ＝ y 量の商品B　　または ＝ z 量の商品C　　または ＝ u 量の商品D　　または ＝ v 量の商品E　　または ＝等々

いまや一商品の価値は無数の他商品の諸使用価値によって表現される。この価値形態においては商品Aの価値はたんにそれ自身の使用価値から区別されたものとして表現されるだけでなく，よってもってそれが現象する諸使用価値の特殊的形態からも区別されたものとして表現され，およそ価値なるものは使用価値とは異なる普遍的な或るものであることが表示されている。この価値表現形態において，A商品の価値は初めて真に，無差別な人間労働の凝結として現われる。というのは，A商品の価値を形成する労働は，いまや他のどの人間労働とも——それがどんな種類の商品に対象化されていようと——同等な意義をもつものとして，はっきり示されているからである。ここに，この第二の価値表現形態が第一のそれより発展した形態であることを知ることができよう。

だが，この価値形態もまた，つぎのような根本的な欠陥をもっている。すなわち，或る商品についての単純な価値表現の果てしない系列として形成される「開展された価値形態」は，(1) その表示系列が未完結であり，かつ，(2) その構成要素たる種々な価値表現のたんなる寄せ集めであり「雑然たる寄木細工」にすぎない。そのことは等価形態に反映されるのであって，開展された価値形態を構成する価値諸等式においてそれぞれに左辺のA商品の等価の役割を果たす右辺のB，C，D，E，等々の諸商品は，相互にはまったく無関係な・「特殊的等価」であるにすぎず，それゆえにまた，A商品の価値を形成する無差別な人間労働はこれらの特殊的諸等価を生産する特殊的な有用的諸労働の全範囲において表現されているにすぎない。また，(3) 開展された価値形態はどの商品についても成立しうるし，しかもそれらは同時的に成立しうるのだが，「各商品の相対的価値形態は，他の各商品の相対的価値形態とは異なった，諸価値表現の無限の系列」にすぎないのであって，一

第2節 価値形態　35

つずつの商品の価値がそれぞれに（それと異なる他のすべての商品によって）表現されるにすぎず，それらの価値表現の間にはなんらの共通性もない。こうして，（(2)および(3)の意味において）この価値形態は統一性と一般性とを欠き，価値の現象形態としてはいまだ本質的に不完全であり，したがってまた，ヨリ高次の，価値概念にさらに適合した，価値形態へと発展してゆかなければならない。

　しかるに，この第二形態に含まれていた諸欠陥は，第二形態を構成する価値諸等式をそれぞれに顛倒させた価値表現関係が成立するならば克服される。それがすなわち，或る単一の商品を諸商品の一般的な等価とするところの「一般的価値形態」である。

　＊　現行『資本論』においては，この第二形態から第三形態への移行が，第二形態は第一形態の諸等式の「総和」にほかならず，その第二形態を構成する第一形態の諸等式がそれぞれに，「逆の連関」を含んでいる，とすることによって説明されているが，そうした論述は，価値等式における左辺の商品と右辺の商品の役割の根本的な相違を強調するマルクス自身の論旨に照らして疑問である。その第二形態から第三形態への移行を説明する個所でマルクスは，「事実上，もし或る人が，自分のリンネルを他の多くの諸商品と交換し，したがってそれの価値を一連の他の諸商品で表現するとすれば，その場合には必然的に他の多くの商品所有者たちもまた彼等の諸商品をリンネルと交換し，したがって，彼らの種々の商品の諸価値をリンネルという同じ第三の商品で表現せざるをえない」（K. I, S. 70.〔79.〕傍点は引用者）と述べているが，リンネル商品の所有者が他の諸商品を特殊的等価とするような価値表現関係を展開したからといって，「必然的に」他の諸商品の所有者がリンネルを彼らの諸商品の一般的等価とするような価値表現関係が展開されるとはいえない。もし仮に，そうした論法が成り立つとすれば，「開展された価値形態」はあらゆる商品について同時的に展開されうるのであるから，それらの「逆の関連」たる価値表現関係もまた同時的に展開されうることとなるのであって，すべての商品が同時に「一般的等価」たりうることとなるであろう。（『資本論』初版本文のいわゆる「形態四」——それは，第二形態は各商品について同時的に展開されうるが，それらをひっくり返した形態は同時的には展開されえないことを述べたものである——は，この点に関して示唆的な意味をもつ。）第二形態から第三形態への移行の問題は価値形態論においては本文で述べたようなことを記すに止めるべきであって，それはあらためて交換過程論において「全面的交換の矛盾」として論じられるべき問題であるとおもわれる。なお，この点について詳細には，拙著『恐慌論研究』（未来社刊）の後編第一論文「価

値形態論と交換過程論」をみられたい。

一般的価値形態

$$\left.\begin{array}{l} y \text{ 量の商品B} = \\ z \text{ 量の商品C} = \\ u \text{ 量の商品D} = \\ v \text{ 量の商品E} = \\ \text{等々の商品} = \end{array}\right\} x \text{ 量の商品A}$$

いまや諸商品はそれらの価値を，一個同一の商品の使用価値で，共同的かつ統一的に表現する。この第三形態は第二形態をたんにひっくり返したものにすぎないようにみえるが，両者の間には根本的な差異がある。「開展された価値形態」が「単純な価値形態」と同様に各個の商品の私事として，他の商品の助けをかりずに成立するのに対して，「一般的価値形態」は商品世界の共同事業としてのみ成立する。いわば諸商品が心を一にして彼らと異なる或る単一の一商品の商品体でその価値を表現しあうのである。そして，そうした単一の一商品——それはどの商品でもなりうるが，どれか一つの商品のみがなりうる——との関係を通じて，諸商品は諸価値として相互に関係しあうこととなる。こうして諸商品の価値は，一般的・統一的に表現される。この「一般的価値形態」においてはじめて，商品の価値はその概念に適合した現象形態をうることとなるのである。

こうした相対的な価値表現の発展は，等価形態の発展に反映される。すなわち，第一形態における等価がたんに個別的な等価にすぎず，また第二形態におけるそれが相互に無関係なあるいは「相互に他を排除する」特殊的な等価にすぎなかったのにたいして，第三形態において等価はまさに一般的な等価となる。だが，それと同時に，商品の価値が他商品の使用価値によって表現されることの奇妙さもまた歴然としてくる。いまや，諸商品は価値としてはA商品（たとえばリンネル）なのだというように表わされる。リンネルを織る具体的な労働がリンネル以外の全商品にとってそのまま価値を織る労働として，無差別な人間労働を表わすものとなるのである。

このような価値形態の順次的な発展は，最後に，一般的な等価形態が社会的慣習により金という商品の独自の自然的形態と究極的に癒着することによって止む。それがすなわち「貨幣形態」である。

貨 幣 形 態

$$\left.\begin{array}{l} x \text{ 量の商品A} = \\ y \text{ 量の商品B} = \\ z \text{ 量の商品C} = \\ u \text{ 量の商品D} = \\ v \text{ 量の商品E} = \\ \text{等々の商品} = \end{array}\right\} i \text{ グラムの金}$$

金が一般的等価物として貨幣となるのは，その自然的諸属性が，それを均等な各部分に任意に分割したり合一したりすることができ，質的に同等で量的にのみ異なる価値量の表現に適しているからであり，また，少量の使用価値が多くの価値を含むために移転・保管等に便利であり，かつ耐久性に富むことによって使用価値の損耗による価値の喪失のおそれがほとんどないからである。こうした自然的諸属性によって，金は諸商品によって一般的等価物として貨幣たらしめられる。金はそれ自体として貨幣ではないが，貨幣たるべき（貨幣となるに適合的な）自然的諸属性をそなえているのであって，貨幣すなわち一般的等価物たる形態規定はそうした自然的諸属性をそなえる金におのずからまた究極的に癒着する。「金銀は生まれながらに貨幣ではないが，貨幣は生まれながらに金銀である。」(*Kr.* S. 151. 〔131.〕)

諸商品の価値は，いまや，貨幣商品たる金の量によって，「価格」として表現される。たとえば，上衣の価値は 1着の上衣＝2オンスの金 として表現される。1オンスの金の貨幣名が1ポンドであるならば，1着の上衣の価値は2ポンドの価格として表現される。こうして，諸商品の価値は，最後の完成し安定した表現形態をうることとなるのである。だが，それと同時に，「等価形態の謎性」は「貨幣の謎」に発展する。等価形態におかれた商品がその「価値物」たる形態規定をその自然的諸属性とともにそなわる「社会的

な自然属性」として有するかにみえた「虚偽の仮象」は，一般的な等価形態が金という特殊な商品種類の自然的形態と究極的に癒着し，貨幣形態に結晶すると同時に完成するのである。金という一商品は，それにおいて他の諸商品が全面的にそれらの諸価値を表示するからはじめて貨幣となるのだというようには見えないで，その反対に，金という商品が貨幣であるからそれにおいて他の諸商品が一般的にそれらの諸価値を表示し，諸価値として相互に比較されあうかのように，ことがらが逆さにみえてくる。金は地中から出てくるままで，「あらゆる人間労働の直接的化身」として現われるのであって，ここにまた「貨幣の魔術」が生まれてくるのである。

第3節　商品の物神性

　第1節においてわれわれは，商品の価値の実体をなすのは人間労働一般であること，価値の大いさを規定するのはそういうものとしての労働の量——労働時間で測られる——であることをみた。だが，そうであるとすれば，何故に，商品生産社会においては，人間労働が商品の価値という対象的形態において現われ，労働の量が価値の大いさとして現われるのであろうか？　どうしてなまの形では現われずにそういう物的外被におおわれた形態においてのみ現われるのであろうか？　こういう問題——それは，労働生産物の商品形態を自然的形態とみる古典派経済学においては（その他の俗流的諸学説においてはいうまでもなく），いまだかつて提起されたこともない問題であるが——を念頭におきながら，いま一度，商品という，労働生産物がとる独特の歴史的形態を，考察しなおしてみよう。
　商品は，一見したところでは，まったく自明でありふれたもののようにみえる。だが，それを分析してみると，「形而上学的なこねまわし（metaphysische Spitzfindigkeit）と神学的な気まぐれ（theologische Mucken）に充ちた」，まことに奇怪で面倒なものであることがわかる。使用価値としての労働生産

物には，何も不思議なことはない。だが，その生産物が商品として現われるとなると，それは，使用価値であると同時に価値であるものに，すなわち，眼で見，手で触れることのできる感性的な物であると同時に超感性的な社会的実体を体現する物に，——「感性的で超感性的な物 (ein sinnlich übersinnliches Ding)」に転化し，それと同時に，人間の手から離れて勝手に歩きだし相互に関係を結びあうかのような奇妙な幻想が展開されてくることになる。諸商品の価値関係の実体をなすのは人間の労働の社会的労働としての等置と交換の関係にほかならないのに，その人間と人間との社会関係は諸商品の価値関係・諸商品が相互にとり結ぶ社会関係として現われ，また，価値は諸商品に当初からそなわる一自然属性であるかのようにみえてくるのであって，しかもその価値の大いさは個々の生産者の意志および予見からはまったく独立に変動して，生産者を規制し翻弄することにもなるのである。

　労働生産物が商品形態をとるや否や生ずるこの謎的・神秘的性格は，いったいどこから生ずるのであろうか？　それは商品の使用価値から生ずるのではなく，また，価値の実体をなすのは人間労働力の支出一般であるという価値規定の内容自体から生ずるのでもない。その内容がとる形態から，すなわち商品形態そのものから生ずる。商品生産においては，(1) 人間の諸労働の同等性は労働諸生産物の同等な価値対象性という対象的形態を受けとり，(2) 人間労働力の支出のその時間的継続による計量は労働諸生産物の価値の大いさという形態を受けとり，最後に，(3) 生産者たちのあいだの社会的関係は労働諸生産物相互の社会的関係という形態を受けとる。「商品形態は，人間自身の労働の社会的性格を，労働生産物そのものの対象的性格として，これらの物の社会的な自然属性として，人間の眼に反映させ，したがってまた，総労働にたいする生産者たちの社会的関係を，彼等の外部に存在する諸対象の社会的関係として反映させる。」(*K*. I, S. 77.〔86.〕)　この「置きかえ (quid pro quo)」によって，労働生産物は「感性的で超感性的な物」となる。生産における人と人との社会関係が物と物との関係として現われることによって，宗教的世界の妄想境におけると同様の奇怪な事象が生じてくるのであ

る。原始的な宗教の世界において人間の頭の産物であるにすぎない諸々の神が独自の生命を与えられたものとして相互にかつ人々と関係を結びあい逆に創造者たる人間自身を呪縛しさえするのと同様の役割を，商品生産社会における人間の手の産物たる商品が演ずるのである。労働生産物が商品形態をとるや否や生ずるこの謎的性格を，マルクスは「商品の物神性」と名づけた。「物神崇拝 (Fetischismus, fetishism)」というのは，元来は，石塊とか木片とか多くのばあい奇形の物に霊が宿っていてその呪力によって人の幸・不幸がもたらされるという原始的な信仰を意味するものであるが，商品経済に特有の顛倒性と商品における価値の自立化，しかもそれを不合理だと感じない生産者たちの意識，そうしたことを表現するためにマルクスがこの言葉を用いたのである。

　商品世界のこの物神的性格は，商品を生産する労働の固有の・独自的な社会的性格から生ずる。諸使用対象が商品となるのは，それらが相互に独立して営まれる私的諸労働の生産物だからである。これらの私的諸労働の総体は社会的総労働を形成する。だが，これらの私的諸労働はその諸生産物の交換を通じてはじめて社会的総労働の・社会的分業の自然発生的体制の諸環たる実を示すことができる。「だから，生産者たちにとっては，彼等の私的諸労働の社会的関連はそのあるがままに現象する。すなわち，彼等の諸労働そのものにおける人と人との直接的に社会的な関係としてではなく，むしろ，人と人との物象的関係および物と物との社会的関係として，現象するのである。」(*K*. I, S. 78.〔87.〕) 人と人との社会的関係が物と物との社会的関係として現われるというフェティシズムは，単なる錯覚によるのではない。それは，私的諸労働が諸商品の交換関係＝価値関係という物的・対象的形態を通じてのみ社会的総労働の諸環として等置され交換され相互に結合されることによるのである。

　　＊　「人々は，彼等の諸労働生産物が彼等にとって同等な種類の，人間的労働の単なる物象的外被として意義をもつがゆえにこれらの物象を諸価値として相互に関係させるのではない。その逆である。彼等は，彼等の種々の種類の諸生産物を交

換において諸価値として相互に等置することにより，彼等の種々の諸労働を人間的労働として相互に等置する。彼等はそれを意識していないが，しかし彼等はかく行なうのである。」(K. I, S. 79.〔88.〕)

** 物神性が商品生産という歴史的に規定された特定の社会形態に固有な現象であることは，孤島のロビンソン・クルーソーが彼の生活を維持するためにおこなう彼自身の労働の種々なる労働への配分においても，また，人格的な依存と支配の関係によって構成される中世封建社会における農奴の労働配分や，家父長制的な自営農民のもとでの家族労働力の配分においても，さらには「共同の生産手段をもって労働し，その多くの個人的諸労働力を自覚的に・一・つ・の社会的労働力として支出するような，自由人たちの結合体」(K. I, S. 84.〔92.〕)たる社会主義社会においても，そうした物象化・神秘化はみられず，労働配分の諸関係は「透明で単純」であることからも知られるであろう。「自由人たちの結合体」においては，その構成員の諸労働は社会総体としてみた諸欲望充足に適合的な割合に配分され，かく配分され編成された総労働の一環をになうものとして，各人はその労働に応じて社会的生産物の分け前を受けとる。そうした社会関係が資本主義社会においては商品形態をもっておこなわれ，ために特有の物象化・神秘化に蔽われることとなるのである。

ところで，すでに第2節「価値形態」においてみたように，諸商品の価値関係は，その完成した表現形態においては，諸商品の一般的等価物たる貨幣商品との関係において現象する。価値はすべて，貨幣形態において，価格として現象する。それと同時に，貨幣商品たる金は，地中から出てくるままで「人間的労働の直接的な化身」として現われる。私的諸労働の社会的総労働にたいする関係は，諸商品の貨幣商品たる金との関係においてのみ現われ，人間労働はかかるものとしての金の諸量としてまさに物象的形態において現われる。本質的関係たる人と人との社会関係は，諸商品価値の完成した表現形態たる貨幣形態において，ますます全面的に，物象的におおいかくされてしまうのである。こうして，商品物神は貨幣物神へと発展する。商品の謎的性格は「貨幣の魔術」としてあらわれる。人と人との社会関係は諸商品の価値関係という対象的形態においてのみ現われ，しかもその価値関係は諸商品の一般的等価物たる金との関係においてのみ現象する。このようにして，社会的関係はまったく物象的外被におおわれ，物象的現象として現われ，個々の私的生産者の意志からは独立した，客観的なものとして，あたかも自然法

則のように自己を貫徹するものとなるのである。

　このように，商品の物神性は必然的に貨幣の物神性へと発展するのだが，その商品および貨幣の物神性はさらに発展をとげて資本の物神性においてその最高の完成された形態を見いだす。それは同時にまた，商品―貨幣―資本における「価値の自立化」の発展過程にほかならない。商品の物神性の解明は，こうした資本主義経済の顚倒性の批判的解明の基礎をなすものとして展開されているのである。

　無批判的ないわゆる俗流経済学は，資本主義社会の物神性にとらわれた見解をそのまま常識的に体系化したものにほかならない。その意味でそれは，――やや皮肉な云い方をすれば，――「商品生産というこの歴史的に規定された社会的生産様式の生産諸関係にたいする，社会的に妥当な・かくして客観的な〔といってももちろん真の意味で客観的なのではないが〕・思想諸形態」(*K. I*, S. 81.〔90.〕)なのである。もとより，物神性を解明しえたからといって直ちにわれわれがその物神性から解放されうる，といったようなものではないが，しかし，商品の物神性の批判的解明は科学的経済学の一礎石をすえるものとして，重要な意義をもつのである。

第4節　交　換　過　程

1.　交換過程論の課題

　交換過程論の課題は，諸商品相互の現実的な関係としての交換過程をヨリ具体的に考察し，そこにおいて生ずる矛盾から貨幣成立の必然性を明らかにするにある。いまやすべての商品が使用価値と価値との統一体として他の諸商品との全面的な交換関係にあるものとして現われるのであって，この現実的な過程においてはじめて，商品の二要因たる使用価値と価値とが相互に矛盾し対立する要因であることがあらわとなる。すべての商品がその運動態において相互的・全面的に関係しあうこの現実的な過程において，使用価値と

価値という「対立物の直接的な統一」としての商品の内的矛盾は自らを展開せざるをえない。いまや諸商品はすべて同格にその所有者にともなわれて市場にあらわれ，相互に全面的にその持ち手を変換しあおうとする。交換過程論においては，そういう現実的な局面において問題が把握されるのである。この交換過程論に固有の分析視角と課題が，とくに価値形態論との対比において，はっきりと把握されなければならない。

　価値形態論においても分析の対象たる商品そのものは，本来，使用価値と価値の統一体にほかならないのだが，しかし，そこで分析の対象とされた価値等式関係における左辺の商品と右辺の商品とはまったくその役割を異にするものとして現われ，価値関係の主体たる左辺の商品の価値のみが——それが如何にして現象しうるかという観点から——問題とされているにすぎないのであって，右辺の商品はもっぱら客体として，その使用価値が左辺の商品の価値表現の材料たるものとして現われるにすぎない。それにもかかわらず，価値表現に固有の廻り途の論理によって，右辺の商品の使用価値が左辺の商品にとってそのまま価値としての意義をもち，かくしてそれは「価値物 (Wertding)」として現われ，あたかもそれが価値関係の主体であるかのような顛倒した関係が生じてくることはすでに見たごとくであるが，しかし，右辺の商品に「価値物」たる形態規定を与えたのは価値関係の本来の主体たる左辺の商品にほかならない。それゆえにまた，価値形態論における価値等式関係の成立にさいして商品所有者が事実上想定されているとすることができるとしても，それは左辺の商品についてのみいえることであって，右辺の商品についてはそうではない。しかるに，交換過程論の対象たる現実の交換過程においては，すべての商品が同時に，他のいっさいの諸商品を価値関係の客体とするところの，しかも他のいっさいの諸商品に対して自己を一般的な「価値物」として妥当せしめようとするところのものとして現われ，かかるものとして相互に他を排除する矛盾した関係を展開し，それに応じて各商品所有者もまた，すべて同格に，しかしまた相互に矛盾した欲求をもつものとして，登場する。こうした過程においてはじめて商品の二要因たる使用価値

と価値とが相対立する要因であることがあらわとなり、この「対立物の直接的な統一」としての商品の矛盾が自己を開展するのである。価値形態論と交換過程論はともに貨幣の成立ないしは形成を問題にしながら、このように論理次元と分析視角を異にするのである。価値形態論においてはいかにして諸商品の価値が価格として貨幣商品＝金によって一般的・統一的に表現されうるようになるかが明らかにされたのにたいして、交換過程論においては、諸商品相互の全面的交換の矛盾から、その矛盾を媒介し、それに運動形態をあたえるものとして貨幣成立の必然性が展開されるのである。*

* 宇野弘蔵氏は『経済原論』（岩波書店刊）において、この価値形態論と交換過程論の論理次元と分析視角の差異を全く無視され、両者の問題をごちゃまぜに論述されているのであって、その限りでは、『経済学批判』——そこではいまだ価値形態論そのものが明確な形で展開されていなかったのだが——の段階まで理論水準をひきもどした議論となっているのである。価値形態論と交換過程論の両者の分析視角や課題の相違を明確にしたうえで、両者を密接な関連において理解することが肝要なのである。

2. 全面的交換の矛盾と貨幣成立の必然性

商品の使用価値はすべて「他人のための使用価値」であり、所有者の手もとでは非使用価値である。だからそれらは、現実に使用価値となり、使用価値として自らを実現しうるためには、相互に全面的に持ち手を変換し合わなければならない。この持ち手変換は商品の交換にほかならないのだが、その交換がおこなわれるためには、諸商品は、価値として相互に等置され、価値として自らを実現しえなければならない。しかるに、諸商品が価値として自らを実現しうるためには、その前提として、それが他人にとって使用価値であることが立証されなければならない。商品は他人にとって使用価値でなければ価値でもありえないが、それが他人にとって使用価値であるということは、交換による価値としての譲渡をまってはじめて実証される。こうして、諸商品の使用価値としての実現は価値としての実現を前提し、かつ後者はまた前者を前提する。一方の解決が（その正反対の内容をもつ）他方の解決を前提す

ることによって，問題の悪循環が，解きえぬ矛盾があらわれるのである。

　この矛盾を商品所有者の欲求に即していえば，商品所有者は誰でも，自分の欲望をみたす使用価値をもつ他の・特定の・個別的な・商品と引換えにのみ自分の商品を譲渡しようと欲し（そのかぎりにおいて交換は彼にとり「もっぱら個別的な過程」である），しかも同時に，他方において，彼は自分の商品を一般的に価値として実現し妥当せしめようと欲する。すなわち，同じ価値をもつ彼の好むどの他商品とでも——彼自身の商品がその他商品の所有者にとって使用価値をもつと否とにかかわらず，否むしろ，当然使用価値をもつものと前提して——，交換しようと欲する（そのかぎりにおいて交換は彼にとり「もっぱら一般的・社会的な過程」である），ということにほかならない。だが，交換過程にあるどの商品所有者も，彼が商品所有者であるかぎりは，まったく同じ自己中心の・しかも内容的に自己矛盾する（というのは，「同じ過程が同時にすべての商品所有者にとり，もっぱら個別的であるとともに，もっぱら一般的・社会的であることはできない」からである）欲求をもたざるをえないのであるから，各商品所有者のもつこの欲求はまた，相互に他を排除するところの相矛盾する欲求たらざるをえない。

　こうした関係をもっと立ち入って考察し，価値形態論で明らかにされた価値表現関係の論理で規定しなおしてみると，すべての商品所有者が自己の商品を左辺におくところの開展された価値表現関係を展開して他人の商品をすべて自己の商品の特殊的等価たらしめ，かつ同時に，それらの価値表現関係の左辺と右辺とを入れ換えて，自己の商品を他のすべての諸商品の一般的等価たらしめようとしていることにほかならない。しかるに，すべての商品所有者が同時に同じことをやろうとするのであるから，どの商品も一般的等価たりえず，したがってまた諸商品は，よってもってそれらが諸価値として等置され，かつもろもろの価値の大いさとして比較されあうところの一般的な相対的価値表現の形態をもちえないこととなり，それゆえにまた交換もおこなわれえない。商品は，それが商品であるかぎりは，さきにみたように，「使用価値として実現」されると同時に「価値として実現」されなければならな

いのだが,「使用価値としての実現」と「価値としての実現」とが（相互に他を前提するところの解きえぬ悪循環をなすことなく）同時的に可能なためには, その商品の使用価値そのものが価値の一般的な体現物たる形態規定を, すなわち, 一般的な価値物たる形態規定を, 他のすべての諸商品によって与えられているのでなければならない。自己の商品が他のすべての諸商品によって一般的等価たらしめられた場合にのみ, その商品所有者は, それを「使用価値として実現」すると同時に「価値として実現」し, かくして同価値の・彼の好むどの他商品とでも交換することができるのである。だが, すべての商品所有者が, 商品所有者であるかぎりは, 自己の商品についてまったく同様の欲求をもたざるをえないのであるから, 相互に他人の商品を一般的等価の位置から排除することとなり, かくして, 諸商品の一般的・統一的な価値表現の関係は成立しえず, 諸商品は, 総じて, 諸商品として対応しあうのではなく, ただ諸生産物あるいは諸使用価値として対応しあうにすぎないこととなる。すなわち, 諸商品の交換は, 商品所有者が商品所有者として行為しようとするかぎり, 成立しえなくなる。そして, 商品の使用価値は当初に述べたように「他人のための使用価値」なのであるから, 交換がおこなわれなければそれらは使用価値たることもできないのである。すべての商品所有者が自己の商品を一般的に価値として妥当せしめ実現せしめようとするために, どの商品も価値として実現されえず, したがってまた使用価値としても実現されえない。ここに諸商品の全面的交換（「全面的外化」）の矛盾がある。

 ＊ この全面的交換の矛盾について『資本論』の該当個所では次のように論述されている。——「もっと立ち入って注意してみると, どの商品所有者にとっても, 他人の商品はいずれも自分の商品の特殊的な等価として意義をもち, したがって, 自分の商品はすべての他の商品の一般的な等価として意義をもつ。だが, すべての商品所有者が同じことをするのだから, どの商品も一般的な等価ではなく, したがってまた諸商品は, それらが諸価値として等置され諸々の価値の大いさとして比較されあう一般的な相対的価値形態をもたないのである。だからそれらは, 総じて, 諸商品として対立しあうのでなく, 諸生産物または諸使用価値として対立しあうにすぎない。」(K. I, S. 92.〔101.〕) この文章において,「どの商品所有者にとっても, 他人の商品はいずれも自分の商品の特殊的な等価として意義をも

ち、したがって (daher)、自分の商品はすべての他の商品の一般的な等価としての意義をもつ」と記されているところが特に問題となる。どの商品所有者も自己の商品を左辺におき他の諸商品を右辺におくところの第二の展開された価値表現形態を展開するし、またそれらの価値表現関係は同時に展開されうるのであるが、それらをひっくり返した価値表現形態は同時には成立しえない。そもそも、或る商品の所有者が他の諸商品を特殊的等価として右辺におく展開された価値形態を展開したからといって、必然的にその或る商品が他の諸商品によって一般的等価たらしめられるわけではない。上記のマルクスの論述は、さきに第2節「価値形態」の註（35ページ）で問題とした、第二形態から第三形態への移行規定との対応において敢てそのように記されたものかと考えられるが、しかし、必ずしも合理的ではなく、全面的交換の矛盾の規定をやや不明確なものとしているようにおもわれる。本文で記したように、「すべての商品所有者が自己の商品を左辺におくところの展開された価値表現関係を展開して他人の商品をすべて自己の商品の特殊的等価たらしめ、かつ同時に、それらの価値表現関係の左辺と右辺とを入れ換えて、自己の商品を他のすべての諸商品の一般的等価たらしめようとしている……」というように論述されるべきではないかとおもわれる。

この矛盾は、いかにして解決されうるか？　あるいは、より正確にいえば、何によって媒介され、運動形態をうることとなるか？

マルクスは、この諸商品の全面的交換の矛盾の解決としての貨幣の成立について、つぎのように論述している——「わが商品所有者たちは、彼等の当惑においてファウストのように考える。太初に行為ありき、と。かくて彼等は、考えるよりも前にすでに行動したのである。商品本性の諸法則が、商品所有者たちの自然本能において自らを実証したのだ。彼等は彼等の諸商品を一般的等価としての何らかの他の商品に対立的に連関させることによってのみ、それらを諸価値として、したがってまた諸商品として、相互に連関させることができる。このことは、商品の分析によって明らかにされた。だが、ある一定の商品を一般的等価たらしめるものは、社会的行為のみである。だから、他のすべての諸商品の社会的行動が、それらの諸商品が自分たちの諸価値を全面的に表示するための、ある一定の商品を排除するのである。かようにして、この商品の自然的形態が、社会的に妥当な等価形態となる。一般的等価たることが、社会的過程によって、その排除された商品の独自的・社会的な機能となる。かくしてその商品は——貨幣となる。」(*K. I*, S. 92.〔101.〕)*

＊　このマルクスの叙述は前註で引用した全面的交換の矛盾を規定した叙述を受け，それと対応した叙述となっているが，前註で述べたように，価値形態論における第二形態から第三形態への移行規定との対応上，全面的交換の矛盾の規定がやや不明確となっているため，その「解決」を述べるこの個所の論述も厳密にいえば若干不明確な点を含むものとなっているようにおもわれる。この不明確な点を，価値形態論との対応でいえば，全面的交換の矛盾とその「解決」が，価値形態論における第二の開展された価値形態から第三の一般的価値形態への移行の問題に対応する問題であるのか，それとも第三の一般的価値形態から第四の貨幣形態への移行の問題に対応するものであるのかが，必ずしもはっきりしない叙述となっているのである。「……だが，ある一定の商品を一般的等価たらしめるものは，社会的行為のみである」として，一般的等価たる形態規定が「ある一定の商品」に究極的に癒着し，その商品が「貨幣となる」ということ——それは明らかに一般的価値形態から貨幣形態への移行の問題である——が，全面的交換の矛盾の解決であるかのようにとれる論述となっているのである。ここに引用したマルクスの叙述と，以下続いて展開されている筆者の本文の叙述とのあいだに，微細にいえば若干のずれがあるのは，この理由による。

　すべての商品所有者が自己の商品を他のすべての諸商品に対する「一般的等価」たらしめようとすることによる「全面的交換の矛盾」は，すべての商品所有者が自己の商品についていだく欲求と正反対の関係を成立せしめることによってのみ解決される。相互に他を否定する交換過程の矛盾に直面した諸商品は，その矛盾の極み，どれか一つの商品——それは，事実問題としては，諸商品に対する等価の位置に最もしばしば置かれる商品となろう——を商品仲間のなかから排除して，それに「一般的等価」たる形態規定をあたえ，一般的等価たるその一商品との対立的な連関を通じて，相互に諸価値として関連しあうこととなる。いわば，すべての商品が潜在的に，あるいは可能性としてもつ等価性を脱ぎ捨てて，それをすべて排除された一商品に付着せしめるという共同作業をおこない，かくしてそれを一般的等価たらしめ，その一般的等価たる商品体の数量において，諸価値として相互に比較されあうこととなるのである。「彼等は心を一にして己が能力と権威とを獣にあたう」「この徴章を有たぬすべての者に売買いすることを得ざらしめたり。その徴章は獣の名，もしくはその名の数字なり。」(ヨハネ黙示録)　この一般的等価たる形態規定が社会的慣習によって特定の商品の自然的形態と究極的に癒着

することとなるや，その商品は貨幣となり，諸商品価値は完成し安定した表現形態をうることとなる。こうして，交換過程の矛盾は媒介され，それが運動しうる形態をうることとなるのである。いかにして諸商品の価値が一般的・統一的に表現されうるかは，すでに価値形態論において明らかにされた。だが，現実に或る一つの商品を排除してそれを一般的等価たらしめるのは，自然本能的な商品所有者の社会的行為である。

　こうして商品と貨幣とへ商品が分化し二重化するや，諸商品の価値はすべて，貨幣商品との対立的な連関を通じて価格として表現され，商品交換の過程は，商品の貨幣への転形すなわち「販売」と貨幣の商品への再転形すなわち「購買」という，相対応しかつ相互に補足しあう二つの過程に分裂する。「全面的交換の矛盾」として自己を展開したところの，商品に内在的な使用価値と価値との矛盾は，このようにして，それに固有の表現形態と運動形態とをうることとなるのである。

第2章 貨　　幣

第1節　価値の尺度

　第1章の第2節「価値形態」においては，商品の価値が如何にして他商品の使用価値によって表現されるかの価値表現のメカニズムとその価値表現形態の「単純な価値形態」から「貨幣形態」にいたるまでの発展の過程が明らかにされ，かくして，「如何にして (wie)」貨幣が形成されてくるか——如何にして特殊な一商品である金がその自然形態のままで商品世界を通じて一般的に価値として妥当し通用するものとなるか——が明らかにされた。そしてまた，同章第4節「交換過程」においては，諸商品の相互的・全面的な交換関係においてあらわれる矛盾から，その矛盾の解決として，すなわちその矛盾がそれによって運動形態をうるものとして，一般の諸商品と貨幣とへの商品世界の二重化の必然性がョリ具体的に明らかにされ，そもそも「何故に (warum)」また「何によって (wodurch)」貨幣が必然的に形成されてくるかが，明らかにされた。かくしてすでに，貨幣の本質と貨幣形成の必然性は第1章において商品分析を通じて明らかにされている。そこで本章においては，一般の諸商品と貨幣とへの商品世界の二重化の関係はすでに形成され了っているものと前提したうえで，貨幣が商品世界から受けとる諸々の形態規定＝機能規定を，その最も基本的なものから順次に考察してゆくことにする。

　なお，以下の論述においては，簡単にするために——また，すべての資本主義国家においてそうなっているので——，金をもって貨幣商品とする。

諸商品によって一般的等価物たらしめられた金の第一の機能は，諸商品の価値表現の材料となること，すなわち，その諸量によって諸商品価値を質的に同等で量的に比較されうる同名の大いさとして表示することにある。かくして，金は諸商品価値の一般的な尺度として機能し，さしあたりまずこの機能によって貨幣となる。すなわち，諸商品によってあたえられる・貨幣商品たる金の第一の形態＝機能規定は，価値尺度としての機能である。

ところでこの場合注意すべきは，以下の点である。すなわち，「一商品〔金〕は，それにおいて他の諸商品が全面的にそれらの諸価値を表示するがゆえに初めて貨幣となるのだとは見えないで，むしろその逆に，その商品〔金〕が貨幣であるがゆえに，それにおいて他の諸商品が一般的にそれらの諸価値を表示するかに見える」(K. I, S. 98.〔107.〕) という点である。ひとたび金が一般的等価物として貨幣となるや，その金の一般的に妥当する価値物としての形態規定は，その物的諸属性とともに当初からそなわる社会的な一自然属性としてあらわれ，まさに諸関係は顛倒した形態であらわれることとなる。「媒介する運動はそれ自身の結果のうちに消失して，あとには何らの痕跡も残さない。」

だが，「諸商品は，貨幣によって較量されうる (kommensurabel) ものとなるのではない。その逆である。すべての商品は，諸価値としては対象化された人間的労働であり，したがって絶対的 (an und für sich) に較量されうるものであるがゆえに，すべての商品がそれらの諸価値を同じ独自的商品で共同的に度量し，かくして，この商品をそれらの諸商品の共同的な価値尺度または貨幣に転形することができる」(K. I, S. 99.〔109.〕) のである。諸商品の内在的な価値尺度が人間労働一般の量を測る労働時間であるとすれば，価値尺度としての貨幣は諸商品価値の外的尺度にほかならないが，それは，その内在的尺度の「必然的な現象形態」なのである。人間的労働の諸量は，金の諸量としてのみ現われる。

なおここで，上述の点と関連して，例えば一枚の書付けが x 労働時間を表示するというように，なぜ貨幣が直接に労働時間そのものを表わしえないの

第1節　価値の尺度　53

か，という疑問が生ずるかもしれない。だが，その問題は，商品生産社会においては何故に労働生産物が商品として現われ，人間労働が価値という独自の物象的・対象的形態においてのみ現われるのか，また，何故にその商品が商品と貨幣とへ必然的に二重化し，価値は特定の商品金の諸量において表現されることとなるのか，という問題に帰着する。商品生産社会においては，私的諸労働は価値という独自の対象的形態においてのみ社会的労働に還元される。(直接に社会化された労働が前提されなければならない)ロバート・オーウェンの「労働貨幣」が貨幣でないのは，劇場の切符が貨幣でないのと全く同じことである。

　金が価値の尺度という形態＝機能規定において貨幣となるとともに，諸商品の価値は，価格として現われる。諸商品の価値は，いまや，例えば，x トンの鉄＝y オンスの金　というような，それぞれに単独な価値等式によって表現される。すでに等価商品たる金は貨幣となっているのであるから，それらの価値等式は他の諸商品の価値諸等式と隊伍を組む必要はない。かくして，諸商品の相対的な価値表現は再び最初の単純な形態と類似の姿態をもつ。他方，第二の開展された価値形態は，貨幣商品の特殊的な相対的価値表現として再現する。「物価表上の値段書きを逆に読めば，貨幣の価値の大いさがありとあらゆる諸商品で表示されていることが見出される。」(*K.* I, S. 100.〔110.〕) また，そうした形態においてしか貨幣の価値は表現されえない。貨幣はなんらの価格も有たない。

　ところで，諸商品の価値の価格としての表示に関して，以下の二点が留意されなければならない。すなわち第一に，「諸商品の価格または貨幣形態は，それらの価値形態一般と同じように，それらの感覚的・実在的な物体形態から区別された，つまりただ観念的または表象的な形態である」(*K.* I, S. 100.〔110.〕) ということ。すなわち，価格において諸商品はただ観念的に貨幣に等置され転化されているにすぎない，ということ。第二に，「相対的な価値形態〔すなわち，商品の価値の他商品による相対的な表現形態〕一般と同じように，価格は，ある商品たとえば1トンの鉄の価値を，一定分量の等価たとえば1

オンスの金は鉄と直接に交換されうるものだということによって表現するのであって，けっしてその逆に，鉄の方が金と直接に交換されうるものだということによって表現するのではない」(K. I, S. 108.〔117.〕) ということである。第二の点は，第1章第3節の価値形態論において論述した，諸商品の相対的価値表現に固有の「廻り途」の論理からしておのずから明らかであろう。かくして，諸商品は，現実に交換価値となるためには，「その現身(うつせみ)を脱却して，みずからを，たんに表象されただけの金から現実の金に転形しなければならない。」 諸商品価値の価格形態は，諸商品が貨幣に転形しなければならない必然性と転形されえない可能性とを，同時に含むのである。価格形態は，商品に内在的な矛盾の外的な表現形態にほかならない。**

* 価格において諸商品はただ観念的にのみ貨幣たる金に等置され転化されているにすぎず，諸商品価値の価格としての表示のためには「表象された金」，「観念的な金」が充用され，それで足りる，という事情，したがってまた，「価値尺度という機能においては，貨幣はただ表象的ないしは観念的な貨幣として役立つ」という事情から，貨幣は諸商品の価格を測る「観念的な度量単位」にすぎないとする「馬鹿らしい諸学説」を生ぜしめた。だが，「表象的な貨幣でも価値尺度という機能に役立つとはいえ，価格はまったく実在的な〔それ自体として価値をもつ〕貨幣材料に依存している」(K. I, S. 101.〔111.〕) のである。こうした諸学説の誤りについては，『経済学批判』第2章のB「貨幣の度量単位に関する諸学説」でマルクスによってすでに充分な批判がなされている。だがそれにもかかわらず17世紀末葉以来のこの名目論的貨幣学説はその後も新たな装いのもとに展開されてきているのであって，そうした名目説の近代の代表者としては通常，ベンディクセン (Bendixen, *Das Wesen des Geldes*, 1908; *Geld und Kapital*, 1912.) リーフマン (Liefmann, *Grundsätze der Volkswirtschaftslehre*, 1919.) 等が挙げられる。とくに，リーフマンの，貨幣は「抽象的計算単位 (abstrakte Rechnungseinheit)」だとする説は徹底している。

** 「価格形態」が商品に内在的な矛盾の外的な表現形態にほかならぬ所以を理解するためには，『経済学批判』第2章の〔1〕「価値の尺度」における次の含蓄に富む叙述が参照さるべきであろう。「……諸商品の価格規定は，諸商品の一般的等価物へのただ観念的な転形であり，これから実現さるべき・金との同等化である。だが諸商品は，それらの価格において，ただ観念的に金に・あるいはただ表象された金に・転形されているにすぎず，それらの貨幣存在 (Geldsein) はそれらの実在的存在からまだ現実的には分離されていないのだから，金はただ観念的な貨幣に・ただ価値の尺度に・転形されているだけであり，一定分量の金は実際

第1節　価値の尺度　55

ただ一定分量の労働時間に対する名称として機能するにすぎない。……交換価値と価格との区別は，一方ではアダム・スミスが，労働は諸商品の真実価格であり，貨幣はその名目価格である，といっているように単に名目的なものとして現われる。……だが他方では，この区別は，単なる名称の上の区別では決してなく，現実の流通過程において商品を脅かすすべての嵐は，むしろこの区別のうちに集中されているのである。商品はそのものとして交換価値であるが，それは価格をもつ (Die Ware als solche *ist* Tauschwert, sie *hat* einen Preis.)。交換価値と価格とのかかる区別において，商品に含まれている特殊的・個人的労働は，外化 Entäußerung の過程によってはじめて，その反対者たる，没個性的な・抽象的一般的な・そしてこの形態においてのみ社会的な・労働として，すなわち貨幣として，表示されねばならぬ，ということが現われている。……価格においては，商品の交換価値は，ただ観念的にのみ商品と異なる実存を受けとるのであり，商品に含まれている労働の二重定在は，ただ異なった表現様式としてのみ実存するのであり，したがってまた他方において，一般的労働時間の物象化たる金は，ただ表象された価値尺度としてのみ現実の商品に対応しているのであるけれども，しかし価格としての交換価値の・あるいは価値尺度としての金の・定在のうちには，きらきら光る金と引換えに商品が譲渡される必然性 (Notwendigkeit) と譲渡されえない可能性とが，——簡単にいえば，生産物が商品であるということから，あるいは，私的個人の特殊的労働が社会的効果をもつためにはみずからをその正反対者として，抽象的・一般的労働として，表示せねばならぬということから生ずるすべての矛盾が，潜在的に含まれている。」(*Kr.* SS. 56-7. 〔53-4.〕)　かくして，商品に内在的な使用価値と価値との矛盾，すなわち，直接には私的労働としておこなわれる具体的有用的労働がその正反対者たる抽象的＝一般的な・その形態においてのみ社会的な・労働として現われねばならぬという矛盾は，「価格形態」において，その固有の表現形態をもつのである。

価格の度量基準

　諸商品価値は価格において金の諸量として表現され，相互に比較されあうこととなる。そこで，金の一定重量を度量単位 (Maßeinheit, unit measure) として確定し，それを上下に細分・合成することによって価格の度量基準 (Maßstab der Preise, standard of price) を設定し，それによって（諸商品価値を表現するものとしての・）金の諸量を測る技術的必要が生じてくる。そして，その度量基準たる金の諸量にたいして，円—銭—厘，ポンド—シリング—ペンス，ドル—ダイム—セントといったような，国によって異なる貨幣名 (Geldname) が付され，諸価格，すなわち，諸商品の諸価値が観念的に転形

されている金の諸量は，これらの貨幣名――法律上有効な計算名――で表わされることとなる。それと同時にまた，貨幣はいわゆる計算貨幣 (Rechengeld, money of account) として機能することとなる。

* 価格の度量基準としての金も他の諸商品価格と同じ計算名で現わされるので，すなわち例えば，2分の金は1トンの鉄と同様に1円として表現されるので，この金の計算名は「金の鋳貨価格 (Münzpreis, mint price)」と呼ばれる。「このことから，金は自分自身の材料で評価され，また他のすべての商品と異なって国家によりある固定した価格を与えられる，という驚くべき考え方が生じた。金の一定重量にたいして計算名を確定することが，この重量の価値を確定することだと思いちがいされたのである。」(*Kr.* S. 103.〔58.〕) 有名なクナップの「貨幣国定説」(G. F. Knapp, *Staatliche Theorie des Geldes*, 1905.) は，この「驚くべき考え方」の代表とみるべきであろう。

価格の度量基準 (Maßstab der Preise) としての貨幣の機能は価値の尺度 (Maß der Wert) としての貨幣の機能から派生する機能ではあるが，しかしこの両者の機能は二つの全く相異なる機能であることが注意されなければならない。「貨幣は，人間的労働の社会的化身として価値の尺度であり，或る確定された金属重量としては価格の度量基準である」。価値尺度として貨幣は諸商品の諸価値を金の諸量で表現し，価格の度量基準としてはその（諸商品価値を表現する）金の諸量を確定された金量を基準として度量する。価格の度量基準は，確定された金量によって金の諸量を度量するのであって，金の諸価値を度量するのではない。度量単位が確定的であればあるほど，価格の度量基準はそれだけよくその機能を果たすことになるが，金が価値の尺度として役だちうるのは，それ自身が労働の対象化として価値を――可変的価値を――もつものであるからにほかならない。金の価値変動はそれに応ずる諸商品価格の一様の変動をもたらすだけであって価値尺度としての貨幣機能をさまたげず，また価格の度量基準としての金の機能をもけっしてさまたげるものではない。金の価値がどんなに変動しても 10 匁の金は 1 匁の金の 10 倍の価値をもつであろうし，諸価格において問題となるのは相異なる金の諸量の相互関係だけであるからである。

諸商品価格の変動については，さきに単純な価値表現形態に関して，商品

の価値の大いさの変動とその相対的表現の変動との関係について述べたこと (本書32-3ページ) が, そのまま妥当する。すなわち, (1) 貨幣商品＝金の価値が不変の場合は諸商品価格は諸商品の価値変動に正比例して変動し, (2) 逆に諸商品価値が不変で貨幣商品＝金の価値が変動する場合には諸商品価格はその金の価値変動に逆比例して変動する。(3) 諸商品の価値と金の価値とが同じ方向に同じ率で増減する場合には諸商品価格は全く変動しない。(4) 諸商品の価値と金の価値の双方が同じ方向にではあるが等しくない率で増減したり, また双方が逆方向に変動するといったような場合の価格変動は, 上記 (1), (2) および (3) から容易に推論することができよう。(例えば, 諸商品の価値が低下しても金の価値がそれ以上の率で低下するならば諸商品の価格は上昇する。) 以上の考察からして, 諸商品価格の変動は諸商品価値の変動をそのまま反映するものではないことを知ることができる。また, 価格の度量基準の変更は, 諸商品価値および金の価値の変動とはかかわりのない, 諸商品価格の名目的な変更をもたらすのである。

第2節 流通手段

1. 商品の姿態変換

すでに第1章第4節「交換過程」でみたように, 諸商品の相互的・全面的な交換過程において現われる矛盾は, 商品と貨幣とへの商品世界の二重化によって, それが「運動しうる形態」をうることとなる。諸商品を, それが非使用価値たる人の手からそれが使用価値たる人の手に移転させる社会的な質料変換は, いまや, $W—G \cdot G—W$ (商品―貨幣・貨幣―商品) なる特独の形態変換運動を通じておこなわれることとなる。この形態運動の意味するところを, 正確にとらえておく必要がある。そのためにはまず, 流通における商品と貨幣との下記の形態的対応関係が充分明確に把握されていなければならない。

「交換過程は、商品と貨幣とへの商品の二重化を、すなわち、諸商品がそれらの内在的な使用価値と価値との対立をそこで表示するところの外的な対立を、生みだす。この対立においては、諸使用価値としての諸商品が交換価値としての貨幣と対応する。他方において、この対立の両側は商品であり、かくして使用価値と価値との統一である。しかし区別〔使用価値と価値との〕のこの統一は両極の各々のうえにみずからを逆に表示し、かつかくすることによって同時に、区別の相互関係を表示する。商品は実在的 (reell) には使用価値であり、それの価値存在 (Wertsein) は、その商品をそれの実在的な価値姿態としての・対立的な金に関連させるところの価格において、ただ観念的 (ideell) にのみ現われる。その逆に、金材料は価値の物質化 (Wertmateriatur) としてのみ、貨幣としてのみ意義をもつ。だからそれは、実在的に交換価値である。それの使用価値は、それが、それの実在的な諸使用姿態の範囲としての・相対する諸商品にみずからを関連させるところの一連の相対的価値諸表現において、ただ観念的にのみ現われる。諸商品のかかる対立的な諸形態が、諸商品の交換過程の現実の運動形態なのである。」(*K. I*, SS. 109-10.〔119.〕)

この叙述は、これから相互的形態変換をおこなおうとしているところの・その意味で運動態にあるものとしての・商品と貨幣との形態的対応関係を、的確に表現している。ある商品の価値の他商品の商品体による相対的表現関係において、それの価値が表現されるところの「相対的価値形態」の商品の商品体は直接にはたんなる使用価値——しかも未だ実現されない使用価値——たる意義をもつにすぎないのに対して、それで価値が表現されるところの・「等価形態」の商品の商品体はそのまま直接にその価値等式関係における左辺の商品の「価値姿態 (Wertgestalt)」としての意義をもち、この「価値物 (Wertding)」たる右辺の商品との関連を通じてはじめて、左辺の商品の「価値存在 (Wertsein)」が現出しうるという関係が、いまや上記のような流通における諸商品と貨幣との形態的対応関係となって現われるのである。

流通においては、「諸使用価値としての諸商品が、交換価値としての貨幣

と対応」する。商品は実在的 (reell) には，あるいはそのまま直接には使用価値であり，その価値存在 (Wertsein) は貨幣との関連を通じて観念的 (ideell) にのみ（媒介された形態においてのみ）現われる。これに対して，貨幣たる金は実在的に，あるいはそのまま直接に価値であり，その使用価値は価格においてそれと対応している諸商品との逆関連を通じて観念的にのみ（媒介された形態においてのみ）現われる。こうして，使用価値と価値との区別の統一は商品と貨幣との対応関係の両極に相互に逆にみずからを表示し，こうすることによって商品の内的矛盾は外的な対立関係として現われる。

　流通における商品と貨幣との二つの形態的対応関係——使用価値と価値との「区別の統一」が「両極の各々のうえにみずからを逆に表示する」関係——を図示してみれば次のようになる。

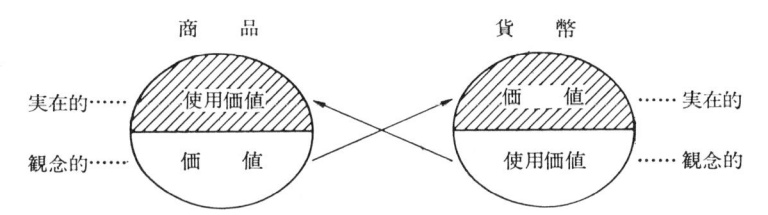

```
              商　品                          貨　幣
           ╱‾‾‾‾‾‾╲                      ╱‾‾‾‾‾‾╲
実在的……  │使用価値│                    │ 価　値 │  ……実在的
          ├──────┤     ╳              ├──────┤
観念的……  │ 価　値 │                    │使用価値│  ……観念的
           ╲_____╱                      ╲_____╱
```

　商品と貨幣との形態的対応関係のこの構造を明確に把握すれば，$W-G \cdot G-W$ なる商品の姿態変換運動の意味はおのずと明らかとなる。すなわち，第一転形たる「販売」$W-G$ は，商品の観念的な価値姿態から実在的な価値姿態への転形であり，それに対して，第二転形たる「購買」$G-W$ は，観念的な使用価値姿態から実在的な使用価値姿態への転形にほかならない（上記図の矢印がそれを示す）。前者の過程の動機は販売者にとっての〈商品の価値としての実現〉であり，後者の過程のそれは購買者にとっての〈欲望の充足〉である。$W-G$ と $G-W$ とは，いずれも商品と貨幣との位置変換にほかならぬのだが，形態運動としては両者は本質的に意味を異にするのである。そして，対立的な内容をもったこの二過程は，相互に補足しあって $W-G-W$ なる一循環を構成する。この循環において起点をなすのはその所有者にとって非使用価値たる商品であり，終点は所有者にとっての使用価値である。

だから終点の W は、すでに商品形態を脱皮した使用価値にほかならない。

ところで、$W—G$ と $G—W$ という二つの質的に異なった・相互に対立的な内容をもつこの形態運動は、$W—G—W$ なる一循環を構成する二つの過程として補足し合う関係にあるだけでなく、$\begin{smallmatrix}W—G\\ \times\\ G—W\end{smallmatrix}$ として直接に対応し交錯しあわなければならないという関係にある。一方にとっての販売 $W—G$ は他方にとっての購買 $G—W$ であり、商品が観念的な価値姿態から実在的な価値姿態に転化するのと対応的に貨幣が観念的な使用価値姿態から実在的な使用価値姿態に転化する。貨幣が購買者の手から販売者の手に渡り販売者の商品が貨幣に転化して「価値として実現」されると同時に、商品は販売者の手から購買者の手に移り欲望の対象として「使用価値として実現」される。こうして商品は、「価値として実現」されると同時に「使用価値として実現」されるのである。

ところでさらに、販売者として商品を手渡して貨幣をえた商品所有者は、その貨幣を持って購買者として現われ別の他商品の第一の形態変換 $W—G$ と対応し、こうして $W—G—W$ なる諸商品の循環運動は、$\begin{smallmatrix}W—G\\ \times\\ G—W\end{smallmatrix}$ なる交錯関係の連鎖として展開されることになる。ある商品の第一の形態変換 $W—G$ は、（その商品にとって無関係な）他商品の第二の形態変換によって条件づけられ、また、ある商品の第二の形態変換 $G—W$ は、別の他商品の第一の形態変換を条件づける。一商品の姿態変換の総過程 $W—G—W$ すなわち $W—G・G—W$ は、「そのもっとも簡単な形態においても、四つの極と三人の登場人物とを前提」する。最初の形態運動 $W—G$ においては商品がそれの「実在的な価値姿態」たる貨幣と対応し、次いで第二の形態運動 $G—W$ においては貨幣が購買手段としてそれの「実在的な使用価値姿態」たる商品と対応する。第一の過程において販売者として購買者たる他者に対したその商品所有者が、第二の過程においては購買者となって別の（第三の）商品販売者と相対する。商品はその所有者にとり出発点では非使用価値であり終点では使用価値である。貨幣はまず商品がそれに転形すべき「確固たる価値結晶」として現われ、次いで「瞬過的な等価姿態」として消えうせる。こうして、そ

れぞれの商品の姿態変換系列がえがく循環は，他の諸商品の諸循環と解けがたく絡みあって，その総過程は《商品流通 (Warenzirkulation)》なる形態運動を形成する (63 ページの図を参照)。この商品流通において，商品所有者が彼にとって非使用価値たる彼の商品のかわりに彼にとって使用価値たる他人の商品を獲得するためには，彼はまず彼の商品を観念的な価値姿態から実在的な価値姿態へと転形し，かくしてそれを価値として実現しえなければならないのだが，彼の商品が価値として実現されうるためには，それが他人にとって使用価値たることが立証されなければならない。すなわち，それは使用価値として実現されなければならない。ところで，彼の商品の実在的な価値姿態たる貨幣は，(彼の全く関知しえない) 他人のポケットのなかにある。偶々この貨幣所有者によって欲望の対象として購買されるかぎりにおいて，彼の商品は使用価値として実現される，と同時にまた，価値として実現されることができる。ことの決定権は，販売者たる商品所有者の側にではなく，購買者たる貨幣所有者の側にある。商品が $W—G$ なる第一転形をなしとげることができるか否かは（その商品にとって無関係な）他商品の第二転形 $G—W$（その G はまた前段階の $W—G$ の結果にほかならない）によってそれが対応されるか否かに依存し，全く偶然的ならざるをえず，$W—G$ なる過程は，かくして，まさに商品の「命がけの飛躍 (salto mortale)」をなし，姿態変換上のクリティカル・モメントをなす。さきに第 1 章第 4 節の交換過程論でみた「全面的交換（外化）の矛盾」——諸商品の使用価値としての実現と価値としての実現との矛盾は，商品流通において，それが運動しうる形態をうるにすぎない。

商品が販売され，かくして使用価値として実現されると同時に価値として実現されることによってはじめて，その商品の生産に費された私的労働は社会的総労働の一分肢たる意義を獲得し，社会的分業の環たる実を示すことができる。しかるに，商品流通によって媒介される社会的分業は，「一の自然発生的な生産有機体」をなし，その構造は「商品所有者たちの背後で織りあげられたのであり，また織り続けられてゆく」のであって，各生産者の意

志からは独立な・客観的な・そしてまた絶えず変動する・社会的生産の組織構造をなし，各生産者は，自己の労働が社会的労働の一分肢として妥当しえたか否かを，事後的な・（それゆえにまた強力的な・）市場の調整を通じてのみ知ることができる。社会的分業は，商品生産者の諸欲望を多面的ならしめると同時にその労働を一面的ならしめ，かくすることによって彼の生産物を「交換手段」としてのみ意味をもつ商品として貨幣への転化を必然的ならしめ，しかもその転化の成否を偶然的ならしめるのである。商品生産者の労働が（全部的に）社会的労働として妥当しうるためには，第一に，彼がその商品種類の単位量の生産に要費する労働時間の大いさが社会的・標準的な生産諸条件による社会的・平均的に必要な労働時間の大いさを超えてはならず，そして第二に，彼が所属する生産部門の生産総量が社会的欲望の大いさを，「市場の胃の腑 (Marktmagen)」の大いさを超えてはならない。しかるに，生産力は（競争を通じて）絶えず発展し，それにともなって商品単位量の生産に社会的・平均的に必要な労働時間の大いさが絶えず変化すると同時に，それによってまた，生産諸部門間の構成比率も（したがって諸種の生産の社会的諸欲望との対応関係も）絶えず変化する。かくして，商品生産者が《商品流通》に媒介されて織りなす「社会的分業」（労働の量的・質的な社会的編成）は，その本来の主体たる個々の生産者を逆に不可抗的に支配するところの・「全面的な物象的依存の体制」としてあらわれる。生産関係（生産における人と人との社会関係）が物象化し客観化し生産者から自立化して，逆に生産者を支配する顚倒性，資本主義的生産様式を特徴づけるこの顚倒性は，すでに単純商品流通なるこの端緒形態においてあらわれるのである。

恐慌の原基形態

　上にみた商品流通という独特の形態運動のうちに，最も単純な・最も抽象的な・だが最も基礎的な・「恐慌の可能性」が，「恐慌の原基形態」が含まれているとされる。そこで，$W—G・G—W$ なる諸商品の姿態変換運動とその絡合いの関係を，いま少しく立ち入って考察してみよう。

　一商品の第一転形 $W—G$ が単一の他商品の第二転形によって対応され，

第2節　流通手段　63

また第二転形 $G—W$ が別の単一の他商品の第一転形と対応するというように，過程を単純化して表示してみると，商品流通の過程は次の図のように表わされる。

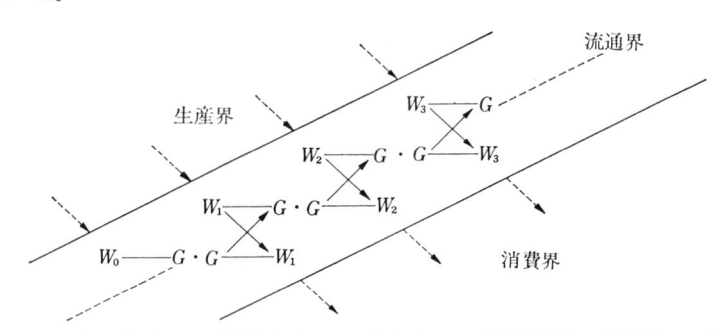

$$\begin{array}{c} \text{流通界} \\ \text{生産界} \quad W_3 \underset{\times}{\longrightarrow} G \\ W_2 \underset{\times}{\longrightarrow} G \cdot G \longrightarrow W_3 \\ W_1 \underset{\times}{\longrightarrow} G \cdot G \longrightarrow W_2 \\ W_0 \longrightarrow G \cdot G \underset{}{\longrightarrow} W_1 \quad \text{消費界} \end{array}$$

$W—G \cdot G—W$ なる二段階をもって構成される形態運動の系列は，それぞれ，所有者にとって非使用価値たる商品形態を始点とし所有者にとっての使用価値を終点とする循環をなし，$\underset{G—W}{\overset{W—G}{\times}}$ は，二つの商品の逆方向への形態運動が相互に交錯・補足しあう関係を示す。$W—G$ および $G—W$ という二つの質的に異なった・相互に対立的な内容をもつ形態運動が，各商品の $W—G—W$ なる一循環の内部において補足しあう関係にあると同時に，各商品の他商品との形態運動の絡合いにおいて対応しあう関係にあり，しかもこの二様の対応・補足関係が相互に条件づけあっているという点に問題がある。例えば，もし上図における W_1 商品の形態運動が第一過程 $W_1—G$ でうち切られ，次の $G—W_2$ がおこなわれないとすれば，W_2 商品の第一過程 $W_2—G$ がおこなわれえなくなる。商品が《salto mortale》たる第一の形態変換に成功しえたとすれば，その商品はすでに「実在的な価値姿態」を，「一般的等価」たる形態を，したがってまたどの商品とでも直接に交換しうる形態をえたのであるから，商品の形態運動はそこで停止される可能性がある。すなわち第一転形の終点たる貨幣は「一の静止点 (Ruhepunkt)」を形成しえ，さらにまた「蓄蔵貨幣 (Schatz)」の形態をとることができる。かくして，各商品の循環の内部において補足しあう関係にある $W—G$ と $G—W$ との二過程は，切断される可能性をもっている。そうしてその切断は同時に，各商品の他商

品との形態運動の絡合いにおける対応補足関係が背反に転化することを意味する。一商品の $W—G$（例えば図における $W_1—G$）がなされえたのは，他商品 W_0 の第二転形たる $G—W_1$ によって対応されたからであるが，かくしてすでにおこなわれた $\begin{matrix} W_1—G \\ \times \\ G—W_1 \end{matrix}$ なる過程は，それ自体として独立した過程でありうる。販売者はその商品を価値として実現し，購買者は欲望の対象たる使用価値をえている。この独立した過程が別の独立した過程でありうる $\begin{matrix} W_2—G \\ \times \\ G—W_2 \end{matrix}$ と連結されるのは，さきの過程の $W_1—G$ によってえられた貨幣が再び購買手段として投下されるかぎりにおいてである。だが，「他の人が購買しなければ誰も販売することはできないが，誰も，彼自身がすでに販売したからとてすぐに購買する必要はない」のであって，$W_1—G$ の G は停止点たりうる。そうして W_1 商品の形態運動がそこで停止されることは，$\begin{matrix} W_2—G \\ \times \\ G—W_2 \end{matrix}$ の過程そのものが成立しえなくなることを意味するのである。さらにまた，$W_2—G$ がなされなければ $W_3—G$ もなされえず，かくして以下同様の連鎖反応が生ずる。ある商品が販売不可能となることによって，他の一連の諸商品もまた販売不可能となるのである。$W—G—W$ における相互補足的な二過程が分離しうるということは，各商品の第一転形 $W—G$ が他商品の第二転形 $G—W$ によって対応されないことの可能性を，すなわち各商品の $W—G$ 自体がなされえないことの可能性を意味する。販売 $W—G$ と購買 $G—W$ という二つの質的に異なった形態運動が各商品の $W—G—W$ なる一循環において補足しあう関係にあると同時に，各商品の $W—G$ は他商品の $G—W$ によって対応され $G—W$ は別の他商品の $W—G$ と対応するという意味においてまた補足しあう関係にあり，この二様の対応・補足関係が相互に条件づけあい，前者の補足関係における分離の可能性は同時に後者の対応関係における背反の可能性を意味するところに問題があるのである。商品流通なる形態運動のうちに《恐慌の原基形態》が含まれているとされるのは，この理由による。

「〔商品〕流通は，まさに，生産物交換〔物々交換〕の場合にみられる自分の労働生産物の譲り渡しと他人のそれの譲り受けとの間の直接的同一性を販売と購買との対立に分裂させることによって，生産物交換の時間的・

場所的・および個人的な諸限界を打破する。自立的に相互に対応しあっている諸過程が一の内的統一を形成するということは，まさに，それらの過程の内的統一は外的諸対立において運動するということを意味する。相互に補足しあっているがゆえに内的に非自立的なものの外的な自立化が特定の点まで進行すると，統一が，恐慌を通じて，暴力的に自己を主張する。商品に内在的な使用価値と価値との対立，私的労働が同時に直接的に社会的な労働として現われねばならぬという対立，特殊的・具体的労働が同時に抽象的・一般的労働としてのみ意義をもつという対立，物象の人格化と人格の物象化との対立，──こうした内在的矛盾は，商品の姿態変換上の諸対立において，それの発展せる運動諸形態を受けとる。だから，これらの形態は，恐慌の可能性を，とはいえただ可能性のみを，含む。この可能性の現実性への発展は，単純な商品流通の立場からはまだ全く存在しないところの，諸関係の一全範囲を必要とする。」(K. I, SS. 118-9. 〔127-8.〕)

* 販売は購買であり購買は販売であるから社会総計としての需給はつねに必然的に一致するはずであるということを主張したジェームズ・ミルの「需要・供給の形而上学的均衡説」や J. B. セーの「販路の理論」は古典派の代表者たるリカードゥによって採用され，以後 J. S. ミルを経てマーシャル，ピグーに承け継がれてケインズの批判を受けるまでイギリス経済学の，いな近代経済学一般の，正統派的見解となってきたのであるが，その見解の誤りは，最も基本的には，以上にみた商品の形態運動とそれに含まれる問題を把握しえていないことに原因するのである。その限りにおいてまた，ケインズの批判も，実は理論的に極めて不徹底なものにすぎないのである。

2. 貨幣の通流

その所有者にとって非使用価値たる商品形態を起点とし所有者にとっての使用価値を終点とするところの，例えば前掲の図における $W_1—G \cdot G—W_2$ なる商品の姿態変換運動は，$\begin{smallmatrix} W_1—G \\ \times \\ G—W_1 \end{smallmatrix}$ および $\begin{smallmatrix} W_2—G \\ \times \\ G—W_2 \end{smallmatrix}$ という二つの自立的な部分過程の連鎖としておこなわれるのであるが，まさにそのことによって逆に，商品流通なる形態運動は，商品と貨幣とのたんに素材的な位置変換にすぎないように見えてくる。一商品の第一転形 $W—G$ は他商品の第二転形 $G—W$

によって対応され，第二転形 $G—W$ は別の他商品の第一転形と対応する。どの過程においても，$W—G$ と $G—W$ という二つの質的に異なった形態変換運動が直接に対応し合わなければならない。まさにそのことによって，$W—G・G—W$ なる諸商品の形態変換運動の絡合いが形成する商品流通は，すべて一様に $\begin{smallmatrix} W—G \\ \times \\ G—W \end{smallmatrix}$ として現われ，それがたんなる $W \rightleftarrows G$ に，すなわち商品と貨幣とのたんなる「交換」（持ち手変換）に解消されて現われるのである。感覚的な現象としては，それ以外のものはみえない。流通界の各地点において，販売者としての商品所有者と購買者としての貨幣所有者が向い合い，「交換」によって販売者は貨幣を購買者は商品を得る。こうして，$W—G$ および $G—W$ という対立的な二段階を経過する諸商品の姿態変換運動は，貨幣が商品と位置を転換するモノトナスな運動としてあらわれる。それと同時に，商品と貨幣との固有の対立的な形態連関の構造（本書57-9ページ）も看過されることとなる。「人はまさにその見ねばならぬものを，すなわち形態について起こることを看過する」こととなる。しかもそれと同時に，「商品流通の媒介者として，貨幣は流通手段という機能を受けとる」のであり，その流通手段としての貨幣の運動は，諸商品の形態変換運動の反映にほかならないのに，その反対に，商品流通が貨幣運動の結果にほかならぬようにみえてくる。

　$W_1—G・G—W_2$ なる商品の一循環は，すでにみたように，$\begin{smallmatrix} W_1—G \\ \times \\ G—W_1 \end{smallmatrix}$ および $\begin{smallmatrix} W_2—G \\ \times \\ G—W_2 \end{smallmatrix}$ なる他商品の逆方向の形態運動と交錯するところの，二段階の自立的な部分過程を経過するのであるが，それらの部分過程を経過することによって，前者においては W_1 商品，後者においては W_2 商品が，それぞれ所有者にとっての使用価値に転化して，流通界から消費界に消えてゆく。かくして，各商品は，その商品個体としては，ただ一回の運動，ただ一回の位置変換をおこなうにすぎない。「商品が流通にふみこむ第一歩は，同時にその最後の一歩である。商品は，金が商品に引きつけられる（$W—G$）からその位置を去るにしても，商品が金に引きつけられる（$G—W$）からその位置を去るにしても，一回の運動，一回の位置変換で，流通から消費に脱落する。流通は

諸商品の間断なき運動であるが、しかしつねに異なった諸商品の運動であって、各商品は〔その商品個体としては〕ただ一回だけ運動するにすぎない。各商品はその流通の後半を同じ商品としてはじめるのではなく、他の〔形態の〕一商品として、金としてはじめる。だから姿態変換〔$W—G$〕をとげた商品の運動〔$G—W$〕は、金の運動である〔金の運動として現われる〕。」($Kr.$ S. 88.〔80.〕角括弧内は引用者による補足。) 商品が一回毎の位置変換によって使用価値として消費過程に脱落してゆくのと反対に、その諸商品の運動を媒介する貨幣は、購買者の手から販売者の手へと絶えず出発点を遠ざかりながら流通界を駈け廻り、「通流 (umlaufen)」する。$G→G・G→G・G→$ なる前掲の図における矢印の動きがそれを示す。「$W—G$ なる行為において一度一商品とその位置を換えた同じ貨幣片あるいは同じ金個体は、逆に再び $G—W$ の出発点として現われ、かくしてもう一度他の一商品とその位置を換える。それは、購買者Bの手から販売者Aの手に移ったように、今度は購買者となったAの手からCの手に移る。だから、一商品の形態運動、その貨幣への転形と貨幣からの再転形、すなわち、その商品の総姿態変換運動は、二度二つの異なった商品とその位置を換える同じ貨幣片の外面的運動としてみずからを表示する。」($Kr.$ S. 89.〔80.〕) かくして、商品流通の過程は、購買者の手から販売者の手へと絶えず出発点を遠ざかりながら流通の諸点を経過してゆく貨幣の運動の、その通過していった諸点の跡へ、絶えず新たに諸商品が吸収されていっては消費に脱落してゆく過程として現われる。二つの対立的な形態運動を含む商品流通は、一面的な貨幣運動として現象する。「購買手段」としての貨幣がそれ自体では運動しない諸商品を流通させ、それが非使用価値たる人の手からそれが使用価値たる人の手に転移せしめるのだ、というように過程が見えてくるのである。こうして、「貨幣運動は商品流通の表現にほかならないのに、その逆に、商品流通は貨幣運動の結果にほかならぬように見える。」($K.$ I, S. 121.〔130.〕)「商品流通そのものの本性が、この反対の仮象を生みだす」のである。しかも、それはたんなる仮象ではない。諸商品の形態変換運動における過程の主導性は、貨幣の側に移る。貨幣は、すべての商品

の「一般的譲渡 (allgemeine Veräußerung) の産物」なるがゆえに「絶対的に譲渡されうる商品」として，何でも買える「購買手段」としてあらわれる。価格は，「諸商品が貨幣におくる秋波」にほかならない。こうして，ことの決定権は貨幣の側に移る。ここにまた，商品流通なる形態運動がはらむ固有の問題があるのである。

流通に必要な貨幣量

商品はいずれも次から次へとその第一転形 $W-G$ によって流通から脱落してゆくのであって，その後に常に新たな商品が入ってくる。貨幣はこれに反して，流通手段としては絶えず流通部面にいてそこを駆けまわっている。そこで流通界はどれだけの流通手段たる貨幣を絶えず吸収し必要とするか，という問題が生ずる。

一社会において，多数の・同時的な・したがってまた空間的に並行する $\begin{smallmatrix}W-G\\ \times\\ G-W\end{smallmatrix}$ なる形態運動が，すなわち，一方の側からの単なる諸販売，他方の側からの単なる諸購買が，おこなわれている。そうしてまた，諸商品は，それらの諸価格において，すでに，一定の表象された貨幣の諸分量に等置されている。したがって，商品世界の流通過程にとって必要とされる流通手段の分量は，すでに，諸商品の価格総額によって規定されているのである。ところで，例えば，$\begin{smallmatrix}W_1-G\\ \times\\ W_3-G\end{smallmatrix}$ なる形態運動は $\begin{smallmatrix}W_2-G\\ \times\\ G-W_2\end{smallmatrix}$ なる形態運動と連結し，それが $\begin{smallmatrix}W_3-G\\ \times\\ G-W_3\end{smallmatrix}$ へとさらに連結し，こうして時間的に継起する一連の姿態変換が展開する。すなわち，同じ貨幣片が諸商品の幾回もの形態運動を次々と媒介する。この，一定期間に同じ貨幣片が媒介する諸商品の形態運動の回数，すなわち貨幣の通流回数を，通常，貨幣の流通速度という。

そこでいま，ある与えられた一定期間に販売・購買される諸商品の価格総額（各商品種類一単位当たりの価格にその期間に販売されるそれぞれの商品数量を乗じたものの総和）を P，その期間における貨幣の平均流通回数を v，流通手段として機能しつつある貨幣量を M とすれば，

$$\frac{P}{v}=M \quad (P=\Sigma pQ=p_1Q_1+p_2Q_2+p_3Q_3+\cdots\cdots+p_nQ_n \quad \text{ただし} p \text{は価格,}$$

Q は商品数量を現わす）

なる関係が成立する。流通界は，このようにして規定される或る一定分量の流通手段しか吸収しない。一方で流通界に余分の貨幣が投入されれば，他方でそれだけの貨幣が流通部面からとび出す。或る一部面で貨幣が流通速度を速めるならば，他部面でのそれは緩くなるかあるいは余分となった貨幣がやはり流通部面からとび出す。この流通貨幣量決定の法則は，生産過程の資本制的性格によってもなんらの変化を受けるものでなく，「一般的に妥当」する。（また，同じ法則は銀行券流通のばあいにも支配する。）

ところでこの場合に留意すべき点は，第一に，貨幣の流通速度とは諸商品の形態運動 $\begin{matrix} W-G \\ \times \\ G-W \end{matrix}$ の連結・継起がどの程度速やかにおこなわれてゆくかの表現ないしは反映にすぎず，決してそれ自体として決まるものではないということであり，第二に，前記の式において，いまその貨幣の流通回数 v を所与としたばあい，P と M の関係は，諸商品の価格総額 P が流通貨幣量 M を決定するのであって，その逆ではない，ということである。とくにこの第二の点が重要である。古くはモンテスキュー，ヒューム，リカードゥ等により，新しくはとくにフィッシャー（I. Fisher, *The Purchasing Power of Money*, 1922.）等によって主唱された，「貨幣数量説（Quantitätstheorie des Geldes, quantity theory of money）」は，まさにこの関係を逆にとらえた謬見にすぎない。

流通手段の量は流通しつつある諸商品の価格総額と貨幣通流の平均速度とによって規定されているという法則は，諸商品の価値総額が与えられており諸商品の姿態変換の平均速度が与えられている場合には，通流しつつある貨幣の量はそれ自身の価値に依存する，というようにも表現されうる。諸商品の価値が不変の場合にはそれらの価格は貨幣材料たる金の価値につれて変動する。すなわち，金の価値が減少すれば諸価格は騰貴し，増加すれば下落する。そして，諸商品の価格総額がかくして増加または減少するにつれて，流通しつつある貨幣の量はそれと同じ割合で増加または減少せざるをえない。この場合の流通手段の量における変動は，なるほど貨幣そのものの事情から生ずるのではあるが，しかし，「流通手段としての貨幣の機能から生ずるの

ではなく，価値尺度としての貨幣の機能から生ずる」。「諸商品の価格がまず貨幣の価値に逆比例して変動し，そしてそれから，流通手段の分量が諸商品の価格に正比例して変動する」のである。この関係を明確にとらえておくことが，前記の「貨幣数量説」の謬見に落ちこまないために，きわめて重要である。

* 「……商品価格は流通手段の分量によって規定され，流通手段の分量はまた一国にある貨幣材料の分量によって規定されるという幻想は，……商品は価格なしに，また貨幣は価値なしに・流通過程に入りこみ，それからそこで，商品雑炊の一可除部分が山なす貴金属の一可除部分と交換されるのだという，馬鹿々々しい仮説に根ざしている。」(K. I, S. 129. 〔138.〕) まず，諸商品の価値の金による価格としての表現関係を，したがってまた価値尺度としての貨幣の機能を明らかにしてのちに，諸商品の姿態変換の媒介者としての流通手段としての貨幣の機能を論ずるという，マルクス貨幣論の構成は，貨幣の形態＝機能規定をその基本的なものから順次に展開したものにほかならないのであるが，そうであることによって，上の謬見に対する批判となっている。なおまた，「貨幣通流」論を，商品流通がもたらす顚倒的な仮象の批判――すなわち，貨幣運動は商品流通の表現にほかならぬのに，その逆に商品流通が貨幣運動の結果であるかにみえ，流通手段としての貨幣がそれ自体では運動しない諸商品を流通させ，購買手段としての貨幣が諸商品をそれが非使用価値たる人の手から使用価値たる人の手に移させるのだ，というようにみえる，その顚倒的な仮象を批判することから始めているのはこうした謬見に対する批判の用意からである。けだし，貨幣数量説的謬見は，購買手段としての貨幣の表面的・孤立的観察の帰結にほかならないからである。

3. 鋳貨，価値章標

流通手段としての貨幣の機能から，貨幣の鋳貨姿態が生まれる。金は価格の度量基準に応じて，一定の純度ないしは品位，一定の重量，および一定の形状をもった金鋳貨に鋳造される。この造幣の事務は国家がおこなう。

ところで，流通するうちに金鋳貨はいずれも多かれ少なかれ磨損し，そのかぎりにおいて，金鋳貨に刻印された金の称号と金の実体とが，名目的内実と現実的内実とが分離する。このように，「貨幣通流そのものが鋳貨の現実的内実を名目的内実から分離させ，それの金属定在をそれの機能的定在から分離させるとすれば，貨幣通流は，金属貨幣をそれの鋳貨機能において，他

の材料からできた諸々の表象または象徴によって置き換える可能性を潜在的に含む」(K. I, S. 131. 〔140.〕) のである。かくして，金鋳貨の代用物としての銀製および銅製の表象，「銀貨」および「銅貨」があらわれ，それらは，鋳貨が最も急速に流通し従ってまた最も急速に磨滅するような，すなわち売買がたえず極めて小規模でくり返されるような商品流通領域において，金鋳貨にとって代わる。これらの「補助鋳貨」は，流通するうちに金鋳貨よりもいっそう急速に磨損し，「それらの鋳貨機能は事実的にそれらの重量とは，すなわちおよそ価値なるものとは，全く係わりのないものとなる。」 かくして「金の鋳貨定在は，その価値実体からすっかり分離する。」 それゆえにまた，それ自体としては無価値な物たる紙券が，金の代わりに鋳貨として機能しうることになるのである。金属製の貨幣表章においては純粋に象徴的な性格がまだいくらか蔽い隠されていたが，紙幣においては，それが誰の見る眼にもはっきりとあらわれてくる。かくして，「強制通用力をもつ国家紙幣は，価値章標の完成された形態である。」(Kr. S. 108.〔95.〕) 諸商品の姿態変換の過程的連鎖を媒介する流通手段としての機能においては，一時的・瞬過的な貨幣定在で足り，貨幣は「それ自身の章標としてのみ機能」するのであるから，貨幣はその象徴ないしは章標によって，置き換えられることができるのである。

 なおここでは，「直接的に金属流通手段から発生する」ところの強制通用力をもつ国家紙幣だけを問題とし，商業手形や兌換銀行券や小切手などの，「単純な商品流通の立場からしてはわれわれのまだ全く知らない諸関係を内蔵している」ところの，「信用貨幣」は問題としない。

紙幣流通の法則

流通に投入された国家紙幣は，その流通量のいかんを問わず自動的には流通の外へ脱出することはない。それゆえにまた，国家は任意の不換紙幣量を流通内に投入することができる。この紙幣流通量が諸商品の価格総額によって規定されるところの流通に必要な金量の範囲を超えなければ，本来の貨幣流通の諸法則がそのまま妥当する。だが，それを超えれば，紙幣は不可避的

に減価する。かくして,「紙幣流通の独自な一法則」は金にたいする紙幣の「代表関係」から生ずる。紙幣の発行はそれによって象徴的に表わされる金がもし紙幣によって代理されなかったならば現実に流通せざるをえない量に限定さるべきだということが,紙幣発行の原則であって,この原則を無視して紙幣が発行され,例えば1億円が流通に必要な貨幣量であった場合に2億円の紙幣が流通に投入された場合は,1円紙幣が2分の金ではなく1分の金を代表するようになり,諸商品の価格は名目的に2倍に上昇するようになる。かくして,「その効果は,あたかも金が価格の尺度としてのそれの機能において変更された場合と同じである。」この紙幣減価とそれにともなう物価の名目的上昇を,インフレーションと呼ぶ。発行限度を超えて流通する紙幣の価値は,その流通紙幣量に依存して決定される。それゆえ紙幣流通のばあいには,外観上は貨幣数量説が通用するかにみえる。だがそれは外観にすぎないのであって,発行限度を超えての紙幣流通による物価上昇は,流通に必要な貨幣量決定という商品流通に内在的な法則が,「外部から機械的に破られたばあいに,流通過程によって強力的になしとげられるところのこの法則の貫徹にほかならない。」(*Kr. S.* 114.〔100.〕)

第3節 貨　　幣

これまで金は価値尺度および流通手段という二重の面から考察されてきた。金は第一の機能を観念的貨幣として果たし,第二の機能においては諸々の象徴によって代理されうる。ところが,金が諸商品の実在的等価としてその金の現身で現われねばならぬような諸々の機能がある。さらに,金が自身ででも代用物によってでも果たすことができるが,しかし金を諸商品価値の唯一十全な化身として単なる使用価値としての他のすべての商品に対して対置せしめるような機能もある。かかる機能を営むものとして金は,「価値の絶対的定在」たる貨幣――「貨幣としての貨幣」となる。

1. 貨幣蓄蔵

商品流通の発展にともなって，商品の第一転形 $W—G$ の産物たる貨幣を「価値の独立的定在」として固持し保蔵する「必要と熱情」が生じてくる。$W—G—W$ なる運動が $W—G$ で中断され，商品は，商品を購買するためにでなく，商品形態を貨幣形態によって置き換えるために，販売される。$W—G$ なる形態変換が，社会的質料変換の媒介から自己目的に転化する。かくして，貨幣は蓄蔵貨幣 (Schatz, hoard) に化石し，商品販売者は貨幣蓄蔵者となる。

蓄蔵貨幣は致富欲から形成され，また，交易上の必要から，購買手段の準備金，支払手形の準備金，世界貨幣の準備金として形成される。資本主義的生産の発展につれて，前者の「自立的な致富形態としての貨幣蓄蔵」は次第に減退し，後者の商品流通を円滑ならしめる必要からする種々なる準備金としての貨幣蓄蔵が増大する。

かくして形成される蓄蔵貨幣は，流通必要貨幣量の自己調節を可能ならしめる貯水池としての社会経済的機能を営む。商品流通量の変動するにつれて，貨幣の流通量も絶えず増減する。したがって，その数量は収縮したり膨張したりすることができなければならない。あるときは貨幣が鋳貨として流通に吸引されなければならず，あるときは，鋳貨が貨幣として流通から反発されなければならぬ。現実に流通しつつある貨幣量が流通界の飽和度につねに照応するためには，一国内にある金の分量が鋳貨機能を果しつつある金の分量よりも大でなければならない。この条件は，貨幣の蓄蔵貨幣形態によって充たされる。「蓄蔵貨幣の貯水池 (Schatzreservoir)」は，同時に，「流通しつつある貨幣の流出および流入の水路として役立つのであり，したがって，流通しつつある貨幣は決してその流通水路からあふれることはない。」(*K. I,* SS. 139-40.〔140.〕)「流通貨幣の蓄蔵貨幣への凝固と蓄蔵貨幣の流通への流出とは絶えず交替する振動的な運動であって，この運動でどちらの方向が優越するかは，もっぱら商品流通の変動によって規定されている。こうして蓄蔵貨幣は流通貨幣の供給と排出の水路として現われ，その結果，ただ流通そのものの直接の必要によって条件づけられた分量の貨幣だけがつねに鋳貨と

して流通するのである。」(*Kr.* S. 130.〔114.〕)

　　$W—G$ によってえられた貨幣が再び $G—W$ として投下されることなく流通から引き上げられると，それは「流通手段」から「蓄蔵貨幣」に転化する。だが，$W—G$ によってえられた貨幣が再び $G—W$ として支出されるまでの期間手許に据え置かれる場合には，その期間のあいだその貨幣はいわゆる「休息鋳貨 (suspendierte Münze)」ないしは「鋳貨準備 (Münzreserve)」の状態にあるのであって，この後者は「蓄蔵貨幣」とは区別されるところの流通手段の一形態とみなされねばならない。

　　鋳貨は，流通しているか休息状態にある。この休息状態にある鋳貨の流通しつつある鋳貨にたいする割合，および休息期間の長短によって，貨幣の流通速度が決まる。鋳貨準備金が流通手段の一形態として流通内にある貨幣総量の一構成部分をなすのにたいして，蓄蔵貨幣は流通の外部にあって流通貨幣量の増減を調節する「貯水池」の役割を演ずる。

2. 支払手段

　商品流通の発展につれて，商品の譲渡をそれの価格の実現から時間的に分離させる諸関係が発展する。生産に要する期間の長短，市場の遠近等の相異なる諸条件のもとで生産をおこなう商品生産者たちの取引を円滑に進行せしむべく，おのずから，「掛売り」・「掛買い」の関係が展開されてくる。商品はいまや貨幣の支払約束にたいして販売され，購買者の手に渡る。購買者は「将来の貨幣の代表者」として，これを購買する。かくして，販売者は債権者，購買者は債務者となり，貨幣は支払手段となる。

　貨幣はいまや，第一には，販売される商品の価格規定における価値尺度として機能する。その商品の約定された価格は，購買者の債務，すなわち彼が一定の期限に支払うべき貨幣額をあらわす。貨幣は第二に，観念的な購買手段として機能する。購買者の貨幣支払の約束が，商品の持ち手変換を生ぜしめる。そして最後に，支払期限が到来してから，支払手段が現実に流通に入ってゆく。すなわち購買者の手から販売者の手に移る。このように支払手段が流通に入ってゆくのは，商品がすでに流通から歩みでた後である。それゆえに，「貨幣はもはや過程を媒介するのではない。それは交換価値の絶対的

第3節 貨　幣　75

定在または一般的商品として，過程を自立的に終結させる。」(K. I, SS. 141-2. 〔150.〕)

$\begin{matrix} W—G \\ \times \\ G—W \end{matrix}$ なる形態変換運動においては，$W—G$ によって商品が「観念的な価値姿態」から「実在的な価値姿態」に形態変化を遂げるのと同時に，$G—W$ によって「観念的にのみ使用価値」たる貨幣が「実在的な使用価値」に転化するのであるが，この形態変換運動は，支払手段としての貨幣の機能にともなって独自の変容を受ける。販売者の側の商品はその価格をさしあたりただ「観念的にのみ実現」するにすぎず，したがって $W—G$（「観念的な価値姿態」の「実在的な価値姿態」への転化）は未だ現実的にはおこなわれることなしに，しかも $W→W$ なる・商品の使用価値としての譲渡は現実的におこなわれ，他方，購買者の側の貨幣は交換価値としての現実の譲渡 $G→G$ をおこなうことなしに，その観念的な使用価値を実在的な使用価値に転化する。購買者が後に彼の商品を販売することによってえた貨幣を約定された期日に支払うことによってはじめて，この過程は完結する。その時にはじめて，この過程における販売者の商品の $W—G$ なる形態変換も現実的におこなわれることとなる。「購買者は，彼がまだ商品を貨幣に転形しない以前に貨幣を商品に再転形する。あるいは，商品の第一の姿態変換以前に第二のそれを遂行する。販売者の商品は流通するのだが，しかしそれは，私法的な貨幣請求権においてのみ自己の価格を実現する。それは，それがまだ貨幣に転形されない以前に使用価値に転形される。その商品の第一の姿態変換は，やっと後から遂行される。」(K. I, S. 142.〔150.〕) そして，それに対応して，支払われる貨幣は，流通手段のようにたんに過程を媒介するものとしてではなく，「交換価値の絶対的定在」として，「過程を自立的に終結」せしめるものとして現われる。この点を明確に把握することが，「貨幣としての貨幣」の一形態たる支払手段としての貨幣の機能を理解するうえに決定的に重要な意味をもつと同時に，「貨幣恐慌の可能性」を把握するための要点をもなす。

　支払期限が到来して支払手段としての貨幣が流通に入ってゆく場合，それが「交換価値の絶対的定在」としての形態規定において現われるのは，それ

によってはじめてただ観念的にのみ実現されていた販売者の商品の価格が現実的に実現され，$W—G$ なる形態転化を遂げうることになるからである。$W—G$ がここでは最終の契機をなし，その終結過程を制約する「交換価値の最後の言葉」として貨幣が登場する。$W—G・G—W$ なる形態運動が $W—G$ において中断され，かくして商品の貨幣への転形が「終結行為」となり，その貨幣が流通から引き上げられることによってそれは「価値の自立的定在」たる蓄蔵貨幣としての形態規定をうることとなるのであるが，この支払手段としての貨幣の機能の場合にも，$W—G$ が最終過程たることによって，貨幣が「価値の絶対的定在」として現われる。ただし，蓄蔵貨幣のように流通の外部においてではなく，流通過程そのものの内部において。

だが，この場合に，貨幣が「価値の絶対的定在」としての形態規定において現われるのは，販売者の商品に対してのみではない。支払をなしえんがための，債務者たる購買者にとっての商品の第一転形に対してもそうである。「販売のこの形態においては，商品はその位置変換をおこない流通するが，その第一の姿態変換，その貨幣への転形は延期される。これに反して購買者の側では，第一の姿態変換がおこなわれぬうちに第二の姿態変換がおこなわれる，すなわち，商品が貨幣に転形されないうちに貨幣が商品に再転形される。だからこの場合には，第一の姿態変換が時間的に第二の姿態変換の後に現われる。そしてそれとともに，第一の姿態変換における商品の〔価値〕姿態たる貨幣は新たな形態規定性をうけとる。貨幣，すなわち交換価値の自立的発展〔形態〕は，もはや商品流通の媒介形態ではなくて，その終局的結果である。」(Kr. S. 136.〔119.〕) 傍点および角括弧内は引用者) 債務者たる購買者は，支払をなしうるためには，彼の商品を貨幣に転形せしめえなければならない。「彼が支払をしないならば，彼の所有物の強制売却がおこなわれる。商品の価値姿態たる貨幣が，かくして今や，流通過程そのものの諸関係から生ずる社会的な必然によって，販売の自己目的となる。」(K. I, S. 142.〔150.〕)貨幣が「販売の自己目的」となるのは，貨幣蓄蔵者の場合のように「個人的狂気」や「気まぐれ」によるのではない。購買者たる債務者にとって，

それはすでに「一つの社会的必然」である。逆に販売者たる債権者は，「〔貨幣蓄蔵者の場合のように〕自分自身をではなくその隣人を一定の貨幣額の定在としてとらえ，自分をではなくその隣人を交換価値の殉教者たらしめる。」(*Kr*. S. 135. 〔117.〕)

貨幣恐慌の可能性

債権者となった販売者にとっての商品の延期された第一の姿態変換 $W—G$ の成否如何は，債務者となった購買者の商品の第一の姿態変換の成否如何によって条件づけられている。だがその債務者たる後者がまた他の商品所有者にたいして債権者となる関係も同時に展開されうるのであって，かくして，「諸支払の過程的連鎖」関係が商品流通の発展にともなって展開されることとなる。この「諸支払の過程的連鎖」は，「後からおこなわれる諸商品の第一姿態変換の連鎖」にほかならない (*K*. I, S. 143. 〔151.〕; *Kr*. S. 139. 〔121.〕)。この連鎖関係を，前節における商品流通の図示と対応せしめて単純化して表示してみると，次ページの図のようになる。この場合，私法的な貨幣請求権における価格の実現，すなわち，さしあたりただ観念的な価格の実現を $W—〔G〕$ として現わし，また，後からおこなわれる購買者の $W—G$ は〔 〕で包んで現わす。

商品 W_0, W_1, W_2, W_3 の所有者をそれぞれ A, B, C, D とすれば，A は B に，B は C に，C は D に，それぞれ支払をなすべき関係にある。W_1, W_2, W_3 の諸商品は，販売者の手から購買者の手にひきわたされ，それぞれに使用価値としてすでに消費界に消失してしまっているのであるが，それらの価格はいまだ観念的にのみ実現されているにすぎず，それらの商品の第一の姿態変換が現実におこなわれるためには，A から B に，B から C に，C から D にと，支払手段としての貨幣がひきわたされなければならない。W_3 商品の第一の姿態変換が現実になされうるか否かは W_2 商品のそれに依存し，同様にして W_2 商品の第一の姿態変換の成否如何は W_1 商品のそれに依存し，さらに，W_1 商品のそれは $W_0—G$ がおこなわれうるか否かに依存する。$W_0—G$ がおこなわれ，その G が A→B, B→C, C→D と順次に支払われてゆ

```
                                            流通界
                          D
                生産界   W₃──〔G〕
                    C      ╳
                 B     W₂──〔G〕・〔G〕──W₃
                          ╳
              A     W₁──〔G〕・〔G〕──W₂
                       ╳
          〔W₀──G〕・〔G〕──W₁
                                    消費界
```

くことによってはじめてこの一連の過程は終結する。「諸支払の・あるいは
後からおこなわれる諸商品の第一の姿態変換の過程的連鎖」は，この場合，
W_0—G の成否如何によって条件づけられている。

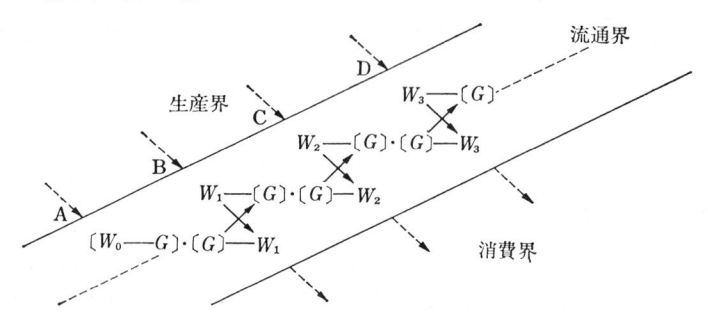

ところで，右の関係の場合に，もしDがAに同額の貨幣を支払うべき関係
もおこなわれていたとすれば，すなわち W_3—〔G〕・$\begin{smallmatrix}W_0-[G]\\ \times \\ [G]-W_0\end{smallmatrix}$ なる関係が展
開され，かくして，これらの諸支払が正量および負量として相互に相殺され
るとするならば，現実の貨幣の介入は全く生ずることなしに過程は終結する
こととなる。その場合には貨幣はただ観念的にのみ，価値の尺度ないしは計
算貨幣として（また，「観念的な購買手段」として）機能するにすぎない。だが，
そうした相互決済の関係が展開されている場合に，それらの諸支払の過程的
連鎖関係がどこかで切断されるとすれば，突如として，それらの諸商品の第
一の姿態変換は「硬貨」によってのみ媒介されうるものとなる。「貨幣は突
然に，価値の尺度としてのその雲霧のごとき幻のごとき姿から，硬貨あるい
は支払手段に急変する。」(Kr. S. 140.〔122.〕) 諸商品所有者にとってすでに
「社会的必然」となっているところの，支払をなしえんがための商品の強制
売却がおこなわれる。かくして，貨幣は突如として「富の排他的な定在」と
してみずからを顕わし，「絶対的商品」としての貨幣が諸使用価値としての
商品に対立する。ここに，「生産＝および商業恐慌」の「特殊的局面」ない
しは「契機」としての・《貨幣恐慌》の可能性があるのである。

「支払手段としての貨幣の機能は一の無媒介的な矛盾 (unvermittelter
Widerspruch) を含んでいる。諸支払が相殺されるかぎりでは，貨幣はただ

観念的にのみ，計算貨幣または価値の尺度として機能する。現実の支払がおこなわれねばならぬかぎりでは，流通手段として・質料変換のただ暫時的かつ媒介的な形態として・登場するのではなく，社会的労働の個別的化身・交換価値の自立的定在・絶対的商品として登場する。この矛盾は，貨幣恐慌と呼ばれている生産＝および商業恐慌の時機に，爆発する。貨幣恐慌は，諸支払の過程的連鎖とそれらの相殺の人為的制度とが充分に発達している場合にのみ起こる。この機構の比較的一般的な諸攪乱につれて，――それらの攪乱がどうして生ずるかを問わず，――貨幣が，突然にかつ媒介なしに，計算貨幣というただ観念的な姿態から，硬貨 (hartes Geld) に急変する。それは卑俗な諸商品によって代えられないものとなる。商品の使用価値は無価値となり，そして商品の価値は，それ自身の価値形態とくらべて見る影もなくなる。つい先ほどまで，ブルジョアは好景気に酔いしれて得々として言っていた，――貨幣は空虚な幻影だ，商品のみが貨幣だ，と。ところが今や，貨幣のみが商品だ！　というのが世界市場にひびきわたる声となる。鹿が清水を求めて啼くように，世界市場の魂は唯一の富たる貨幣を求めて叫ぶ。恐慌においては，商品とその価値姿態たる貨幣との対立が，絶対的矛盾にまで高められる。だからこの場合には，貨幣の現象形態はどうでもよい。支払が金でなされるはずであろうと，信用貨幣――たとえば銀行券のような――でなされるはずであろうと，貨幣飢饉 (Geld-hungersnot) は依然として同じことである。」(*K.* I, SS. 143–4.〔151–2.〕なお，*Kr.* SS. 140–1.〔122.〕; *Grundrisse*, S. 876. をも参照されたい。)

支払手段としての貨幣の機能が含む「無媒介的矛盾」は，商品流通のうちにその運動形態を見出したところの・商品の内的矛盾の，ヨリ発展し変容した発現形態にほかならない。その意味で，ここでみた「貨幣恐慌の可能性」は，前節でみた「恐慌の原基形態」との密接な連繋において把握されなければならない。

流通貨幣量の法則の修正
　前節の 2.「貨幣の通流」においてみた・流通に必要な貨幣量に関する法

則は，支払手段の流通が加わることによって，大いに修正される。

　ある一定の期間内において支払期限に達した債務総額は，その期間内に取引された（掛売りされた）諸商品の価格総額をあらわし，その価格総額の実現に必要な支払手段の量は，支払手段の流通速度と，諸支払が相互につき合わせられることによって正量および負量としてどれだけ相互に相殺されるか，によって定まる。そして，支払手段の流通速度は，さきの図に示されたような，Bはその債務者Aから貨幣を受けとり，それをさらにその債権者Cに支払うといったような，債権者と債務者との諸関係の連鎖によって，また各種の支払期間の時間の長短によって，規定される。

　かくして，ある与えられた期間に流通する貨幣（流通手段および支払手段）の総量は，期限に達した支払総額を Z，相殺された支払額を Z'，支払手段の平均流通速度を v' とし，また，同じ貨幣片が或るときは流通手段として或るときは支払手段として交互に機能する流通数量を U とすれば，流通に必要な貨幣量総額 M は，左記のように決まる。

$$\frac{P}{v}+\frac{Z-Z'}{v'}-U=M$$

　「流通貨幣量に関する法則」は，支払手段の流通が加わることによって，かような修正を受けるのである。いまや，或る一定期間のうちに取引される諸商品の価格総額とその同じ期間のうちに流通する貨幣の総量とは，一致しなくなる。何故ならば，その期間に現在流通している多数の商品はその価格が将来はじめて貨幣で実現されるものであり，またその期間に現在流通している多数の貨幣はそれに対応する諸商品がすでに以前に流通から脱落してしまったものだからである。だが，諸支払の総額は契約上とりきめられた諸商品価格の総額をあらわすものであるから，流通貨幣量は商品価格総量によって決定されるという・前節 2.「貨幣の通流」でみた「一般的法則」は，一定の変容を受けながらも依然として貫徹されるのである。

　なお，「信用貨幣」は支払手段としての貨幣の機能から直接に生ずるものであって，それは販売された諸商品にたいする債務証書そのものがさらに債

権の移転のために流通することによって，生ずる。他方，信用制度が拡大されるにつれて，貨幣の支払手段としての機能も増大する。大口の商取引は種種な形態の「信用貨幣」によって媒介されるようになり，金銀鋳貨は主として小口取引の部面に押しこめられることになる。

3. 世 界 貨 幣

貨幣は，国内的流通領域から国際的流通へと歩みでるとともに，価格の度量基準・鋳貨・補助鋳貨および紙幣といった「国民的制服」の諸形態を脱ぎすてて，再び元の地金形態に逆戻りする。貨幣は世界貨幣としては金それ自体でなければならず，金は世界貨幣として価値の唯一絶対の形態となる。「世界市場で初めて，貨幣は，充分な広がりにおいて，それの自然的形態が同時に人間的労働それ自体の直接的に社会的な実現形態たる商品として，機能する。貨幣の定在様式が貨幣の概念に適合したものとなる。」(*K. I, S.* 148.〔156.〕)

世界貨幣は，「一般的な支払手段，一般的な購買手段，および富一般 (universal wealth) の絶対的・社会的な物質化」として機能する。そのうち，国際収支の決済のための「一般的な支払手段」としての機能が最も支配的な機能をなす。或る国の他の諸国との間の質料変換の伝来的な均衡が天災や戦争などの諸原因によって突然中断ないしは攪乱され，その国が多量の一方的な購買を余儀なくされたような場合に，金銀は国際的な購買手段として機能する。最後に，購買も支払も問題でなく，すなわち商取引以外に，一国から他国へ富を移譲しようとする場合，しかもその移譲が，商品市場の市況によってかあるいは達成さるべき目的そのものによって，商品形態では都合が悪く，世界貨幣としての金そのものの形態を必要とする場合には，「富一般の絶対的・社会的な物質化」として機能する。

国際的な支払手段としての機能が世界貨幣の最も支配的な機能をなすのは，国家間の貿易取引においては，さきに第2節の 1. でみた，「四つの極と三人の登場人物を前提」するような，$W—G—W$ なる一循環を形成する本来

的な「商品流通」の運動は展開されず，輸出である最初の $W—G$ と輸入である第二の $G—W$ とはそれぞれに別個な取引としておこなわれるのであるからである。

金（および銀）は，一方では産源地から世界市場の全領域に流れ，種々なる国の国内的流通水路に入り込み，磨損した金・銀鋳貨を塡補し，奢侈品の材料となり，また蓄蔵貨幣に凝結する。他方では，為替相場の休みない変動にともなって種々の国民的流通領域の間を絶えず往復する。

すでに述べたように，単なる致富形態としての貨幣蓄蔵＝「本来的な貨幣蓄蔵」は資本制的生産の発展にともなって次第に減退し，購買手段の準備金，支払手段の準備金および世界貨幣の準備金としての蓄蔵貨幣の形成（とりわけ後の二者）が支配的となってくるのであるが，信用制度の発達した国では，中央銀行の地下室という一つの貯水池に種々なる蓄蔵貨幣が大量的に集積され，そのことによってまた，それらは「それの独自的諸機能に必要とされる最小限に制限される。」($K.$ I, S. 151.〔160.〕) だが，中央銀行の地下室に眠る金が種々なる準備金としての機能を兼ねおこない，しかもそれが「最小限に制限」されることは，それらの諸機能のあいだに「危険な衝突をきたすことがありうる」ことを意味する。世界市場恐慌において，世界貨幣たる金は，まさに「価値の絶対的・一般的定在」として，諸使用価値たるにすぎぬ諸商品のうえに君臨するものとして現われる。世界貨幣は，単純商品流通の基礎上で展開される「価値の自立化」の，「商品物神」の発展としての「貨幣物神」の，最高の発展形態である。

  * とくに（支払手段の準備金機能の一発展形態たる）銀行券に対する兌換準備金機能が加わるや，この機能と世界貨幣の準備金（とくに国際的支払手段の準備金）としての機能とは，「危険な衝突」をきたしやすくなる。これらの点については，後に信用論というヨリ高次の論理段階において再論する。

第3章 資本

第1節 貨幣の資本への転化

1. 資本の一般的範式

　貨幣は商品流通なる形態運動の「最後の所産」であるが，それはまた，(論理的にも歴史的にも) 資本の「最初の現象形態」である。貨幣としての貨幣（単なる貨幣）と資本としての貨幣とは，さしあたり，それらの相異なる流通形態によって区別される。貨幣としての貨幣が係わる商品流通の形態は $W—G—W$ であり，それにたいして，資本としての貨幣の流通形態は $G—W—G$ である。所有者にとって非使用価値たる商品を始点とし所有者にとっての使用価値を終点とするところの・$W—G—W$ なる循環は，欲望の充足すなわち使用価値をその運動の窮極目的とするのに対して，貨幣を始点および終点とする $G—W—G$ なる循環は，交換価値そのものを運動の推進的動機ないしは規定的目的とする。$W—G—W$ においては，生産物交換すなわち社会的労働が自らを表示する相異なる諸資料の相互変換が運動の内容をなすのに対して，$G—W—G$ は同義反復的であり一見全く無内容にみえる。$W—G—W$ の始点と終点は質的に相異なる使用価値であるが，$G—W—G$ の始点と終点は質的に全く同等の貨幣である。質的に同等なものは量的にのみ区別される。それゆえ，$G—W—G$ なる運動は $G—W—G'$ $(G+\Delta g)$ となってはじめて有意味となる。最初に流通に投下した貨幣 G が価値の増加分 Δg をともなって回収される場合にのみ，この循環運動は有意味となる。貨幣は，この循

環運動を通じて，Δg を，すなわち剰余価値 (Mehrwert, surplus value) を生み，自己を増殖する。かかるものとして，貨幣は資本となる。

単純な商品流通——購買のための販売——は，諸欲望の充足という流通の外部に横たわる窮極目的の手段にすぎず，それゆえにまた，それによって限界づけられているが，これに反して，$G—W—G'$ なる資本としての貨幣の流通は，まさに自己目的である。けだし，「価値の増殖は，たえず更新されるこの運動の内部にのみ存する」のであるから。循環の終点たる貨幣はそのまま直ちに次の循環の始点となりうる形態をとっており，各個の循環の終りは新たな一循環の端初をなす。かくして，過程それ自体を自己目的とする・資本の運動は無限度である。かかる運動の意識的担当者として，貨幣所有者は資本家となる。すなわち，資本家とは，「人格化された資本」，「意志と意識とを付与された資本」にほかならない。資本家の直接的目的とするところは使用価値＝欲望の充足ではなく，また個々の利得でもない。「利得することの休みない運動」がそれである。「この絶対的な致富衝動，この熱情的な価値追求は，資本家と貨幣蓄蔵者とに共通なのであるが，しかし，貨幣蓄蔵者は気のちがった資本家にすぎぬのに，資本家は合理的な貨幣蓄蔵者である」。貨幣蓄蔵者が流通から貨幣を吸い上げることによって達成しようとする増殖を，資本家は絶えず貨幣を流通に投げ入れることによって達成する。

$G—W—G$ なる循環運動の反復において，価値は，「自己増殖する価値」として，「一の自動的主体」に転化する。価値がこの場合には過程の主体となるのであって，この過程においては，価値が，貨幣形態と商品形態との絶えざる変換のもとにその大いさを変じ，本源的価値としての自分自身から剰余価値としての自分を打ち出し，自分自身を増殖する。かくして，「価値は，それが価値であるがゆえに価値を生むという，**幽玄な資質**を受けとった。それは生きた仔を生む，あるいは，少なくとも金の卵を生む。」（*K.* I, S. 161.〔169.〕）単純な商品流通において価値がとる自立的姿態たる貨幣は商品交換の媒介契機たるにすぎないのに対して，$G—W—G'$ なる循環運動とその反復において，価値は，「一の過程しつつある・みずから運動しつつある・実体」

としてあらわれるのであって，商品と貨幣とはこの実体が交互にとっては捨てる単なる形態にすぎない。かくして価値は，「過程しつつある価値・過程しつつある貨幣となり，かかるものとして資本となる。」($K.$ I, S. 162.〔170.〕）価値は，流通から出て再び流通に入りこみ，流通において自らを維持し，倍加し，増大して流通から復帰し，この同じ循環をくりかえし新たに開始する。

$G—W—G'$ は，「資本が直接的に流通界で現象するがままの，資本の一般的範式」($K.$ I, S. 163.〔170.〕) である。

2. 一般的範式の諸矛盾

$G—W—G$ なる流通形態は，$G—W—G'$ $(G+\Delta g)$ としてのみ，合理的である。だが，$G—W—G$（購買・販売）なる運動は $W—G—W$（販売・購買）と順序が入れ換わっただけにすぎないのに，何故にそれは $G—W—G'$ $(G+\Delta g)$ となりうるのであろうか？

右図にみるように，いま B なる資本家が A から W_1 なる商品を購買して C に販売する場合に，$G—W_1—G$ なる循環運動の第一過程たる購買 $G—W_1$ は A なる商品生産者の販売 $W_1—G$ と対応・交錯しあう関係にあり，また，第二過程たる販売 $W_1—G$ は C なる別の商品生産者の購買 $G—W_1$ と対応・交錯しあう関係にある。これらの過程はいずれも $\begin{smallmatrix}W—G\\ \times \\ G—W\end{smallmatrix}$ なる相互補足的な形態運動であって，それぞれに自立的な部分過程をなすことは単純商品流通の場合となんら異なるところはない。B は販売と購買との順序をたんに入れ換えることによって，G を G' たらしめることはできない。B は A から W_1 商品を買って C に売る。その結果は，A と C とが直接に販売し購買しあったのと全く同じことであり，そこになんらの価値の余剰も差額も生ずるはずがない。あるいは，A は彼にとって非使用価値たる W_1 商品を B に売って彼の欲望の対象たる W_0 商品を買うべき貨幣を入手し，また，同様にして C は彼にとって非使用価値たる W_2 商品を売ってえた貨幣でもって B から彼

C………$(W_2—G)\cdot\ G—W_1$
B……… $G—W_1\ \ \ \times\ \ W_1—G$
A……… $W_1—G\ \cdot\ (G—W_0)$

の欲望の対象たる W_1 商品を買いこれを入手するのであるから，AもCもいずれもBによって「得をした」，それゆえ媒介者たるBは当然の利得をえなければならないというものがあるかもしれないが，この場合にも，AとCとが直接に売買しあえば「双方が得をする」結果をうるのであって，Bによる $G—W_1—G$ なる運動が介在する必要はない。いな，そもそも，交換において当事者の「双方が得をする」というのは，商品がその所有者にとって非使用価値たるものから所有者にとっての使用価値に転化すること（商品の「使用価値としての実現」）を意味するだけであり，交換価値の増減とは全く異なったなんらの関係もないことがらである。質的に相異なる使用価値たる諸商品は，等しい価値として相互に交換される。その交換そのものは，なんらの価値の増減をもたらすものではない。「商品流通を剰余価値の源泉として叙述しようとする試みの背後には，たいてい，使用価値と交換価値との quid pro quo すなわち取違えが伏在している。」(K. I, S. 166.〔173.〕)

あるいはまた，販売者はその商品を価値以上の価格で売ることができ，かくしてBは $W_1—G$ の過程で利得をうることができるのだ，とするものがあるかもしれない。だがそうだとすれば，BはAからその同じ W_1 商品をやはり価値以上の価格で買わなければならない。したがって，「元の木阿弥」である。購買者が商品を価値以下の価格で買うことができるとする場合も，全く同様である。だから，剰余価値の形成，したがってまた貨幣の資本への転化は，販売者たちが商品をその価値以上に販売することによっても，また，購買者たちが商品をその価値以下で購買することによっても，説明されえないのである。さらにまた，仮にいま，他の人よりも安く買い高く売る特技ないしは特権を有するものがあったとしても，その人の利得は「一人の得るところ他人これを失う」（ジェームズ・ステュアート）といったものであり，社会総体としてはなんらの価値の増殖もなされえないのである。そもそも，商品流通は等価物同士の交換を原則とするのであり，また，商品流通の発展はこの原則の確立と貫徹をもたらす（したがってまた，前期的商人的な利得の生ずる余地は次第に狭まってゆく）のであるから剰余価値の発生はこの等価交換の原

則のうえに明らかにされるのでなければならない。

では如何にして貨幣は資本に転化されるのであろうか？　貨幣所有者は商品をその価値で買い，価値で売り，しかも最初に投入したよりも多くの価値を引き出さなければならない。それは一体，どのようにして可能なのであろうか？

この問題の解答をうるためには，流通過程から生産過程へと，分析のメスを入れてゆかなければならない。

* 剰余価値の形成を価値以上の価格での商品販売に帰し，売り手にそうした剰余価値をもたらす価格で商品を購入しようとする需要が有効需要であるとするマルサス (T. R. Malthus, *Principles of Political Economy considered with a View to their Practical Application*, 1820.) やトレンズ (R. Torrens, *An Essay on the Production of Wealth*, 1821.) 流の有効需要論は，「販売することなしに購買するばかりの，したがってまた生産することなしに消費するばかりの，一階級を想定」しているのであって (*K. I*, S. 169. 〔176.〕)，この階級が絶えず購買するための貨幣は，結局のところ生産者からなんらかの方法でまきあげられたものにほかならない。だからそれは，少しも価値増殖すなわち剰余価値の形成を説明するものではない。そうした場合には，生産者はまきあげられた価値を，価値以上の価格での商品販売によってとり戻すにすぎない。

3. 労働力の購買と販売

$G-W-G$ なる循環運動が $G-W-G'$ $(G+\mathit{\Delta}g)$ となりうるためには，$G-W$ によって購買された商品のうちに，その使用価値そのものが価値の源泉であり，それの現実的消費そのものが価値創出であるような・独自な種類の商品が含まれているのでなければならない。それは，人間の労働能力ないしは労働力である。

だが，貨幣所有者が労働力を商品として購買し，それによって彼の貨幣を資本に転化しうるためには，「二重の意味で自由」な労働者が労働市場に現われていなければならない。すなわち，一面では封建的な隷属から解放された自由な人格として自分の労働力を自分の商品として処分する自由を持ち，他面では，自分の労働力の実現に必要な一切の物象（生産手段および生活手段）

から引き離されているという意味で自由な労働者が，一階層として労働市場に登場していなければならない。そうした「自由な労働者層」の形成は，「歴史的発展の成果であり，幾多の経済的変革の，社会的生産の全一連の古い諸構造の滅亡の産物」である (K. I, S. 177.〔183.〕)。かくして，資本はそもそもから，社会的生産の歴史的一段階を劃するものとして現われる。

　労働力という商品の使用価値は，労働そのものにおいて実現され，価値を生み出すのであるが，そうして，かかる独自な使用価値をもつがゆえに，労働力は商品として貨幣所有者によって購買されるのであるが，その労働力商品の価値はどのように規定されるのであろうか？　それは，他の諸商品の価値と等しく，「それの再生産に必要な労働時間」によって規定される。労働力の再生産は，労働者の自己維持によってなされる。それゆえ，「労働力の再生産に必要な労働時間」は，労働者の自己維持に要する生活手段の生産に必要な労働時間に帰着する。すなわち，労働力の価値は労働力の所有者の自己維持に要する生活手段の価値にほかならない。労働力の所有者は今日の労働を了えたならば，明日も力や健康の同じ条件のもとで同じ過程を反復することができなければならない。それゆえ，労働力の再生産に必要な生活手段は，労働者をその標準的・正常的生活状態において維持するに充分なものでなければならない。また，労働力の所有者は絶えず磨損し死亡してゆくのであるから，それは後続部隊によって絶えず補充されなければならず，したがって，労働力の再生産に要する生活手段の総額は，この補充員の生活手段をも含むのでなければならない。資本主義的生産が順当におこなわれてゆくためには，アダム・スミスのいわゆる「労働種族」の必要量が維持し確保されなければならないのである。かくして，労働力の価値は，労働者をその家族とともに標準的状態において維持し再生産するに必要な生活手段の価値によって規定される。ところで，消費諸欲望の範囲やその充足の仕方，生活維持手段の構成は，一面では，気候的その他の自然的諸条件が異なるにつれて異なり，他面では，それ自体歴史的所産であり，一国の文化段階に，とりわけ如何なる条件のもとに，如何なる慣習や生活要求をもって自由労働者の階級

が形成されたか，に依存する。それゆえ，労働力の価値規定は，他の諸商品とは異なって，一の歴史的要素を含んでいる。だが，一定の国，一定の時代には，必要生活手段の平均範囲が与えられているとみることができる。

なお，労働能力を一定の質，一定の熟練と技巧をそなえたものにするには，それだけの育成費を要する。資本主義的生産の発展段階の異なるにつれて，要求される労働力の質も異なり，したがってそれに要する育成費も異なるのであるが，この育成費もまた労働力の価値規定の範囲にくみこまれなければならない。

以上の諸点を含むものとしての，労働力の再生産に社会的平均的に必要とされる労働時間によって，労働力の価値が規定される。ところでいま，その労働力の再生産に1日あたり要する平均労働時間——「必要労働時間」——が例えば5時間であったとした場合，そして仮に1労働時間が生み出す価値が100円という貨幣表現であらわされるとすれば，「労働力の日価値」は500円であり，その500円を支払えば労働力は購買されうるのであるが，そのことは，かくして雇用された労働者のおこなう労働時間が必要労働時間たる5時間を超えて例えば10時間であり，したがって労働者が1日あたりに生みだす価値が1,000円であることをなんらさまたげない。かくして，労働力はまさにその価値どおりに販売され購買され，しかも，剰余労働による剰余価値が絶えず生みだされるのである。「貨殖の秘密」は，まさしくこの点にある。

$G—W—G$ が $G—W—G'(G+\varDelta g)$ たりうるためには，労働力という独自な種類の商品の消費過程，すなわち生産過程が，その循環運動のなかに組み込まれなければならない。すなわち，$G—W\cdots P\cdots W'—G'$ でなければならない（この場合，P は生産過程をあらわす）。生産過程において商品形態で生み出された剰余価値が，資本価値とともに貨幣に実現される。すなわち，W' は $W+\varDelta w$ であり，それが G' すなわち $G+\varDelta g$ に実現されるのである。かくして，等価交換の原則のもとに絶えず剰余価値が生みだされる。「資本の一般的範式の矛盾」は，このようにして解決されるのである。

そこで，貨幣を資本たらしめるところの・生産過程——特殊＝資本制的な生産過程がいまや考察されなければならない。すなわち，「その入口には無用の者入るべからずと掲示されてある隠された生産の場所」に入ってゆかなければならない。それによって，「如何にして資本が生産するか」ということだけでなく，「如何にして資本そのものが生産されるか」ということも明らかにされなければならない。

労働市場においては，労働力商品の所有者と貨幣所有者（＝資本家）とは，対等な人格と人格の関係として，相対する。そこで支配的におこなわれるのは，商品所有者相互の関係であり，「自由，平等，所有，ベンサム〔功利主義〕」である (K. I, S. 184.〔189.〕)。すなわち，そこでは当事者は，その自由意志によって，相互に対等な関係において，自己の所有物たる労働力と貨幣を自由に処分し，もっぱら彼等の自利を追求する。だが，そうした対等な人格関係の仮象は，生産過程に入るとともに消え失せる。いまや，様相は一変して生産者は賃労働者となり，貨幣所有者は資本家となる。資本家が「意志と意識とを付与された資本」にすぎないとすれば，賃労働者はその資本の価値増殖のための「生ける労働用具」にすぎない。

以上の商品・貨幣論と資本の形態規定に関する基礎的・一般的な論述の前提のもとに，以下に展開される直接的生産過程の分析と剰余価値の源泉の把握は，特殊な歴史的社会としての資本主義社会の経済構造をその根柢から批判的に解明しようとするマルクス独自の問題意識にもとづくものであり，彼の全理論体系を支える基底をなすと同時に，その理論を古典派および近代経済学のそれから分かつ決定的な一論点をなすものである。

第 2 節　剰余価値の生産

1. 労働過程と価値増殖過程

a. 労　働　過　程

　商品が使用価値と価値という相異なる二要因からなり，それを生産する労働が具体的有用労働と抽象的人間労働という二重性をもつのと対応して，資本主義的生産過程は労働過程と価値増殖過程という二面の統一をなす。

　まず労働過程を，それ自体として，すなわち，どの規定された社会的形態とも係わりのないものとして，考察してみよう。

　「労働はさしあたり，人間と自然との間の一過程，すなわち，それにおいて人間が人間の自然との質料変換を彼自身の行為によって媒介し・規制し・統制する一過程である。人間は自然質料そのものに一の自然力として対応する。彼は，自然質料を彼自身の生活のために使用されうる形態で取得するために，彼の身体に属する自然力たる腕や脚や頭や手を運動させる。彼は，この運動により彼の外部の自然に働きかけてこれを変化させることにより，同時に彼自身の自然を変化させる。彼は，彼自身の自然のうちに眠っている諸力能（ポテンツェン）を発展させ，その諸力の働きを彼自身の統制のもとにおくのである。」(K. I, S. 185.〔192.〕）労働によって，人間は，外的自然を人間の諸欲望充足に適合的なものに作り変えてゆくと同時に，その外的自然を作り変えてゆく過程そのものを通じて，彼自身の自然を変化させ，そのうちに眠っている潜在的な諸力能を目覚めさせ発展させる。かかる労働によって，人間は，自然から独立し逆に自然を支配するものとなってゆく。この意味において労働は，本来，「人間の自然からの解放の契機」（ヘーゲル）なのである。労働こそは，自然に埋没され支配されたものとしての動物から人間を区別せしめる，最も重要で基本的なモメントをなすものにほかならない。労働によって人間はその自然的諸力能を発展させ，また，人間の諸力能の発展につれて労働の内容およ

び様式が，その最初の動物的・本能的形態をまだ脱却していなかったような太古的状態から次第に高度化してゆく。

かかるものとしての人間に固有な労働，「人間にのみ属するような形態をとる労働」は，(1) 目的意識的であるということ，(2) 労働手段を用いるということ，(3) なんらかの形態で社会的労働としておこなわれるということ，の以上三点の，独自の特色をもっている。まずここでは，人間の労働過程を特徴づける第一，第二の点をみておくことにしよう。

第一の点。——「蜘蛛は織物師の作業に似た作業をおこない，また蜜蜂はその蠟製の窩の建築によって幾多の人間建築師を赤面させる。だが，最も拙劣な建築師でも最も優秀な蜜蜂よりもそもそもから優越している所以は，建築師は窩を蠟で建築する前にすでにそれを自分の頭の中で建築しているということである。労働過程の終りには，その初めに当たりすでに労働者の表象のうちに・つまりすでに観念的に・現存していた一の成果が出てくる。彼は自然的なものの形態変化のみを生ぜしめるのではない。彼は自然的なもののうちに，同時に，彼の目的——すなわち，彼の知っている・法則として彼の行動の仕方様式を規定する・それに彼が自分の意志を従属させねばならぬ・彼の目的——を，実現するのである。」($K. I, S. 186.〔193.〕$) この意味において，人間の労働は，合目的的・意識的な生産活動である。

第二の点。合目的的な生産活動の客体的要因は労働対象および労働手段であるが，この労働手段を用いるという点に，人間労働の第二の特色がある。「労働手段とは，労働者が自分と労働対象との間に差し入れてこの対象にたいする彼の活動の伝導体として彼のために役立つような，一つの物，または諸物の一複合体である。彼は諸物を，能力手段として他の諸物に——彼の目的に応じて——作用させるために，それらの物の力学的・物理学的・化学的な諸属性を利用する。」($K. I, S. 187.〔194.〕$) 「手の延長」としての道具は——後にみるように——発展して機械となるが，この道具・機械等の労働手段を媒介契機とすることによって，人間労働は自然から独立し，それを支配するものとなる。人間は，その目的を実現するために，或る客体を他の客体

に作用させるべく，対象的自然の客観的な合法則性を意識的に利用する。かかるものとしての「労働手段の使用および創造は，萌芽状態ではすでに或る種の動物の属性をなしているとはいえ，独自的・人間的労働過程を特徴づけるもの」であり，したがってまた，フランクリンは，人間を "a toolmaking animal" すなわち，「道具を作る動物」だと定義しているのである。如何なる労働手段が作られ用いられているかによって，その社会の生産力水準が規定される。そして，生産諸関係の総体たる経済構造は，社会の生産力水準によって究極的に規定される。それゆえに，「遺骨の構造が滅亡した動物種属の身体組織の認識のために有するのと同じ重要さを，労働手段の遺物は滅亡した経済的社会構造の価値判断のために有する。何が作られるかということでなく，如何にして・如何なる労働手段をもって・作られるかということが，経済的諸時代を区別する。労働手段は，人間の労働力の発展の測度器であるばかりでなく，そのうちで労働がおこなわれる社会的諸関係の指示器でもある。」(K. I, S. 188.〔195.〕)

かくして，人間の労働は，目的意識的な生産活動であり，かつ，その目的を達成するために，対象的自然の合法則性を意識的に利用するものとしての労働手段を作りだしそれを用いる，という点に特色をもつ。しかもその労働は，――後にみるように――なんらかの社会的結合形態をとっておこなわれる。かかるものとしての労働，「対象的世界の実践的産出」ないしは「加工(Bearbeitung)」によってはじめて，人間は，人間的存在となるのである。この「人間と自然との間の質料交換の一般的な条件」であり，「人間生活の永遠的な自然条件」であるところの・《労働過程》のもつ意義を，まず明確にとらえておくことが必要である。

* こうした労働観が，マルクスの全思想体系を支える基点となっている。この点について詳細には，拙著『蓄積論研究』前編終章「マルクスによる古典学派の揚棄」の第2節「『経済学・哲学手稿』における労働疎外論」を参照されたい。

労働手段 (Arbeitsmittel) のうちには，「生産の筋骨系統」と呼ぶべき機械的労働手段と，「生産の脈管系統」と呼ぶのが適切な，管・桶・籠・壺等の

労働対象の容器とがある。後者の種類の労働手段は現今の化学工業においては重要な役割を演じているが，一般には，前者の種類の労働手段が規定的な意味をもつ。なお，労働を条件づける客体的要因としての・広義の労働手段としては，作業場面たる土地や労働用建物，運河，道路などがある。なおまた，労働対象 (Arbeitsgegenstand) のうちには，天然に存在する労働対象とすでに労働によって媒介されたそれとがあり，後者を原料 (Rohmaterial) と呼ぶ。また 例えば照明用の電気，燃料用の石炭・石油等の補助材料 (Hilfsstoff) も労働対象のうちに含まれる。総じてこれらが，労働過程の客体的諸要因をなし，一括して生産手段 (Produktionsmittel) と呼ばれる。

　これらの労働過程の客体的諸要因は，主体的要因たる人間労働によって媒介されてはじめてその自然的諸属性が有用的諸属性として実現され，それらの生産に投ぜられた過去の労働が新たな生産物の形成に寄与するものとして意義づけられる。「労働過程で役立たない機械は無用である。……織られもせず編まれもしない糸は，台なしにされた棉花である。生きた労働はこれらの物をとらえ，それらを死から蘇生させ，それらをただ可能的な使用価値から現実的かつ効果的な使用価値に転化させねばならぬ。なるほど，それらの物は労働の火になめられ，労働の肉体として同化され，過程中でそれらの概念および職分にふさわしい機能にまで鼓舞されながら，たしかに消耗されるのではあるが，しかしそれらは，生活手段として個人的消費に入りこんだり生産手段として新たな労働過程に入りこんだりすることのできる新たな諸使用価値――新たな諸生産物――の形成要素として，目的あって消耗されるのである。」(K. I, S. 191. 〔198.〕)　過去の労働の生産物たる労働手段や労働対象は，絶えず新たに「労働の火になめられ」，生産的に消費されることによって，使用価値として維持し実現される。

　ところで，この労働過程は，それが「資本家による労働力の消費過程」としておこなわれるときは，以下の二つの独自的現象を呈する。第一に，労働者は資本家の統制と監督支配下に労働する。第二に，生産物は資本家の所有物であって直接生産者たる労働者の所有物ではない。「労働過程は，資本家

が購買した諸物〔労働力をも含めて〕の間の，彼に属する諸物の間の，一過程である。だから，この過程の生産物は，彼の葡萄酒窖における醱酵過程の生産物とまったく同じように，彼〔資本家〕に属する。」(K. I, S. 194.〔200.〕)労働過程が資本制的生産過程としておこなわれることによって，合目的的な生産活動は価値増殖のための一手段たらしめられ，労働生産物が労働者から疎外され，労働そのものが労働者から疎外される。そこでは労働力は物として，「生ける労働用具」として消費され，剰余価値を生むという・資本主義的に規定された特殊な使用価値を実現せしめられる。

* この労働疎外論については，本書の序説 1. でもすでに概略説明したが，なお内田義彦著『資本論の世界』(岩波新書) 第Ⅳ章「労働と疎外」および前掲の拙著『蓄積論研究』前編終章第 2 節「『経済学・哲学手稿』における労働疎外論」を参照されたい。

b. 価値増殖過程

価値増殖過程は，一定点以上に延長された価値形成過程にほかならない。そこで価値増殖過程の何たるかを理解するためには，まず，生産過程を価値形成過程として考察しておくことが必要である。

いま仮に，10 ポンドの綿糸を生産するのに 10 ポンドの棉花が必要であるとし，その 10 ポンドの棉花を 10 ポンドの綿糸に転化せしめるのに社会的平均的に必要とされる労働時間が 5 時間であるとする。そして，1 ポンドの棉花は 100 円であり，それを生産するには社会的平均労働の 1 労働時間を要するものとする。すなわち総じて，社会的平均労働の 1 労働時間が生みだす価値は 100 円で表示されるものとする。なお，10 ポンドの棉花を 10 ポンドの綿糸に転化せしめるに要する紡錘の磨損量——それをもって充用されたすべての労働手段を代表させるとして——が，200 円に，したがってまた社会的平均労働の 2 労働時間に相当するものとしよう。そうすると，10 ポンドの綿糸を生産するには，10 ポンドの棉花すなわち 1,000 円の価格で表示される 10 労働時間プラス 200 円すなわち 2 労働時間に相当する紡錘磨損量と，5 労働時間の紡績労働とを，すなわち計 17 労働時間を必要とする。1

労働時間の社会的平均労働が対象化された価値が 100 円の価格で表示されるとすれば，10 ポンドの綿糸は 1,700 円でなければならない。このように，棉花の生産に必要な労働時間は棉花を原料とする綿糸の生産に必要な労働時間の一部分をなし，したがって糸のうちに含まれている。紡錘磨損分についても事情は同じである。1 軒の家の建築に 30 労働日を要するとした場合に，30 日めの労働日が最初の労働日よりも 29 日だけ遅く生産に入りこむということはこの家に合体された労働時間の総量をすこしも変化させないのと同様に，「労働材料と労働手段とに含まれる労働時間は，まったく，あたかもそれが，紡績の形態で最後に付加された労働よりも前に，ほかでもない紡績過程のより以前の一段階で支出されたかのように，みなされうる」のである。かくして，「相互に異なる・特殊的な・時間的にも空間的にも分離された・労働諸過程は，一個同一の労働過程の相異なる継起的諸段階だとみなされうる」のである（K. I, S. 196.〔203.〕）。

* やがてみる不変資本価値の生産物への移転という問題を理解するためにも，まずもってこの点を明確にとらえておくことが必要である。

ところで，いま労働力の日価値が 500 円だとし，したがってさきの仮定によれば，労働力の再生産に要する社会的平均労働時間，すなわち「必要労働時間」が 5 時間だとすれば，この例示の紡績資本家は，1 労働者あたり 1,000 円の棉花プラス 200 円の紡錘磨損量を投じ，また労働力の日価値 500 円を支払って生産をおこなわせた結果，計 1,700 円の綿糸をえたのであるから，えられた生産物の価値は投下した資本の価値と全く等しく，したがってなんらの価値増殖も剰余価値の生産もおこなわれえなかったことになる。生産過程を通過したが，貨幣は資本に転化しえなかったのである。1 労働日が「必要労働時間」を超えぬかぎりは，なんらの価値増殖もおこなわれえないのである。資本家は労働者に労働力の日価値 500 円を支払い，労働者は 5 労働時間の紡績労働をおこなうことによって棉花に 500 円の価値を付加し，かくして正確に等価を，価値にたいして価値を，返却した。だがそうした等価の返還がおこなわれているにすぎぬかぎりは，なんらの剰余価値も生産されえない

のである。賃銀は「労働の価値ないしは価格」であり労働者はその労働の対価を支払われているのであるから利潤の源泉を労働者の労働に求むべきではないとする説が欺瞞的な謬見にすぎないことは，この点からして明らかであろう。
*

* なお，利潤は「節欲にたいする報酬」だとする「節欲説 (abstinence theory)」の誤りも，この点からして明らかであろう。ここでの資本家は，(労働者1人あたり) 1,700 円の資本を投じて 1,700 円の生産物をえた。彼はそれを浪費することなく「節欲」して資本として投下したのであるが，それと全く同額の等価をえたにすぎない。10 ポンドの綿糸が 1,700 円，1 ポンドの綿糸は 170 円であって，それは全く価値どおりに販売されたのであるから，市場での取引にはなんらの不正もない。実は，資本家は節欲の報酬として「悔恨の代りに糸を手に入れている」のであるから，もうそれで良いのであって，彼がいくら節欲してみても，それだけではなんらの利潤も生じえないのである。
　この利潤＝節欲説は，プロレタリアートの解放運動の抬頭と初期社会主義思潮の展開によって特徴づけられる 1830 年代のイギリス社会において，労働価値説によるリカードゥ的利潤論にとって代わるべくナッソー・シーニョアによって展開されたものであり (N. W. Senior, *An Outline of the Science of Political Economy*, 1836.)，その abstinence theory は J. S. ミルにおいてリカードゥの利潤論と併存し (J. S. Mill, *Principles of Political Economy*, 1848.)，さらに，アルフレッド・マーシャルにおいてはリカードゥ的利潤論は全く消えて，「節欲」説が「待忍」説 (waiting theory) として「資本の供給価格」＝「利子」の唯一の説明原理とされる (A. Marshall, *Principles of Economics*, 1890.)。こうした，「節欲」説ないしは「待忍」説が近代経済学において如何なる役割を果たしてきたかについては，M. Dobb, *Political Economy and Capitalism*, 1937, ch. v. および近代経済学の陣営内部からの批判としては，J. Robinson, *An Essay on Marxian Economics*, 1942, ch. vii. を参照されたい。

だが，資本家は労働力の日価値を支払っているのであるから，労働者の1日ぶんの労働は彼に属すべきものである。そこで，資本家は，労働者を「必要労働時間」に等しい5労働時間のかわりに，例えば 10 労働時間働かせることができる。その場合には 2,000 円の価格の 20 ポンドの棉花が 20 ポンドの綿糸に転化される。磨損紡錘量も2倍すなわち 400 円相当ぶんとなる。それに 10 時間の労働による価値すなわち 1,000 円相当ぶんが付加されるのであるから，1労働日によって生産される 20 ポンドの綿糸は 3,400 円となり，

5 時間労働によって生産される額のちょうど 2 倍となる。依然として 1 ポンドの綿糸は 170 円の価格で表示される価値をもち，その点ではなにも変わりはない。それにもかかわらず，いまや紡績資本家は，棉花価格 2,000 円プラス磨損紡錘量 400 円に労働力の日価値 500 円を加えた計 2,900 円の資本を投下することによって，3,400 円の綿糸をえている。すなわち，いまや 500 円の剰余価値が生産されている。手品はついに成功した。貨幣が資本に転化したのである。資本家は，流通に投じたよりもヨリ多くの貨幣を，流通から引き出す。資本家は貨幣を生産諸要素たる諸商品に転形し，生産手段たる諸商品の死んだ対象性に生きた労働力を合体させることによって，価値を，すなわち過去の対象化された労働を，自己増殖する価値に，資本という活気ある怪物に，転化させる。いまや，労働過程はたんなる価値形成過程でなく，価値増殖過程となるのであるが，その価値増殖過程は，ある特定の点を超えて延長された価値形成過程にほかならない。剰余価値は，「必要労働」を超えた労働，すなわち「剰余労働」によってのみ，生産されるのである。

c. 不変資本と可変資本

労働過程の相異なる諸要因，客体的要因たる生産手段（労働手段および労働対象）と主体的要因たる労働力とは，生産物価値の形成に相異なる関与をなす。

労働者は彼の労働の具体的な内容および形態のいかんにかかわらず，ある一定量の労働を付加することにより，労働対象に新たな価値を付加する。他方，消耗された生産手段の価値は生産物のうちに移転され，移転されることによって生産物の価値構成部分として維持される。労働者の労働は，一面では生産手段の旧価値を生産物に移転せしめ，他面では新たな価値を生産物に付加するのである。労働者は同時に二重に――一方では新価値を付加するために，他方では旧価値を維持するために――労働するのではないが，彼は同じ労働によって新価値を付加しつつ旧価値を維持する。成果のこの二面性は，彼の労働そのものの二重性からのみ説明される。

一使用価値Aが新たな一使用価値Bの生産のために標準的な技術的諸条件

のもとに合目的的に消費されるかぎりは，消費された使用価値Aの生産に要した労働時間は新たな使用価値Bの生産のために必要な労働時間の一部分をなすのであり，かくして，それは，消費された生産手段から新生産物に移譲される労働時間である。過去の労働の生産物たる労働手段や労働対象は，絶えず新たに労働の火になめられ生産的に消費されることによって，使用価値として維持し実現される。と同時に，それら労働手段や労働対象に含まれていた価値は生産物のなかに移転され，移転されることによって維持される。かくして，労働は，合目的的な生産活動として，具体的有用労働として，諸生産手段を死から蘇生させ，それらに含まれていた価値を新生産物に移転せしめる。それと同時に，その同じ労働は，人間労働力の支出たる抽象的・一般的な属性において新たな価値を生みだし，それを生産物に付加する。

この労働の二重性による旧価値の維持・移転と新価値の付加という二面的作用は，例えば以下のような例示によって明瞭に看取することができよう。

すなわち，いま仮に技術的進歩によって本節1. の b. 項に前掲の例示における紡績工が同じ10時間労働によって以前の5倍の棉花を紡ぎうるようになったとしよう。いまや，20ポンドの棉花ではなく，100ポンドの棉花が，100ポンドの綿糸に転化される。（簡単化のために，磨損紡錘量は問題としない。）同じ10時間の紡績労働によって以前の5倍の棉花の価値が新生産物のうちに移転される。だが，10時間の労働が付加する新価値はなんら変わりがないのである。このように，労働生産性の変化は，旧価値の維持・移転と新価値の創出・付加という同じ労働の二面的作用に，相互に異なった結果をもたらすのである。

生産過程において，生産手段は生産的に消費されて生産物に転化せしめられるのであるが，生産手段の価値が消費されるのではない。生産手段の価値は，生産手段の使用価値としての実現と消滅を通じて維持され，新生産物の価値となって再現する。だから，正確にいえば，それは，再生産されるのではない。これに対して，労働力の購買に投下された価値は，それを超える超過分たる剰余価値とともに絶えず新たに労働によって再生産される。労働力

の購買に投下された価値は, 労働者の手で貨幣形態から生活手段の形態に転化され, その生活手段の消費とともに消失する。他方, 資本家は貨幣のかわりに労働力を入手し, その労働力の使用価値の実現, すなわち労働によって, 労働力の購買に投下された価値と等しい価値を, それを超える超過分とともに再生産させる。労働力の価値が生産物のなかに移転されるのではない。それは絶えず新たに労働によって生産され, 再生産されるのである。

かくして, 資本のうち生産手段（原料・補助材料および労働手段）に自らを転態する部分は, 生産過程においてその価値の大いさを変じないゆえに, それを不変資本 (konstantes Kapital) と言い, 資本のうち労働力に転態される部分は, 生産過程においてその価値の大いさを変ずるゆえに, これを可変資本 (variables Kapital) と言う。労働過程としての側面からは生産の客体的および主体的要因として区別される資本諸成分は, 価値増殖過程としての側面からは不変資本および可変資本として区別されるのである。不変資本の価値は生産物のうちに移転・再現され, 労働力に転態した可変資本は絶えず新たにそれの等価ともに超過分たる剰余価値を生みだす。

不変資本を C, 可変資本を V, 剰余価値を M であらわすとすれば, 投下資本は $C+V$, 生産物価値は $C+V+M$ であらわされる。このうち C 部分は既述のように生産手段の価値が生産物のうちに移転し再現されたものであるが, $V+M$ 部分は生きた労働によって, 新たに生みだされた価値部分である。この $V+M$ 部分を, 「生産物価値 (Produktenwert)」 $C+V+M$ と区別して, 「価値生産物 (Wertprodukt)」 と呼ぶ。なお, 可変資本の増殖率, すなわち可変資本に対する剰余価値の割合は $\frac{M}{V}$ で表現され, 「剰余価値率 (Rate des Mehrwerts)」と呼ばれる。労働力の再生産に要する労働時間部分は「必要労働時間 (notwendige Arbeitszeit)」——その時間内に支出される労働は「必要労働 (notwendige Arbeit)」, それを超過する労働時間部分は「剰余労働時間 (Surplusarbeitszeit)」——その時間内に支出される労働は「剰余労働 (Mehrarbeit, surplus labour)」と呼ばれるが, 剰余価値率は1労働日を構成するこの二部分の比に等しい。すなわち, 剰余価値率 $\frac{M}{V}=\frac{剰余労働}{必要労働}$ で

ある。かくして，それは，労働の「搾取度 (Exploitationsgrad)」を表現するものにほかならない。

　生産物価値 $C+V+M$ のうち不変資本の価値が移転されたにすぎぬ C 部分の価値と，新たに生みだされた $V+M$ なる価値部分との性格上の質的差異を明確に捉えておくことが必要である。資本家の眼には，この $C+(V+M)$ なる生産物価値の構成が，$(C+V)+M$ として，すなわち，投下資本 $C+V$ が全体としてなんらかの理由によって余剰をもたらすものとして反映される。労働の搾取という本質的関係が，隠蔽されて表象されるのである。そして，この本質的関係の隠蔽は，次に述べるような関連からして殆と不可避的でさえある。本節 1. の b. 項に前掲の数字例に立ち戻ってみよう。20 ポンド 2,000 円の棉花が 10 時間労働によって 20 ポンドの綿糸に転化せしめられ，それに伴う紡錘磨損量は 400 円，労働力の日価値は 500 円と仮定されていた。なお，1 時間の社会的平均労働は 100 円で表示される価値に対象化されるものと仮定されていた。そこで，資本家は，2,000 円の棉花プラス 400 円の紡錘磨損，計 2,400 円の不変資本 C と 500 円の可変資本 V を投下して，$2,400\,C+500\,V+500\,M=3,400$ 円 なる構成と量的規定をもつ生産物価値を生みだす。剰余価値率 $m'=\dfrac{500\,M}{500\,V}=100\%$ である。労働力の購入に投下された資本価値は，かくして倍に自己増殖を遂げたのである。ところで，上の生産物の価値構成は，この例示のように任意に分割可能な財貨生産の場合は，生産物の比率的諸部分でも表示されうる。すなわち，前記の生産物価値の構成は，$14\dfrac{2}{17}$ ポンド $+2\dfrac{16}{17}$ ポンド $+2\dfrac{16}{17}$ ポンド として，すなわち，不変資本価値部分を体現する $14\dfrac{2}{17}$ ポンドの綿糸（そのうち $11\dfrac{13}{17}$ ポンドが棉花価値体現部分，残り $2\dfrac{6}{17}$ ポンドが紡錘磨損価値体現部分）プラス可変資本価値部分を体現する $2\dfrac{16}{17}$ ポンドの綿糸プラス剰余価値部分を体現する $2\dfrac{16}{17}$ ポンドの綿糸としてあらわされうる。そうなると，20 ポンド 2,000 円の棉花は $11\dfrac{13}{17}$ ポンドの綿糸に転化され，また，400 円相当の紡錘磨損分は $2\dfrac{6}{17}$ ポンドの綿糸に転化され，それと全く同様に労働力の購入に投ぜられた貨幣が $2\dfrac{16}{17}$ ポンドの綿糸に転化されるのだ，というようにみえてき，それと同時にまた，利潤ないし

は剰余価値が生みだされるかどうかは最後の $2\frac{16}{17}$ ポンドの綿糸が生産されるかどうかにかかっている，というようにみえてくる。このように生産物価値の構成は生産物の比率的諸部分で表示されうるだけでなく，さらに，類推的に，1労働日の諸構成部分への比率的配分としても表示されうるかにみえる。すなわち，10時間労働が $7\frac{1}{17}$ 時間＋$1\frac{8}{17}$ 時間＋$1\frac{8}{17}$ 時間 として，すなわち，不変資本価値に相当する価値部分を生みだす $7\frac{1}{17}$ 時間プラス可変資本価値に相当する価値部分を生みだす $1\frac{8}{17}$ 時間，計 $8\frac{9}{17}$ 時間は，投下資本価値を補塡すべき労働部分として，そして，最後の $1\frac{8}{17}$ 時間のみが利潤ないしは剰余価値を生みだす労働とみなされる。これこそが，ナッソー・シーニョアの「最終1時間」説なる欺瞞的謬見の根拠なのである。

* シーニョアは，『綿業に影響するかぎりでの工場条件に関する書簡』(1837年) と題するパンフレットにおいて，工場主の「純利得」全体は「最終の1時間」の労働から流れ出るのであり，したがって労働日を1時間短縮すれば純利得が全く無くなってしまうと主張し，当時の労働時間短縮運動，「10時間労働法」成立への運動に対する反対意見を表明した。シーニョアのこうした主張は全く科学的根拠のない俗説にすぎないが，しかしそれは，労働時間の大いさ，1労働日の長さが，利潤ないしは剰余価値の大いさと密接な関係をもっていることを，——彼の利潤＝節欲説に反して，——「語るに落ちる」形で表明したものとみることができよう。

2. 絶対的剰余価値の生産

資本主義的生産の動機および目的とするところは剰余価値の取得にあるが，その剰余価値の大いさは剰余労働の量によって決定され，また，剰余価値率すなわち可変資本に対する剰余価値の比率は必要労働に対する剰余労働の比率によって決定される。ところで，その剰余労働量は，次ページの図にみるような二様の方法によって増大させることができる。

1労働時間が100円で表示される価値を生みだすと仮定し，労働力の日価値が400円，したがって必要労働時間が4時間であるとした場合に，もし(a)の場合のように1労働日が8時間であるとすれば，剰余労働時間は4時間，剰余価値は400円，剰余価値率 $m'=100\%$ となるが，その場合に，もし(b)

のように，1労働日あたりの労働時間を10時間に延長したとすれば，剰余労働時間は6時間，剰余価値は600円，剰余価値率 $m'=150\%$ となる。また，もし (c) の場合のように，1労働日の長さはそのまま変化させないで必要労働時間を2時

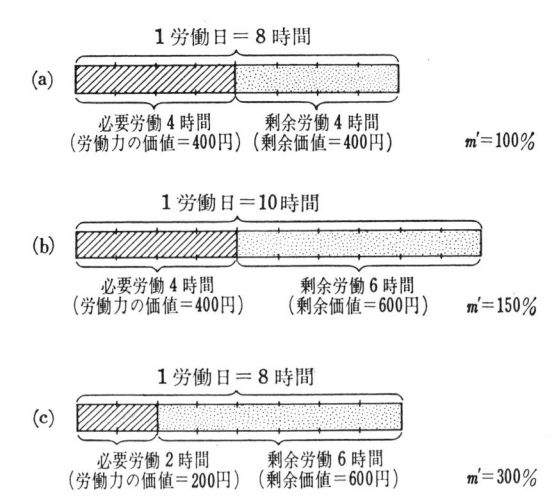

(a) 1労働日＝8時間
必要労働4時間（労働力の価値＝400円） 剰余労働4時間（剰余価値＝400円） $m'=100\%$

(b) 1労働日＝10時間
必要労働4時間（労働力の価値＝400円） 剰余労働6時間（剰余価値＝600円） $m'=150\%$

(c) 1労働日＝8時間
必要労働2時間（労働力の価値＝200円） 剰余労働6時間（剰余価値＝600円） $m'=300\%$

間，したがって労働力の日価値を200円とすれば，その場合も剰余労働時間は6時間，剰余価値は600円となり，剰余価値率 $m'=300\%$ となる。このように，剰余価値の大いさの増大および剰余価値率の上昇は，1労働日あたりの労働時間そのものを延長することによってか，あるいは必要労働時間を短縮することによって，えられる。(b) の場合におけるような，労働時間そのものの延長＝労働の絶対量の増大による剰余価値の増大を「絶対的剰余価値 (absoluter Mehrwert)」の生産と言い，(c) の場合におけるような，必要労働時間の短縮＝剰余労働時間の相対的割合の増大による剰余価値の増大を「相対的剰余価値 (relativer Mehrwert)」の生産と言う。後者の相対的剰余価値の生産は，労働力の再生産に要する生活諸手段の価値の低下によって，したがってまたそうした結果をもたらす生産力の発展によって条件づけられているが，前者の絶対的剰余価値の生産はただ単に1労働日あたりの労働時間を延長すればよいのであって，それが剰余価値生産の原初的な形態をなす。

本来，労働時間の延長にも，なんらか一定の肉体的限度および社会的・文化的限度ともいうべきものがなければならないが，しかしそうした諸限度は事実上伸縮自在であり，資本家は労働力の購買者として労働力の使用価値としての実現を最大限に発揮させようとし，労働者は労働日を一定の標準的な

大いさに制限しようと欲する。この利害相反する二つの要求の衝突は，総資本家すなわち資本家階級と総労働者すなわち労働者階級との間の幾世紀にもわたる闘争として現われる。この標準労働日のための闘争は，例えばイギリスの旧くは 14 世紀から 18 世紀の中葉にいたるまでの諸労働法令にみられるような初期資本主義期と，19 世紀の初葉とりわけ 1833 年以降の工場立法にみられるような資本主義確立後の時期とでは，全く異なった様相を呈する。前者の時代の労働法令は最短労働時間を規定して労働日を強力的に延長せしめようとするものであり，資本の労働支配がいまだ確立されておらず，充分な剰余労働を吸収するには国家権力の援助が必要であったことを物語っているのに対して，後者の時代の工場立法は，労働日の短縮，標準労働日の確定を要求するものであって，労働日を延長しようとする資本の止みがたい衝動＝「剰余労働を求める人狼的渇望」を一定度まで抑制し，もって社会総体としての労働力の標準的な再生産を確保しようとするものであり，そうであることによって，それは，機械制大工業の全面的展開にともなう資本―賃労働関係の全機構的確立，資本の労働支配の強化を物語るものといえよう。だが，資本主義的生産の発展は同時にまた，労働者階級の成熟と階級的自覚を不可避的な所産としてもたらすのであって，労働日の短縮，標準労働日の確定のための闘争が強力に展開され，前記のような工場立法の成立を促進することとなるのである。

　なお，労働時間の延長すなわち労働量の「外延的」増大に対して，労働密度ないしは労働強度の増大による労働量の「内包的」増大も可能なのであって，資本は，たとえ労働日を制限されても，一定時間内に支出される労働量を――機械の運転速度を速めたり，あるいは機械の持ち台数を増やしたりして――増加せしめることによって，ヨリ多くの剰余労働を吸収することができる。この労働密度ないしは労働強度の増大をマルクスは相対的剰余価値生産の一形態をなすものとしているが，――そしてそれには，やがてみるように一定の論拠があるのであるが――しかし，労働の「内包的」増大であっても労働量そのものの増大による剰余労働の増大なのであるから，その意味にお

いては、それは、絶対的剰余価値生産の一形態とされなければならないであろう。労働日が制限された近代資本主義体制のもとでは、むしろこの形態での絶対的剰余価値の生産が

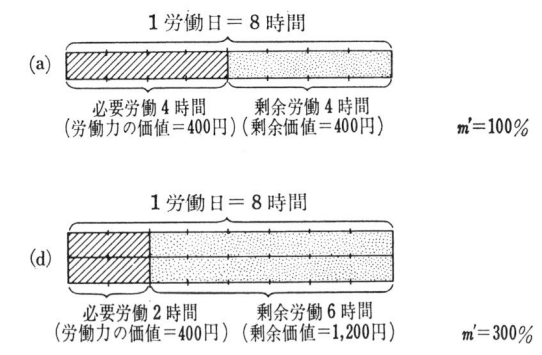

(a) 1労働日＝8時間
必要労働4時間　剰余労働4時間
（労働力の価値＝400円）（剰余価値＝400円）　　$m'=100\%$

(d) 1労働日＝8時間
必要労働2時間　剰余労働6時間
（労働力の価値＝400円）（剰余価値＝1,200円）　　$m'=300\%$

ますます重要となるのである。労働強化、すなわち一定時間内に支出される労働量の増大による剰余価値の増大を図示してみれば、例えば上図のようになる。同じ1時間内に支出される労働量が倍増したとすれば、1労働日＝8労働時間がその倍の 16 労働時間として作用して 1,600 円の価格で表示される価値を生みだすことになる。かかるものとしての1労働日＝8時間のうちの必要労働時間は、労働力の価値は依然として 400 円なのであるから、2 時間となり、残り6時間が剰余労働時間となる。（ただし、その剰余労働時間もまた従来の倍の労働時間として作用するのであるから、1,200 円の剰余価値を生みだす。）このように、労働強度の増大による剰余価値の増大は、一面では支出される労働の絶対量そのものの増大による剰余労働の増大であるという点で絶対的剰余価値生産の一形態たる性格をもち、他面では同じ8時間のうちの必要労働時間部分と剰余労働時間部分との相対的割合の変化を伴うという点で相対的剰余価値生産の一形態とみなされるといえよう。だが、本来の相対的剰余価値の生産が生産力発展の結果たる労働力の価値の低下によって条件づけられているのに対して、労働強度の増大による剰余価値増大は必ずしもそうではない点に、範疇的な相違がある。資本主義的生産の発展に伴う資本の労働支配の強化につれて労働密度の増大がなされるのであって、その意味では、この種の剰余価値増大は本来的な相対的剰余価値生産と不可分に絡み合っておこなわれるのであるが、むしろそれゆえにこそ、この二様の剰余価値増大の質的な差異を明確にしておく必要があるのである。

3. 相対的剰余価値の生産

a. 相対的剰余価値の概念

　労働日の延長による絶対的剰余価値の生産は，標準労働日のための闘争を誘発しやがて工場立法等によって制限されることとなるが，これに対して，労働力の価値の低下＝必要労働時間の短縮による剰余労働時間の相対的割合の増加という，本来的な相対的剰余価値の生産，ならびに労働密度の増大による剰余価値生産の増大は，そうした制限を受けることなくおこなわれうる。

　労働生産力の発展は，それがあるいは直接にあるいは間接に，労働力の再生産を媒介する諸商品の価値を低下せしめるかぎりにおいて，労働力の価値を低下せしめ，相対的剰余価値を増大せしめる。労働生産力の発展が日常的な生活手段に属する諸商品の生産諸部門においておこなわれる場合は直接に労働力の価値の低下に作用し，それらの消費財生産諸部門に原料・機械等の生産手段を提供する生産諸部門においておこなわれる場合は間接に労働力の価値の低下に作用する。労働力の再生産とは無関係な奢侈品部門その他（例えば軍需品部門など）における生産力の発展は，労働力の価値には影響しない。このように，生産力の発展が労働力の価値の低下に，したがってまた相対的剰余価値の増大に，寄与する仕方および度合は生産諸部門によって種々に異なるが，これらの生産諸部門のそれぞれにおける併行的な生産力発展の総和として，漸次，労働力の価値が低下し相対的剰余価値が増大してゆくのである。

　だが，こうした一般的な結果を，新たな生産方法を採用することによって労働生産力を発展せしめる個々の資本家が意識しているわけではない。新たな生産方法を採用する各個の資本家の直接的目的とするところは，新生産方法による商品の「個別的価値 (individueller Wert)」と「社会的価値 (gesellschaftlicher Wert)」との差額としての「特別剰余価値 (Extramehrwert)」の取得である。そこで，新生産方法による各個の資本家のもとでの「特別剰余価値」の成立と，社会の資本総体の平均的一可除部分としての平均資本にとっての相対的剰余価値の増大＝一般的剰余価値率の上昇との関連を——当面

必要かつ可能なかぎりにおいて——考察しておく必要がある。
* 「資本主義的生産の内的諸法則が諸資本の外的運動において現われ，競争の強制法則 (Zwangsgesetze der Konkurrenz) として自らを有効ならしめる仕方様式，それゆえにまた，推進的動機として個々の資本家の意識にのぼる仕方様式」そのものを具体的に解明することは，競争論の課題であるが，ここでは相対的剰余価値の概念を明らかにするに必要なかぎりにおいて，個々の資本にとっての事実と社会の資本総体にとっての，従ってまたその平均的一可除部分としての平均資本にとっての事実との関連を明らかにしておく。

1労働時間が100円という価格で表示される価値を生みだすとすれば，8労働時間では800円の価値が生産される。ところでいま，A商品の単位量が1労働時間で生産されるとし，またそのA商品1単位の生産のために消費される・原料をはじめとするところの諸生産手段の価値が100円であると仮定しよう。そうすると，このA商品単位量あたりの価値は200円となり，8労働時間では計1,600円の生産物価値が生みだされることとなる。こうした想定の場合に，このA商品を生産する生産部門の或る資本家が新生産方法を採用することによって労働の生産力を2倍に増加せしめたとしよう。そうすると，この個別資本のもとでの労働は1時間あたりA商品の1単位量ではなく2単位量を生産することになる。8労働時間では16単位量が生産される。そして，いま簡単化のために，A商品単位量あたりに要費される諸生産手段の価値が不変とすれば，この個別資本のもとでは8労働時間が計1,600円ではなく2,400円の生産物価値を生みだすこととなる。この資本による商品単位量あたりの個別的価値は150円となる。社会的平均的な生産条件で生産される商品Aの1単位量が2労働時間を表示したとすれば，この例外的な生産力のもとでの労働によって生みだされるそれは$1\frac{1}{2}$労働時間しか表示しない。だが，一商品の現実的価値は，それの個別的価値でなくてそれの社会的価値である。すなわち，商品の価値は，生産者が個々の場合にその商品に事実上要費する労働時間によって規定されるのではなく，その商品の生産のために社会的平均的に必要とされる労働時間によって規定されるのである。したがって，単位量あたり150円の個別的価値の商品は200円の社会的価値と

して通用し，その1単位量あたりの差額 50 円は「特別剰余価値」として新生産方法を採用した資本家によって取得される。（新生産方法による資本家が倍増した生産物量を販売せねばならぬために，彼が彼の商品をたとえば190円で売るとしても，なお1単位量あたり40円の特別剰余価値が実現される。） 各個の資本家にとって新生産方法採用の動機は，まさにこの特別剰余価値の取得・実現にある。

ところが，この特別剰余価値の取得も，その剰余価値生産の増大は，必要労働時間の短縮とそれに照応する剰余労働の延長から生ずるとみることができる。

労働力の日価値が400円であるとしよう。そうすると，1労働時間が100円の価値に対象化されると仮定してあるのだから，1労働日8時間のうち4時間が必要労働時間，他の4時間が剰余労働時間となる。既述のように，旧来の社会的平均的な生産条件では1時間労働でA商品1単位量が生産されるのであるから，8時間労働では8単位量が生産され，また消費される生産手段の価値が商品1単位量あたり100円であるから，その生産物価値の構成は，$800C+400V+400M=1,600$ となる。いま，この生産物価値の構成を生産物の比率的配分で表示してみると，A商品1単位量あたり200円であるから，1労働日8時間によって生産されるA商品8単位量のうち4単位量が不変資本Cを填補する部分を表示し，残余の4単位量のうちの2単位量が可変資本Vの再生産を表示する部分，最後の2単位量が剰余価値Mを表示する部分となる。この場合に，或る個別資本の新生産方法の採用によって1労働時間あたりの，したがってまた1労働日あたりの生産物量が2倍になったとすれば，——労働力の日価値は依然として400円なのであるから——1労働日あたり16単位量の社会的価値で表示された生産物価値の構成は，$1,600C+400V+400M+800\varDelta M=3,200$ となり，それを生産物の比率的配分で表示すれば，16単位量のうちの8単位量が不変資本Cの填補部分，残余の8単位量のうちの2単位量が可変資本Vの再生産を表示する部分，最後の6単位量が旧来からの剰余価値Mとともに特別剰余価値 $\varDelta M$ を表示する部分となる。この

関係を図示してみると，右の図のようになる。同じ8時間の労働によって，旧生産方法のもとでは800円の価値生産物が生みだされたのに，新生産方法では1,600円の価値生産物が生みだされる。かくして，「例外的な生産力をもつ労働は自乗された労働 (potenzierte Arbeit) とし

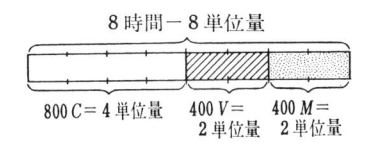

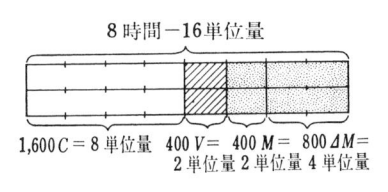

```
        8時間－8単位量
  ┌─────────────────┐
  │    │////│::::│
  └─────────────────┘
  800 C＝4単位量  400 V＝  400 M＝
                  2単位量  2単位量

       8時間－16単位量
  ┌─────────────────┐
  │         │//│::::::│
  └─────────────────┘
  1,600 C＝8単位量 400 V＝ 400 M＝ 800 ΔM＝
                  2単位量 2単位量 4単位量
```

て作用する。すなわち，同じ時間内に同種の社会的な平均労働よりもヨリ大きい価値を創り出す。」(K. I, S. 333.〔337.〕) しかるに，新生産方法を採用するその資本家は従来どおり労働力の日価値400円を支払えばよいのであるから，1,600円の価値を生みだす8時間労働のうちの2時間が必要労働時間，残余の6時間が剰余労働時間となる。かくして，「改良された生産方法を用いる資本家は，同一事業内の他の資本家にくらべて，労働日中のヨリ大きい部分を剰余労働として取得する。彼は，資本が相対的剰余価値の生産において全体的におこなうことを，個別的におこなうのである。」(K. I, S. 334.〔337.〕)

この，新生産方法のもとでの労働が「自乗された労働 (potenzierte Arbeit)」として作用することによる，労働日の必要労働時間と剰余労働時間とへの配分割合の変化を図示してみると次ページの図のようになり，それは一見，労働強度を増大した場合と良く似ている。だが，労働強度を増大した場合は同じ8時間内に現実に2倍の労働量が支出され投入されるのであって，「内包的大いさ」の増大であってもやはり労働の絶対量そのものの現実の増加，したがってまた生みだされる価値生産物量そのものの現実の増加があるのであり，それにともなって，必要労働時間と剰余労働時間とへの労働日の分割割合の変化も生ずるのであるから，この点が当面の場合と決定的に相違しているのである。新生産方法による労働が「自乗された労働」として作用することによってその生産方法を用いる資本家が特別剰余価値を取得するのではあるが，

110　第3章　資　本

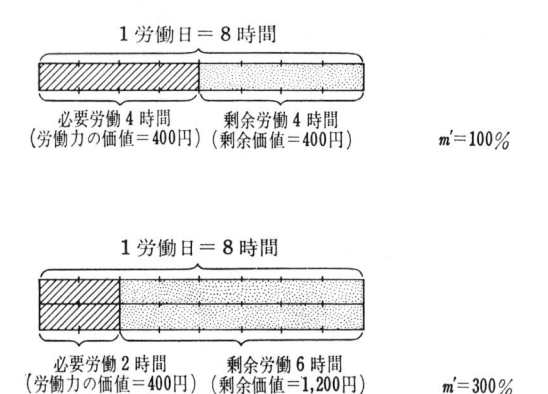

```
1労働日＝8時間
┌──────────┬──────────┐
│////////////│::::::::::│
└──────────┴──────────┘
必要労働4時間　　剰余労働4時間
（労働力の価値＝400円）（剰余価値＝400円）　　$m'=100\%$

1労働日＝8時間
┌────┬──────────────┐
│////│:::::::::::::::::│
└────┴──────────────┘
必要労働2時間　　　剰余労働6時間
（労働力の価値＝400円）（剰余価値＝1,200円）　$m'=300\%$
```

しかし，その特別剰余価値の額だけ社会的価値の純増加があるわけではない。或る生産部門への新生産方法の導入は実はそれだけその商品種類の社会的価値を低下せしめざるをえないのであって，その新生産方法が普及してゆくにつれてその商品種類の社会的価値はますます低下し，やがて新生産方法が一般化しおわるや社会的価値は新生産方法による個別的価値と全く等しいものとなる。そして，このように，新生産方法の導入と普及にともなってその商品種類の社会的価値が低下するとすれば，新生産方法を用いる個別諸資本が社会的価値（新生産方法の導入以前の旧社会的価値よりも低下した新たな社会的価値）と新生産方法による個別的価値との差額としての特別剰余価値 ΔM を取得する反面，旧生産方法の残余の個別諸資本は旧社会的価値と等しいそれらの商品の個別的価値と新社会的価値との差額だけの剰余価値の減少 $-\Delta M$ を余儀なくされることとなる。さらに，新生産方法の普及につれて，その商品種類の社会的価値が新生産方法のもとでの個別的価値にますます近接してゆくのであるから，一方では新生産方法による個別諸資本の特別剰余価値 ΔM が減少し，他方では，旧生産方法による個別諸資本の剰余価値減少量 $-\Delta M$ が増大してゆくのである。かくして，新生産方法の採用が破滅の脅威をもって強制される。「特別剰余価値は，新たな生産方法が一般化し，したがってまた，ヨリ安く生産された商品の個別的価値と社会的価値との差別が消滅するや否や，消滅する。労働時間による価値規定の法則――それは，新たな生産方法を用いる資本家にとっては自分の商品をその社会的価値以下で売らざるをえぬという形態で感知されうるものとなるのだが，この同じ法則は，競争の強制法則として，彼の競

争者たちを新生産方法の採用に駆りたてる。」(K. I, S. 334.〔337.〕) 特別剰余価値 ΔM の成立→消滅，その反面での旧生産方法による資本の剰余価値減少量 $-\Delta M$ の増大というこのメカニズムに媒介されて，諸生産部門における各個の資本は，たんに資本としての存立を維持するためにも，新生産方法の速やかな採用を強制されるのである。そうして，これらの生産諸部門における労働生産力の発展が労働力の再生産を媒介する諸商品の価値を低下させるかぎりにおいて，相対的剰余価値が増大し一般的剰余価値率が上昇するのである。

〔特別剰余価値に関する補説〕

　　新生産方法の導入と普及にともなう特別剰余価値 ΔM の成立→消滅，その反面での旧生産方法による諸資本の剰余価値減少量 $-\Delta M$ の増大というメカニズムを明確にとらえておくことは，価値法則が「競争の強制法則」として作用し各個の資本家を新生産方法の採用に駆りたてるのは如何にしてであるかを理解するうえに極めて重要な意義をもつと考えられるので，若干の補足的説明を加えておきたい。

（1）いま，旧生産方法による商品1単位の個別的価値を a，旧生産方法によって生産される商品量を X，新生産方法による商品1単位の個別的価値を b，新生産方法によって生産される商品量を Y とし，また，商品の社会的価値を c とすれば

$$c=\frac{aX+bY}{X+Y}, \qquad a>c>b$$

であり，商品の社会的価値 c は新生産方法による商品量 Y が大となり旧生産方法による商品量 X が小となればなるほど小となり，その値は b に近づく。

　　何故ならば，いま

$$a-b=e, \qquad \frac{Y}{X+Y}=y' \qquad (0\leqq y'\leqq 1)$$

とおけば

$$c=\frac{aX+bY}{X+Y}=\frac{aX+(a-e)Y}{X+Y}=a-e\cdot y'$$

であり，c は y' が0から1にその値を変化してゆくにつれて a から b へとその値を変化してゆくこととなるからである。

（2）ところで，このように新生産方法の普及につれて商品の社会的価値が低

下してゆくとすれば，一方では新生産方法による個別諸資本が各個に取得する特別剰余価値 $\varDelta M$ 額が減少してゆく反面，旧生産方法による個別諸資本が各個に余儀なくされる剰余価値減少量 $-\varDelta M$ が増大してゆかざるをえない。

すなわち $\varDelta M$ 額は

$$c-b=\frac{aX+bY}{X+Y}-b=\frac{(a-b)X}{X+Y}=(a-b)(1-y')$$

であるから，$a-b$ を極大値として，Y のその商品総量のうちに占める割合が大となればなるほどその値は小となり，ゼロに近づく。

その反面，旧生産方法の諸資本が余儀なくされる負の特別剰余価値 $-\varDelta M$ 額は

$$a-c=a-\frac{aX+bY}{X+Y}=\frac{(a-b)Y}{X+Y}=(a-b)y'$$

であるから，Y の商品総量のうちに占める割合が大となればなるほど大となり，その値は $a-b$ に近づく。

こうして，新生産方法が普及してゆくにつれて特別剰余価値が減少してゆく反面，旧生産方法による諸資本が蒙る剰余価値減少量が増大してゆくのであって，その負の特別剰余価値が本来的な（ないしは平均的な）剰余価値額を超えるならばその資本は資本としての存立を維持しえなくなるのであり，かくしてまさに破滅の脅威をもって新生産方法の採用が強制されるのである。また，特別剰余価値が次第に減少し，やがて消滅してゆくことは，さらにヨリ高度な生産方法の採用をうながすこととなる。

（3） なお，この場合，新生産方法による諸資本の取得する特別剰余価値の総計額は

$$(c-b)Y=\frac{(a-b)X}{X+Y}\cdot Y$$

であり，また，旧生産方法による諸資本が蒙る剰余価値減少量の総計額は

$$(a-c)X=\frac{(a-b)Y}{X+Y}\cdot X$$

であるから，この両者の値は等しい。すなわち，一方において新生産方法による諸資本が特別剰余価値を取得しただけ，他方において旧生産方法による諸資本が剰余価値の減少を余儀なくされるのであって，特別剰余価値が成立しただけ社会的価値の，したがってまた剰余価値の，純増加があるわけではない。

（4） 最後に，以上に明らかにされた諸点からして，さらに下記のような命題がえられる。すなわち，新生産方法が普及してゆく過程において，旧生産方

法から新生産方法へと生産方法の転換をおこなう・その個別資本は，その生産方法の転換にさいして，負の特別剰余価値から正の特別剰余価値の取得へと剰余価値量を増大し剰余価値率を上昇せしめることができるが，その反面，すでに新生産方法を用いている個別諸資本も，いまだ旧生産方法による個別諸資本も，そのいずれも，——前者は特別剰余価値の減少により，後者は負の特別剰余価値の増加により——その剰余価値量を減少せしめられ，剰余価値率を低下せしめられるのである。

b. 相対的剰余価値生産の諸段階

労働生産性の発展は，生産過程の技術的＝ならびに社会的編成そのものの変革をともなう。かかるものとしての資本主義的な生産方法の発展過程を大まかに類別してみると，(1) 協業，(2) マニュファクチュアすなわち分業に基づく協業，(3) 機械制大工業の三段階に分かつことができる。

協業　　同一の，または関連ある生産過程で，多数者が計画的に相並び相共に労働する形態を《協業 (Kooperation)》という。協業は，同種同質の労働のたんなる集合としての《単純協業》と，相関連する異種異質の労働の結合としての《分業にもとづく協業》とがある。前者が，「歴史的および概念的に資本主義的生産の出発点 (Ausgangspunkt der kapitalistischen Produktion)」をなし (K. I, S. 337. 〔341.〕)，また「資本主義的生産様式の基本形態 (die Grundform der kapitalistischen Produktionsweise)」(K. I, S. 351. 〔355.〕) をなす。

単純協業は同じ労働の一作業場（ないしは連繋する作業場）へのたんなる集合にすぎないが，しかしそれは，注目すべき生産力効果をもたらす。——1) 生産手段が共同使用によって節約されるだけでなく，2) 個々の労働が結合されて集団労働としておこなわれることによって，それらは社会的平均労働力として機能することを強制され，また，3) 個々人の競争心が刺戟されて彼らの活力が緊張せしめられ，労働の効率が高まる。しかもさらに 4)「1 騎兵中隊の攻撃力または 1 歩兵連隊の防禦力が，各騎兵および各歩兵によって個々別々に展開される攻撃力および防禦力の総和とは本質的に異なるのと同様に，個々別々の労働者の力の機械的総和は，多数の労働者が同時に

同じ不分割の作業で共同作業をする場合……に展開される社会的力能とは本質的に異なる」(*K*. I, S. 341.〔345.〕)のであって，実に《集団力 (Massenkraft)》としての「一つの生産力の創造」がおこなわれるのである。なお，5) これもまたその《Massenkraft》の別の側面とみるべきであるかもしれないが，多数者が同じ労働を相共におこなうことにより，各人の個別的労働が全体労働の部分として労働過程そのものの連続的諸段階を示すことがありうる。たとえば，12 人の煉瓦積工が煉瓦を足場の下から上まで運ぶために手の列をつくる場合には，彼等の各々は同じことをするのではあるが，個々の作業は一個の全体作業の連続的諸部分をなすのであり，この全体労働者の 24 本の手は，足場を上ったり下りたりする各個の労働者の 2 本の手よりも，はるかに迅速に煉瓦を運びあげてゆくのである。また他方，6) たとえば或る建物が種々の方面から同時に着工されるといったような場合には，前にも後にも眼や手をもちしかも各所に同時に遍在的な一個の《結合労働者》ないしは《全体労働者》が形成されるのであって，同じ労働対象に多方面から同時に着手する 120 時間からなる結合労働日は個々別々の労働者たちの 10 時間労働の 12 労働日よりもはるかに迅速に工事を進捗させるのである。さらにまた，7) 或る種の生産部門における労働過程そのものの本性によって規定される決定的瞬間（例えば農作物の収穫期等）に大量の労働を一挙に投入することは，質的に異なる作業効果をもたらすことになるのである。

このようにして，同じ労働のたんなる集合としての単純な協業においても，個別的労働力の算術的総和を超えた一つの新たな生産力＝「社会的労働の生産力」の創造がおこなわれるのであるが，しかしそのようにして創造される生産力は「資本の生産力」としてあらわれる。労働者たちは個々ばらばらではそうした《Massenkraft》を獲得しえないのであり，またヨリ多量の生産手段が個々の資本家の手に集積されるということが賃労働者たちの協業のための物質的条件をなすのであり，さらにまた資本家は個々の労働力を価値どおりに支払って時間ぎめで購入し，それを自己の作業場において結合するのであるから，その結合の結果として創出される生産力は，当然資本に帰属すべ

第2節 剰余価値の生産

きものとされるのである。このようにして,《集団力》ないしは《集合力》(プルードン) の成果は, 相対的剰余価値として資本の手に帰することとなる。これこそまさに, たんなる《Expropriation (収奪)》とは区別されるところの,《Ausbeutung (搾出ないしは搾取)》そのものである。資本による雇用を通じて形成される結合労働の生産力は資本の生産力としてあらわれ, その生産力の成果はすべて資本の手に帰するのである。資本家は個々の労働者に賃銀を支払うのであって, 結合労働者に支払うのではない。

多数労働者の共同労働は, オーケストラに指揮者が必要であるのと同様に, 指導・監督を必要とするが, その機能は, 資本主義的生産のもとでは, もっぱら資本家に所属する。だが, 資本家の指導は, 資本主義的生産過程が労働過程と価値増殖過程の二面性をもつのと対応して, 二面的である。すなわち, 共同労働の効率的な遂行のための指導・監督それ自体が同時に資本の搾取機能にほかならないのである。それゆえにまた, その指導は,《専制的 (despotisch)》である。就業する労働者数の増加につれて彼等の反抗が増加し, それにつれて必然的にその反抗を制圧するための資本の圧迫が増加する。また, 他人の所有として賃労働者に対立する生産手段が増大するにつれて, その適当な使用と保全を統御する必要も増大する。それゆえにまた, 協業の大規模化につれて, 労働者群を直接的かつ継続的に監督する機能が賃労働者のなかの特定の層に課されることになる。軍隊が将校と下士官を必要とするのと同様に, 生産過程において資本の《専制支配 (Despotismus)》を維持するために, 資本の名のもとに指揮する産業将校 (支配人・マネージャー) と産業下士官 (職長 foremen, overlookers 等) が必要とされるようになり, 直接の監督労働は彼等の排他的機能となる。こうして, 生産過程における指揮・監督が支配関係として展開されてゆくにつれて, 労働すなわち合目的的な生産活動における精神的側面と肉体的側面の分離もすすみ, 前者の精神的側面——といってもそれは, 資本の価値増殖を自己目的とするという顛倒性を刻印されたものにすぎないのだが——は, もっぱら資本家 (およびその直接の従属者層) の独占するところとなり, その反面, 労働者はたんなる肉体労働者となる。

こうして,「資本のもとへの労働の包摂(Subsumtion)」=「資本への労働者の従属(Unterordnung)」関係が, 生産過程そのものの内部において——共同労働として営まれる生産活動それ自体の秩序と律動を通じて——確立し,《労働の疎外》が深められてゆくのである。

資本制的協業は歴史的には小農民経営および独立の手工業経営に対立して発展するのであるが, しかしそれは, マニュファクチュアや機械制大工業のように,「資本制的生産様式のある特殊的発展時代の固定的・特徴的な形態をなすものではない。」(K. I, S. 351.〔355.〕) それがほぼそのようなものとして現われるのは, たかだか手工業的なマニュファクチュア初期においてであるにすぎない。だが, それは,「資本主義的生産方法の基本形態」=原型をなし, 他面ではまたいまなお, 分業や機械が重要な役割を演じないような生産諸部面における共同労働の支配的形態をなしている。

マニュファクチュア 「分業にもとづく協業」は「マニュファクチュア(Manufaktur)」においてその典型的姿態を形づくる。それが資本主義的生産過程の特徴的形態として支配的におこなわれるのは, 資本主義が典型的な径路をとって発展したとされるイギリスでは「概略 16 世紀の半ばから 18 世紀の最後の三分の一期にいたる本来的マニュファクチュア時代(eigentliche Manufakturperiode)」のことである (K. I, S. 352.〔356.〕)。

マニュファクチュア (工場制手工業) は, 二重の仕方で発生する。その一つは, ある生産物が完成するまでにその人々の手を通らねばならないような種種の種類の作業をおこなう独立手工業者たちが, 同一の資本家の指揮下に一作業場に結合されるといった径路であり, 車匠・馬具匠・指物匠・小鍛治などが一作業場に結合されて馬車をつくるような場合が, それである。いま一つは, これと逆に, 同一または同種の作業をする多数の手工業者たちが同じ資本により同時に同じ作業場で就業させられることにより, その同一作業が種々の部分作業へと次第に分割され細分されて, それらが別々の手工業に割り当てられ, その全作業を一緒にしたものが協業者たちによって同時に遂行されるようになり, こうして漸次に体系的な分業が形成されてゆくといった

場合であり，紙や針や活字のマニュファクチュアの発生はその例である。このように，異種労働の結$\overset{..}{合}$から生ずるにせよ，同種労働の分$\overset{..}{解}$から生ずるにせよ，できあがったマニュファクチュアは「人間をその諸器官とする一生産機構」(*K*. I, S. 354.〔358.〕) たることに変わりはないのであって，独立手工業者たちの独立性は失われ，部分労働者としてその生ける生産機構・「結合された全体労働者」に所属するものとなる。各人は資本支配下の生産有機体のたんなる一器官となるのである。このようにして，マニュファクチュアにおける分業にもとづく協業体制のもとに，資本への労働の「包摂」が強化されてゆくのである。生産過程そのものの機構によって 資本の労働支配が実質的に確保され強化されてゆくのである。

　マニュファクチュア的分業は，労働者をそれぞれに一面的な部分労働者として不具化する反面，それらの部分労働者たちを諸器官とする緊密に結合された生産有機体を形成することにより，単純協業の場合よりもさらに大きな《Massenkraft》を創り出すだけでなく，それに加えてさらに下記のような生産力効果をもたらす。すなわち，1) 個々の労働者の作業は単一化され専門化し．その熟練度は飛躍的に向上する。2) いろいろの作業の転換の間で失われる時間が節約され，作業は連続的となる。3) 部分労働者の作業の特殊化は，それに適するように道具を分化し，特殊化し，こうして道具は一面では単一作業に適合するように単純化し，改良され，他面ではまた作業の細分化に応じて多様化するのであって，そうした生産手段の改良の面からも労働の生産力はいちじるしく増進する。さらに，4) 分業による協業の場合は単純協業の場合よりもさらに強く，個々の労働力が社会的平均労働力として機能することを強制される。技術的に規定される一定比率において各作業に配分された部分労働者たちは，一定の強度ないしは密度をもって労働することを相互に強制されるのである。そうした共同労働それ自体からくる強制を通じて，資本のもとへの労働の実質的包摂が強められてゆくのである。

　マニュファクチュアの構成には二つの基本形態がある。その二形態は製品そのものの性質から生ずるのであって，製品が独立した部分生産物のたんに

機械的な結合によって作られるか，あるいは労働対象が一系列の関連ある諸過程・諸作業を順次に経過して完成姿態を与えられるか，によって規定される。前者を「異種的マニュファクチュア (heterogene Manufaktur)」，後者を「有機的マニュファクチュア (organische Manufaktur)」という。異種的マニュファクチュアは例えば時計の製造などにみられるマニュファクチュアであって，それぞれ独立に営まれる諸作業の成果が最後の完成の段階で初めて集合し組み立てられるのであって，同一作業場で分業がおこなわれることは必ずしも必要ではなく，しばしば分業は，各手工業者がそれぞれ自宅で作業するといったような問屋制的支配による分散的な形態をとり，それゆえにまた大工業への転化も困難である。「ただ組み立てられるだけの製品の生産がいくつもの過程に分かれていてそれらの過程のあいだに関連がないということは，それ自体，このようなマニュファクチュアが大工業の機械経営に転ずることを甚だしく困難にする」(K. I, S. 360.〔364.〕) のである。これに対して「有機的マニュファクチュア」は，例えばアダム・スミスが『国富論』の分業論で例示しているピン製造マニュファクチュアのような場合であって，連続的におこなわれる順次的，段階的な諸作業によって生産物が完成される。この形態では各段階を担当する労働者相互の依存関係は直接的かつ連続的であるため，同一の作業場で部分労働者たちが結合して働くことが必然となる。「相互に補足しあう種々の労働過程が，中断なく時を同じくして空間的に併行しておこなわれるため，独立の手工業や単純協業とは全く異なる労働の連続性，一様性，規則正しさ，秩序，および殊にまた労働強度が生みだされるのである。」(K. I, S. 362.〔366.〕) 一商品の生産のために社会的に必要な労働時間のみが費やされるべきだということは商品生産＝流通にあっては競争の外的強制として現われるのであるが，マニュファクチュアにおいては「与えられた労働時間内に与えられた分量の生産物を提供することが生産過程そのものの技術的法則となる。」(K. I, S. 362.〔366.〕) マニュファクチュアとりわけ有機的マニュファクチュアにおいては，分業として営まれる共同労働の過程それ自体の律動が，各部分労働者に対する強制として作用するのである。

第 2 節　剰余価値の生産　119

この形態でのマニュファクチュアの発展は，機械制大工業を準備する。

　マニュファクチュアにおける「分業にもとづく協業」は，各特殊的機能をおこなう部分労働者たちの技術的に規定された確定的な量的比率関係——社会的労働の質的・量的編成をつくり出すのであって，生産規模の拡張は，単純協業の場合とは異なって，一定の比例数で配分された労働者群の倍数を使用することによってのみ可能となる。「マニュファクチュア時代の独自の機械」は，「多数の部分労働者の結合された全体労働者 (Gesamtarbeiter) そのもの」(K. I, S. 365.〔369.〕) である。部分的・散在的には機械の使用もすでにおこなわれ，ことに，大仕掛けに大きな力を用いておこなわなければならないような或る種の簡単な初歩的過程のための機械の使用（例えば，製紙マニュファクチュアで屑の圧砕が製紙用圧砕機でおこなわれ，また，冶金業では鉱石の粉砕が砕鉱機でおこなわれる等）もみられるが，しかし大体において，機械はなお，アダム・スミスが『国富論』の分業論においてあたえているような脇役を演じているにすぎない。マニュファクチュアの技術的基礎は道具を用いるところの手工業であり，それゆえにまた《熟練》——それは修練によってのみ獲得しうるものであり，特定の個々人と結びついたものである——がなお決定的な意味をもつのであり，マニュファクチュア時代における資本家はしばしば熟練労働者の不服従と反抗に悩まされるのである。そのかぎりにおいて実質的包摂はなおマニュファクチュア段階においては不完全である。他方ではまたマニュファクチュアにおける「全体労働者」の種々の機能は，簡単なものもあれば複雑なものもあり，低級なものもあれば高級なものもあるといった具合に異なった熟練度を要求し，労賃の等級がそれに対応するような「労働力の等級制 (Hierarchie der Arbeitskräfte)」がつくりだされる。伝統的な独立手工業の時代にはみられなかった不熟練労働者の階層も生みだされるのである。すでに単純協業においてみられた労働の精神的側面と肉体的側面の分離は，労働力の等級的編成を通じて資本支配が強化されるマニュファクチュア段階においていっそうすすめられ，それは，科学および技術を体現する機械体系が資本の生産力として労働者に対立する機械制大工業におい

て，決定的となるのである。

　マニュファクチュア的分業の発展にともなって商品流通に媒介される社会的分業が発展し，後者はまたなおいっそうの前者の発展をうながすのであって，マニュファクチュア的分業と社会的分業とは相互に媒介し相互に促進しあいながら発展するのであるが，両者の決定的な相違点が明確に把握されなければならない。作業場内分業にあっては資本の専制的支配下の計画性が，その逆に商品流通に媒介される社会的分業においては無政府性が，それぞれに特質をなしている＊。いずれも分業であるかぎりは一定の規制 (regulation) を必要とするが，前者において，規制は意識的かつ直接的であるのに対して，後者においては，事後的にのみ貫徹される自然法則ないしは「自然必然性」として（その意味で個々の商品生産者たちにたいして暴力的に）作用する。

　＊　アダム・スミスは，作業場内における分業と同様の労働の分割と結合が商品流通に媒介されて広汎な社会的規模において展開されているところに，近代「市民社会」（＝資本主義社会）の生産力的性格――「労働に逆比例する」分配関係がおこなわれているにもかかわらず，社会の最下層まで「全般的富裕」が進展するのは，それによるとされる――をみたのであるが，彼が認識しえなかったのは，作業場内における資本の専制支配と社会的分業における無政府性であり，また両者の分業の決定的な差異であった。それは，アダム・スミスにおいては，商品流通なる形態運動が「商品に内在的な矛盾の運動形態」であることも，また，「自立化した価値の自己増殖運動」たる資本の形態規定も，ともに把握されていなかったことによる。それゆえ，総じて歴史的形態規定を把握する視点を欠如したアダム・スミスは，「分業」のもたらす生産力的効果のみを主として強調する。だがその反面，『国富論』の第5編第1章第3節第2項においては，「分業」が「労働によって生活する人々の圧倒的大部分，すなわち人民大衆」を不具化し，労働者は「およそ創造物としての人間がなりさがれるかぎりの馬鹿になり，無知になる」ことを強調し，これこそ「分業」のおこなわれる「あらゆる文明社会」において，――「政府がその防止のために特別の骨折をしないかぎり」，――「労働貧民，すなわち人民大衆が必然的におちいらざるをえぬ状態」なのであるとしている（大内・松川訳『諸国民の富』（岩波文庫）II, 1125-6 ページ）。

　「マニュファクチュアは〔それに固有の狭隘な技術的基礎のゆえに，〕社会的生産をその全範囲において捉えることも，その深部において変革することもできなかった。」(K. I, S. 387. 〔390.〕) それは伝来的な都市手工業と農村家

内工業とをその「広汎な基礎」として発展し，原料加工等のためにそれらを絶えず再生産しさえするのであった。《産業革命》による機械制大工業の展開によってはじめて，全社会が資本の論理によって貫徹されることとなったのである。

機械制大工業　生産過程内における資本の労働支配は，機械による工場制度において完成する。客観的な機械体系の成立によって，生産力は，個々人の熟練から，いな人間の身体的諸器官の制限そのものから解放され，飛躍的な発展が可能となる。それと同時に，その生産力——それは依然とし人間労働の生産能力なのであるが——は，ますます決定的に資本の生産力として現われる。いまや労働者は，巨大な機械体系の自己運動のもとでの文字どおりの「生ける労働用具」となるのであって，そうした技術的隷属を通じて資本の労働支配・「資本のもとへの労働者の実質的包摂」が完成するのである。

　生産様式の変革と生産力の発展は，マニュファクチュアにおいては人間労働の質的・量的編成の変革によってもたらされ，機械制大工業においては労働手段の変革によってもたらされる。「生産様式の変革は，マニュファクチュアにあっては労働力を，大工業にあっては労働手段を，出発点とする。」(*K. I*, S. 388.〔391.〕)　そこでまず，何によって機械は手工業用具から区別され，また何によって道具が機械となるかが，考察されなければならない。

　すべての発達した機械は，三つの本質的に異なる部分から成っている。すなわち，発動機 (Bewegungsmaschine)，伝力機構 (Transmissionsmechanismus) および作業機 (Arbeitsmaschine) または道具機 (Werkzeugmaschine) がそれである。発動機は全機構の動力として作用する。それは，蒸気機関や電動機のようにみずから動力を生みだすものと，水車や風車のように自然力からその動力をうけとるものとがあるが，いうまでもなく前者が本格的な機械による生産に適合的なものである。伝力機構 (それは，節動輪，動軸，歯輪，渦輪，回転軸，シャフト，ロープ，ベルト，各種の運動装置等からなる) は発動機からもたらされる運動と力を作業機に伝達し配分するものであるが，必要なばあいには運動の速度を調節し，また運動の形態を——たとえば垂直運動から円形

運動に——変化させる。発動機と伝力機構とは一体となって動力を作業機にもたらす。作業機は労働対象をとらえて合目的的に変化させる。紡績機，力織機等がそれである。機械を構成する三者のうちこの部分が最も重要であり，「道具機こそ，18 世紀の産業革命の出発点をなすものである。」(K. I, S. 390. 〔393.〕)　道具機または作業機において，労働手段は「人間の道具」から「一機構の道具」となる。すなわち，道具機とは，適当な運動が伝達されるとそれに属する道具をもってかつては労働者が類似の道具をもっておこなったのと同じ作業をおこなうような一機構にほかならない。「本来的な道具が人間の手から一機構に移されると，単なる道具の代わりに機械が現われる。」(K. I, S. 391.〔394.〕)　人間が同時に使用できる労働用具の数はその身体的諸器官の数によって制限されるが，道具機が同時に動かす道具の数はそうした制限から全く解放されるのであって，ここに労働生産力の飛躍的発展がもたらされるのである。

* 「蒸気機関そのものも，17 世紀の末にマニュファクチュア時代のあいだに発明されて 18 世紀の 80 年代の初めまで存続した。それは，どんな産業革命をも呼びおこさなかった。むしろ反対に，道具機の創造こそ蒸気機関の革命を必然的にしたのである。」(K. I, S. 392.〔395-6.〕)　なお，マルクスはこれにさらに脚註による説明を付して「蒸気機関は，ワットの最初のいわゆる単動蒸気機関によってすでに著しく改良されていたが，この形ではやはり水や塩水の単なる汲み上げ機でしかなかった」と述べている。

** 「ドイツではまず 1 人の紡績工に二つの紡車を踏ませ，したがって彼に両手と両足とで作業させることが試みられた。これは骨の折れすぎることであった。その後，二つの紡錘をつけた踏紡車が発明されたが，同時に二本の糸を紡ぎうるような紡績の名手は，ほとんど双頭の人間のように稀有だった。これに反して，ジェニー紡績機は始めから 12 ないしは 18 の紡錘をもって紡ぎ，靴下編機は一時に数千の針をもって編む。」(K. I, S. 391.〔394.〕)

人間が道具を用いるのではなく，一つの客観的な機構が多数の道具を用いて作業する道具機の出現によって，人間はたんに一個の動力として道具機に働きかけるだけになるのであるが，そうなると動力が人間の筋肉を着ている必要はもはやなく，風や水や蒸気や電気などがそれに代わることができるようになる。作業機の規模とそれが作業する道具の数の増大はいっそう大規模

な運動機構を要求するのであって，人力では到底まにあわなくなる。馬や風や水のような自然力がまずそれに代わるが，馬は自分の頭をもっており，風はあまりにも気まぐれで制御しにくく，また水力も自然の恣意によって左右されて調整しにくく，しかも局地的な性質をもっているのであって，みずから巨大な動力を生みだす蒸気機関の出現が要請されるのである。

* 「ウァットの第二の，いわゆる複働式蒸気機関にいたってはじめて，石炭と水を食って自己の動力をみずから生みだすような，その力能がまったく人間の統御に服し，可動的であるとともに移動の手段でもあり，都市的であって水車のように田舎的ではなく，水車のように生産を田舎に分散させないで都市に集中することを可能にし，その技術的応用において普遍的であり，その所在地については局地的な事情に制約されることの比較的少ないような，原動機が発見された。」(K. I, SS. 394–5.〔398.〕) それはまさに，発明者たるウァット自身のいうように「大工業の一般的な動因」として作用しうるものであったのである。工場はもはや，水車を回すに足りるだけの落差をもつ流水の存在に依存し，また分散的である必要はなく，都市に集中することができる。かくして「蒸気機関は工業都市の生みの親」となったのである。なお，電動機の産業的利用は 19 世紀の後半からであるが，それによって動力機構の自然力からの解放はさらに決定的となった。

このようにして，まず道具が人間の手工用具から一つの機械装置の，すなわち道具機の道具に転化され，次いでそれに応じて発動機もまた人力の限界から完全に解放された自立形態を与えられ，みずから動力を生みだす機械装置となるのであるが，そうなると，個々の道具機は機械的生産の単なる一要素に成り下がる。いまや一つの原動機が多数の作業機を同時に動かし，その作業機の数が増すにつれて発動機も大きくなり，伝力機構は巨大な装置に広がる。こうして巨大な自己運動的な機械体系が形成されてゆくのである。

機械の体系には大別して二つの形態がある。一つは，例えば織布におけるように，同種の作業機が同一作業場に多数集合し，共通の原動機と伝力機構によって運動する，いわば機械の単純協業の形態であり，いま一つは，例えば紡績におけるように，生産工程の諸段階を分担する相互補完的な異種の諸作業機が集合して個々の作業機が部分機械となるところの・一系列を形成する，いわば機械の分業による協業の形態である。後者の形態こそが本来的

な機械体系であり，機能を異にする諸作業機は技術的に規定された一定比率で配置され，生産工程の連続性が支配的となる。結合された作業機，すなわち諸種の作業機およびそれらの群をもって編成された体系は，その総過程が中断なく連続的であればあるほど，したがってまた人間の手に代わって機構そのものが原料を一生産段階から次の生産段階に加工を加えつつ運ぶようになればなるほど，ますます完全なものとなってゆくのであって，「作業機が，原料の加工に必要なすべての運動を人間の助力なしでおこなうようになり，ただ人間の付添いを必要とするだけになるとき，そこに機械の自動体系が現われる。」(*K*. I, S. 398.〔402.〕) こうして，次第に，客観的な機械体系の自己運動が展開されることになってゆくのである。——「ただ伝動機の媒介によって一つの中央自動装置からそれぞれの運動を受けとるだけの諸作業機の編成された体系として，機械経営はその最も発展した姿をもつことになる。個々の機械に代わってここでは一つの機械的な怪物が現われ，その体躯は工場の建物をいっぱいに充たし，そしてその悪魔的な力は，はじめはその巨大な手足の荘重ともいえるほど落ち着いた動きで隠されているが，やがてその無数の固有の労働器官の熱狂的な旋回舞踏となって爆発するのである。」(*K*. I, S. 399.〔402.〕)

  * この機械体系の自動装置化は，1910〜20年代から急速に普及したコンベヤー・システムや，現今のオートメーションによって，決定的となる。

一産業部面での生産様式の変革は他の産業部面でのその変革をひきおこし，後者はまた前者に反作用を及ぼすのであって，こうした相互規定関係を通じて，生産様式の変革は主要な産業諸部門に急速に波及してゆき，最後に，「機械による機械の生産」としての工作機械の出現によって，大工業は「それにふさわしい技術的基礎をつくりだして自分の足で立つようになった」(*K*. I, S. 402.〔405.〕) のである。こうしてまた，農村家内工業やマニュファクチュアを主要な生産諸部面において根こそぎにし，伝来的な熟練労働者を生産過程内から排除して，機械体系の自己運動のもとでの「兵営的規律」に服する単純労働者をもってそれに置き代えながら，機械制大工業が展開され

第2節　剰余価値の生産　125

てゆき，直接的生産過程内の労働支配が完成されてゆくと同時に，資本主義的生産様式が全機構的に確立し，全社会がその根柢から資本の論理とメカニズムによって規定されるものとなってゆくのである。そうした《産業革命》の展開過程については，のちに本書第1編第5章第3節において論述する。

　以上にみたような生産方法ないしは生産様式の順次的・段階的な発展につれて，直接的生産過程内における資本の労働支配が，すなわち資本のもとへの労働の「実質的包摂 (reelle Subsumtion)」が強化され完成されてゆくのである。すでに単純協業において端緒的に，分業に基づく協業において決定的に，個々の労働者は「結合された全体労働者」のたんなる部分的一器官たらしめられるのであるが，さらに産業革命による機械制大工業の展開によって，労働者たちは，彼らから独立した・客観的な・機械体系の自己運動のもとに従属せしめられ，文字どおりの「生ける労働用具」となる。労働日の延長による絶対的剰余価値の生産のためには資本のもとへの労働のたんに「形式的な包摂 (formelle Subsumtion)」をもって足りるのではあるが，剰余労働に対する「人狼的渇望」の無遠慮かつ非人道的な充足がおこなわれたのは，産業革命による機械制大工業の後である。機械はほんらい合目的的な生産活動を容易にし，人間労働を節約し，人間の自然からの独立を達成すべきものであるが，産業革命が労働者にもたらしたものは，労働時間の短縮ではなくて労働時間の延長であり，労働の軽減ではなくてその強化であり，また自然力の克服ではなくそれへの従属であり，さらにまた失業の脅威であり，富ではなくて貧困であり，生産過程内における主体性喪失＝資本支配の強化であった。＊産業革命の所産たるいわゆる「原生的労働関係」なる野蕃にして非文明的な労働事情の克服は，標準労働日の確定を要求する労働者階級の執拗な反抗運動とその対応としての国家による工場立法とによってはじめてなされたのである。だが，労働時間の規制は，種々な方法をもってする労働強度の増大を排除しえないのであって，資本の剰余労働に対する「人狼的渇望」は，ヨリ高度な・ヨリ近代的な方法によって充足されることとなる。だが，その反面，機械制大工業の発展は，生産過程そのものの内部で，新たな近代的形態をもっ

てする集団労働・「社会的労働」の営みを通じて訓練され陶冶され次第に結集力を強めてゆく労働者階級の成熟をもたらす。すなわち，資本主義的生産の発展は，その体制の矛盾を揚棄すべき主体的条件を自らの胎内に準備するのである。

  * J. S. ミルは『経済学原理』第4編第6章において，「今日までのところでは，すでにおこなわれたすべての機械の発明が果して人間の日々の労苦を軽減したかどうか疑わしい。それら機械の発明は，従来よりもヨリ大きな人口をして従来と同じ苦役と監禁の生活 (the same life of drudgery and imprisonment) を送ることを可能ならしめ，またヨリ多数の製造業者やその他の人たちが財産をつくることを可能ならしめたにすぎない。」(J. S. Mill, *Principles of Political Economy*, ed. by W. J. Ashley, Bk. Ⅳ, p. 751. 末永茂喜訳，岩波文庫，第4分冊，109-10 ページ) と述べているが，もともと機械の資本制的充用は，労働者の「日々の労苦を軽減」するためにおこなわれるのではなく，その反対に，資本の労働支配を強化しつつ剰余価値を増大するために，おこなわれるのである。

4. 絶対的並びに相対的剰余価値の生産

労働力の価値の再生産に要する点を越えての労働日の延長と資本によるその剰余労働の取得，それが絶対的剰余価値の生産であり，かかるものとしての絶対的剰余価値の生産は資本主義制度の一般的基礎をなし，また，相対的剰余価値の生産の出発点をなす (K. I, SS. 534-5.〔532-3.〕)。絶対的剰余価値の生産は，論理的にも歴史的にも相対的剰余価値の生産の前提をなすものとされなければならない。他方，相対的剰余価値の生産は，絶対的剰余価値の生産に対して，剰余価値の生産（＝剰余労働の収奪）方法のヨリ発展した形態をなす。労働日の長さのみが中心問題たる絶対的剰余価値の生産においては資本の労働支配＝収奪の暴力性が端的にあらわれ（労働日をめぐる闘争を想え），相対的剰余価値の生産においては，資本の労働支配は特殊・資本制的な生産過程の技術的＝並びに社会的編成そのものによって実質的に確保されかつ強化される。

だが，両者の関係は上にとどまらない。「絶対的剰余価値の生産のためには，資本のもとへの労働の単に形式的な包摂をもって足りる」のではあるが，

第2節　剰余価値の生産　127

他面においては,「相対的剰余価値の生産のための方法は同時に絶対的剰余価値の生産のための方法」であり,「労働日の無制限な延長は大工業に固有の産物」としてあらわれる。機械制大工業の成立によって個々の労働者は客観的機械体系の自己運動によって規制される「結合された全体労働者 (Gesamt-arbeiter)」のたんなる一器官たらしめられつつ, かかるものとして資本のもとに「実質的に包摂」され, 資本はいまやむきだしの暴力や「国家の公力 (Gewalt)」に拠ることなく労働日を無制限に延長することができる。「工場は理想の救貧院」としてあらわれる。相対的剰余価値生産の最も発展した歴史的形態たる機械制大工業において, 直接的生産過程における「労働の疎外」が完成され, 資本はその概念に適合的な生産方法を確立することとなるのである。

　絶対的剰余価値の生産と相対的剰余価値の生産とは右のような関係において相互に規定し条件づけあうのであって, それらは一生産過程においていわば一体としておこなわれ, かくして, 概念的にもまた事象的にも, 剰余価値の生産はつねに「絶対的並びに相対的剰余価値の生産」としておこなわれるのである。

　だがそのことは, 絶対的剰余価値の生産と相対的剰余価値の生産との区別を無意味にするものではない。「或る観点からすれば, 絶対的剰余価値と相対的剰余価値との区別は, 総じて幻想的なものにみえる。相対的剰余価値も絶対的である。けだしそれは, 労働者そのものの生存に必要な労働時間を越えての労働日の絶対的延長を条件としているからである。絶対的剰余価値も相対的である。けだしそれは, 必要労働時間を労働日中の一部分に制限することを可能にするだけの労働生産性の発展を条件としているからである。だが, 剰余価値の運動に注目するならば, この同一性の外観は消滅する。資本制的生産様式がすでに確立されて一般的な生産様式となったならば, 絶対的剰余価値と相対的剰余価値との区別は, 剰余価値率を総じて高めることが問題となるかぎりにおいてつねに感知されうるものとなる。」(K. I, S. 536. 〔534.〕)

第3節 労　　賃

1. 労働力の価値の労賃への転形

　すでにみたように,「労賃」として支払われるのは実は「労働力の価値」にほかならないのであるが, 資本主義社会の日常においては, その労働力の価値は,「労働の価格」ないしは「労働の対価」として, すなわち一定量の労働に対して支払われる一定量の貨幣としてあらわれる。古典派経済学はこの「労働の価格」という日常的な範疇を無批判的に借りてきて, それからこの価格は如何にして規定されるかを問題とし, 労働の需要・供給の関係によって規定される「労働の市場価格」がそれをめぐって変動するところの中心をなすものを「労働の価値」としてとらえ, その貨幣表現を「労働の必要価格」ないしは「労働の自然価格」と名づけた。そして, アダム・スミスやデヴィッド・リカードゥは, その「労働の自然価格」ないしは「賃金の自然率」を事実上, 労働者そのものの再生産費に帰着せしめた。かくして, 古典派経済学は無意識的ながらも事実上,「労働の価値」を「労働力の価値」に帰着せしめることができたのであるが,「労働の価値ないしは価格」という日常的な範疇をそのまま経済学の範疇として無批判的に採用したことは, 解決不可能な混乱をその体系にもたらすこととなったのである。

　資本主義社会の日常においては, 労働力の価値は「労賃」として,「労働の価格」として現われる。ところが, この「労働の価格」という現象形態においては, 必要労働と剰余労働とへの・支払労働と不払労働とへの, 労働日分割の痕跡はすべて消滅し, 全労働が支払労働として現われる。すなわち, 例えば, 労働力の日価値が 500 円, 必要労働時間が 5 時間, 1 労働日が 10 時間であるとした場合, その労働力の日価値 500 円は労賃として, 10 時間の労働の対価としてあらわれる。支払労働たる 5 時間の労働を表示する 500 円の価値が, 5 不払労働時間を含む全労働日すなわち 10 時間の労働の価値

第 3 節　労　賃　　129

ないしは価格としてあらわれるのである。かくして,「労働力の価値」なる範疇を確定しえず，それをそれの無概念的な現象形態たる「労働の価値ないしは価格」と事実上において同一視した古典派経済学とりわけアダム・スミスにおいては，労賃と賃労働との特殊的な交換関係は,「労働賃銀，すなわち，ある一定量の生ける労働の価値は，この同じ量の生ける労働によって生み出される——あるいは，この労働量がもってみずからを表示する——生産物の価値よりもつねに僅かである」という「解決不可能の問題」（『資本論』第 2 巻へのエンゲルスの序文）としてあらわれる。「労働力の価値」としてとらえるかそれとも「労働の価値」としてとらえるかは，単なる言葉の問題ではない。「労働力の価値」を「労働の価値」としてとらえれば，〈一定量の労働の価値はその労働が生み出す価値よりも小である〉という，この不合理に不可避的に陥らざるをえない。スミスの価値論を混乱せしめたこの難問を，リカードゥは解決することなく回避した。だが，この問題を解決しえなかったことは，古典派経済学を理論的な破綻に導く重要な難点をなしたのである。

　資本主義社会においては，本来商品として生産されたのではない労働者の労働能力もまた商品となる。そして，すでにみたように，この労働力なる商品の価値は，労働能力がそれの一属性たる労働者そのものの再生産費によって規定され，他方，その使用価値は，資本家のものたる生産過程における労働において実現される。販売されるのは労働力であって労働ではない。労働が現実に始まるや否やそれはすでに賃労働者のものではなく，彼によって販売されえないものとなっている。労働は対象化されて価値となり価値の実体をなすものであるが，それ自体としては何らの価値ももたない。したがって，「労働の価値」なる表現自体が「幻想的な表現(イマギネール)」にほかならないのである。労働力なる商品自体が本来商品として生産されたのではないものの商品化されたものにほかならず，したがってまた，その意味で労働力の価値規定自体が擬制的なものにすぎない点に，この論点の難解さがあるのであるが，しかしまた，それゆえにこそ，労働力なるこの特殊な商品の価値と使用価値との概念的な区別が明確にされていなければならない。労働力商品の価値と使用

価値とを混同せしめる「労働の価値」なる不合理かつイマギネールな表現においては、全労働が支払労働として現われ、労働力が商品化されるところの資本―賃労働関係の本質そのものが隠蔽されてしまうのである。しかも、こうした幻想的な表現は、資本主義社会の日常的・経験的な表象にもとづくものであって、資本主義的な生産諸関係そのものから発生するのである。

「賦役労働にあっては、自分自身のためにする賦役民の労働と領主のためにする彼の強制労働とが、空間的および時間的に、はっきり感性的に区別される。奴隷労働にあっては、労働日のうち奴隷が自分自身の生活手段の価値を填補するにすぎない部分、つまり彼が事実上自分自身のために労働する部分さえも、彼の主人のための労働として現われる。彼の全労働が不払労働として現われる。ところが賃労働にあっては、剰余労働または不払労働さえも支払労働として現われる。かしこでは所有関係が奴隷の自己のための労働を隠蔽し、ここでは貨幣関係が賃労働者の無償労働を隠蔽する。」(K. I, S. 565.〔562.〕) ここに労働力の価値が労賃なる形態に転化することの決定的な重要性がある。本質的関係を隠蔽してまさにその正反対物を示すこの無概念的・顛倒的な現象形態は、「労働者ならびに資本家のあらゆる法的表象、資本制的生産様式のあらゆる神秘化、そのあらゆる自由幻想、俗流経済学のあらゆる弁護論的空語の基礎」をなす (K. I, SS. 565-6.〔562.〕)。

2. 時間賃銀と個数賃銀

労賃は多様な諸形態をとるが、時間賃銀と個数賃銀とはそれら諸形態の二つの支配的な基本形態をなす。

a. 時間賃銀

資本主義社会においては労働力が商品として販売されるのであるが、その賃労働者による労働力の販売は、人間そのものが一括して売られる奴隷の販売とは異なって、一定の時間ぎめで反復しておこなわれる。そこで、労働力の1日あたりあるいは1ヵ月あたり等の価値は日賃銀(日給)あるいは月賃銀(月給)として、「時間賃銀」の形態においてあらわれる。すなわち、時間

第3節 労　賃

賃銀は労働力の日価値・月価値などを直接的に表示する転化形態である。

　ところで「標準労働日」すなわち1日の標準的な労働時間の長さが確定されてくると、平均日賃銀をその標準的労働時間数で割ることによって1労働時間の価格としての「時間賃銀」が確定されてくることになる。例えば、労働力の日価値が5労働時間の価値生産物たる500円であり、標準労働日が10時間であったとすれば、1労働時間の価格は50円であり、かくして算出される時間賃銀が「労働の価格」の単位尺度となる。

　このようにしていったん時間賃銀が確定されると、それは所与のものとされ、逆に賃銀収入はその時間賃率と労働時間数の積として認識されるようになる。そうなると、資本家は正当な時間賃率を支払うという建前のもとに、（しばしば景況の変動等の事情によって余儀なくされる）彼の都合と恣意による「不完全就業」を賃労働者におこなわしめることができるようになる。例えば、1労働時間の価格が50円だとすれば5労働時間にたいしては250円支払えば「正当な」価格を支払ったことになるが、過少労働を強いられる賃労働者はそれによっては必要生活費の半額しかえられない。しかも注意すべきは、この場合にも資本家は5労働時間の価値生産物たる500円から250円を差し引いた残額だけの剰余価値250円を取得しているのであって、過少就業による苦痛は、もっぱら賃労働者に負わされることとなる。

　その反対に標準時間を超えて過長に就業すれば賃銀所得の増大と生活水準の上昇をもたらすかといえば、必ずしもそうではない。長時間労働を競ってやれば、それはとりもなおさず労働供給の増大にほかならず、したがってやがて時間賃率の低下をもたらす。また、長時間労働による労働力の消耗度は労働時間が増せば増すほど激しくなるのであって、多少の割増賃銀があたえられても＊労働負担ないしは疲労度の増大を償いうるものではない。それにたいして、資本家は割増賃銀を支払っても、標準時間を超える過長就業をおこなわしめることによって余分に利得する。例えばいま標準時間内の時間賃銀が50円だったのにたいして、標準時間外のそれが70円であったとしても、資本家は時間外労働1時間あたりなお30円利得していることになる。それ

ゆえに，時間外労働は資本の歓迎するところである。それによる労働供給の増大が時間賃率の低下に作用するとすれば，なおさらそうである。時間賃率が正常な水準以下に低落すれば，賃労働者は最低必要限度の生活費（労働力の再生産費）をうるためにも時間外労働をおこなわなければならず，かくしておのずから労働供給の増大が強制されることになる。[**]

   * 残業割増率はわが国においてほぼ 25%，欧米ではほぼ 50% である。
   ** 労働者が個々ばらばらで相互に無制限に競争している場合（すなわち，いわゆる「アトミスティックな競争」が労働者相互間におこなわれている場合）には，時間賃率の低下が時間外労働ならびに家族労働の動員等による労働供給の増大をもたらし，その労働供給の増大がなおいっそうの時間賃率の低下とそれゆえにまた労働供給の増大をもたらすという悪循環がおこなわれることとなる。この悪循環は，労働者階級が結合と団結によって「交渉力」(bargaining power) をもつことにより一定の制限をうける。
     賃銀率の低下と労働供給の増大との間にこうした悪循環がおこなわれうべきことは，それ自体，賃銀率の上昇・下落はそれに応ずる労働供給の増加・減少をともなうとする近代理論的想定の非現実性を物語っているといえよう。なお，この点については 141-2 ページの註 ** を参照されたい。

b. 個数賃銀

一般に「出来高給」，「能率給」などとよばれている賃銀支払形態は個数賃銀の形態であり，それは時間賃銀のさらに転化した形態である。

前掲の例示でいえば，労働力の日価値が 5 労働時間の価値生産物たる 500 円であり，かつ 10 時間労働がおこなわれているとした場合に，この 10 時間の労働――ただしそれは社会的平均的な熟練度と労働強度をもつものとする――によって或る商品 10 単位量が生産されていたとすれば，その商品 1 単位量あたりに含まれる「労働の価格」は 50 円であり，かくして算出される個数賃率 (piece rate) が労賃の単位尺度となる。

このようにしていったん個数賃率が確定されるとそれが所与のものとされ，逆に賃銀収入がその個数賃率と産出高の積として認識されるようになる点は時間賃銀の場合と同様であり，したがってまた資本家が正当な個数賃率を支払うという建前のもとに賃労働者に種々な度合と態様をもってする「不完全

第3節 労　賃

就業」をおこなわしめ，なおかつそれによって一定の剰余価値を打ち出しうる点も全く同様なのであるが，個数賃銀の場合は本質的関係の隠蔽はさらに徹底したものとなる。時間賃銀においては「労働の価値」はその労働の継続時間によって度量されていたのにたいして，個数賃銀の形態においてはその労働が産出する生産物量によって度量されるのであり，かくして価値関係は全く物象的外被のもとに蔽われることとなるのである ($K.$ I, S. 578.〔576.〕)。

この個数賃銀の形態においては，労働の質と強度が製品の品質と数量において表示され評価され，そのことによって，労働の質と強度が賃銀形態そのものによって規制されるのであるから，労働監督の大部分は不用となる。かくしてまた，この個数賃銀の形態は，「近代的家内労働」ならびに（下請制とか親方請負制等の）「階層的に編制された搾取と抑圧の制度」の基礎をなす ($K.$ I, S. 579.〔577.〕)。

さらにまた，個数賃銀の形態は賃労働者相互間の競争を激化させ，もって「個別的労賃を平均水準以上に昂騰させるとともに，この水準そのものを低下させる傾向を有する。」($K.$ I, S. 582.〔579.〕)

以上の諸点からして，個数賃銀は「資本制的生産様式に最も相応しい労賃形態」であるといえよう。それは，「労働時間を延長し労賃を圧下するための槓杆」として役立ち，また，とりわけ工場立法によって労働日の長さが制限されてのちは，「労働日の内包的延長」（労働強度の増大）の槓杆として作用する。

　　労働生産性の上昇や労働密度の増大による標準的労働能率の上昇は，個数賃率の引下げ，すなわちいわゆる「単価切下げ (rate-cut)」問題を惹き起こし，その「単価切下げ」に対して労働者はしばしば「組織的怠業」によってこれに対抗した。こうした事情は，能率があがると自動的に単価が下がるように工夫された，「ハルシー割増制」や「ローワン割増制」等のいわゆる「課業割増制」や，「テーラー累率出来高払制」などの「近代的能率給制度」を発展させた。

　　ハルシー割増制の場合は，賃銀額は次の算式できめられる。

$$時間賃率 \times \left(実際作業時間 + \frac{標準作業時間 - 実際作業時間}{3 \text{ または } 2}\right)$$

　　たとえば，「基準生産量」を生産するのに必要な「標準作業時間」が20時間で

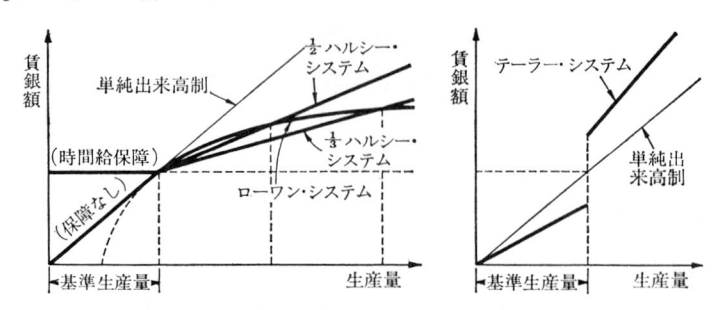

あったとした場合，その20時間の仕事を10時間で，つまり倍の能率でおこなったとしても，賃銀は単純出来高制の場合のように2倍にはならず，

$$時間賃率 \times (10 + \frac{20-10}{3 \text{ または } 2})$$

すなわち $\frac{1}{2}$ ハルシー制の場合で 1.5 倍，$\frac{1}{3}$ ハルシー制の場合は 1.3 倍にしかならない。このようにして，一定の標準能率を達成したのちは，単価が自動的に低下する。

ローワン割増制の場合の賃銀額は

$$時間賃率 \times \{実際作業時間 + \frac{実際作業時間}{標準作業時間} \times (標準作業時間 - 実際作業時間)\}$$

すなわち $時間賃率 \times \{(実際作業時間 \times 2) - \frac{実際作業時間の2乗}{標準作業時間}\}$ の算式できめられ，単価の自動的切下げはさらに徹底する。

テーラー累率出来高払制は，屈強の労働者の動作・時間を分析して高い標準課業を設定し，それに満たなければ安い出来高賃率で，それを超えれば高い出来高賃率で（その較差は 25～30 ％）支払う方式で，（類似のガント制やエマーソン制とともに）「ろばの鼻づらに人参をさげておく」と同様の効果をねらったものである (M. Dobb, *Wages*, 1956, pp. 62-3, 氏原正治郎訳『賃金論』85 ページ)。

その他，いわゆる「利潤分配制」や「生産報奨金制」等のさらに欺瞞的な集団能率給制が工夫される。

第4章　資本の蓄積過程

本章の分析視角と方法的限定

　如何なる形態の社会であっても，その人間社会が存続してゆくためには消費がくり返されてゆかなけばならないのであるから，それを支える生産もまた反復・継続されてゆかなければならない。この，社会存続の物質的＝基礎的な過程をなすところの，生産の反復・継続とそれによる消費の反復過程を社会的再生産過程といい，その社会的再生産過程の特殊・資本制的な形態と構造，ならびにその発展態様，それを貫く諸法則を総括的に解明する理論体系が，すなわち，再生産論＝蓄積論体系*にほかならない。それは，歴史的に規定されたものとしての・資本制的再生産過程の形態と構造をまず解明し，そのうえで資本制的動態過程をその固有の問題性において把握しようとするものであり，歴史的・批判的観点に立つ動学体系として特徴づけられる**。本章は，生産過程の基礎視点からする資本制的再生産＝蓄積過程の考察を課題とし，構造分析にもとづく動態分析たる・再生産論＝蓄積論体系の，基底的な環をなす。

　本章においては，第一に，商品——資本価値とともに剰余価値を含むものとしての——は，その価値どおりに販売されるものと想定され，流通過程において資本がとる諸形態や流通の媒介運動のうちに包蔵されている再生産の諸条件の問題，すなわち実現の諸条件の問題は，捨象され，第二に，剰余価値が産業利潤・商業利潤・利子・地代等の諸所得範疇に分裂する，剰余価値の所有諸階級間の分配の問題もまたすべて捨象され，産業資本家が全剰余価値を取得するものと想定される。すなわち，資本家階級と労働者階級との基

本的な階級関係のみが分析対象とされる。かくして，本章において，蓄積過程は，「抽象的に，すなわち直接的生産過程の単なる契機として考察」され，蓄積過程の「単純な基本形態」を曖昧にし，その「機構の内的作用」を隠蔽する一切の現象は当面無視される。

*　再生産論＝蓄積論体系は，『資本論』第1巻第7編「資本の蓄積過程」(本書第Ⅰ編第4章)，第2巻第3編「社会的総資本の再生産と流通」(本書第Ⅱ編第3章)，第3巻第3編「利潤率の傾向的低落法則」(本書第Ⅲ編第3章第1節) という，相互に分析視角を異にする論述の対応によって構成されるものであり，それは動学体系たる『資本論』体系の根幹をなす。

**　歴史的・批判的観点からする，構造分析にもとづく動態分析たるところにマルクス的動学体系の特色があり，シュムペーター『経済発展の理論』(J. Schumpeter, *Theorie der wirtschaftlichen Entwicklung*, 1912.) 等における動学とは根本的にその性格を異にする。シュムペーターは，静態的な資本主義ということ自体が形容矛盾であるとして，「静学」に対する「動学」の意義を強調し，単なる与件の変動に対する経済循環の対応と区別されるところの・経済の循環軌道そのものの「内発的・非連続的変化」のみが唯一の「発展現象」であるとし，その発展現象をもたらす主体はイノベイションを敢ておこなう「企業者」にほかならないとする，独自の企業者概念と「企業者利得」論にもとづく動態論を展開したのであるが，その動態論は――資本主義の一側面を強調的にとらえようとしたものとして，それなりに興味あるものではあるが――その土台となるべき構造分析を欠如している点に，根本的な難点をもつといえよう。そうしたシュムペーター動学の性格は，その「企業者利得」論が剰余価値論ぬきの特別剰余価値論であり，また雇用論と分配論が欠落していることと対応する。マルクス的動学体系が価値論・剰余価値論によって基礎づけられ，蓄積過程における雇用および分配関係の変化の問題を主題としているのと決定的に相違するのである。

第1節　資本関係の再生産――単純再生産――

そもそも生産は，――如何なる社会のそれであっても，――一定の歴史的形態をもった社会関係のもとでおこなわれるのであるが，再生産過程は，この生産における (一定の歴史的形態をもつものとしての) 社会関係を，すなわち生産関係を，再生産する過程にほかならない。生産が資本制的形態のもとで

第1節 資本関係の再生産　137

おこなわれているならば，再生産もそうである。資本制社会においては労働過程が価値増殖過程の一手段として現われるのと同様に，再生産過程は，資本が資本として再生産されるための一手段として現われる。資本が資本として再生産されるためには一定の歴史的形態をもつ社会関係が前提されなければならないのであるが，資本制的再生産過程はこの一定の歴史的形態をもつ社会関係そのものを再生産する過程にほかならない。資本制社会における基本的な生産関係はいうまでもなく資本家階級と労働者階級との間の関係であるが，資本制的再生産過程は，この資本—賃労働関係そのものの，すなわち資本関係そのものの，再生産過程にほかならない。では如何ようにして再生産過程においておのずから資本—賃労働関係そのものが再生産されるか，その次第を考察しよう。

　なお，本節においては，資本—賃労働関係の再生産それ自体をまずもって明確ならしめるために，剰余価値の全額が消費支出され資本家の消費ファンドとなるところの・単純再生産の場合が想定される。

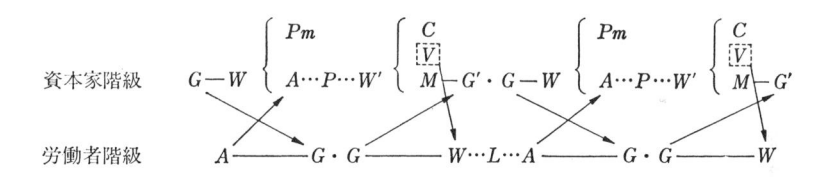

$$\begin{array}{l} \text{資本家階級} \quad G-W \begin{cases} Pm \\ A \end{cases} \cdots P \cdots W' \begin{cases} C \\ \boxed{V} \\ M \end{cases} -G' \cdot G-W \begin{cases} Pm \\ A \end{cases} \cdots P \cdots W' \begin{cases} C \\ \boxed{V} \\ M \end{cases} -G' \\ \text{労働者階級} \quad A\text{———}G \cdot G\text{———}W \cdots L \cdots A\text{———}G \cdot G\text{———}W \end{array}$$

　資本家階級は貨幣資本（G）を投下してその一部を生産手段（Pm）に，他の一部を労働力（A）に転態させ，この（人的・物的な）生産要因の結合によって生産をおこない（…P…はそれをあらわす），かくして生産された生産物をすべて自己の所有物とするのであるが，その生産物（W'）のうちには生産手段に投下された不変資本価値の移転部分（C）と労働によって新たに生みだされた「価値生産物」（可変資本価値 V プラス剰余価値 M）が含まれ，したがって，それを販売することによって資本家階級は，投下した資本（不変資本および可変資本）をすべて回収すると同時に，自己を維持し再生産するがためのファンドを獲得することができる。他方，労働者階級は，労働力（A）を資本

家に販売（$A—G$）することによってえた賃銀をもって資本家階級から消費資料（Lm）を購入し（$G—W(Lm)$），それを消費して家族とともに自己を，したがってまた労働力を再生産する（…L…はそれをあらわす）のであるが，かくして労働者階級が資本家階級から（賃銀として支払われた貨幣の返還によって）購入する消費資料は実は労働者自身の労働によって生産された生産物の一部にほかならない。すなわち，労働者階級は彼等自身が生産した生産物の一部を取得しうべき手形を資本家階級から貨幣形態において交付され，それを資本家階級に返還することによって生活維持ファンドたる消費資料を取得するのである。こうした過程を絶えず反復される過程として，再生産の過程として考察すれば，「賃銀」は労働者自身の「対象化された労働」が資本家によって「前払（vorschießen）」される形態にほかならず，今期の労働者に支払われるものは前期の彼自身の労働の所産の一部にほかならないことが明らかとなる。ところで，消費過程において労働力が再生産されると同時に消費資料は消費されてしまうのであるから，労働者は再びその労働力を商品として販売せざるをえない状態におかれていることとなる。かくして，一方において資本家階級が（不変資本とともに）可変資本を（再び労働力の購入に投じうべき）貨幣形態において回収する反面，労働者階級はその労働力をそうした状態（すなわち，商品としての販売を「社会的に強制」されている状態）においてのみ再生産することができるのである。如何なる社会体制のもとにおいても生産者がその自己維持のために絶えず生産し再生産しなければならない生活維持ファンド（古典派のいわゆる「労働維持ファンド」the fund for the maintenance of labour)は，資本制社会においては《可変資本》という固有の形態規定を受けとる。すなわち可変資本とは，資本制社会において労働維持ファンドがとる特殊的な現象形態にほかならない。「労働ファンド（Arbeitsfonds）は絶えず労働者の労働の支払手段〔賃銀〕の形態でのみ彼のもとに流れてゆくのであるが，それはつまり，彼自身の生産物が絶えず資本の形態で彼のもとから離れ去るからである。」(K. I, S. 596.〔593.〕)　労働者が絶えず生産し再生産しなければならない「労働維持ファンド」は，可変資本として，労働力の購買手段と

して，資本家の手に疎外され，同時にまた労働力は商品として再生産される。こうした関連においては，労働者階級の個人的消費も——その最低必要限界内においては——，資本家階級にとって，労働力と引換えに譲渡した消費資料の「新たに搾取されうる労働力への再転形」過程にほかならず，それ自体まさに「資本の再生産過程の一契機」をなす。生産手段も消費資料も持たない無産の賃労働者階級が存在することが資本制的生産がおこなわれるための社会的前提条件をなすのであるが，客体的な生産諸条件からの労働力の分離というこの前提条件（「社会的与件」）そのものが，原始蓄積過程を通じてひとたび創出・確立されるや，資本制的再生産過程の進行それ自体において——なんらの Gewalt の介入も要しない純経済的過程において——，絶えず生産され再生産される。一方においては賃労働者は労働力の販売者として労働市場に投げ返され，他方においては賃労働者自身の生産物が労働力の購買手段として資本家の手に疎外され，かくして，資本家階級と労働者階級との間の階級的支配関係そのものが，商品・貨幣関係によって媒介され（媒介されることによって同時に隠蔽され）ながら，絶えず生産され再生産されるのである。労働市場における資本家と労働者との関係をそれ自体としてみるならば，両者の関係は独立した人格と人格との対等な関係（「自由・平等・ベンサム」）として現われる。だが，過程をその総関連において，絶えざる再生産の過程としてみるならば，労働者階級は，直接的生産過程——そこでは労働者は資本の下に「形式的ならびに実質的に包摂」せしめられている——の外部においても，「死せる労働用具と同様に資本の附属物」にすぎぬことが明らかとなる。「ローマの奴隷は鎖によってその所有者に繋がれていたが，賃労働者は見えざる糸によってその所有者に繋がれている。」事実上，「労働者は，彼が自己を資本家に売るまえにすでに資本に属している」のであって，賃労働者の「独立」は「契約」という法的擬制によって維持される仮象にすぎず，その内実は「経済的隷属」，資本による《全機構的包摂》である。かくして，「資本制的生産過程は，関連において考察すれば，すなわち再生産過程としては，商品を生産するばかりでなく，剰余価値を生産するばかりでなく，資

本関係そのものを，――一方には資本家を，他方には賃労働者を，生産し再生産する」過程にほかならない（K. I, SS. 601-7.〔598-604.〕)。労働者の《対象的富からの疎外》の関係そのものが，資本制的生産の反復過程において，商品・貨幣関係によって媒介されながら，絶えず再生産される。本来は商品として生産されたのではない労働力が絶えず商品化される社会関係そのものが，再生産されるのである。*

　以上の，資本関係の再生産過程としての資本制的再生産過程の把握は，資本制的な再生産と蓄積の過程をその固有の問題性において把握することを課題とする・再生産論＝蓄積論体系の土台をなすものとして，まさに決定的意義をもつものといえよう。資本蓄積と雇用・失業の問題を論ずるに先立って，まず《雇用》という事実そのもののもつ問題性が，《雇用関係》とはそもそも如何なる社会関係を意味するのかが，歴史的・批判的観点から明確に把握されていなければならない。近代理論的な雇用理論の無概念性は，まさにこの点の認識欠如に由来するということができよう。**資本制的蓄積過程をそれに固有の問題性において把握するという意味での動学体系が展開されうるためには，資本制的経済構造の歴史的形態規定の批判的把握が，その基礎に据えられていなければならない。動学体系は，この意味での構造分析にもとづく動態分析として展開されるのでなければならない。

　　* 『資本論』第1巻第7編第21章「単純再生産」において，マルクスは，例えば1,000ポンドの資本をもって年々生みだされる剰余価値が200ポンドであるとし，その剰余価値が年々消費されるとすれば，5年後には消費された剰余価値の総額が投下資本価値と等しくなるのであるから，あらゆる投下資本は一定年数（投下資本価値を年々消費される剰余価値額で除することによってえられる数値の年数）の後にはすべて「消費しつくされ」，その資本価値は資本家によって無償で取得された剰余価値の総額を代表するものにすぎなくなる，それゆえ，「おょそ蓄積なるものを全く度外視しても，生産過程の単なる継続または単純再生産によって，長かれ短かかれの期間の後には，どの資本も必然的に蓄積された資本または資本化された剰余価値に転化する。」(K. I, SS. 597-8.〔594-5.〕) と論じているが，そうした論述は，――多くの解説書において，それこそが『資本論』第1巻第7編第21章「単純再生産」における基本命題をなすものであるとされているのだが，――厳密な意味における理論上の命題としては，疑問の余地がある。

第 1 節　資本関係の再生産　141

たしかに，一定年数の後には投下資本によって生みだされ消費された剰余価値の額がその投下資本価値に等しくなるであろうが，しかし，だからといって，その期間に投下資本価値そのものが「消費しつくされ」てしまうわけではない。この点についてマルクスは，「自分は他人の不払労働の生産物たる剰余価値を消費して最初の資本価値を保存するのだという資本家の表象は，絶対に事実を変化させえない。」(K. I, S. 597.〔595.〕)と述べているが，説得的でないようにおもわれる。最初の資本価値が保有され剰余価値が消費されるというのは，「資本家の表象」においてのみではない。事実としてそうなのである。むしろ問題は，資本制的生産過程において如何にしておのずから資本価値が維持され再生産されつつ，しかも資本家階級の消費ファンドたりうべき剰余価値が絶えず生産されるのかを明らかにするにあるのではなかろうか。マルクスはまた，「もし人あって，自分の財産の価値に等しい借金をすることによってその全財産を蕩尽するならば，その全財産はちょうど彼の借金の総額を代表するにすぎない。資本家が自分の投下資本と等しい価値を蕩尽した場合にも同じであって，この資本の価値は，もはや，彼によって無償で取得された剰余価値の総額を代表するにすぎない。彼の旧資本の価値はもはや徴塵も存続しない。」(K. I, SS. 597-8.〔595.〕)と述べているが，たんに財産を蕩尽するのとそれを資本として投下することによってえられた剰余価値を蕩尽するのとでは根本的に異なるのであって，「旧資本の価値はもはや徴塵も存続しない」どころかそっくりそのまま存続するのである。さきにも述べたように，問題は，如何にしてそういうことが可能か，そのからくりを明らかにするにあるのではなかろうか。「蓄積を度外視」しても単純再生産の過程においてどの資本も「蓄積された資本」ないしは「資本化された剰余価値」に転化されると述べているが，そういったのでは次節（『資本論』では第 1 巻第 7 編第 22 章）でみる「剰余価値の資本への転化」としての本来の「蓄積」概念自体が曖昧になってしまうであろう。かような論述によってマルクスは「最初の投下資本」もまた実は収奪の産物にほかならないということがいいたかったのであろうが，そうした問題はいわゆる「本源的蓄積」論によって論ぜられるべき問題である。

**　ジョオン・ロビンソンは『マルクス経済学に関する一試論』の第 1 章「序論」において，マルクス経済学と近代経済学の基本性格を対比論評するにさいして，近代経済学の「正統派」（新古典派）における競争概念は事実上，「小規模で平等な財産所有者の社会における経済学を発展した資本主義の分析のうちに投影しようとしたものである」とし，さらに「正統派」の賃銀概念について，「労働の限界不効用 (marginal disutility of labour) に等しくなる傾向をもつとされる正統派の賃銀の概念は，一人の百姓が夕方，くわにもたれかかって，もう 1 時間の労働によってえられる余分の生産物が余分の背骨の痛みを償うかどうかと考えている情景を想源とするものであるが，そうした賃銀概念が働くかそれとも飢えるかのいずれか以外にはなんら個人的労働者が選ぶべき道をもたぬ近代の労働市場に投影されているのである。」(J. Robinson, *An Essay on Marxian Economics*, p. 2.)

と述べているが，そうした《雇用関係》そのものが把握されえていないことによる「賃銀」概念の無概念性は，歴史的・批判的観点を欠如した近代経済学の基本性格に由来するものであって，そのかぎりにおいて，実はケインズ理論においても克服されてはいないのである。

第2節　資本の蓄積——剰余価値の資本への転化——

1. 商品生産の所有法則の資本制的取得法則への転化

　第3章においては如何にして資本から剰余価値が発生するかをみたが，ここでは如何にして資本が剰余価値から発生するかを考察する。資本としての剰余価値の充用，または剰余価値の資本への再転化は，資本の蓄積と呼ばれる。これが厳密な意味での蓄積の概念である。

　ところで，剰余価値が追加資本に転化し蓄積がおこなわれうるためには，蓄積されるべきその剰余価値を体現する剰余生産物が，すでに，（単純再生産の必要を超えるという意味で）余剰の生産手段および（追加雇用労働を維持しうべき）余剰の生活手段の現物形態をとっているのでなければならない。すなわち，剰余労働の一部（その所産たる剰余価値が蓄積充当分に相当する部分）がそうした余剰の生産手段と生活手段の生産にすでに充当されたのでなければならない。「剰余価値は，それを体化する剰余生産物がすでに新資本の物象的諸成分を含むが故にのみ，資本に転化されうるのである。*」(K. I, S. 609.〔607.〕) この点は後に，「社会的総資本の再生産と流通」の問題を論ずるさいに，蓄積による拡張された規模での再生産がおこなわれうるための物質的前提条件をなすものとして，重要な論点となる。

　　*　こうした立言は，外国貿易を捨象し，「全商業世界を一国と看なし，また，資本制的生産が到るところに確立してあらゆる産業部門を征服したものと前提」するという方法的観点のもとになされている。「研究の対象をその純粋性においてとらえる」ためには，また，「資本一般」の運動として資本制的蓄積の基本的一般的な法則をまず明らかにするためには，そうした方法的限定をとることが妥当

であるといえよう。

　さらにまた，剰余価値が追加資本として機能しうるためには追加雇用労働力がなければならないが，労働者階級に与えられる通常の賃銀は彼等の生活維持のみならず彼等の増殖をも保証するに足るものであるから，雇用を求める追加の労働力は絶えず労働市場に供給されるとみなすことができる。資本はこの追加労働力を追加生産手段と合体させさえすればよいのであって，それで剰余価値の資本への転化は完了し，単純再生産の循環運動は累進的規模での資本ならびに資本関係の再生産という螺旋運動に転化する。

　剰余価値の転化したものとしての追加資本は元資本とともにさらに剰余価値を生み，その剰余価値がまたさらに追加資本に転化し，かくして「金の卵」がさらに「金の卵」を生み落とし，《複利の魔術》をもってする資本の自己増殖過程が展開されることとなる。こうした累進的蓄積過程において，仮に「最初の資本」が自己労働の所産であったとしても，——必ずしもそうはいえないことは，後に「本源的蓄積」を考察するさいに明らかにされるが——，その「本源的資本」は，次第に「消滅してゆく大いさ（数学的意味での無限小）」（$K.$ I, S. 616.〔614.〕）となる。すなわち，蓄積が進めば進むほど，資本のうち不払労働の対象化たる剰余価値の転化した部分がますますヨリ多くの割合を——やがてはその大半の部分を占めるようになるのである。そうしてまた，蓄積が進めば進むほどますますヨリ多くの剰余価値が生産されるようになり，それによってまたますますヨリ多くの蓄積がなされるようになる。かような《複利の魔術》をもってする資本の累進的な自己増殖過程は，対象化された不払労働によって絶えずヨリ多くの生ける労働が支配されてゆく過程にほかならず，この過程において，「商品生産および商品流通にもとづく取得法則」（労働による所有）は「それ独自の・内的な・不可避的な・弁証法によって」その正反対者たる「資本制的取得法則」（労働による非所有と非労働による所有）に転化する（$K.$ I, SS. 612, 616.〔609, 613.〕）。原初的には自己労働にもとづくかにみえた——あるいはそういう仮定がなされえた——「所有権」は，いまや，資本家の側では他人の不払労働を支配しその生産物を取

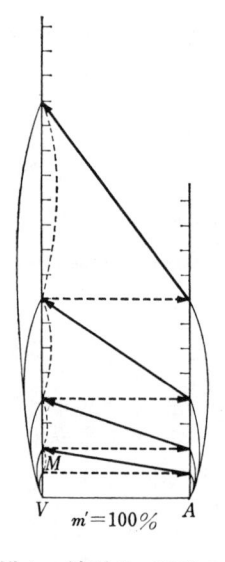

得する権利として，労働者の側では自分自身の生産物を取得することの不可能性として現われるのである。

　いま試みに，対象化された不払労働によって絶えずヨリ多くの生ける労働が支配されてゆくところの・累進的蓄積過程の謎を図示してみれば，左図のようになる。左縦線の V は可変資本額を，右縦線の A はその可変資本の転態する労働力を，そして M は剰余価値をあらわす。剰余価値率 $m'=100\%$ とし，簡単化のために剰余価値の全額が資本に，そしてそのすべてが可変資本に転化されるものと仮定する。左から右への……→は可変資本の労働力への転態ないしは労働力の購買を，右から左への──→はその労働力の流動化（労働力の使用価値の実現）たる労働が $V+M$ なる価値に対象化されることを示す。可変資本 V は労働力 A に転態し，その労働力の使用価値の実現たる労働によって $V+M$ が生み出され，その $V+M$ が次の V として投下されて倍量の労働力に転態し，その労働力の流動化たる労働によって再び前の倍量の $V+M$ が生み出され，その $V+M$ がまたさらに V として投下され，以下同様の過程が進行する。対象化された不払労働は元資本と合体することによって絶えずヨリ多くの生ける労働を支配し，まさに複利の魔術をもってする資本の累進的自己増殖が展開される。こうした累進的蓄積過程において，自己労働にもとづくかにみえた（あるいは少なくもそうした仮定がなされえた）「本源的資本」はやがて投下資本量のうちに占める割合において「消滅してゆく大いさ（数学的意味での無限小）」となり，およそ資本なるものは等価なしに取得された他人の不払労働をその実体とするものとなる。そうしてまた，この過程において，「商品生産および商品流通にもとづく取得法則」はその正反対者たる「資本制的取得法則」に転化するのである。*

　労働力は価値において売られ価値において買われる。そのかぎりにおいて，

労働力の購入はそれ自体商品交換の法則に照応するものであって，なんらそれを侵害するものではない。労働力の価値の等価物たる一定額の貨幣と引換えに労働力の使用価値たる労働が譲渡される。それはそれ自体としては通常の意味での売買と異ならず，等価物と等価物との交換にほかならない。だがそれにもかかわらず，他ならぬその等価交換に媒介されて絶えず事実上の不等価交換がおこなわれる。資本家のものたる生産過程において労働力は生産的に消費されその使用価値を実現されるのであるが，その労働力の使用価値の実現たる労働は労働力の価値を超える剰余の価値を生み出し，その剰余価値がまた絶えず追加労働力の購入に投ぜられる。かくして，資本家によって取得される対象化された他人の不払労働によって絶えずョリ多くの他人の生ける労働が支配され購買されてゆくのである。しかもこの過程を媒介するものは，依然として，労働力がその価値において売られ価値において買われるという等価交換の原則にもとづく流通形態であって，それは全く，それ自体としては，「商品生産の所有法則」を侵害するものではない。かくして，対象化された不払労働によって絶えずョリ多くの生ける労働が支配されてゆく過程としての，剰余価値の資本への転化の過程——その過程は同時に，拡張された規模における資本関係の再生産過程にほかならないのだが——は，労働力の売買という流通形態によって媒介されると同時に隠蔽されるのである。

　商品生産と流通は（論理的にも歴史的にも）資本制的生産の出発点をなし基礎をなすものであるが，逆にまた，労働力が商品として売買されるという関係が展開されてはじめて商品生産と流通は一般化し，各生産物が最初から販売のために生産され，すべての生産された富が流通を通過するようになる。すなわち，労働力が商品化されるという関係が展開されてはじめて，一社会はその根柢から商品交換という特有の流通形態によって媒介されるものとなる。「賃労働がその基礎となるときに初めて，商品生産が全社会に自己を強制する。」(*K. I*, S. 616.〔613.〕)　本書第Ⅰ編の序章において既述のように，商品関係は，アダム・スミスの考えたように独立自営の生産者相互の関係としてではなく，資本―賃労働関係を通じてはじめて全面的に展開されるので

ある。だが，労働力もまた商品となるという特有の社会関係のもとではじめて全面的に展開されるその商品関係は，資本家と労働者との階級的な支配＝収奪関係そのものの，またその拡張された規模における再生産の，媒介契機となる。

* マルクスのこの命題の含意は J. S. ミルの私有財産制論（『経済学原理』1848年刊第2編第1章「property について」）との対比においてみることによって，ヨリよく理解することができよう。『経済学原理』のその個所でミルは，当時の共産主義思想に対する世上に流布されている論難は妥当性を欠くとしてのち，「私有財産制」ないしは「私的所有制 (the institution of individual property)」の是非に関して，以下のような論述を展開している。——「もしもその長所のすべてを伴った共産制と，そのすべての苦痛と不正とをそなえた現在の社会状態と，この二者のうちのどちらを可とすべきかというのであれば，また，もし私有財産の制度が，その帰結として，労働の生産物がいまわれわれが目撃しているようにほとんど労働に逆比例して割り当てられる……という，関係を伴うものとし，かかる私有財産の制度と共産制と，そのいずれを採るかというのであれば，共産制の難点は，大小すべてのものを合しても，なお衡器の上に落ちた羽毛にすぎないであろう。」としてのち，「しかし正当な比較をなすには，最善の状態における共産制と，現状のごときものではなく理想的な状態における私有財産制とを，比較するのでなければならない」とし，「私有財産の原理」はどこの国においてもいまだかつて「正しい試験」がなされたことはないのであって，「近代ヨーロッパの社会制度は，公正な配分の・ないしは勤労による獲得の・結果たる財産の分配をもってではなくして，征服と暴力の結果としての財産の分配からはじまった」のであり，それこそが「労働に逆比例」する現在の不公正な分配関係の原因なのだとし，さらに，「その後，産業活動 (industry) は幾世紀にもわたってこの強力 (force) の働きを是正しようと努めてきたのであるが，それにもかかわらず，社会制度は依然としてその濫觴の痕跡を多くかつ大きく残している。」それは，「財産関係の法規」が不公正を是正するのではなく，逆に不平等を拡大するようなものばかりであったことによる，と論じている (J. S. Mill, *Principles of Political Economy*, ed. by W. J. Ashley, Bk. II, pp. 208-9. 末永茂喜訳，岩波文庫，第4分冊，28-30ページ)。ジョン・ロックやアダム・スミス以来の「労働による所有」という所有権の基礎づけと，その帰結としての「労働に逆比例」する分配関係との間の矛盾をミルは問題としながら，それを，「近代ヨーロッパの社会制度」の出発点における事情すなわち封建的な社会関係にもとめ，「産業活動 (industry)」は幾世紀にもわたってそれを是正しようと努めてきたが，逆に不公正を拡大するような「立法」のみがおこなわれてきたため，「苦痛と不正とをそなえた現在の社会状態」が現われているのであるとしている。ミルが理解しえなかったのは，現存社

会における「労働に逆比例」する不公正な分配関係は「私有財産制」の原理からの不可避的な帰結にほかならない、ということであった。また、ミルが幾世紀にもわたって不公正の是正に努めてきたという資本主義的な「産業活動 (industry)」こそが「分配の不平等」を拡大せしめてきた決定的な要因であり、それゆえにこそ、その法的表現としての「立法」が「富の集中」と「巨富の累積」のみをおしすすめるようなものばかりであったのだ、ということであった。「私有財産制」は資本主義的生産の基本前提をなすものであるが、その資本主義的生産のもとにおいて、とりわけ蓄積過程において、「商品生産の所有法則」（労働による所有）は不可避的に「資本制的取得の法則」（労働による非所有と、非労働による所有）に転化するのである。「私有財産制」の基礎上に日々おこなわれている資本制的生産と蓄積の過程それ自体が、ミルのいう「私有財産制を正当化する原理」に背反しそれを否定する過程にほかならないのである。『資本論』第 1 巻第 7 編第 22 章第 1 節における「商品生産の所有法則の資本制的取得法則への転化」に関するマルクスの論述は、こうしたミルの私有財産制の弁護論を意識し、また「労働による所有」という、ロックやスミス以来の所有権思想を批判する意図のもとになされたものとおもわれる。なお、この点についてさらに詳細には、拙著『蓄積論研究』前編第 3 章「J. S. ミルの動態論」第 4 節〔II〕の「補説 III」を参照されたい。

2. 剰余価値の資本と収入とへの分割

　剰余価値は、前節ではそのすべてが資本家の「消費ファンド (Konsumtionsfonds)」になるものとされ、本節の 1. 項ではそのすべてが「蓄積ファンド (Akkumulationsfonds)」になるものとみなされた。だが、現実には、剰余価値は、その一部が資本家により「収入 (Revenue)」として消費され、他の一部は資本として充用され、蓄積される。

　資本家は、「人格化された資本 (personifiziertes Kapital)」として、「価値増殖の狂信者 (Fanatiker der Verwertung des Werts)」たらざるをえない。すなわち、資本家は、賃労働者に「禁欲」を強制することによってできるだけ多くの剰余価値を打ち出そうとし、また、かくして取得された剰余価値のうちのできるだけ多くの部分を——「禁欲」によって——資本に再転化せしめ、もってヨリ多くの剰余価値を取得しようとする。さらにまた、かくしてえられた剰余価値のうちのできるだけ多くの部分が資本に再転化され、以下同様

の過程が繰り返される。この過程は資本の自己増殖過程にほかならず,「意志と意識とを付与された資本」として資本家は, 価値増殖が自己目的たるこの過程の意識的媒介者としての役割を果たす。資本家の目的とするところは欲望の充足ではなく, また個々の利得でもない。「利得することの休みない運動」がそれである。資本家は「合理的な貨幣蓄蔵者」として,「野蛮な資本家」たる貨幣蓄蔵者と共に「絶対的な致富衝動」を有することは, すでに本書第3章第1節「貨幣の資本への転化」の 1. 項においてみたが, 貨幣蓄蔵者にあっては「個人的狂気」としてあらわれるところの, その「絶対的な致富衝動」は, 資本家にあってはそれにおいて彼が一個の動輪たるにすぎない「社会的機構の作用」となる。すなわち, 資本家は, 資本制社会の客観的なメカニズムによって「価値増殖の狂信者」たらざるをえないのである。自立化し自己増殖する価値自体が過程の主体となる, こうした累進的蓄積による資本の累進的な自己増殖過程は, それに規定されつつ生産の拡張と生産力の発展がおこなわれる過程にほかならず, すなわち,《蓄積のための蓄積, 生産のための生産》の過程にほかならない。自立化し自己増殖する価値自体が過程の主体であるということは, すなわち過程の顚倒性を意味するが, しかしまた, この顚倒的な過程において無制限的な生産の拡張と生産力の発展がおこなわれるのであり, それゆえにまたヨリ高度な社会形態の物質的条件が次第に準備されることにもなるのである。

　こうした資本制的蓄積過程の顚倒性とその歴史的意義について, マルクスは以下のように論述している。

「資本家は, 人格化された資本であるかぎりにおいてのみ, 一の歴史的価値と……歴史的存在権とを有する。ただそのかぎりにおいてのみ, 彼自身の経過的必然性が資本制的生産様式の経過的必然性のうちに含まれている。しかしまたそのかぎりでは, 使用価値と享楽とがではなく, 交換価値とその増加とが彼の推進的動機である。価値増殖の狂信者として, 彼は仮借なく人類に生産のための生産を強制し, したがって社会的生産諸力の発展を強制し, 各個人の完全にして自由な発展を根本原理とするヨリ高度な社会

形態の唯一の現実的基礎をなしうる物質的生産諸条件の創出を強制する。資本の人格化としてのみ資本家は尊敬すべきものである。かかるものとして，彼は貨幣蓄蔵者と同様に絶対的な致富衝動を有する。だが，貨幣蓄蔵者にあっては個人的狂気としてあらわれるものは，資本家にあっては社会的機構の作用であって，この機構において彼は一個の動輪であるにすぎない。さらにまた，資本制的生産の発展は一個の産業企業に投ぜられる資本の不断の増大を必然たらしめ，競争は各個の資本家に資本制的生産様式の内在的諸法則を外的な強制法則として押しつける。競争は資本家を強制して彼の資本を維持するために絶えずそれを増大させるのであるが，彼は累増的蓄積によってのみそれを増大することができるのである。／だから，彼の行住坐臥が彼において意志と意識とを賦与された資本の機能にすぎないかぎり，彼自身の私的消費は彼にとって彼の資本の蓄積の盗掠に当たるのであって，それは，イタリー式簿記において私的支出が資本に対する資本家の借方として記入されるのと同様である。蓄積は社会的富の世界の征服である。それは搾取される人間材料の量を拡大すると同時に，直接および間接の資本家の支配を拡大する。」(K. I, SS. 621-2.〔618-9.〕)

　それぞれの資本家は，たんにその資本の資本としての存立を維持するためにも，累増的蓄積によって絶えずその資本を増大し，したがってまた，生産を拡張し生産力を発展せしめてゆかなければならない。それはもはや，選択の問題ではない。かくして，価値増殖が自己目的であるという資本制的生産の本質によって規定されるところの・「生産の無制限的発展への傾向」という，資本制的生産の内在的法則は，競争過程における各個の資本家に「外的な強制法則」としてあらわれる。貨幣蓄蔵者の場合には「個人的狂気」としてあらわれるところの「絶対的な致富衝動」が資本家にあってはそこにおいて彼がその一動輪たるにすぎない「社会的機構の作用」となるのは，まさにこうした連関においてである。「蓄積のための蓄積，生産のための生産」の過程であるという資本制的蓄積過程のこの顛倒性を明確にとらえておかなければ，蓄積過程を規定する諸法則が個々の生産担当者の意志からは独立で

逆にそれを支配し規制する客観的な「自然法則」として，鉄の必然性をもって自己を貫徹する法則としてあらわれるのは何故かを理解することはできない。なお，こうした顚倒的な資本の蓄積過程は，同時にまた，単純再生産の過程が資本関係そのものの再生産過程であるのと同様に，拡張された規模での資本関係の再生産過程にほかならない。

第3節　資本蓄積と雇用・失業——資本制的蓄積の一般法則——

資本の蓄積が雇用・失業ならびに賃銀率の変動に対して如何なる作用を及ぼすかを考察し，もって「資本の増加が労働者階級の運命に及ぼす影響」を明らかにするのが，本節の主題である。この主題の考察にさいして最も重視さるべき要因は，蓄積過程の進行中にこうむる「資本の有機的構成」の変化である。

資本制的生産過程が労働過程と価値増殖過程の二面の統一体として把握されるのと対応して，「資本の有機的構成 (organische Zusammensetzung des Kapitals)」は，素材的側面からする資本の「技術的構成 (technische Zusammensetzung)」と価値の側面からする資本の「価値構成 (Wertzusammensetzung)」の二面の統一体としてとらえられなければならない。技術的構成とは充用される生産手段（労働手段および労働対象）の量とその充用のために必要な労働量との比率を意味し，価値構成とは不変資本と可変資本との比率を意味する。「資本の技術的構成によって規定されかつその変化を反映するかぎりでの資本の価値構成」を「資本の有機的構成」という。以下に「資本の構成」という場合，この意味での「資本の有機的構成」を意味するものとする。

各生産部門に投下されている個別諸資本の構成は相互に異なるが，それらの資本の個別的諸構成の平均は各生産部門の資本の平均構成をなし，また，すべての生産部門の諸平均構成の総平均は一国の社会的資本の構成をなす。

資本蓄積が雇用・失業ならびに賃銀率の変動に如何なる作用を及ぼすかを考察するにさいして重要視されなければならないのは，この意味での資本構成が蓄積過程においてこうむる変化である。

だが，そうした過程を考察する前に，まず資本構成が不変な場合についてみておく必要がある。

1. 資本構成が不変の場合

資本の蓄積が資本構成の変化を伴うことなくおこなわれる場合には，資本の蓄積にそのまま比例して労働需要が増加する。価値増殖を自己目的とする資本は，絶えず剰余価値のうちのできるだけ多くの部分を追加資本に転化せしめようとするのであるから，そしてまた，投下資本が増大すればするほど剰余価値は増大し，したがってまた追加資本に転化しうべき額もまた増大するのであるから，労働力人口の絶対量が絶えず増加しつつあるとしても，累進的蓄積にともなって累増する労働需要がやがて労働供給を超過し，賃銀率が上昇しはじめる。だが，単純再生産の過程が資本関係そのものの再生産の過程であるのと同様に蓄積過程は拡張された規模での資本関係の再生産過程であるということ自体は賃銀率の多少の上昇によって変わるものではなく，資本蓄積に伴う賃銀率の上昇は，「賃労働者のみずから鍛えた金の鎖の大きさと重さとがその張りの緩みを許すということを意味するにすぎない。」(K. I, S. 650.〔646.〕)

賃銀率の上昇による労働搾取度の低落が或る一定の資本制的限界を超えなければ，そのまま蓄積が進展する。投下資本量が増大すれば賃銀率の上昇によって搾取度がなにほどか低下しても剰余価値量は増大しうるのであるから，蓄積量もまた増大しえ，そのかぎりにおいて，資本は以前よりもヨリ急速に増加しさえする。だが，賃銀率の上昇が或る一定の資本制的限界を超えるや，蓄積が衰え，賃銀の騰貴運動が反撃をこうむることとなる。労働力人口が絶えず増加しつつあるとすれば，蓄積の衰退にともなって資本と労働力との不均衡はやがて消滅し，賃銀率は再び資本の価値増殖に適合的な水準に下落せ

しめられることとなる。労働需給が資本構成の変化によって調節されない場合には、資本はその増加率そのものを減退せしめることによって賃銀率を調節するのである。

この場合に、以下の2点が留意されなければならない。すなわち、第一に、賃銀率の上昇・下落は労働力人口の増加速度の変動に起因するのではなく、資本の蓄積速度の変動に起因するのだということである。労働力人口の増加速度の減退が資本を労働力に対して過剰ならしめるのではなく、資本の過剰な蓄積が労働力を相対的に不足せしめ賃銀率を上昇せしめるのであり、また、労働力人口の増加速度の増大が資本を労働力に対して不足せしめるのではなく、蓄積の衰退が資本に比して労働力を相対的に過剰ならしめ、もって賃銀率を低落せしめるのである。「資本の蓄積におけるこの絶対的諸運動こそは、搾取されうる労働力の量における相対的諸運動として反映するものであり、したがってまた、労働力の量の独自の運動に起因するかのようにみえるものである。数学的表現を用いれば、蓄積の大いさは独立変数、賃銀の大いさは従属変数であって、その逆ではない。」($K. I, SS. 651-2.$ 〔648.〕) 賃銀騰貴を賃労働者の不足に帰着せしめ、また賃銀下落を賃労働者の過剰に帰着せしめるのは、好況期における物価騰貴（＝相対的貨幣価値の低下）を流通貨幣量の増大に帰着せしめ、また不況期における物価下落（＝相対的貨幣価値の上昇）を流通貨幣量の減少に帰着せしめる、貨幣数量説と同様の皮相的な謬見にすぎない。

第二に、賃銀率の上昇・労働搾取度の低落には或る一定の超ええない限界があり、その限界は「資本制的蓄積の本性」によって規定されているということ、そのことはまた、資本制的再生産過程は資本関係そのものの再生産過程にほかならず、対象化された不払労働によるヨリ多くの生ける労働の支配の過程としての蓄積過程はその資本関係の拡張された規模における再生産過程にほかならないということの別様の表現にすぎないということ、この点に充分な留意を要する。

「資本蓄積と賃銀率との関係は、資本に転化された不払労働と追加資本

の運動に必要な追加労働との関係以外の何ものでもない。……だから，それは決して，相互に独立した二つの大いさの，すなわち一方における資本の大いさと他方における労働者人口の数との関係ではなく，むしろ結局のところ，同じ労働者人口の不払労働と支払労働との関係であるにすぎない。労働者階級によって提供され資本家階級によって蓄積された不払労働の量が，支払労働の異常な追加によらなければ資本に転化されえないほど急速に増加するならば，賃銀は騰貴し，そして他のすべての事情が同じであるとすれば，それに比例して不払労働は減少する。だがこの減少が，資本を養う剰余労働がもはや標準的な量をもっては供給されなくなる点に触れるや否や，一の反作用が始まる。すなわち収入中のヨリ小さい部分が資本化され，蓄積が衰え，賃銀の騰貴運動が反撃をこうむる。かくして，労働価格の昂騰は，ただに資本主義制度の基礎を侵害しないばかりでなく増大する規模での当該制度の再生産を保証するような，限界内に閉じこめられているのである。だから，一自然法則にまで神秘化された資本制的蓄積の法則は，事実上においては次のこと，すなわち，資本制的蓄積の本性は，資本関係の不断の再生産と絶えず拡大される規模におけるその再生産を切実に脅かしうるような，労働搾取度のいかなる減少または労働価格のいかなる騰貴をも排除するということを，表現するにすぎない。労働者の発展欲望のために対象的富が存在するのではなく，逆に現存価値の増殖欲望のために労働者が存在するという生産様式においてはそれより他にありようがない。人間は，宗教において自分自身の頭の製作物によって支配されるのと同様に，資本制的生産においては自分自身の手の製作物 Machwerk によって支配されるのである。」(*K*. I, SS. 652-3. 〔649.〕)

上の論述は，資本制的蓄積の本質把握の観点から，賃銀率上昇の特殊・資本制的限界を指摘したものである。賃銀率の上昇限界は，価値増殖が自己目的たる・資本制的生産の本質＝顛倒性そのものによって規定されており，それは，資本制的動態過程が「資本物神」によって支配されていることの，すなわち，それ自体が顛倒的な過程であることの，一表現にほかならない。

「労働者階級によって提供され資本家階級によって蓄積された不払労働」の量が余りに急激に増加すると，賃銀率が上昇し労働搾取度が低落する。この搾取度の低落はたんに追加資本についてのみ生ずるのではなく，投下資本総体について生ずるのであって，ために追加資本投下によって却って資本総体の取得する不払労働自体が減少する場合がありうる。そうなると，蓄積はすでに社会の資本総体にとっては無意味となる。「剰余労働がもはや標準的な量をもっては供給されなくなる点」，「一の反作用が始まる」というその限界点は，上の意味での，追加資本投下による賃銀率上昇・搾取度低落によって社会の資本総体の剰余労働が減少しはじめるその点を意味するとされなければならないであろう。この限界点は後に（本書第Ⅲ編第3章），資本蓄積と利潤率変動との相互規定関係を論ずるさいに，《資本の絶対的過剰生産》という規定を与えられることとなるが，当面の論理段階では以上の指摘をもって足りるであろう。

2. 資本構成が高度化する場合

資本の蓄積は，通常，労働生産力の発展を伴い，その労働生産力の発展は，機械その他の工場設備に代表される労働手段を人間労働力に対比して巨大化せしめ，また，一定量の労働によって同じ時間内に生産物に転化される原材料（原料および補助材料）の量を増大せしめることにより，技術的構成の高度化をもたらす。前者すなわち機械その他の工場設備の人間労働力に対比しての巨大化は労働生産性の発展の・条・件をなし，後者すなわち一定量の労働によって一定時間内に生産物に転化される原材料の量の増大は労働生産性の発展の・結・果をなすが，条件であれ結果であれ，労働生産性の発展は，一般に，労働力にくらべての生産手段（労働手段ならびに労働対象）の量的増大，労働過程の客体的諸要因に対比してのその主体的要因の量的減少として現われる。そうして，この技術的構成の高度化は，生産手段を生産する生産諸部門の生産性上昇が一般には消費資料（農業生産物を含めての）を生産する生産諸部門のそれよりもヨリ急速であり，したがってまた，生産手段の価値が労働力の

価値よりも一般にはヨリ急速に低下するという関係によって或る程度まで相殺されながらも，資本の価値構成の高度化，すなわち不変資本部分にくらべての可変資本部分の相対的減少となって現われる。かくして，資本の蓄積が生産技術の高度化をともなってなされるかぎり，それは一般には，資本の有機的構成の高度化をともなう。すなわち，資本の雇用する労働量は資本に対比して相対的に減少せしめられるのである。

　この資本構成の高度化が新たに資本に転化される剰余価値部分，すなわち追加資本についてのみ生ずるのであれば，資本増加にともなう労働需要増加の割合は低下するとしても，社会総体としてみた労働需要の絶対量は必ず蓄積にともなって増加することになるが，しかし，旧資本ないしは元資本も絶えずその一部は更新すべき時期に達しているのであって，その部分は追加資本とともに（多くの場合それと合体して）改良された技術的姿態をとって更新され，資本構成を高度化する。この元資本の一部更新による資本構成の高度化は，労働需要の絶対的減少をともなわざるをえない。社会総体としての労働需要の増減は，元資本の一部更新にともなう資本構成高度化によって生産過程から排除される労働量と追加資本投下によって吸収される労働量との，両者の関係如何によって規定されるのであり，その量的変化の方向を予め断定することはできない。以上の関係を念のため図解説明してみると，次ページの図のようになる。(A)は追加資本についてのみ資本構成の高度化が生ずる場合，(B)は元資本の一部が高度化された資本構成をもって更新される場合をあらわす。(A)の場合においては労働需要はその増加率は低下しても必ず絶対的に増大するが，(B)の場合には元資本の一部更新にともなう構成高度化によって排除される労働量すなわち▢で示される部分の量と追加資本によって吸収される労働量との関係如何によって労働需要の増減が決まる。生産技術の発展にともなって雇用が増加するか減少するかについては，旧くから，前者を主張する「補償説」と後者を主張する「排除説」との論争があり今日にいたっているが，その両者とも——それらが，不変資本と可変資本との比率関係を「固定資本」と「流動資本」のそれと混同しているという点

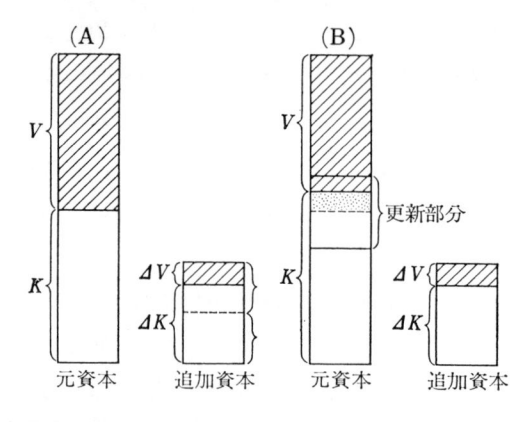

を措いて問わないとしても、——蓄積と技術発展にともなう労働需要の変化方向を予め断定しようとしている点において、理論的に謬っている。

なお、以上にみた関係は、蓄積にともなう労働需要量の増減は、生産技術の発展にともなう投下資本総体（元資本＋追加資本）のうちに占める可変資本の割合＊の減少率と蓄積による資本量の増加率との関係如何によって決定される、というようにも表現されうるであろう。

＊　これを P. M. スウィージーは『資本主義発展の理論』(Paul M. Sweezy, *The Theory of Capitalist Development*, 1942.) において、「可変資本率」と呼んでいる。この可変資本率は資本構成の高度化にともなって低下する。何故ならば、

可変資本率 $v' = \dfrac{V}{K+V} = \dfrac{1}{\frac{K}{V}+1}$　であるからである。

ところで、資本の蓄積が生産技術の発展をともなっておこなわれる場合には労働需要量の増減を予め断定しえないということは、たんに労働需要量の変化方向が不確定であるということを意味するのではなく、資本の蓄積がそれに固有の労働力需給調節のメカニズムをもつことを意味する。

資本の蓄積が生産の大規模化と生産技術の高度化の槓桿として作用するとすれば、後者はまた剰余価値を増大せしめ、したがってまた蓄積額を増大せしめる槓桿として作用する。資本の蓄積にともなって生産力が発展し、生産力の発展は資本の蓄積を加速し、かくして、《蓄積のための蓄積、生産のための生産》の過程が展開される。価値増殖が自己目的たることによって規定されるこの資本制的生産の内在的法則は、競争過程にある個々の資本家に対して外的な「競争の強制法則」として現われ、各個の資本家は、たんにその

存立を維持するためにも，可能なかぎり急速に資本を蓄積し生産規模の拡大と生産技術の高度化をおしすすめてゆかなければならない。(この点は，第Ⅰ編第3章第2節 3. の a. 項の補説でみた，新生産方法の導入・普及にともなう特別剰余価値 ΔM の成立→消滅，その対極での旧生産方法による諸資本の剰余価値減少量 $-\Delta M$ の増大のメカニズムを想起することによって，充分首肯しうるところであろう。) かくして，資本の累進的蓄積と生産力の累進的発展とは相互に規定し条件づけあって自己累積的に展開されてゆくのであるが，その過程は，追加資本の累増によって労働力が吸引されてゆく反面，元資本の一部が絶えず構成高度化をともなう更新によって労働力を排出してゆく過程であり，資本蓄積が労働者人口の絶対的増加の制限から独立した・独自の労働力需給調節のメカニズムを展開し，それによってまた或る程度まで自動的に賃銀率を資本の価値増殖に適合的な限界内に圧下しつつ進展してゆく過程にほかならない。「自然的人口増加の制限から独立した相対的過剰人口」が絶えず形成され，それが「産業予備軍」として現役労働者軍を補充し，また資本の突然かつ急速な膨脹にともなう労働力需要の急増にも応じうる貯水池として機能する。この予備軍が競争によって絶えず就業者に加える圧迫は就業者をして資本への隷属と低賃銀と過度労働とを余儀なくさせ，またその就業者の過度労働による労働供給の増大は予備軍のなおいっそうの増大に作用する。かくして，悪循環が生ずるのであって，同じ労働者仲間の予備軍の圧力によって現役労働者軍の賃銀率は絶えず資本制的限界内に圧下され，また労働の外延的・内包的増大が強制されることになるのである。「相対的過剰人口」はその上でいわゆる「労働の需要供給の法則」が運動する背景をなし，資本制的蓄積の「一実存条件」をなす。

　「資本制的生産の機構は，資本の絶対的増加がそれに照応する一般的労働需要の増大を伴うことのないように，配慮している。……労働に対する需要は資本の増加と同一ではなく，労働の供給は労働者階級の増加と同一ではなく，かくして，相互に独立する二つの力能が相互に作用しあうのではない。骰子はいかさまだ。資本は同時に両方面に作用する。資本の蓄積

が一方では労働に対する需要を増加するとすれば、それは他方では〔元資本の一部の構成高度化をともなう更新による〕労働者の『遊離化』によってその供給を増加するのであるが、それと同時に失業者の圧迫は就業者をしてヨリ多くの労働を流動させることを余儀なくさせ、かくして或る程度まで労働供給を労働者供給から独立させる。この基礎上での労働の需要供給の法則の運動は資本の専制支配を完成する。」(K. I, S. 674.〔669.〕 角括弧内は引用者による補足。)

生産力の発展にともなう直接的生産過程内での「資本のもとへの労働の実質的包摂」の強化と対応しつつ、資本構成の高度化による産業予備軍の絶えざる形成によって資本のいわば《全機構的包摂》が、その意味での「資本の専制支配」が、確保され強化されるのである。労働者人口の絶対的増加の制限から独立した、この労働力の相対的過剰化の機構によってはじめて、資本制的蓄積は、労働者階級をしてその労働力を絶えず《商品》として最低限の再生産費において販売せしめるという関係を或る程度まで自動的に確保しつつ展開されることになる。そうしてまた、それが「資本制的生産様式に独自な人口法則」をなすのである。労働者人口の一部が絶えず失業しているのは、それが絶対的に過剰であるがためではなく、絶えず資本によって相対的に過剰ならしめられているがためである。

こうした資本による労働力需給調節のメカニズムを図示してみれば、次ページの図のようになる。(なお、この図解は、スウィージー前掲書90ページ、都留重人訳、新評論社刊110ページに依ったものである。)

就業労働者は新規労働力によって補充されるだけでなく、元資本の一部更新によって絶えずその就業労働者のなかから排除される産業予備軍によって補充され、またその予備軍の圧力ないしは死重によって就業労働者の賃銀率が圧下される。自然的人口増加によるとは別の労働力給源、別の労働力の流れ(一方では排出され他方では吸引される回流)が生じ、それによって労働力需給ならびに賃銀率が調節されるのである。資本の累進的蓄積にともなう労働需要の累増によって、あるいは新市場の開拓、新産業分野の展開等にともな

う資本の飛躍的膨脹に
よる労働需要の急増に
よって，産業予備軍が
一定限をこえて収縮す
れば，賃銀率が上昇し，
その賃銀率の上昇は機
械採用の誘因として作
用し，資本構成高度化
の速度が高まる。すな

労働力需給調節のメカニズム

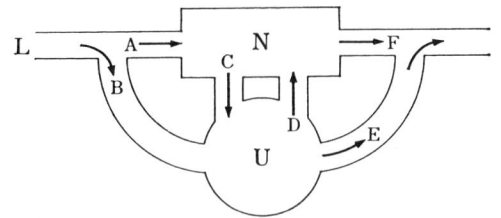

N 現役労働者　A 新規雇用労働者　D 再雇用者
U 産業予備軍　B 雇用先のない者　E 失業ののち引退する者
L 新規労働力　C 解職された者　F 引退者

わち，追加資本はヨリ高度な資本構成をもって投下され，また，元資本の更新が促進されかつその更新にともなう構成高度化の度合が大となる。かくして，一方では大量の予備軍が排出され他方では労働力吸収力が弱まることによって，再び貯水池は膨脹し，賃銀率が下落せしめられることとなる。賃銀率の上昇が機械採用の誘因として作用するのは，機械が（その耐久年限の間にわたって）節約する延べ労働量に対して支払われる賃銀総額よりもその機械の価値が小なることが機械採用の資本制的限界条件をなし，他面では賃銀率の上昇は旧生産方法による諸資本の剰余価値をますます減少せしめ資本としての存立を維持し難くするからである。

　生産力の発展は，一方では弱小資本の没落等による「プロレタリアートの人為的創出」の手段としても作用することによって労働者人口の絶対的増加そのものを補充し，他方では，資本の蓄積の結果たるたんなる「集積 (Konzentration)」とは区別されるところの，「現存資本の配分の変更」による資本の「集中 (Zentralisation)」——それは，「競争と信用」をその最も有力な両槓桿とし，また，あるいは「併呑」という暴力的な方法によって，あるいは「株式会社」の形成というヨリ円滑な方法によってなされる——を促進し，その現存資本の配分の変更たる資本の集中はまた資本構成高度化による産業予備軍排出の強力な槓桿となる。そうしてまた，その資本集中によって生産の飛躍的な大規模化と高度な機械体系の採用が可能ならしめられるのである

から，剰余価値は増大し資本の蓄積が加速されることとなる。

こうして，資本の集中・巨大化とその対極における随伴現象としての弱小資本の没落をともないつつ，資本の蓄積と生産力の発展は相互に規定し条件づけあいながら自己累積的・加速度的に展開され，それにともなって，「資本による労働者のヨリ大きな吸引がそのヨリ大きな反撥と結びつけられている規模もまた拡大」（K. I, S. 664.〔659.〕）され，それによってまた，生産過程内における資本のもとへの労働の「実質的包摂」の強化と対応しつつ，資本の《全機構的包摂》が強化されてゆくのである。こうした労働力の相対的過剰化の機構によって，平均的には，産業予備軍の一定量が社会の底辺に確保され，それによって賃銀率は資本の価値増殖に適合的な限界内に圧下せしめられる。資本の蓄積にともなう一極での富の蓄積は，その対極における貧困の蓄積を不可欠の随伴現象としつつおしすすめられてゆくのである。これが「資本制的蓄積の一般法則」にほかならない。

なお，産業予備軍は，実は，好況過程においては現役労働者軍の膨脹につれて収縮し，不況過程においては現役労働者軍の収縮につれて膨脹するという一定の周期的運動を反復するのであって，資本制的蓄積にとっての不可避的な運動形態たる産業循環（「景気循環」）の過程は，この産業予備軍の形成・吸収・再形成なる独自の運動に照応しかつそれに「立脚」する（K. I, S. 666.〔661.〕）のであるが，そうした産業循環の合法則的な周期的過程の解明はここでの課題ではない。

相対的過剰人口の存在形態

産業予備軍は，景気変動に応じて周期的に反復される存在形態を別とすれば，「流動的」・「潜在的」・「停滞的過剰人口」という諸形態で存在する。

(i) 「流動的過剰人口 (fließende Übervölkerung)」とは，近代的産業の発展にともなって絶えず排出されては吸引される過剰人口の存在形態であり，膨脹しつづける近代的産業の周辺にあってそれの直接の労働力供給源となっている過剰人口である。それは産業の発展と資本の蓄積につれて絶えず排出されては吸引されるのではあるが，若年労働者に比して再雇用機会の乏しい

中高年労働者の過剰，産業の近代化にとり残された熟練労働者の過剰といった諸形態において目につくものとなる。

(ii) 「潜在的過剰人口 (latente Übervölkerung)」とは，農業における資本主義的生産の発展にともなう労働需要の絶対的減少によって形成され，絶えず工業部門への就業機会を求めて農村内部に種々の形態において潜在する過剰人口であり，工業における資本主義的生産の発展に対して絶えず湧出する労働力給源をなす。農業における経営規模は土地の面積によって制約されるため，工業部門におけるように生産力の発展にともなう一方での労働力の排出が他方でのヨリ大きな吸引によって補われることなく，かくして農業における生産力の発展にともなって労働需要が絶対的に減少することによってこの過剰人口は形成される。それは同時にまた，前資本主義的な独立自営農経営の破滅をともなうかぎりにおいて，「プロレタリアートの人為的創出」の一形態でもあるとみなしえよう。なお，農村労働者の賃銀がしばしば最低限にまで圧下されるのは，この潜在的過剰人口の圧力によってである。

(iii) 「停滞的過剰人口 (stockende Übervölkerung)」とは，現役労働者軍の予備軍に接する下層部分として，就業はしていてもその就業は全く不規則であり，低賃銀と過度労働か或いは逆に半就業状態を強いられている労働者層をいい，中小・零細企業に劣悪な労働条件のもとに雇用される労働者層，家内労働や日雇労働等の極端な搾取下におかれた労働者等をさす。(現今のいわゆる「臨時雇」，「社外工」などもその一形態とみなすことができよう。) こうした労働者層——それは貧困であるがゆえに却って繁殖力に富むとされる——は，いわば資本にとっての労働力の貯蔵部分をなし，資本に対し，「自由にしうる労働力の汲めどもつきぬ貯水池」を提供する。

(iv) 最後に，相対的過剰人口の最低の沈澱層をなすのは，「被救恤的窮民 (pauper, Pauperismus)」の層 (現今の「生活保護世帯」の層) であり，それは「現役労働者軍の廃兵院」であり，また「産業予備軍の死重」をなす。

相対的過剰人口は上のような諸形態において存在し，資本にとっての自然的人口増加の制限から独立した独自の労働力給源をなし，それによって資本

は，労働力需給=ならびに賃銀率調節の固有のメカニズムをうることとなる。資本の累進的蓄積と生産力の累進的発展にともなって「資本による労働者のヨリ大きな吸引がそのヨリ大きな反撥と結びつけられている規模もまた拡大」され，現役労働者軍の増大につれてそれと一定の比率を保ちつつ産業予備軍もまた増加してゆく。かくして，資本の累進的蓄積と生産力の累進的発展にともなって，直接的生産過程内での資本の労働支配（実質的包摂）が強化されてゆくのと対応的に，「資本の専制支配」が，《全機構的包摂》が確保され強化されてゆくのである。「相対的過剰人口または産業予備軍をたえず蓄積の範囲および精力と均衡させる法則は，ヘファイストス〔ギリシャ神話における鍛冶の神〕の楔がプロメテウス〔ギリシャ神話における英雄。ジュタビーの火を盗んで人民にもたらしたために，岩に釘づけされた〕を岩に釘づけにしたよりもいっそう固く労働者を資本に釘づけにする。それは，資本の蓄積に照応する貧困の蓄積を条件づける。」(K. I, SS. 680-1. 〔675.〕) 排出されては吸引される相対的過剰人口の圧力によって，賃銀率は——平均的には——労働力の再生産に必要な最低限に圧下され，生産力発展の成果は相対的剰余価値としてすべて資本の果実となる。かくして，直接生産者たる労働者の対象的富からの疎外の関係が，資本蓄積と生産力発展の過程において維持し再生産されるのである。いわゆる「資本制的蓄積の絶対的・一般的法則 (das absolute, allgemeine Gesetz der kapitalistischen Akkumulation)」とは，以上の一連の諸命題を内包し総括するものと解されなければならず，したがってまた，資本制的再生産過程は資本関係そのものの再生産過程にほかならず，蓄積過程はその資本関係の拡張された規模における再生産過程にほかならないという命題との，不可分の連繋において理解されなければならない。

* ただし，産業予備軍が一方的に累加・累増し，それによって賃銀率が労働力の再生産費以下にはてしなく低落してゆくとすることはできない。マルクスが『資本論』第1巻第7編第23章第3節を「産業予備軍の累進的生産 (progressive Produktion)」と題し，また，「産業予備軍の相対量は富の諸力能につれて増加する。ところが，この予備軍が現役労働者軍に比較して大きくなればなるほど，……その労働苦に正比例して窮乏する労働者層がそれだけ大量的となる」(K. I, S.

679.〔673.〕)と述べているところからして,資本制的蓄積にともなう産業予備軍の累増,それによる賃銀率の労働力の価値以下へのはてしない低落,その意味での労働者階級のいわゆる「絶対的窮乏化」の必然性が,『資本論』のその個所(第1巻第7編第23章)で論じられており,そしてその命題こそが「資本制的蓄積の一般的法則」の主要命題をなすのだとする解釈がおこなわれているが,そうした解釈には疑問がある。少なくともそういう必然性が『資本論』のその個所で論証されているとすることはできないようにおもわれる。そういう解釈を論証ぬきに固持することは,一見如何にラディカルにみえようとも非科学的であり,却って経済学の古典としての『資本論』の価値を貶めるものとおもわれる。そういう解釈を「労働需要の絶対的減少」=産業予備軍累加の必然性論という最も徹底した形で展開した比較的最近のものとしては真実一男氏の『機械と失業』があるが,──ただし,この書物はリカードゥ機械論研究としては優れたものである──その真実説については,前掲拙著『蓄積論研究』後編第二論文の末尾に付した「附論」を参照されたい。なお,マルクスが「産業予備軍の累進的生産」と言う場合,それは,累進的蓄積にともなう累進的規模における産業予備軍の絶えざる形成・吸収・再形成,すなわち,本文において前記の「〔資本蓄積にともなう〕生産規模および運動状態におかれた労働者数の拡大につれて,……資本による労働者のヨリ大きな吸引がそのヨリ大きな反撥と結びつけられている規模も拡大される」ということと同義と解すべきであるとおもわれる。「相対的過剰人口の理論」の意義は,産業予備軍の結果としての量的増加を論証しようとしたところにあるのではなく,労働者人口の絶えざる相対的過剰化のメカニズムによって「資本の専制支配」が確保され強化されることを論証するにあったのである。なお,マルクスの産業予備軍の理論は「労働人口の絶対的供給量に関する或る特定の仮説を俟たずしては成立しがたい」とするマルクス批判は,上の真実氏流の失業量累加の必然性論の言わば裏返しの議論というべきであろう。オッペンハイマー(F. Oppenheimer, *Das Grundgesetz der Marxschen Gesellschaftslehre*, 1903.)以来の,労働人口の絶対量の増加率如何に力点をおくという意味でマルサス的発想への逆行に帰着する,こうした見解によってマルクスを批判しようとした比較的最近のものとしては,熊谷尚夫氏の『資本主義経済と雇傭』第3部「経済成長と雇傭」第5章「人口,資本,および雇傭」があるが,その熊谷説に関しては,前掲拙著後編の第一,第二論文を参照されたい。マルクスの「産業予備軍の理論」を失業量の結果としての累加の必然性論と解したところに,熊谷氏および真実氏(この対立をなす両者)の解釈上の誤りが根ざしているのである。

** それゆえに,「資本が蓄積されるにつれて,労働者の状態は,彼への支払がどうあろうとも,高かろうと低かろうと,悪化せざるをえない」(*K*. I, S. 680.〔675.〕)ということになる。

*** マルクスは,この「資本制的蓄積の絶対的・一般的法則」について,「この法則は,他のあらゆる法則と同様に,その実現においては多様な諸事情によって修

正されるのであるが，これらの事情の分析はここ〔『資本論』第1巻第7編第23章第4節〕での問題ではない」(K. I, S. 679.〔674.〕)と述べているが，「資本制的蓄積の絶対的・一般的法則」といっても，第一に，この法則は，「蓄積を抽象的に，すなわち直接的生産過程の単なる契機として考察」するという，特定の方法的限定と分析視角のもとに展開された，『資本論』第1巻第7編（本書第I編第4章）における命題にすぎないのであって，それは当然，一定の方法的抽象性をもつものであり，また第二に，その実現にさいしては，資本主義の発展段階によってその態様を異にする，階級闘争とその対応としての国家の（社会の資本総体の意志を代行するものとしての，労働力の保全・培養ならびに体制への包摂を意図する）諸政策等によって，かなりの変容と修正を受けつつ貫徹されることとなる。

　第一の点については，資本制的蓄積が《産業循環》ないしは《景気循環》という合法則的な周期的運動の形態をとらざるをえない必然性の論証が未だなされていない点が決定的であるが，しかしその反面，そうした方法の捨象のもとに，資本関係の再生産把握という基礎視点からとらえられた資本制的蓄積の基本法則として，それは極めて重要な意義をもつとされなければならない。(『資本論』第1巻第7編第23章第3，4節，とくに第3節においては，しばしば，産業循環の現実過程に即した，予備軍の変動およびその作用に関する叙述がみられるが，そのことは，『資本論』の当該個所は資本関係の再生産把握という基礎視点からする資本制的蓄積の基本法則の解明を固有の課題とし基調とするものであり，産業循環の問題は未だ方法的に捨象されていることを，なんら否定するものではない。なお，ことのついでに述べておくが，『資本論』第1巻第7編第23章の資本構成が不変の場合が想定された第1節（本書第I編第4章第3節1.項）の叙述を好況過程に，資本構成が高度化される場合に関する第2-4節〔本書同節2.項〕の叙述を不況過程に，それぞれ直接に比定する宇野弘蔵氏『経済原論』の特異な解釈は，わが国においてはかなりの追随者をえているようではあるが，方法論上の誤解にもとづくものであるにすぎないようにおもわれる。)

　なお，第二の点に関連して，いわゆるケインズ的完全雇用政策は，マルクスが相対的過剰人口の理論によって明らかにした法則の全面的否定を意図するものであるかにみえるが，実は必ずしもそうではないことは，「それ以上の雇用の増加が（貨幣）賃銀率の上昇を伴うその点が完全雇用である」とするケインズ的「完全雇用」概念からして，したがってまた，労働者階級の結合と団結による《bargaining power》が強ければ強いほど，「標準的失業量」が大でなければならず (J. E. Meade, *An Introduction of Economic Analysis and Policy*, pp. 75-8.)，「完全雇用」は《low fullemployment》でなければならない (A. P. Lerner, *Economics of Employment*, pp. 193-5.)，とされていることからしても，ほぼ推察できるところであろう。しかも，貨幣賃銀率は一定のまま隠微なインフレーション，「クリーピング・インフレーション」によって漸次に実質賃銀率は低下せしめられる。ケインズ的完全雇用政策のメダルの裏面がこの意味でのインフレーション

政策であることの含意を，充分に読みとることが必要であろう。それは，賃銀率調節の国家独占資本主義体制下での別様の形態にほかならない。

〔補説〕 **古典派雇用理論とマルクスの相対的過剰人口の理論**

　　産業革命前夜の経済学者たる『国富論』(1776 年) の著者アダム・スミスは，《発展的社会状態》においては，資本の累進的蓄積にともなって，生産力が発展するとともに労働需要が増大し，「賃銀の市場率」が「賃銀の自然率」(「普通の人道に悖らない最低の率」) を超えて上昇し，かくして生産力発展の成果はおのずから労働者階級にも分与され，《全般的富裕》が社会の最下層まで広がってゆく，と論じた。これを承けて，産業革命期の経済学者たる D. リカードゥも，『経済学および課税の原理』(1817 年) において，資本蓄積が急速な場合には「労働の市場価格」は「労働の自然価格」を超えて上昇しうるとしたのであるが，しかしその第三版 (1821 年) において，「機械論」と題する新たな章を挿入して，「機械を人間労働に代用することは労働者階級の利益にとってしばしば極めて有害になる」とする，J. バートンの排除説的悲観論 (機械の採用は労働需要を減退せしめ労働者層の貧困をもたらすとする説) を容認する議論を敢て展開し，古典派的楽観論に対する重大な疑義を表明した。だが，それは問題提起たるにとどまり，それによってその動学体系を全面的に再構成するまでにはいたらなかった。このリカードゥの命題は，資本主義成熟期の経済学者たる J. S. ミルの『経済学原理』(1848 年) のうちに継承され，かつ歪曲される。ミルはリカードゥの命題を一面では容認しながら，その動態論の展開において補償説的楽観論 (機械によって排除される労働者は，その機械の生産およびその関連産業諸部門の拡張を含めての，蓄積による雇用量増大によって必ず吸収されるとする説) へと大きく反転する。彼は，機械採用による生産力の発展は労働者用の生活資料を低廉化し，「労働者たちの生活を，もしも彼らがその増殖率を高めなければ，向上させる」としたのであって，労働者階級の貧困をもっぱらその「〔人口〕増殖率」のせいにするマルサス的発想にとどまったのである。それが補償説的楽観論への反転のメダルの裏面なのであった。また，ミルは「賃銀基金説」を唱えて，賃銀の平均額は「賃銀の支払にあてられる流動資本額」(所与としての賃銀ファンド) を労働者人口数で割った商にほかならないとし，この側面からもマルサス的発想による理論を展開した。こうした古典派雇用理論の批判的検討のうえに，マルクスの相対的過剰人口の理論が展開されたのである。人口の自然的増加が幾何級数的であるのに対し，食物は算術級数的にしか増加しない，このため過剰人口による貧困と悪徳とが必然的に発生するとする，『人口論』(初版 1798 年，再版 1803 年) で展開されたマルサスの人口法則を，マルクスは，「動植物にのみ適用されるべきものである」としてこれを否定し，バートン＝リカードゥの命題を，資本関係の再生産

過程としての資本制的再生産過程把握の基礎上に，資本蓄積にともなう資本の有機的構成高度化による労働者人口の相対的過剰化＝賃銀率調節のメカニズムの解明として，明確化し発展させ，資本制社会に固有の人口法則を明らかにしたのであった。ここにマルクスの産業予備軍の理論の歴史的意義があるのである。

　なお，（生産諸要素は無制限に代替可能だとする前提の下に）賃銀率が flexible でさえあれば失業は自動的に解消する（失業が発生するのは労働組合が賃銀率の引下げを容認しないことによる）とする，ピグー（A. C. Pigou, 1877-1959）に代表される新古典派の命題が，全くの「弁護論的たわごと」にすぎない次第も，マルクスの相対的過剰人口の理論の構成に照らして，おのずから明らかであろう。さらにまた，それの批判として現われたケインズ的「完全雇用」政策が，インフレによる所得収奪をメダルの裏面とする，国家独占資本主義体制下での賃銀率調節の別様の表現にほかならないことは，さきの註***で述べたとおりである。

第5章　本源的蓄積

第1節　本源的蓄積の意義

　如何にして貨幣が資本に転化され，資本によって剰余価値がつくられ，剰余価値からヨリ多くの資本がつくられるかは，すでにみた。貨幣が資本に転化されるためには，一方の極には生産手段および労働力を購買しうべき貨幣の所有者層が，他方の極には労働力を商品として販売すべき社会層が存在しなければならないのであるが，ひとたび資本家と賃労働者との社会関係＝階級関係が成立するや，その資本—賃労働関係は商品・貨幣流通に媒介されての資本制的生産の反復過程においておのずから維持・再生産されること，また，剰余価値の資本への転化による資本の蓄積過程において，その資本関係が拡張された規模において再生産されることもすでにみた。なおまた，絶えざる剰余価値の資本への転化による《複利の魔術》をもってする資本の累進的な自己増殖過程において，自己労働にもとづくかにみえた（あるいは少くもそうした仮定がなされえた）「本源的投下資本」は機能しつつある資本総体のうちの「消滅してゆく大いさ（数学的意味での無限小）」部分となることもすでに述べた。そこで，資本制的生産がおこなわれるためのそもそもの前提条件（社会的与件）たる《資本関係 (das Kapitalverhältnis)》そのものが如何にして成立するかが，《本源的資本》なるものの形成とともに，明らかにされなければならない。その意味において，「〔本来的な〕資本制的蓄積に先行する『本源的』蓄積 („ursprüngliche" Akkumulation)」すなわち，「資本制

的生産様式の結果ではなく出発点たる蓄積」(K. I, S. 751.〔741.〕) の過程が解明されなければならない。

　この《資本関係 (das Kapitalverhältnis) を創造する過程》は，生産者をその生産手段の所有から分離する過程にほかならず，それは，一方では生産手段（およびそれを購買すべき貨幣）を資本に転化し，他方では直接生産者を賃労働者に，すなわちその労働力を商品として販売する社会層に転化する過程にほかならない。労働実現の手段たる生産手段が生産者から分離され資本に転化せしめられることは，その労働の所産でありまた生産者の自己維持手段であったところの消費資料が資本の生産物として絶えず資本家の手に疎外されることを意味する。労働者は資本家から賃銀として支払われた貨幣を資本家の手に返還することによってのみそれを入手し，労働力を再生産することができる。それゆえに労働力は，再び商品として販売せざるをえない状態においてのみ再生産される。かくして，生産手段の所有が生産者から分離され資本に転化せしめられると同時に，生産者の労働力は商品に転化せしめられる。本来は商品でないところの（また生産者が賃労働者となってのちも商品として生産されるのでないところの・）人間の労働能力が商品化せしめられる。このようにして，一方において生産手段および労働力を購買すべき貨幣が資本に転化すると同時に，生産者が賃労働者に転化し労働力が商品化せしめられる。それゆえにまた，「資本関係」の創出過程は同時に「本源的資本」なるものの形成過程にほかならない。

　生産者からの生産手段の分離は，独立生産者相互間における商品流通の展開にともなう・その《両極分解》につれて，進展する。直接生産者が封建的隷属やギルド的束縛や共同体的諸規制から解放され次第に独立生産者となってゆくにつれて，それら生産者相互間の商品流通が発展し，その商品流通に媒介されて生産者はますます緊密かつ広汎に社会的分業に織りなされてゆくのであるが，（そしてまた，生産者間の商品流通の進展にともなって，さらに共同体的関係を含めての封建体制の崩壊がおしすすめられてゆくのであるが）そうした商品流通＝ならびに社会的分業の，したがってまた生産力の発展過程は同時に，

その過程の担い手たるそれら独立小商品生産者の両極分解が進展してゆく過程にほかならない。すなわち，商品流通の浸透と展開にともなう価値法則の貫徹につれて，なんらか有利な生産条件のもとに生産を営む生産者の手許にはいわゆる「胚芽的利潤 (embryonischer Profit)」が形成され，それの生産への不断の再投下によって生産手段の蓄積と経営の拡充がおしすすめられ，それによって生産上の優位性がさらに強められてゆくのであるが，その反面，不利な生産条件のもとに生産を営む生産者は次第に貧困化と没落を余儀なくされ，やがて殆んどすべての生産手段を失うにいたる。かくして，《商品流通》ないしは《市場経済》の発展につれて，一方の極には「小資本家」層が，その対極には次第にプロレタリア化してゆく貧困層が形成され，前者による後者の雇用関係が萌芽的に展開されることとなる。

* こうした価値法則の貫徹による独立小商品生産者の両極分解の過程は，資本家相互間の競争において，新生産方法を導入した個別諸資本が特別剰余価値 ΔM を取得する反面，未だ旧生産方法による個別諸資本が剰余価値の減少 $-\Delta M$ を余儀なくされる関係に比定することによって，ほぼその法則性を理解しうるであろう。
　なお，レーニンが『いわゆる市場問題について』なる論稿において展開した市場理論に関する表式（市場の形成過程を六つの時期に区分して表示した表式）は，「直接生産者たちの現物経済の商品経済への転化」と「商品経済の資本主義経済への転化」という「二つの契機」——この両者が不可分であることをとらえることが重要である——に着目しながら，資本主義の歴史的発展が「市場の大きさ」，すなわち「商品に転化される生産物の量」の増大のうちにどのように表現されるかを表示したものである。当面の論点と若干問題視角を異にするが，商品流通の発展にともなう独立生産者の両極分解の過程を市場形成の観点からとらえたものとして参照されたい。レーニンは，商品経済の浸透にともなって，如何に不可避的に，農工未分離の自給自足の「自然経済」を営んでいた「共同体的農民」が孤立し分散した私的生産を営む農民に分解せしめられながらしかも緊密かつ広汎に社会的分業に織りなされてゆくか，そしてまた，そうした商品流通と社会的分業の発展にともなって，これまた如何に不可避的に，独立小商品生産者が両極分解をとげ資本家と賃労働者に転化してゆくかを，市場形成という観点から——すなわち，ナロードニキのいうように「市場」は資本主義の外部に存在しなければならないというようなものではなく，自然経済から商品経済への，商品経済から資本主義経済への，資本主義の発展それ自体によっておのずから市場は形成されるのである，ということを論証しようとする意図のもとに——明らかにしようとし

たのである。

　だが，資本関係の創出過程は，上述のような自然な・自生的な，緩慢な「蝸牛的歩み」の過程としてのみ進行したのではない。そうした過程の進行を基調としながら，それを人為的に促進するものとして，生産者大衆に対する暴力的ないしは合法的な収奪が大規模におこなわれたのであって，「生産者と生産手段との歴史的分離過程」としての本源的蓄積の過程は，「血と火との文字をもって人類の年代記に書きこまれている」ような「収奪の歴史」として展開されたのであった。「資本の史的創生記 (historische Genesis des Kapitals)」は，決して牧歌的なものではなかったのである。

　資本主義社会の生成は，封建社会の解体の所産である。自己の労働力の自由な販売者たる賃労働者階級が形成されるためには，生産者は，第一に，封建的隷属やギルド的束縛や共同体的諸規制から解放されなければならず，第二に，封建制度のもとで与えられていた生存上のあらゆる保証が奪われ，所有ないしは保有していた土地（共同地を含めて）をその主要部分とする生産諸手段が彼等から分離されなければならない。新たな覇権者たる産業資本家の擡頭が封建勢力とその憎むべき特権とに対する，また生産の自由な発展を妨げていた前期的独占やギルド的桎梏に対する闘争と勝利の成果であったかぎりにおいて，それは右の第一の解放の側面に係わり，《市民革命》において総括さるべきそうした解放運動において資本家と賃労働者とは（それらに分解する以前の独立生産者と共に）同盟軍を形成する関係にあったのであるが，そうした封建的搾取からの「解放」の過程のメダルの裏面が資本関係を強力的に創出する「収奪」の過程にほかならなかったところに，資本制的生産様式の前史の特徴的な問題点があったのである。後にみるように，《市民革命》の所産として本源的蓄積の諸契機を「体系的に総括」した体制が確立する。*

　商品流通の発展にともなう独立生産者層の両極分解を基調としそれを人為的かつ強力的に促進する過程としての，本源的蓄積の「全過程の基礎」をなすのは，「農民からの土地収奪」である。そこで以下に，まずこの過程からみてゆくことにする。なお，この土地収奪の歴史は，「国が異なれば異なる

色彩をおび，また順序を異にし歴史的時代を異にする相異なる諸段階を経過する」のであって，それは「イギリスにおいてのみ古典的形態をとる」(K. I, S. 754.〔744〕.)。そこで，主としてイギリスを例にとりながら本源的蓄積の歴史的過程を考察してゆく。

* この点を――学史研究の視角からではあるが――明確ならしめた最近の業績としては，小林昇著『原始蓄積期の経済諸理論』(1965年，未来社刊)，同氏著『経済学史序章』(同年同社刊) がある。「本源的蓄積」の推進主体は絶対主義権力であるとする説が「大塚史学」(大塚久雄氏の『近代欧洲経済史序説』1937年，時潮社刊以来の研究成果) 以前の通説をなしていたようであり，現在でもそうした説を事実上継承した見解がみられるが (例えば，青木書店刊『資本論辞典』の「本源的蓄積」の項をみよ)，そうした見解は妥当ではない。ただし，大塚史学においては，資本関係の強力的創出過程たる本源的蓄積過程の収奪過程たる側面の把握が必ずしも明確でなく，その点に問題がある。

第2節　本源的蓄積の歴史的過程

1. 農民からの土地収奪

イギリスでは封建体制の本来的基盤たるべき農奴制が 14 世紀半ば以降崩壊し始め同世紀末葉にはすでに事実上消滅し，人口の大多数は，当時すでに，15 世紀にはさらにいっそう，事実上の「自由な自営農民」から成っていた。農村には「小農民経営」が一面に撒布されていて，ただここかしこに比較的大きな「領主直営地 (demesne)」――その経営は，地代の「金納化 (commutation)」すなわち「労働地代」から「貨幣地代」への地代形態の転化にともなって，それ自身農奴たる bailiff (領主の土地の差配人・荘宰) によるものから，一種の「借地農業者 (Pächter)」によるものに転化していた――が点在していた。そして，その借地農業者の雇用する賃労働=「日雇労働 (labourers)」は，一部は前記の自営農民から供給され，一部は少数の賃労働者から供給されたが，後者も小規模の耕地と小屋を保有していた事実上の自営農民であり，彼等は，本来的な自営農民とともに，「共同地 (Gemeindeland)」――そ

れは，彼等の家畜の放牧場であると同時に，彼等に燃料たる薪や泥炭などをも提供した——の用益権を享有していた。かくして，15世紀のイギリスは，自由な自営農民による《民富(Volksreichtum)》の形成によって特徴づけられる時代であった（K. I, SS. 755-6.〔745.〕）。この《Volksreichtum》はそれ自体としては《Kapitalreichtum》を排除するが，しかしそれは，資本主義的富の形成への起点をなす。自由な自営農民が相互に（彼等自身のイニシャティブにおいて）展開する商品流通（いわゆる「局地的市場圏」の形成）が不可避的に自営農民層の漸次的な富農・貧農への両極分解をもたらすだけではない，15世紀末葉以来農民からの土地収奪による暴力的なプロレタリアートの創出が開始されたのであって，かくして，イギリスの生産者大衆は，15世紀の「黄金時代」から16世紀の「鉄の時代」へと転落しなければならなかったのである。

* 彼等も身分的にはいまだ封建農民として領主に対して貨幣地代を貢納する義務を負っていたとはいえ，貨幣価値の漸次的下落にともなって，その負担は次第に軽少なものとなっていた。なお，1381年のウォット・タイラーの農民一揆や1450年のジャック・ケイドの反乱などを波頭として各地に頻発した農民反抗は「領主的反動」を封ずるに充分であった。

15世紀の6〜70年代から16世紀初葉にかけておこなわれた「封建家臣団の解体」は，プロレタリアートの創出の序曲となった。「いたるところ用もなく〔貴族の〕邸宅を充たしていた」封建家臣団は，(それ自身「ブルジョア的発展の所産」たる）絶対主義的主権の確立をめざす王権によって強力的に解体せしめられ，無一物のプロレタリア大衆として労働市場に投げだされた。だが，プロレタリアート創出のヨリ大規模かつ本格的な形態は農耕地の牧羊場化のためのいわゆる「囲込み運動(Enclosure Movement)」として展開された。フランドル地方の毛織物工業の繁栄による羊毛価格の騰貴に刺戟された封建領主たち——といっても「貨幣をもって権力中の権力とする」ところの，すでに貨幣経済への関心を著しく強めつつあった地主(ランドロード)——は，王権や議会と頑強に対立して，農民をその土地（農民が領主と同じく封建的権利を有していた土地）から暴力的に狩り立て，また共同地を横奪することによって，大量

第2節 本源的蓄積の歴史的過程　173

のプロレタリアートを創出した。かくして，トマス・モーア (Thomas More, 1478-1535) がその著『ユートピア』(Utopia, 1516.) で指摘しているように，「羊が人間を食いつくす」奇怪な国がこの地上に出現することとなったのである。こうした「牧羊囲込み運動」は，15 世紀末葉から 16 世紀全体を通じてさらにそれ以降も，若干の盛衰をみせながらも，引き続いて強力におこなわれたのであって，ヘンリー7世 1489 年の条例以来ほぼ 150 年間にわたる (絶対主義的王権による) 立法措置 (囲み禁止令の発布) も，フランシス・ベイコン (Francis Bacon, 1561-1626) のいわゆる《人口削減的な囲込み (depopulating inclosure)》と《人口削減的な牧場経営 (depopulating pasture)》とを阻止することはできなかったのである。

* 「農奴でさえも，自分の家に附属する零細土地の所有者 (Eigentümer) ——貢納の義務を負う所有者だったとはいえ——であったばかりでなく共同地の共有者 (Miteigentümer des Gemeindelandes) でもあったということを，忘れてはならない。」(K. I, S. 755.〔745.〕)
** 「共同地 (Gemeindeeigentum) ……は，封建制の覆いのもとに存続した古代ゲルマン的制度であった。」(K. I, S. 763.〔752.〕) なお，「共同地」は「共同体 (Gemeinde)」ないしは共同体的農民の存立の重要な物質的一基盤をなすものであるが，その共同体は封建社会を支える「土台」をなし，本源的蓄積過程はこの「《共同体》の終局的崩壊という事実を重要な一環として含んでいる」とする大塚久雄氏『共同体の基礎理論』3-5 ページの注目すべき指摘を参照されたい。
*** この場合，横奪され牧場に転化された「共同地」は，「荒蕪地ばかりでなく，共同体に一定の支払をなしつつ——または共同的に——耕されていた耕作地のこともしばしばであり」(K. I, S. 764.〔754.〕)，とりわけ後者，すなわち共同耕地の地主による併呑と牧場化が農民にとって破滅的であった。
**** ともにベイコンが『ヘンリー7世史』(History of Henry Ⅶ, 1622.) で用いている言葉。

「囲込み運動」による農民からの土地収奪は，ピューリタン革命 (1642-60 年) および名誉革命 (1688 年) という二度の市民革命による国家権力の変換にともなって，新たな局面をむかえた。すなわち，市民革命による絶対主義国家のブルジョア国家への転換にともなって，囲込み運動に対する国家権力の干渉は止み，とりわけ名誉革命によるブルジョア的議会制度の確立以降，議会による立法措置を通じて合法的に農民からの共有地収奪がおこなわれる

こととなった。かつては国家権力の干渉に抗して個人的暴行としておこなわれたものが、いまや合法的に、すなわち国家権力によって強力的に、おしすすめられることとなったのである。「18世紀の進歩は、法律そのものがいまや人民共有地の掠奪の道具となるという点に顕示される。……掠奪の議会的形態は『共同地囲み込み法案 (Bills for Inclosures of Commons)』の形態であり、換言すれば、地主が人民共有地を私有地として自分自身に贈与する法令であり、人民収奪の法令である。」(*K. I, S.* 763.〔753.〕)

なお16世紀における宗教改革にともなう修道院領の大規模な盗掠とその世襲領民の放逐、名誉革命によって名実ともに支配者となった地主的および資本家的利殖者たちによる無遠慮きわまる国有地の盗奪等は、上にみた土地収奪過程を補足し補完する契機であった。

こうした収奪の結果、かつてはイギリス農村における《民富》の担い手であったところの独立自営農民層＝ヨーマンリー、かつてはイギリス絶対王制の社会的藩屏であり17世紀中葉においても新興産業資本家層を絶えず分出しつつ未だ重要な社会層を形成しピューリタン革命においてクロムウェルの軍隊の主力をなしたヨーマンリィは、18世紀中葉にはほぼ衰退し、同世紀の最後の数十年間には農民の共同地の最後の痕跡もまた消滅し、それにともなって封建社会を支える土台をなしていた《共同体》も終局的に崩壊し去ったのである。こうした自営農民層と共同体の消滅過程は、同時に、資本制的借地農業の発展過程であり、工業のためのプロレタリアートの創出過程でもあった。

最後に、農民からの土地収奪の暴力性はいわゆる「土地清掃 (clearing of estates)」＝「土地からの人間の掃き棄て」において頂点に達した。アイルランドでは数個の村落から同時に人間が掃き棄てられる程度であったが、スコットランド高地では旧い「氏族的所有 (Claneigentum)」の形態——共同体的所有の一形態——がとられていたドイツの公国ほどの大きさの地面から多数の、実に1万余の人間が一挙に掃き棄てられ、「近代的私有」のもとでの牧羊場に転化せしめられた。例えば1814年から1820年までに、かのサザーラン

ド女公はその支配下のスコットランド高地の 15,000 のゲール人，約 3,000 の家族を「清掃」し，遠い昔から氏族に属していた 794,000 エーカーの土地を横領し，それを 29 の賃貸牧羊場——その各々には，大概イングランド人である小作農僕の 1 家族が住んだだけである——に分割した。すべての村落が破壊され焼き払われ，すべての畑が牧場に転化された。イギリスの兵士がその執行を命ぜられ，土着民と戦い，かくして，すべての住民が「雑草をぬくように」根こそぎにされたのである。

ほぼ以上が，いわゆる「本源的蓄積」の「牧歌的」方法なのであった。

* 独立自営農民層の両極分解はその一極に資本制的借地農業者（農業資本家）層を生み落としていったが，「15 世紀中，独立の農民，および，賃労働のかたわら同時に自作もする農僕（Ackerknecht）が自分の労働によって自らを富ませていた間は借地農業者（Pächter）の境遇やその生産場面は依然として同じように平凡なものであった。」(K. I, S. 782.〔771.〕) 15 世紀末葉以来の，共同耕地や共同牧場の収奪を含む「農業革命（Agrikulturrevolution）は，農村民を貧困化したのと同じ速さで借地農業者を富裕化した。」(K. I, S. 783.〔771.〕) しかも 16 世紀には，貴金属の，したがってまた貨幣価値の継続的低下という「決定的に重要な一契機」がつけ加わった。貨幣価値の低下は長期の借地契約で借地していた地代を低下せしめ，また労賃を低下せしめた。すなわち，それは，地主と賃労働者の犠牲において借地農業者＝農業資本家に「黄金の果実」をもたらしたのである (K. I, SS. 783-4.〔771.〕)。だから，「イギリスが 16 世紀末に当時の事情からみて富裕な『資本制的借地農業者』(,,Kapitalpächter") なる一階級を有したのは，不思議ではない。」(K. I, S. 784.〔772.〕)

2. 被収奪者に対する「流血立法」，初期労働立法

土地収奪によって農村から追放された人々は，そのまま直ちに新興のマニュファクチュアに吸収されるわけにはいかず，また旧来の生活軌道から突然放り出された人々が直ちに新たな規律に服することも困難であった。その結果彼等は大量的に乞食や盗賊や浮浪民に転化した。15 世紀末葉以来 18 世紀初葉にいたるまで浮浪罪に対する流血的立法がおこなわれたのはこのためである。国家は彼らを自由意志による犯罪者とみなし，やむをえぬ浮浪民化や窮民化がグロテスクで兇暴な法律によって厳しく懲罰された。彼等は鞭う

ち・烙印・拷問・奴隷化・死刑をもって労働につくことを強制され、また、《work house》、《house of correction》ないしはときには《house of terror》と呼ばれていた「懲役職場」に収容され、従順な賃労働者たるべく容赦なく訓練・陶冶されたのである。

　　＊　『資本論』には、浮浪民に就労を強制した下記のような「残虐法(Blutgesetz)」の諸例が挙げられている。ヘンリー8世、1530年の条例＝老いて労働能力なき乞食は乞食免許を受ける。強健な浮浪民は鞭打たれ監禁され、自分の出生地または最近3年間の居住地に帰って「労働につく」旨の誓約を立てなければならない。(彼等は土地を収奪され、出生地または居住地において「労働につく」ことが不可能となったが故に浮浪民となったのであるが。)　この条例は同じヘンリー8世第27年の条例において、新たな補足を加えられ厳しくされた。すなわち、浮浪罪で再度捕えられると鞭打ちがくり返されて耳を半分きり取られるが、三犯になると重罪犯人および共同体の敵として死刑に処せられることとなった。エドワード6世、1547年の条例＝労働することを拒む者は彼を怠け者だと告発した人の奴隷として宣告され、その奴隷が逃亡14日に及べば終身奴隷の宣告を受けて額または背にSの字を烙印され、三たび逃亡すれば反逆者として死刑に処せられる云々。さらに、エリザベス、1572年の条例＝免許のない14歳以上の乞食は「2年間使用する人がなければ」烈しく鞭打たれ左の耳朶に烙印され、再犯の場合、18歳以上ならば、「2年間使用する人がなければ」死刑に処せられる云々。——これらの絶対主義権力によるグロテスクな流血立法は、浮浪民や乞食を禁止し、彼等をなんらかの形で生産部面に(できれば旧の生産部面に)復帰せしめようとしたものであり、「囲込み禁止令」と同様に、絶対王制の現存秩序維持の努力のあらわれにほかならなかったのであるが、そうした措置が、——客観的には——土地から放り出された無産者を近代的な賃労働者に訓練・陶冶することに役立ったのである。

　さらに彼等を資本制的生産に適合的な賃労働者たらしめるために、労賃の最高限(最低限ではなく)と労働時間の最小限(最大限ではなく)を規定した初期労働諸立法がおこなわれた。労働者人口の絶えざる相対的過剰化による労働の需給＝ならびに賃銀率の調節という、《資本主義的生産の自然法則》が未だ確立されてはいない・資本関係の創出期においては、労働者を資本の価値増殖に適合的な・標準的従属度と標準的搾取度のもとにおくために、国家的暴力の助けを必要としたのである。

　なお、労働者の団結は、14世紀から団結禁止法の廃止された1825年にい

第2節 本源的蓄積の歴史的過程　177

たるまで重罪として取り扱われた。**賃銀取締りに関する法律が廃止されたのは 1813 年である。産業革命による機械制大工業の展開によって資本主義的生産と資本による労働支配が確立されてくるにつれて，これらの初期労働立法は不要とされるにいたったのである。

* 労働者階級に敵対的な・最高賃銀を規定した・初期労働立法は，イギリスではエドワード 3 世，1349 年の Statute of Labourers （フランスでは 1350 年のジャン王の勅令）によって開始されたとされる (K. I, SS. 283-4. 〔287-8.〕, S. 778. 〔766.〕)。なお，法定賃銀率を超えて支払うことは禁錮刑をもって禁止されたが，法定以上の賃銀の受領はその支払よりも重く罰せられた。例えば，エリザベスの徒弟条例第 18～9 条において，法定以上の賃銀を支払う者には 10 日の禁錮，それを受け取る者には 21 日の禁錮が科されることが規定されていた (K. I, S. 778. 〔767.〕)。なお，労働時間の規定については，例えば，ヘンリー 7 世，1496 年の条令において，すべての手工業者および農業労働者の 3 月から 9 月までの期間の労働日は，朝の 5 時から夕方の 7 時ないし 8 時まで（ただし，朝食 1 時間，昼食 1 時間半，4 時の間食半時間，計 3 時間の食事時間），というように規定されていた (K. I, S. 284. 〔288.〕)。賃銀の最高限と労働時間の最少限を規定したこれらの Statute of Labourers の歴史的意義については，それが，14 世紀半ばにおける黒死病の流行による人口減少を契機とする「日雇 (labourers)」の賃銀の昂騰によって，「直営地 (demesne)」の経営——それは，地代の「金納化 (commutation)」にともなって賦役労働にではなく「日雇 (labourers)」の労働に頼らざるをえなくなってきていた——が困難となった領主達がその賃銀の騰勢をなんとか抑えようとする意図のもとに発布せしめたものであり，したがって「本質的に未だ封建的性格のものであった」とする有力な批判的見解があり（例えば，大塚久雄『近代欧洲経済史序説（上巻）』234-5 ページの註記，244-6 ページ等を参照），Statute of Labourers の 14 世紀半ば頃の発布当時の役割に関するかぎりそうした見解が妥当かとおもわれるが，しかしまた，本来的マニュファクチュア時代においてもそうした労賃取締りが依然として有効であったかぎりにおいて (K. I, SS. 779-80. 〔768.〕)，それは，安価で従順な賃労働者創出のための初期労働立法の一翼を担うものでもあったとみなすべきであろう。

** ブルジョアジーが——とりわけ未だ賃労働者に対する「専制支配」を，全機構的包摂を確立していないブルジョアジーが，如何に労働者の団結を忌み嫌うかは，フランス革命における下記の事実から明白に知ることができる。「革命の嵐が始まるや否や，フランスのブルジョアジーは，労働者がやっとかち取ったばかりの団結権を，再びその手から剥奪した。1791 年 6 月 14 日の布告により，彼等はいっさいの労働者団結をもって『自由と人権宣言とに対する侵害』だと宣言し，500 リーヴルの罰金と 1 年間の公権剥奪とをもって処罰すべきものとした。国家

の警察権をもって資本と労働との競争戦を資本に好都合な埒内に押しこめるこの法律は，諸革命と王朝交代とを超えて存続した。恐怖政治さえもこれには手を触れなかった。」(K. I, S. 781.〔769-70.〕) フランスのブルジョアジーは，封建勢力とその憎むべき特権に対して《市民的自由》を獲得すべく共に闘った同盟軍たる労働者から，その団結権を，ほかならぬ「市民的自由に対する侵害」だとして，それゆえに「憲法違反」だとして，あるいは「フランス憲法によって廃止された同職組合（ギルド）の再建（！）」だとして，剝奪したのである。

3. 産業資本家の創生

　封建体制の一角を形成していた中世都市におけるギルド規制は，イギリスにおいては14世紀半ば以降の毛織物工業の発展と農奴制の崩壊を中心とする農村事情の変化にともなって，漸次変容を余儀なくされた。封鎖的で狭隘なギルド制度は毛織物工業の発展にともなって増大する毛織物生産者たちを包容しきれず，「親方 (master)」に上昇しえない固定的な「職人 (journeyman)」層が形成され，彼等は本来のギルドに対立して「職人組合 (jouneymen's association)」（あるいは yeomengild）という独自の組織をつくり，頻発する農民一揆にも呼応しながら罷工(ストライキ)を繰り返しつつ，本来のギルド親方に対する隷属的な傭人の地位から漸次上昇して，独立の職場と自己の道具で生産をおこなういわゆる「小親方 (small masters)」層（いわゆる「都市のヨーマン」層）を形成していった。これに対して，本来のギルド親方の富裕層は「織元 (clothier)」として商人化し，寡頭専制的な「カムパニー (company)」を形成して小親方たちを彼等の《問屋制前貸 (putting-out system, Verlagssystem)》の支配下におこうとし，事実またそうした問屋制支配網はかなりに広汎に展開されることとなるのであるが，職人および小親方層の一部は，そうしたカムパニー的＝商人ギルド的な支配と束縛とを避けてヨリ自由な農村地域にのがれ，なにほどか（おそらくは数エーカー）の農地を入手して半ば農民化しつつ，毛織物生産を営むようになった。いわゆる《urban exodus》とは，都市（旧特権都市 corporate towns）から農村（country——ギルド規制のない，いわゆる country towns および open towns を含む——）へのこうした人口流出現象にほ

かならない。この職人および小親方層の農村への流出と定着は，農村における自由な自営農民層のなかからその副業として漸次に自然に成長しつつあった手工業生産と合体して，旧来の「都市工業」に対立する「農村工業」を展開し，かくして半農半工の《農村の小親方》層が広汎に形成されることとなった。そして，これら《農村の小親方》層は，彼等自身による商品生産の発展にともなっておのずから両極分解をとげ，その富裕化した層は《都市の織元 (town clothiers)》に対する《農村の織元 (country clothiers)》*として次第にその経営を拡充し，やがてまぎれもない「マニュファクチュア」的生産（「分業にもとづく協業」による生産）を営むようになる。かくして，イギリスはほぼ 16 世紀半ば頃を劃期として，いわゆる「マニュファクチュア時代」に入るのである。こうした「毛織物マニュファクチュア」の発展に対して，さきにみた「牧羊エンクロージュア」——それは，毛織物工業の発展にともなう羊毛価格の騰貴に刺戟されたものであった——の熱病のような展開は，豊富な原料とともに豊富な労働力を提供した。そして，共同耕地や共同牧場の収奪を含むこの「牧羊エンクロージュア」はまた，穀物生産を主とする本来の農業部面における独立自営農民層の両極分解を強力的に促進し，「資本制的借地農業者」による農業経営が広汎に展開されることとなった次第もすでにみたごとくである。さらにまた，毛織物マニュファクチュアの発展は自営農民の副業を破滅せしめ，もってその衰退を余儀なくさせる。かくして，農村における農奴制と都市におけるギルド制を下から掘りくずしながら自己を展開してきた独立小商品生産者層（独立自営農民層ならびに半農半工の小親方層）は，彼等自身による商品生産の発展にともなって不可避的に両極分解をとげ，やがて「鬼子」たる《産業資本》——農・工両部門における——を産みおとしつつ，消滅してゆくのである。この過程はマルクスのいわゆる《封建的生産様式からの二様の移行径路》（『資本論』第3巻第4篇第20章「商人資本に関する歴史的考察」）における《生産者が資本家となる現実に革命的な径路》にほかならず，イギリスにおいて本源的蓄積過程が典型的な形態をとってあらわれたのは，この生産者が産業資本家に上昇してゆく《現実に革命的な径路》

が《商人が問屋制的に生産を掌握してゆく保守的な径路》と対抗しかつこれを圧倒しつつ自己を貫徹したからにほかならない。この過程において，独立自営の生産者は，すぐれて経過的存在たる役割を，——産業資本成立のための「必要な経過点(notwendiger Durchgangspunkt)」たる歴史的役割を果たす。

* 大塚久雄『近代欧洲経済史序説（上巻）』第2編第2章第2節「農村の織元と都市の織元」。大塚久雄氏のこの労作は，《town clothiers》対《country clothiers》のこの関係を経営形態の分析にまで掘り下げて展開しようとしたものであり，マルクスのいう《封建的生産様式からの二様の移行径路》における生産者型の途と商人型の途との対抗関係（次註参照）を近代イギリス経済史の史実に即して明らかならしめようと試みた劃期的業績であるが，さきに指摘した論点のほか，矢口孝次郎氏『資本主義成立期の研究』等の史実解釈に関する留意を要する批判もあり，なお検討すべき論点を含む。

** 「封建的生産様式からの移行は二重におこなわれる。生産者が，農業的自然経済と中世都市工業の同職組合的に拘束された手工業とに対立して，商人および資本家となる。これが現実に革命的な途である。或いはまた，商人が直接に生産を支配する。後者の途も，歴史的には移行として作用するにしても——例えば，17世紀のイギリスの clothier（織物商 Tuchhändler）のように，独立したままの織物業者（Weber）を自己の統制下におき，彼らにその羊毛を売り，彼らの織物を買い取るような場合，——それ自体としては，旧生産様式を変革するにいたりえず，むしろこれを保存して，自己の前提として維持する。……このやり方はどこでも現実の資本主義的生産様式の進路を妨害し，そして，この生産様式の発展につれて没落する。それは，生産様式を変革することなしに，ただ直接生産者の状態を悪化させ，彼らを，直接に資本のもとに包摂されているものよりもさらに劣悪な諸条件のもとにある単なる賃労働者およびプロレタリアに転化せしめ，旧来の生産様式の基礎上で彼らの剰余労働を取得する。」(K. III, SS. 366–7.〔347.〕傍点は引用者） この「封建的生産様式からの移行」における二様の径路，生産者型の途と商人型の途とが単に相互に正反対な径路であったというだけではなく，相互に対抗する関係にあったことをとらえることが重要である。なお，上の引用文において，商人型の途の例示として「17世紀のイギリスの clothier」とあるのは，大塚久雄氏のいわゆる「都市の織元(town clothier)」にほかならない。「独立したままの Weber（織匠ないしは織工）を自己の統制下におき，彼らにその羊毛を売り，彼らの織物を買い取る」という場合の clothier と Weber の取引は，もちろん純粋の売買などではなく，事実上，問屋制的な原料前貸を意味していたと解すべきであろう。なお，「独立したままの Weber」とは，それぞれの仕事場と織機を所有し——あるいは，いわゆる「賃機制度」によって問屋主から織機を賃借する場合もあったが，——問屋主たる clothier の作業場において「その資本に直接に包

摂」されていなかったことを意味する。(clothier の「統制下に」あるのであるから，clothier にたいして実質的に「独立」していなかったことはいうまでもあるまい。)「織元」の織布工たちに対する支配・統制の，したがってまた，収奪の度合は種々でありえ，取引先を複数にすることによって問屋主の独占的な支配の度合をゆるめ，他方，その経営を拡充しながら実質的に独立をえようとする織布工たちと，逆に問屋制的な統制としめつけを強化することによって織布工たちを《事実上の賃労働者》に，本来の賃労働者よりも「さらに劣悪な諸条件のもとにあるプロレタリア」に転化せしめようとする「織元」との相互の間には，――都市の商人の支配外の自由な country で生産者型の発展径路を辿り，すでにマニュファクチュアなる生産形態をとるにいたった毛織物工業の広汎かつ強力な展開によって漸次圧倒されながら，――絶えず隠微で深刻な闘争がくり返されていた。こうした対抗をそのうちに含みながら，「都市の織元 (town clothier)」は「毛織物商 (draper)」や「毛織物輸出商」（マーチャント・アドヴェンチュアラーズ）等をあるいは自ら兼ねあるいはそれら都市の商人層と密接に連繋しながら，問屋制的支配網を拡充しようとし，かくして，ギルド統制外の「農村」の「新たな工業培養所」に対する「諸特権都市の激烈な闘争」(K. I, S. 790.〔778.〕)が展開されたのである。旧社会秩序の維持を志向し，また，巨大貿易商に種々な「独占特許」を与え，もって法外な前期的独占利潤をえさせる代償としての莫大な関税収入の徴収をその不可欠の財源としていた絶対王制は，都市の商人層の側に立った。ピューリタン革命 (1642-60 年) は，かかる国庫的・独占商人的な圧政に対する初期産業資本とその母胎たる独立自営農民層の闘争をその背景とする。かくして，《封建的生産様式からの移行》における生産者型の途と商人型の途との《二様の径路》の対抗関係を明確にとらえておくことは，本源的蓄積過程が典型的な形態をとってあらわれた近世イギリス社会経済史の基調を把握するうえに極めて重要な意義をもつのである。

　独立自営の生産者が商品流通の発展にともなって両極分解をとげ，一極に産業資本――農・工両部門における――を産みおとしつつその大半が賃労働者に転化してゆく過程は，同時に，(すでに本章第1節においてみたように) 産業資本のための市場 (国内市場) 形成の過程にほかならない。「小農民を賃労働者に転化し，彼らの生活手段および労働手段を資本の物的要素に転化する諸事件は，同時に資本のためにその国内市場をつくり出す。以前は農民家族は生活手段および原料を生産し加工し，然るのちその大部分を自ら消費した。これらの原料および生活手段はいまや商品となった。大借地農業者がそれらを売るのであり，彼はマニュファクチュアにおいて彼の市場を見出す。糸，

亜麻布，粗製毛織物など，各農民家族がその手持ちのものを原料として自家用に紡いだり織ったりした物はいまやマニュファクチュア製品に転化するのであって，その販路をなすのは他ならぬ農村地方である。従来は自己の計算で労働する多くの小生産者に制約されて分散していた多数の顧客が，いまや産業資本によって賄われる一大市場に集中してくる。かくして，以前の自営農民たちの収奪および彼らの生産手段からの分離と並んで，農村副業の破壊が，マニュファクチュアと農業との分離過程が進行する。そして農村家内工業の破壊のみが，一国の国内市場に，資本制的生産様式の必要とする広さと鞏固さとを与えうるのである。」(*K. I*, S. 787.〔775-6.〕)

このように独立生産者の資本家と賃労働者への転化にともなって農工分離が進展し，また紡毛・織布等の自営農民の家内的副業が破滅せしめられてゆき，それにともなって産業資本のための広くかつ安定した国内市場が形成されてゆくのであるが，しかし，「本来的マニュファクチュア時代 (die eigentliche Manufakturperiode) は，何らの根本的変化も生ぜしめない。この時代が国民的生産を極めて断片的に征服するにすぎず，つねに都市手工業と家内的・農村的副業とを広い背景としていることは，人の記憶するごとくである。この時代は，これらのものを或る形態・特殊の事業部門・特定の地点で破壊しても，他の地点で再び同じものを生ぜしめる。というわけは，この時代は原料の加工のために一定の程度までこれらのものを必要とするからである。それゆえこの時代は，土地耕作を副業とし，生産物をマニュファクチュアへ——直接に，または商人の手をへて——売るための工業的労働を本業とするような，新たな小農民階級 (neue Klasse kleiner Landleute) を生みだす。……大工業が初めて機械をもって資本制的農業の確固たる基礎を与え，農村民の大多数を根柢から収奪し，家内的・農村的工業の根——紡績業と機織業——をむしり取って，農業とその家内的・農村的工業との分離を完成する。それゆえにまた，大工業が初めて，産業資本のために全国内市場を征服するのである。」(*K. I*, SS. 788-9.〔776-7.〕)　産業革命による機械制大工業の展開によってはじめて，農村的家内工業とそれを主業とする半農半工の小農民層が

完全に破滅しつくされ，農工分離が完成し，産業資本のための国内市場が全社会的規模において確立される。その意味においても，すなわち国内市場形成の観点からしても，——《資本の労働支配》におけると同様に，——機械制大工業によってはじめて産業資本は全機構的に確立されるのである。

　以上が農奴制の崩壊による「自由な自営農民」層の成立＝「民富 (Volksreichtum)」の形成を起点とし，(その「自営農民」層，ならびに旧特権都市的ギルド的統制外の農村地域における「小親方」層からなる) 独立自営の「小経営」・小商品生産者層の両極分解を基調とするところの，自生的な (封建的・ギルド的な支配体制を下から掘りくずしながら自己を展開する) 産業資本の形成・確立過程の概要である。独立自営の「小経営」をいとなむ無数の生産者層のなかから絶えず「小資本家 (kleiner Kapitalist)」層が農工両部面に分出され，さらに後者のなかから本格的なマニュファクチュア経営をいとなむ産業資本家層ならびに「資本制的借地農業者」層が分出されていった。この過程は，反面では同時にまた，無数の生産者層の大半が不可避的に漸次貧窮化し賃労働者化してゆく過程にほかならず，その両極分解にともなって，生産者を緊縛していた共同体的諸規制＝諸関係 (封建体制の最後の基盤) が解体せしめられてゆく過程にほかならない。イギリスにおいて本源的蓄積過程が古典的形態をとって現われたのは，まさにこうした過程がその基調をなしたからであるが，しかし，この自生的な過程は緩慢な「蝸牛的歩み」の過程としてのみ展開されたのではなく，15世紀末の地理上の諸発見 (アメリカ大陸の発見，および喜望峰迂回の東インド航路の発見) にともなう新たな世界市場の展開によって飛躍的に加速せしめられ，それにともなってまた，国家による一連の「暴力的槓桿」(*K.* I, S. 761.〔751.〕) によってまさに強力的に推進せしめられたのであった。

　　＊　「世界商業および世界市場は，16世紀において，資本の近代的生活史を開始させる。」(*K.* I, S. 153.〔161.〕)「アメリカの発見，アフリカの回航は，勃興しつつあったブルジョアジーのために新天地を開いた。東インドや中国の市場，アメリカへの植民，植民地との交易，交換手段〔銀および金〕と商品一般の増加，こ

れらは，商業に，航海に，工業に，空前の飛躍をもたらし，こうして，〔すでに〕崩壊しつつあった封建社会の内部の革命的要素を急速に発展させた。」（マルクス＝エンゲルス『共産党宣言』，大月書店版『全集』第4巻 476-7 ページ。傍点および角括弧内は引用者。）

　1492 年のスペイン女王イサベルの援助によるコロンブスのアメリカ大陸の発見，ならびに，1497 年のポルトガルのヴァスコ・ダ・ガマによる喜望峰迂回の東インド航路の発見等の「地理上の諸発見」によって，第一に，これまでイタリヤ諸都市とくにヴェネツィアの商人によってアラビア商人の仲立ちを経て営まれていた東インド貿易（それは，主として南ドイツの諸鉱山から供給される銀を輸出し，主として香料とくに胡椒，次いで熱帯産植物・果実，染料，さらには綿および絹等の奢侈的織物などのいわゆる「東邦の物産 oriental goods」を輸入するという内容のものであった）が新航路によるポルトガル商人の掌中に帰することとなり，第二に，コロンブスの発見後約 30 年を経た 1520 年代からメキシコ，ペルー等の諸地域に莫大な額の安価な銀が産出されはじめ，これが大量にヨーロッパ諸国に流入し，それに対する輸出品としては種々なる工業製品とくに毛織物および毛織物製品が求められたのであって，かくて新大陸との間に全く新たなしかも極めて重要な貿易分野が忽然として開かれ，まずスペイン商人がそれを掌握することとなった。こうして，地理上の発見にともなって，ポルトガルとスペインというイベリヤ半島の2国が一躍世界商業の覇者としてあらわれ，爾後，その世界商業の覇権をめぐって，「地球を舞台とするヨーロッパ諸国民間の商業戦争」(K. I, S. 790. 〔779.〕) が展開されることとなったのである。そうして，その世界商業の覇権は——周知のように——スペイン，ポルトガルからオランダ，フランス，そして最後にイギリスへと推移してゆくのであるが，そうした覇権の推移を窮極において規定した要因は毛織物工業の発展如何にあったのである。何故ならば，東インド貿易には何よりも銀を必要としたのであるが，その銀は毛織物をもってすれば新大陸から安価に，かつ殆ど無尽蔵にえられたからである。毛織物をもってすれば新大陸の銀がえられ，その銀をもってすれば東インド貿易が支配

できるという世界貿易上の構造連関をふまえてイギリスは，スペイン，オランダ，フランスといった当時の列強をおさえて，ついに新大陸貿易および東インド貿易という世界商業の二大分野を実質上その掌中に収め，18世紀中葉にはほぼ完全に世界市場の覇者となり，いちはやく同世紀70年代以降産業革命の過程に突入し，それによってまた，ますます決定的に「世界の工場」となってゆくのである。
  * この経緯について詳細には，大塚久雄『近代欧洲経済史序説（上巻）』第1編「近世経済史における西欧諸国の隆替と毛織物工業の地位」をみられたい。

　この場合留意すべきは次の二点である。すなわち第一に，新大陸から大量のしかも圧倒的に廉価な銀が産出され，それが奔流のようにヨーロッパに流入することによって，忽然としてヨーロッパ諸国の工業生産物とりわけ毛織物に対する庞大な販路が現出することとなったという場合，輸出毛織物に対する対価たる新大陸産の銀が甚だしく廉価であった――ということは，輸出毛織物が相対的に高価に販売され，新大陸市場が「良き販路」であったことを意味するが――その理由は，単にスペイン領アメリカにおける銀の埋蔵量が豊富であったというだけではなく，その植民地における銀の生産が原住民インディアンの肉体消磨的賦役労働ないしはアフリカ黒人の奴隷労働によっておこなわれたからであるということ，すなわち，資本主義的生産にとっての薔薇色の曙光たる新大陸における「新市場の開拓」のメダルの裏面は，野蛮かつ苛酷きわまる植民地の征服・掠奪・搾取という「牧歌的過程」にほかならなかったということ，第二に，商業戦争に勝ちぬいて世界市場の覇権を掌握しうるか否かを窮極的に規定した要因は世界市場制覇の生産的基礎たる毛織物工業の発展如何にあったのであるが，その毛織物工業の発展度合はその国の社会経済構造に依存しそれによって決定されていたということ，すなわち，仲立商業貿易といわゆる「トラフィーク(trafiek)」（「仲立商業の基礎に立つ工業」）に拠る商業資本的オランダと未だ「旧　制　度」＝絶対主義体制下にあったフランスとを共におさえて，イギリスが世界市場を制覇しえたのは，封建的・ギルド的な支配体制を下から掘りくずしながら自己を展開する

産業資本の自生的な・生産者型の発展過程が毛織物工業を中心にすでに充分
に展開しえていたからである，ということである。仲立貿易に拠る商業資本
主導のオランダにおいて毛織物工業が仕上・加工業中心の「トラフィーク」，
アダム・スミスのいわゆる「外国貿易の末裔としての工業」(『国富論』第3編
第3章)たる性格を帯びていたのに対して，農業の発展とともに，また織布
業を中心に，下から自生的に，それゆえにまた広汎な社会的規模において，
スミスのいわゆる「農業の末裔としての工業」として展開してきた産業資本
主導のイギリスのそれは，国民経済のなかに深く根をおろし，豊かな「国内
市場」を背景とする，いわゆる「独立工業 (independent industry)」たる性格
を顕著に帯びていた。「支配的商業国民としてのオランダの没落の歴史は，
産業資本への商業資本の従属の歴史である。」(*K.* Ⅲ, S. 365.〔346.〕)　すなわ
ち，それは，さきにみたイギリス国内における生産様式移行の生産者型の途
(生産者が産業資本家となる「現実に革命的な」径路)と商人型の途(商人が生産を
掌握する「保守的な」径路)との対抗と前者による後者の圧伏過程の世界市場
における再現にほかならない。また，強国フランスが17世紀半ばにおけるコ
ルベールの出現以来，「コルベルティスム (Colbertisme)」と呼ばれる重商主
義的な保護政策を強力に展開し，17世紀末葉から18世紀中葉にかけてイギ
リスと世界市場制覇(とりわけ，スペイン領アメリカにおける毛織物販路と銀の獲
得)をめぐる商業戦争をくり返しながら遂に覇権をイギリスに譲らざるをえ
なかったのは，その保護政策が「特権的大マニュファクチュア」を基軸とす
る工業育成政策を基調とするものであり，ミラボーのいわゆる「小農業と結
合した分散的な個人的マニュファクチュア」=「自由なマニュファクチュア」
(*K.* Ⅰ, S. 787.〔775.〕)の展開が未だ充分ではなかったからである。「ピューリ
タン革命」(1642-60年)と「名誉革命」(1688年)という二度の市民革命に
よる絶対主義国家のブルジョア国家への転換をへて後にはじめて，イギリス
は，17世紀末葉に，本格的な産業資本(マニュファクチュア)の保護育成のた
めの政策体系，厳密な意味での《重商主義体制》を確立し，もって世界市場
制覇をなし遂げるのである。――「本源的蓄積の種々なる諸契機は，多かれ

少なかれ時間的順序をもって，ことにスペイン，ポルトガル，オランダ，フランス，イギリスのあいだに配分される。イギリスではこれらの諸契機が17世紀末に，植民制度，国債制度，近代的租税制度および保護貿易制度において体系的に総括される。これらの方法は一部は残忍きわまる暴力にもとづいておこなわれるのであって，たとえば植民制度はそうである。だが，封建的生産様式の資本制的生産様式への転化過程を温室的に助長して過渡期間を短縮するために，いずれの方法も，社会の集中され組織された暴力たる国家権力を利用する。暴力は，新しい社会を孕んでいるすべての古い社会の助産婦である。それ自体が一つの経済的な力なのである。」(*K.* I, S. 791.〔779.〕)
資本主義的生産の不可欠の前提たるプロレタリアートの創出が「囲込み運動」による農民からの土地収奪によって暴力的におこなわれたように，また，市民革命によるブルジョア国家の誕生とともに個人的暴力行為としておこなわれていたその「共同地囲込み」が議会による法令発布によって合法化されたように（いわゆる「議会エンクロージュア」），いまや，世界市場制覇のための産業資本の国家権力による強力的な育成政策がとられることとなったのである。「暴力 (Gewalt)」それ自体は新しい社会体制を生みだすべき内的動因そのものではありえないが，しかし，生産様式の「転化過程を温室的に助長」し，加速し，もって「過渡期間を短縮」するための「助産婦」たる役割をはたす。17世紀末のイギリスにおける，下からの産業資本発展の政治的表現たる《市民革命》による絶対主義体制の破砕＝ブルジョア国家の生誕によってはじめて，世界市場制覇のための産業資本の強力的な保護育成を軸線とするところの・本源的蓄積の諸契機の「体系的な総括」たる体制が確立されることとなる，という点を明確にとらえると同時に，産業資本の発展がそれの所産たる体制（「本源的蓄積体制」とも呼ぶべきもの）のもとでの国家権力によってまさに強力的に推進せしめられたという関連を把握することが重要である。「市民革命」の所産たる体制――「旧植民地制 (Old Colonial System)」を不可欠の一支柱とするところの「重商主義体制 (Mercantile System)」のもとに，イギリスは，まさに「地球を舞台とする」ところの「商業戦争」（植民地なら

びに海外市場争奪戦争）をくり返し，それゆえにまた戦費調達のための多額の公債発行とその累積ならびに重税を不可避的な随伴現象としながら，次第にオランダ，フランスを抑えて世界市場を制覇してゆき，その過程において毛織物マニュファクチュアを基軸とする初期産業資本の発展を助長し，同時にまた「エンクロージュア」を合法化してプロレタリアートの創出を速めつつ，かくして「社会の集中され組織された暴力」たる国家権力によって《資本関係》をまさに強力的に創出していったのである。それは，国内的にも国外的にもまことに煉獄的な血腥い時代であった。——「資本制生産様式の『永遠の自然法則』を産みだし，労働者と労働条件との分離過程を完成し，一方の極では社会的な生産＝および生活手段を資本に転化し，その対極では人民大衆を賃労働者に，自由なる『労働貧民』に，この近代史の作品に転化することは，かくも労多きことであった。もし貨幣が，オジエ（Marie Augier）の云うように『頬に自然の血痕をつけてこの世に生まれる』とすれば，資本は，頭から爪尖まで，毛孔という毛孔から，血と汚物とを滴らしつつこの世に生まれるのである。」(K. I, SS. 800-1. 〔787-8.〕)

　＊　スペイン領アメリカにおける植民地形成は，カトリック教会といわゆる「征服者 (Conquistador)」たちの主導のもとに封建的諸関係が本国より移植され，原住民たるインディアンはその苛酷な支配下におかれ封建的な貢納と賦役の義務を課せられるという様式でおこなわれた。こうした——マルクス流に言うと——「キリスト教的」なやり方は銀山の開発においてもっともあからさまにみられたのであって，例えば銀生産の中心たるペルーにおいてスペインの「征 服 者」の支配下に課せられた強制賦役的な鉱山労働によって，原住民インディアンの肉体は消磨し尽くし，かのインカ国が消滅するにいたったとされている。そして，その結果としてアフリカの黒人奴隷の新大陸への輸入が，したがってまた，アフリカの「黒人狩猟場」への転化が，重要となるにいたったのである。

＊＊　「アメリカにおける金銀産地の発見，原住民の掃滅，奴隷化，鉱山内への埋没，東インドの征服と掠奪の開始，アフリカの商業的黒人狩猟場への転化，これらのものによって資本制的生産時代の曙光が現われる。これらの牧歌的過程は本源的蓄積の主要諸契機である。これに続くのは，地球を舞台とするヨーロッパ諸国民の商業戦争 (Handelskrieg) である。」(K. I, S. 790. 〔779.〕)　植民地における兇暴で苛酷な征服と搾取を土台として新大陸の広大な「良き販路」が現出し，その世界貿易における新市場を求めてヨーロッパ諸国家間の激しくかつ長期にわたる

「商業戦争」が展開される。この関連をとらえることが重要である。

*** 「16世紀および17世紀には，地理上の諸発見にともなって商業に大きな革命が起きて商人資本の発展を急速に進めたが，この革命が，封建的生産様式から資本制生産様式への移行を促進する一つの主要契機になっているということには，少しも疑問の余地はない——そしてまさにこの事実こそは全く誤った見解を生みだしたのである。世界市場の突然の拡大，流通する商品の幾層倍という増加，アジアの生産物やアメリカの財宝をわがものにしようとするヨーロッパの国々の競争，植民制度，これらのものは生産の封建的制限を打破するのに大いに役だった。しかし，近代的生産様式がその第一期たるマニュファクチュア時代に発展したのは，そのための条件がすでに中世のあいだに生みだされていたところだけであった。16世紀に，そして一部は17世紀にも，商業の突然の拡張や新しい世界市場の創造が古い生産様式の没落と資本制生産様式の興隆とに優勢な影響を及ぼしたとすれば，このことはまた，逆に，すでに作りだされていた資本制生産様式の基礎上で生じたのである。」($K.$ Ⅲ, SS. 364–5.〔345.〕傍点は引用者) 商業および商業資本の発展は，産業資本の発展を媒介する要因として作用するが，しかし，「商人資本の独立的な発展は，資本主義的生産の発展度に逆比例する」($K.$ Ⅲ, S. 360.〔341.〕) のである。

**** 「ブルジョア国家」といっても当時のイギリスのそれは未だ初期的・妥協的なものにすぎず，議会の構成メンバーは地主貴族と大商人および植民地関係者であり，選挙制度も，被選挙資格が高い不動産収入を持つ者に限定されていただけでなく選挙資格も有産者に限られていて，中産階級以下の参加を許すものではなく，それの改革は1832年の選挙法改正をまたなければならなかったのではあるが，それにもかかわらず，初期産業資本は，近代化しつつあった地主および大貿易商人の利益と結び，またいまだそれとの連帯が切れていなかった広汎な勤労大衆への動員力を武器として，議会を通じて自己の要求を実現させえたのである。

第3節　産業革命による資本関係の確立

以上にみた本源的蓄積の課題は，1760年代から1820年ないしは30年代にわたる「産業革命 (industrial revolution, industrielle Revolution)」の過程において完遂された。「マニュファクチュアは，〔それに固有の狭隘な技術的基礎のゆえに，〕社会的生産をその全範囲において捉えることも，その深部において変革することもできなかった。マニュファクチュアは，都市手工業と農

村家内工業との広汎な基礎のうえに，経済的作品としてそびえ立った。」(*K. I*, S. 387. 〔390.〕)　マニュファクチュア的生産（分業に基づく協業）において個々の労働者は「部分労働者」として「結合された全体労働者 (Gesamt-arbeiter)」のたんなる一器官たらしめられるのではあるが，マニュファクチュアにおける労働手段は「手の延長」たる道具にすぎず，「依然として手工業的熟練がマニュファクチュアの基礎であり，マニュファクチュアにおいて機能する全体機構は労働者そのものから独立した客観的な骨骼を有しないのであるから，資本は絶えず労働者の不従順と闘争」せざるをえない (*K. I*, S. 386. 〔389.〕)。また，マニュファクチュアが都市手工業と農村家内工業とを「広大な背景」とし，それらを原料加工のために「一定の程度まで必要とする」こと，だから，「土地耕作を副業とし，生産物をマニュファクチュアへ——直接に，または商人の手をへて——売るための工業的労働を本業とするような，新たな小農民階級」を絶えず生みだすこと (*K. I*, S. 788. 〔776.〕) もすでにみたごとくである。産業革命による機械制大工業の展開によってはじめて，労働者は彼等から独立した・客観的な機械体系の自己運動のもとに従属せしめられ，直接的生産過程内での「資本のもとへの労働の実質的包摂」が完成され，同時にまた，都市手工業や農村家内工業が根柢から破滅せしめられ，資本主義的生産関係が全社会的規模において確立されるのである。

　工業部面における産業革命は，18 世紀中葉以降の農業（穀物生産）における技術革命たるいわゆる「農業革命」によって先行された。18 世紀初葉のバーク州のジェスロ・タルによる条播機の発明と，ノーフォーク州のタウンゼンドらによる耕地におけるかぶの大規模栽培の開始，この両様の技術の結合によるいわゆる「ノーフォーク農法」（穀物，牧草および根菜類の輪栽式農法）は 18 世紀中葉以降急速に普及してゆくのであるが，旧来の「開放耕地制 (open-field system)」のもとでの「三圃式農法 (three-field system)」にとって代わったこの「輪栽式農法 (rotation system)」は，開放耕地制とそれにともなう村落共同体的な諸規制・諸関係を破壊することなしにはおこないえないのであって，ここに 16 世紀以来の「牧羊エンクロージュア」とは内容を異

にした穀物生産のためのエンクロージュアが展開されることとなり，資本制的大農場経営の発展とプロレタリアートの創出が急速にすすめられ，18世紀中葉まで困窮しながらも残存していた自営農民ヨーマンリィはその存立の一基盤たる共同体的諸関係とともに最終的に消滅してゆくのである。

　こうした農業革命によって先行されながら，まず新興の木綿工業を中心に産業革命が進行した。本書第Ⅰ編第3章第2節 3. 項の b. で既述のように，発達した機械装置は発動機，伝力機構，作業機の三部分から成るが，産業革命は──その古典的経過においては──まず作業機から始まり，次いで伝力機構および発動機に及んでゆく。イギリスにおけるそうした産業革命の序曲となったのは，1733年のジョン・ケイによる「飛杼 (fly-shuttle)」という織布機械の発明と普及であった。この飛杼の発明は経営形態の革命的変革をもたらすものではなかったが，これによって織布業はいちじるしく生産性を高め，織糸に対する需要が大幅に増大した。この織糸需要の急増に触発されて紡績部門における決定的な技術革命が現われた。すなわち，1765年のジェイムズ・ハーグリーヴスによる「ジェニー紡績機」および1767年のリチャード・アークライトによる「水力紡績機」の発明がそれである。前者は比較的簡単で小規模な装置だったので，労働組織にあまり深刻な変化を与えないまま当初はマニュファクチュアや家内工業のなかに，それゆえにまた広汎に普及してゆき，後者は一挙に大資本による大紡績工場を出現させた。次いで1779年には，サミュエル・クロンプトンによるジェニー機と水力紡績機の二原理を組み合わせた「ミュール紡績機」の発明がおこなわれた。こうした紡績部門における相次ぐ劃期的発明とその普及にともなう機械制工場の展開による生産性増大は60年代とは逆に織布工の不足とその賃金の急騰をもたらし，こうした事情に触発されて，1785年，エドモンド・カートライトによって「力織機」が発明され，つぎつぎに改良を加えられつつ普及してゆき，「機械うちこわし (Luddites)」運動にみられるような，織布工たちの激しい絶望的な反抗運動をともないながら，1830年代には手織機は殆ど駆逐され，この部門においても機械制工場が確立されていった。こうした作業機の発達

は原動機の発達を要請し，従来たんなる揚水機として利用されていたセーヴァリやニューコメンの初期的蒸気機関がジェイムズ・ワットによって改良され，1781 年，大工業の作業機のための蒸気機関（「複動式回転機関」）が発明された。この蒸気機関は伝力機構をもって作業機と連結され，機械制工場は「自動装置」化し，それによってまた生産性を急激に上昇せしめていったのである。なお，この蒸気機関は応用範囲が極めて広く，工場や鉱山の動力としてばかりでなく，汽車・汽船に応用され，いわゆる「交通革命」をもたらした。

こうした機械の発達は，「機械を作る機械」としての工作機械の発達をうながし，さらにその基盤たる製鉄業および炭鉱業の発展をおしすすめた。すなわち，その主要なものを摘記すれば，1784 年のコートの錬鉄生産におけるいわゆる「パドル法」の発明，金属加工技術における 1774 年のウィルキンソンの「シリンダー中ぐり盤」，1798 年のモーズリの「ねじ切り旋盤」，1839 年のナズミスの「蒸気槌」などの発明が相次いでおこなわれたのである。こうして産業革命は，消費財生産部門の新たな基軸部門たるべき木綿工業の紡績工程から始まり織布工程に及び，次いでこれらの作業機から動力機および伝力機構へと波及し，同時にまた機械工業・鉄工業等の生産財生産部門へと順次展開してゆき，産業資本の再生産軌道が全産業分野にわたって敷設されることとなったのである。そうしてまた，こうした産業革命の進行による機械制大工業の展開によって，独立生産者の「無一物の賃労働者」への転化という本源的蓄積の課題は，もはや国家の Gewalt による助けを借りることなしに，純経済的な過程自体のうちに徹底的に遂行され，またそれら賃労働者は機械体系の自己運動のもとに投げ入れられることによって，直接の鞭によるよりもはるかに固く強く資本の生産過程内に緊縛され，「生ける労働用具」として訓練・陶冶され，かくして「資本の労働支配」が完成されていった。「開放耕地制」（＝ならびに共同体的諸規制・諸関係）の徹底的な破砕をともなう「農業革命」をその一環とするところの・「産業革命」は，「近代的プロレタリアート」という新たな社会層を産み出し，「資本─賃労働関係」と

いう新たな社会関係を展開することによって，まさしく「一の社会革命」としての意義をもつものであったのである。機械制大工業の展開によってはじめて，社会的生産は，「その全範囲において」また「その深部において」，資本主義的に変革されたのである。1813年における14世紀半ば以降の賃金の最高限を規定した諸法令の廃止および同じく14世紀半ば以降の最短労働時間を規定した諸法令の1833年以降の工場立法における最長労働時間を規定したそれへの転換（本書第Ⅰ編104ページ参照）は，逆に「資本の労働支配」の確立の一指標とみることができよう。機械は本来，人間が自然から独立しそれを支配する有力な一手段たるべきものであるが，その機械の資本主義的適用たる産業革命が独立生産者たる人間にもたらしたものは容赦ない破滅であり，賃労働者たる人間にもたらしたものは，労働時間の短縮ではなくて労働時間の延長であり，また失業の脅威であり，生産過程内における主体性喪失＝資本支配の強化であり，総じて「原生的労働関係」の展開であった（本書第Ⅰ編125ページ参照）。なお，かくしてひとたび確立された資本関係が，商品・貨幣関係に媒介されながら，資本主義的生産過程の反復においておのずから維持・再生産され，資本の蓄積に伴って拡張された規模において再生産されること，また，資本蓄積にともなう生産力発展・資本構成高度化によって，（農業部面からの潜在的過剰人口の排出をも含めて）労働力需給＝ならびに賃金率調節の資本主義的生産に固有のメカニズムが作用し，もって《資本の全機構的包摂》が確保され強化されてゆく次第も，すでに本書第Ⅰ編第4章「資本の蓄積過程」においてみたごとくである。

結　節　総括と展望——資本主義的蓄積の歴史的傾向——

　資本の本源的蓄積すなわち資本の歴史的生成とは，それが奴隷および農奴の賃労働者への直接的転化，奴隷制的ないしは農奴制的搾取の資本制的搾取への単なる形態変換でないかぎりは，直接的生産者の収奪，すなわち，「自

己労働にもとづく私的所有（Privateigentum）」の解消を意味する。

「社会的・集団的所有」（それは，旧い共同体的所有と社会主義的共有との峻別さるべき二形態を含むであろうが）の対立物としての「私的所有」は，生産手段が私人に属する場合にのみ成立する。だが，所有の主体たるこの私人が労働者であるか非労働者であるかに応じて「私的所有」もまた異なる性格をもつ。

労働者が自分の生産手段を私有することは「小経営（Kleinbetrieb）」の基礎であり，「小経営は，社会的生産および労働者自身の自由な個性の発展のための一必要条件」である（K. I, S. 801.〔789.〕）。この「小経営」なる生産様式は「奴隷制，農奴制その他の隷属的諸関係の内部にも存在」しはするが（ただし，そうした場合は，生産手段は「所有」されているのではなく「保有」されているにすぎない），しかし，「小経営」が全面的に展開し古典的形態をとって現われるのは，「労働者が自分自身の使用する労働条件の自由な私有者たる場合」，すなわち，農民ならば彼が耕す畑や農具の，手工業者ならば彼が老練の腕を振う用具や仕事場の，自由な私有者たる場合のみである。(15世紀のイギリスにおける，農奴制の事実上の解体による自由な自営農民および自由な手工業者による「民富」の形成の時代がそれに該当するであろう。)

だが，この生産様式は，「土地およびその他の生産手段の分散を前提」し，「生産手段の集積（Konzentration）を排除するとともに，同一生産過程の内部における協業および分業，自然に対する社会的支配や規制，社会的生産諸力の自由な発展をも排除」する。かくして，それは，「生産および社会の狭隘な自然発生的限界とのみ調和する」のである。それゆえ，「自己労働にもとづく私的所有」の具現たるこの生産様式に固執しそれを永遠化せしめようとする願望に帰着するところの，シスモンディ的・ナロードニキ的浪漫主義やプルードン的社会主義の非現実性は疑う余地がない。「一定の高度に達すれば，この生産様式は，それ自身の破壊の物質的手段を生みだす。この瞬間から，この生産様式を桎梏と感ずる諸力や情熱が社会の胎内で動きだす。この生産様式は破壊されなければならないし，また破壊される。その破壊，個人的で分散的な生産手段の社会的に集積された生産手段への転化，したがっ

て多数者による小量的所有の少数者による大量的所有への転化，したがって広汎な人民大衆からの土地や生産手段や労働用具の収奪，この怖るべき苛酷な民衆収奪が，資本の前史をなす。」(*K. I*, S. 802.〔789-90.〕) すなわち，独立自由な小経営＝小商品生産者はみずからが展開する商品流通に媒介されて両極分解を遂げ，一極に鬼子たる産業資本を産みおとしつつ，それによって収奪され――この収奪は一連の暴力的方法を包括する――，賃労働者に転化してゆくのである。かくして，「自己の労働によって得られた，いわば個々独立の労働個人とその労働諸条件との癒着にもとづく私的所有は，他人の・しかし形式的には自由な・労働の搾取にもとづく資本制的私的所有によって駆逐される。」(*K. I*, S. 802.〔790.〕) すなわち，所有は労働から分離されるのである。

　だが，こうした転化過程が旧社会を深さにおいても広さにおいても十分に分解してしまい，かくして資本制的生産様式が全機構的に確立されるや，労働のいっそうの社会化と生産手段のいっそうの集積を伴う私的所有者の収奪は新たな形態をとる。それはすなわち，「諸資本の集中」・「少数の資本家による多数の資本家の収奪」である。いまや収奪されるのは，多数の労働者を搾取しつつある資本家である。だがこの資本の集中＝資本家による資本家の収奪過程において，労働過程の協業的形態，科学の意識的な技術的応用，土地の計画的な利用，労働手段のヨリ社会的・共同的なそれへの高度化といったような社会的生産諸力の発展がみられ，また，世界市場網へのすべての国民の編入，それゆえにまた資本主義体制の国際的性格が，発展する。ところで，こうした過程のあらゆる利益をその手に収める大資本家の数は不断に減少してゆく反面，賃労働者の抑圧・隷属・搾取の度合が増大するのであるが，しかしまた，「絶えず膨脹しつつ，資本制的生産過程そのものの機構によって訓練され結集され組織されるところの，労働者階級の反抗も増大」するのであって，かくしてやがて，「生産手段の集中と労働の社会化とが，それらの資本制的外被とは調和しえなくなるところの一点に到達」し，その「外被は粉砕」されざるをえない。こうして「収奪者が収奪」され，資本制的私的

所有が揚棄されるのである。

「資本制的生産様式から生ずる資本制的取得様式は，したがって，資本制的私的所有は，自己の労働にもとづく個人的な私的所有の第一の否定である。だが，資本制的生産は一の自然過程の必然性をもって，それ自身の否定を生みだす。それは否定の否定である。この否定の否定は，私的所有を復活せしめはしないが，しかし，まさしく，資本主義時代に達成されたもの——すなわち，協業と，土地・および労働そのものによって生産された生産手段・の共有——を基礎とするところの，個人的所有 (das individuelle Eigentum) を生みだす。」(K. I, S. 803. 〔791.〕)

社会主義社会は，——その本来の形態においては，——先行諸段階の社会の遺産を，かかる関連において継承するものなのである。

以上が，生産過程論の基礎視点からするところの，また私的＝ならびに社会的所有の問題を中心とするところの，資本制的蓄積の歴史的傾向に関する総括と展望である。

* この含蓄に富む文章はその文意を正確にとらえることが必ずしも容易でないので，念のため，原文を掲げておく。——„Die aus der kapitalistischen Produktionsweise hervorgehende kapitalistische Aneignungsweise, daher das *kapitalistische Privateigentum*, ist die *erste Negation des individuellen, auf eigne Arbeit gegründeten Privateigentums*. Aber die kapitalistische Produktion erzeugt mit der Notwendigkeit eines Naturprozesses ihre eigne Negation. Es ist *Negation der Nagation*. Diese stellt nicht das Privateigentum wieder her, wohl aber das *individuelle Eigentum* auf Grundlage der Errungenschaft der kapitalistischen Aera: *der Kooperation* und des *Gemeinbesitzes der Erde und der durch die Arbeit selbst produzierten Produktionsmitttel.*"

「自由な個性の発展のための一必要条件」であったところの・そして「資本制的私的所有によって否定」されたところの・「自己労働にもとづく私的所有」は，資本主義時代の成果たる「生産手段の集中と労働の社会化」を基礎とする「社会的・集団的所有」——その主体は，「資本制的生産過程そのものの機構によって訓練され結集され組織される」ところの・近代的生産力の担い手たる労働者階級である——のもとでの，新たな「個人的所有」として現われる。その意味でも，社会主義社会は，「各個人の完全で自由な発展を基本原理とする高度な社会形態」(K. I, S. 621. 〔618.〕) でなければならない。

第II編

資本の流通過程

第1章 資本の循環
第2章 資本の回転
第3章 社会的総資本の
　　　　再生産と流通

本編の課題と限定

　本編は，第Ⅰ編における「資本の生産過程」分析の基礎上に，「資本の流通過程」を解明することを課題とする。資本が種々なる形態を経過しつつ自己を維持し増殖する価値の運動体であることはすでに第Ⅰ編第3章「資本」の第1節「貨幣の資本への転化」においてみたが，第Ⅰ編においては，資本がそこにおいて自己増殖をとげるところの・生産過程の分析を主題とし，それを媒介する流通過程における資本の運動については，生産過程分析に必要な最少限度の関説にとどめた。剰余価値が如何にして生産され，また資本そのものが如何にして生産されるかを明らかにしつつ，そうした問題視角から資本の自己増殖の基盤たる資本家と賃労働者との階級関係そのものを明らかにすることが，そこでの課題であった。そうした第Ⅰ編の分析を前提として，本編においては，流通過程において資本が採っては捨てる諸形態と，その諸形態を経過する資本の運動，すなわち資本の姿態変換運動とその反復，――資本の循環と回転，ならびに社会総体としてみた・「流通の媒介運動」のうちに含まれる「再生産の諸条件」が，分析の対象とされる。ただしその場合，いわゆる「流通論」としてもっぱら流通過程のみが生産過程から切り離して問題とされるのではなく，生産過程をもそのうちに含むところの・資本の姿態変換運動が考察される。けだし，単純なる商品流通とは異なって，生産過程を不可欠の一契機としてそのうちに含む点に，資本流通の特徴があるからである。

　なお，本編においては，依然として，商品は価値において売られるものとし，剰余価値はその本源形態において考察される。価値の生産価格への・剰余価値の平均利潤への・転化，ならびに産業利潤・商業利潤・利子・地代等の諸転化形態への剰余価値の分岐の問題は，第Ⅲ編の課題であるからである。その意味においても，本編の分析は一定の抽象性をもつ。なお，剰余価値がその本源形態において考察されることは，依然として資本家と賃労働者との基本的な階級関係のみが想定されていることを意味する。以上の方法的限定のもとに，資本の流通過程とそこに含まれる問題とを，その純粋形態において考察することが，本編の固有の課題である。第Ⅰ編の資本の生産過程分析と第Ⅱ編の資本の流通過程分析とは，ヨリ具体的な・「資本主義的生産の総過程」把握を課題とする・第Ⅲ編において総括される。なお，流通の現象過程における具体的な諸問題の考察は，この総括を経てのちに展開さるべき競争論の論理次元に属する。

第1章 資本の循環

第1節 貨幣資本の循環

第Ⅰ編第3章第1節「貨幣の資本への転化」においてみたように，資本は，下記のような姿態変換運動をおこなう。

$$G—W\cdots P\cdots W'—G'$$

貨幣形態で投下される資本 G をもって始まり貨幣形態で増殖された資本 G' で終わるこの資本の姿態変換の循環は，「貨幣資本の循環 (Kreislauf des Geldkapitals)」と呼ばれるが，これが流通界に直接的にないしは即自的に現われるがままの資本の一般的な循環形態である。

この循環運動の第一段階 $G—W$ は，貨幣資本が生産資本の構成要素たる諸商品すなわち生産手段 Pm と労働力 A——いうまでもなくこの両者は一定の量的比率で購買される——へ転化する過程であり，$G—W{<}{A \atop Pm}$ として表わされる。第二段階 P は購買された諸商品が資本家によって生産的に消費される過程であり，点線で示されるこの過程において生産に投下された商品価値 $W=A+Pm$ よりも大きい価値をもつ商品 W' が生産される。如何にしてそうした価値増殖がおこなわれるかは，第Ⅰ編第3章第2節の 1.「労働過程と価値増殖過程」においてみたごとくである。第三段階 $W'—G'$ は，このようにしてすでに増殖された価値をもつ商品 W' が販売によって貨幣形態 G' に転化する過程であり，この過程において生産物のうちに含まれていた資本価値 W が最初の投下形態たる貨幣形態 G に復帰すると同時に，生産物

形態の剰余価値 w がその蛹形態を脱皮して貨幣形態 g に転化し第一の姿態変換を遂げる。すなわち $W'―G'$ は

$$W'\begin{cases} W \\ + \\ w \end{cases} \begin{matrix} ――― \\ ―――G' \\ ――― \end{matrix} \begin{cases} G \\ + \\ g \end{cases}$$

である。

　かくして，貨幣資本の循環形態は，その説明的な形態としては，下記のように表わされる。

$$G―W \begin{matrix} A \\ Pm \end{matrix} \cdots P \cdots W' \begin{cases} W \\ + \\ w \end{cases} \begin{matrix} ――― \\ ―――G' \\ ――― \end{matrix} \begin{cases} G \\ + \\ g \end{cases}$$

　このように，貨幣資本 (Geldkapital)，生産資本 (produktives Kapital)，商品資本 (Warenkapital) の三形態を順次に経過しつつ自己を増殖する価値の運動体がすなわち産業資本にほかならない。それは「一の過程しつつある・みずから運動しつつある・実体」であり，そのいずれかの形態のみをとってそれが資本であるとすることはできない。なお，この循環過程のどこかで支障が生ずるとすれば，産業資本の自己増殖運動が攪乱されることになる。とりわけ $W'―G'$ の過程が，最もクリティカルなモメントをなすのである。

　貨幣資本の循環形態の特色は，以下の諸点にある。

　すなわち，(1) この資本の循環形態の出発点をなし復帰点をなすのは，価値の自立的形態たる貨幣の形態であり，しかも G をもって始まる過程は G' すなわち $G+g$，貨幣形態において増殖された価値をもって終わる。そして，(2) 流通の二過程をなすのは $G―W$ および $W'―G'$ であり，その間に生産過程が介在しているのであって，(イ) その流通過程を総体としてみれば，資本に固有の流通形態たる $G―W―G$ の形態（価値が過程の主体たる，また，$G―W―G'$ としてのみ合理的たりうる流通形態）であり，(ロ) そういうものとしての流通過程を生産過程が媒介する関係となっている。すなわち，生産過程は $G―W―G$ を $G―W―G'$ たらしめるための「止むをえざる媒介項」に

すぎない。

　以上の諸点からして，この循環形態においては，資本とは自立化した価値の自己増殖運動にほかならず，資本運動の目的は欲望の対象たる使用価値にではなく，もっぱら価値増殖に，しかも貨幣形態でのそれ（すなわち「金もうけ」）にあることが最も端的に表現されている反面，資本の循環運動をこの循環形態だけでとらえようとすると，貨幣が資本として価値増殖をなしうるためには資本関係の存在が不可欠の条件をなすことが忘れられ，あたかも貨幣それ自体のうちに利殖の能力があるかのような幻想が生ずることとなる。$G \cdots G'$ 循環は，重金主義およびその発展としての重商主義——後者は価値増殖のための「止むをえざる媒介項」としてともかくも生産過程を認識する——が，それによって資本の運動を考察する形態である。

　なおこの循環形態は，貨幣資本 G をもって始まり増殖された貨幣資本 G' をもって終わる。すなわち終点は再び直ちに貨幣資本として投下しうべき形態をとっている。その意味では貨幣資本の一循環は次の循環を予定しているのではあるが，しかし投下された G は G' すなわち増殖された貨幣として回収されたのであるから目的はすでに達せられたのであり，それはそれで「一の完全に終結した事業循環 (ein fertig abgeschloßner Geschäftszyklus)」であり独立した一過程でありうる。「新たな開始はただ可能性のうえでのみ与えられている」にすぎない ($K.$ II, S. 87. 〔96.〕)。また，回収された貨幣が再び直ちに資本として投下される場合にも，それは新たに G として投下されるのであって，剰余価値 g の一部が新投下資本に加えられる場合にも，（量的規定ではなく，循環上の形態規定としては）G' として投下されるのではない。この点からしても，とかく，一循環ごとに独立した（その都度一回限りの）過程として認識されることとなるのである。かくして運動 $G \cdots G'$ は「それ自身で完結する循環運動」をなすのであって，それゆえにまた排他的に固定された過程としてとらえられがちであるのだが，そうした場合には，前記の重金主義的幻想は不可避的となるのである。

　さらにまた，この循環形態のいま一つの欠陥は，この循環過程のなかには

資本の自己増殖のための生産的消費の過程が含まれているだけであって，**資本家および労働者の個人的消費はこの循環過程のなかに全く表現されていない**という点にある。$G—A$ は労働者の側からすれば $A—G$ であるが，この $A—G—W$ の第二段階たる $G—W$，および $w—g—w$ の第二段階たる $g—w$ のいずれも，この循環のうちには含まれていない。さきに述べたように $G\cdots G'$ 循環過程における $W'—G'$ の過程はまさにクリティカル・モメントをなすのであるが，その過程を制約する諸条件が，この循環過程の内部に，問題として明確に表示されえていないのである。$G\cdots G'$ 循環を基準とする（ステュアート——マルサス——ケインズなる系譜をもって展開された）諸理論が，資本循環上のクリティカル・モメントたる $W'—G'$ 過程の問題性を強調しながら，「有効需要論」なる無概念的な表象に落ち着く結果となっているのは，こうした事情による。

だが，$G\cdots G'$ 循環はほんらい排他的な形態ではなく，その反復のうちにおのずから他の循環諸形態を示唆している。すなわち

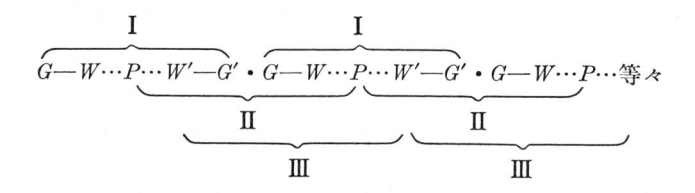

$$\underbrace{G—W\cdots P\cdots \overbrace{W'—G'\cdot G—W}^{\text{I}}\cdots P\cdots \overbrace{W'—G'\cdot G—W}^{\text{I}}\cdots P\cdots}_{\text{III}}\ \text{等々}$$

（ブレース II が $P\cdots W'—G'\cdot G—W\cdots P$ の範囲、III が $W'\cdots W'$ の範囲を示す）

$G\cdots G'$ 運動が反復されるならば，貨幣形態への復帰は，第一段階における貨幣形態と同様に，たんに消滅的な契機としてあらわれる。$G\cdots G'$ 循環（循環 I）にとって代わって $P\cdots P$ 循環（循環 II）が現われ，また，$W'\cdots W'$ 循環（循環 III）が現われる。資本の諸姿態変換の循環は，$G=$ 貨幣資本，$P=$ 生産資本，$W'=$ 商品資本のそれぞれを基準として三様の循環形態を画くのであって，資本の循環運動はほんらいこうした三様の循環をそのうちに含むものとして，あるいはそれらの統一として，展開されるのである。そこで以下に，$P\cdots P$ 循環および $W'\cdots W'$ 循環の特質を考察し，最後に三循環の統一の態様を考察しよう。

第2節　生産資本の循環

生産資本の循環形態は $P\cdots W'—G'\cdot G—W\cdots P$ であり，その説明的形態は

$$P\cdots W'\begin{cases} W & \\ + & —— \\ w & \end{cases}—— G' \begin{cases} G & —W \\ + & \\ g & —w \end{cases}\!\!\!\!\!\!\!< \!\!\!\begin{array}{l}A\\Pm\end{array}\cdots P$$

である。この循環形態の両極をなすのは生産資本であり，*したがってこの循環形態は，生産資本の周期的更新を，それゆえにまた生産過程の絶えざる反復——再生産過程を表わしている。

> ＊　ただし，厳密にいえば，始点の P は生産過程において機能しつつある（その成果が W' たる）生産資本であるのに対して，終点の P は「生産資本としての形態における産業資本の再定在」を意味するにすぎず (K. II, S. 87.〔96.〕)，両極のいずれも生産資本ではあっても循環の始点におけると終点におけるとではこのようにその意味を異にするのであって，それはあたかも，$G\cdots G'$ 循環において始点は「前貸された貨幣資本」であるのに対して終点は「増殖された貨幣資本」であり，両極のいずれも貨幣資本であるが，その意味を全く異にするのと同様である。

貨幣資本の循環 $G\cdots G'$ に比べての生産資本の循環 $P\cdots P$ の特色は，第一に，$G\cdots G'$ においては生産過程は流通過程のたんなる媒介項としてあらわれたのに対して，$P\cdots P$ ではその反対に流通過程が生産過程の反復を媒介するものとしてあらわれている点であり，第二に，$G\cdots G'$ においては流通過程が $G—W—G'$ という資本流通に固有の形態をとっていたのにたいして，$P\cdots P$ では $W'—G'\cdot G—W$ すなわち流通形態としては $W—G—W$ という単純な商品流通の形態をとっており，それに対応して，$G\cdots G'$ においては貨幣が価値の自立的定在たる形態規定においてあらわれたのに対して，$P\cdots P$ では瞬過的な流通手段としての形態＝機能規定においてあらわれるにすぎないという点である。かくして，この循環形態においては，生産過程の反復を単純な商品流通形態をとる流通過程が媒介するものとしてあらわれ，貨幣がそれ自体

として利殖の能力をもちみずから増殖するかのような $G\cdots G'$ 循環にともなう幻想はこの $P\cdots P$ 循環においては消え失せる反面，$G\cdots G'$ 循環においては端的に表明されていたところの・資本制的生産の規定的目的たる価値増殖が $P\cdots P$ 循環においては表示されることなく，資本制的生産過程はたんなる労働過程に解消され，資本制的再生産過程はたんなる消費的富の生産と消費との反復過程としてあらわれる。それゆえに，「生産資本の循環は，〔重商主義批判たる〕古典派経済学がそれにおいて産業資本の循環過程を考察する形態である。」(K. Ⅱ, S. 82.〔90.〕) だが，古典派経済学の重商主義批判がそうした観点のみからする批判であったために，その批判は「抽象的対立」たらざるをえず，流通の現象過程にとらわれた重商主義とは別様の無概念的な把握におわらざるをえなかったのである。――「$P\cdots P$ は再生産の形態であって，$G\cdots G'$ のように過程の目的としての価値増殖を示してはいない。それゆえにこそ，この形態は，古典派経済学にとって，生産過程の規定された資本制的形態を無視して，生産としての生産を過程の目的として叙述することを，すなわち，一部は生産の更新 ($G-W$) のために一部は消費 ($g-w$) のために，できるだけ多量かつ安価に生産し，生産物をできるだけ多種の他の諸生産物と交換すべきことを過程の目的として叙述することを，ますます容易にする。実際この場合には，G および g はただ消滅的な流通手段としてのみ現われるので，貨幣の特性も貨幣資本の特性も看過されうるのであり，したがって全過程が単純かつ自然的にみえる，すなわち浅薄な合理主義の自然性をもつのである。」(K. Ⅱ, SS. 87-8.〔96.〕)

　$G\cdots G'$ 循環に対比しての $P\cdots P$ 循環のいま一つの特徴点は，単純再生産かそれとも拡張再生産かという問題が循環過程の内部で提起されるという点である。$G\cdots G'$ 循環においては，$W'\cdots G'$ によって G とともに実現された g が追加資本に転化して資本循環と軌道を共にするかそれとも所得として消費支出されて資本循環から分離された一般的商品流通事象に属する別の軌道をとるかはその一循環内では問題とならなかったのに対して，$P\cdots P$ 循環においては，その問題がまさに循環過程内で問題となる。そこでいま，蓄積によ

ってその規模を拡大した生産資本を $\dot{P}$ で表わすとすれば，拡張再生産の場合の生産資本の循環形態 $P\cdots\dot{P}$ の説明的形態は下記のようになる。

$$P\cdots \dot{W}\begin{Bmatrix} W & \text{———} \\ + & \text{———} G' \\ w & \text{———} \end{Bmatrix} \begin{Bmatrix} G\text{———}\dot{W}\diagdown^{A}_{Pm}\cdots\dot{P} \\ + \\ g\text{———}w \end{Bmatrix}$$

g の一部の追加資本への転化によって価値的＝および素材的に増大した生産資本を $\dot{W}$ および $\dot{P}$ として表わしたのは，価値増殖された資本――資本価値とともに剰余価値を含む商品資本 W' および貨幣資本 G' との，循環過程上の形態規定における範疇的相違を明確ならしめるためである。

なお，追加資本に転化される剰余価値はそのすべてがそのままただちに資本として機能しうるものではなく，その相当部分が生産技術的に規定された・資本として機能しうる最小限の大いさに達するまでの間，蓄積基金として貨幣形態のまま積み立てられ，退蔵される。この貨幣退蔵は蓄積がおこなわれるための正常的な随伴現象であるが，かくして積み立てられた蓄積基金はまた，「循環の攪乱を調整するための予備金 (Reservefonds)」としても役立つ (K. II, S. 81. 〔89.〕)。

第 3 節　商品資本の循環

商品資本の循環形態は $W'—G'\cdot G—W\cdots P\cdots W'$ であり，その説明的形態は

$$W'\begin{Bmatrix} W & \text{———} \\ + & \text{———} G' \\ w & \text{———} \end{Bmatrix} \begin{Bmatrix} G\text{———}W\diagdown^{A}_{Pm}\cdots P\cdots W' \\ + \\ g\text{———}w \end{Bmatrix}$$

である。$G\cdots G'$ 循環および $P\cdots P$ 循環と比べての $W'\cdots W'$ 循環の特徴点は，以下の諸点にある。

第一に，$G \cdots G'$ 循環においては $G—W$ および $W'—G'$ の二過程からなる流通過程の間に生産過程が介在し，生産過程が流通過程の媒介項となっており，$P \cdots P$ 循環においてはその逆に $W'—G' \cdot G—W$ なる流通過程が生産資本の更新を媒介する関係となっていたのに対して，$W' \cdots W'$ 循環においては $W'—G' \cdot G—W$ なる流通過程によって循環が開始され，その流通過程によって媒介された生産過程の所産たる W' すなわち商品資本としての資本の再定在をもって循環が終わる。循環の第一形態 $G \cdots G'$ においては資本の貨幣形態における価値増殖が，第二形態 $P \cdots P$ においては生産資本の再定在・生産過程の反復がそれぞれの主題であったのに対して，第三形態 $W' \cdots W'$ においては，資本の流通過程そのものが，——生産過程を媒介し生産過程によって媒介されるところの・総体としての流通過程が，主題となる。

　第二に，循環の第一形態においては貨幣形態において増殖された資本価値が循環の終点をなすのであるから，それは完全に終結した一事業循環でありうるのに対して，第二形態では「生産資本の単なる再定在としての P」が，第三形態では「商品資本の再定在としての W'」が，循環の終点をなすのであるから，第二形態では生産過程が，第三形態では $W'—G'$ なる流通過程が，直ちに再開始されなければならない。すなわち，第二，第三形態とも「未完結」であり，さらに継続されなければならず，したがって，その循環形態自体のうちに，それの契機として，過程の更新を，「再生産を，含んでいる」（$K.$ II, S. 88.〔97.〕）。

　第三に，循環が更新される場合，その更新された循環の始点は，第一形態においては——G' として増殖された価値の全額が資本として前貸されるとしても——G，第二形態においては——蓄積によって生産資本が価値的＝素材的に増大される場合にも——P であり，第一，第二の両形態とも貨幣資本ないしは生産資本の形態において前貸された資本価値が循環の始点をなすのに対して，第三形態においては，単純再生産であれ拡張再生産であれおよそ如何なる場合にも，W' すなわち商品形態においてすでに増殖された資本価値が，資本価値とともに剰余価値を未分離の形態においてそのうちに含む商

品資本が，循環の始点をなす。$W'—G'$ は資本価値の貨幣形態への復帰 $W—G$ と剰余価値の最初の流通段階 $w—g$ との両者を未分離のままそのうちに含むのであって，$W'—W'$ 循環においては資本流通は剰余価値の流通と当初から不可分の形で展開される。W' が G' に転化して後にはじめて資本流通と剰余価値の流通とはそれぞれに独自の運動を画く。ところで，$W'—G'$ のうちの資本流通部分 $W—G$ は「生産的消費」のための $G—W{<}{A \atop Pm}$ なる資本流通（貨幣資本の生産資本への再転化）によって条件づけられ，また剰余価値の流通部分 $w—g$ は資本家による剰余価値の流通 $g—w$（その一部は追加資本へ転化され，他の一部は「個人的消費」に支出される）によって条件づけられている。しかもその資本流通と剰余価値の流通とが $W'—G'$ の過程において不可分に絡み合っているのである。なお，「生産的消費」の一契機たる $G—A$ は $A—G—W$ を，労働者の個人的消費を条件づけ，この労働者の個人的消費と剰余価値の非蓄積部分の個人的消費とが個人的消費の総体をなす。かくして，商品資本 W' をもって循環を開始する $W'\cdots W'$ 循環においては，「総商品生産物の消費が資本循環そのものの正常な条件として前提」され，「総体としてみた消費——個人的消費および生産的消費としての——が条件として W' の循環に入りこむ」(*K*. II, S. 89. 〔97.〕) のである。

　第四に，貨幣資本の循環形態における終極の $W'—G'$ が他の貨幣資本の $G—W$ によって条件づけられているかぎりにおいて，また，生産資本の循環形態における終点 P の前提たる $G—W{<}{A \atop Pm}$ が他の生産資本による商品生産によって条件づけられているかぎりにおいて，一貨幣資本の循環は他の貨幣資本の循環を前提し，また一生産資本の循環は他の生産資本の循環を前提するといえるであろうが，しかし，「最後の極を別とすれば，個別貨幣資本の循環は貨幣資本一般の定在を前提するものではなく，個別生産資本の循環は循環しつつある生産資本〔一般〕の定在を前提するものではない。」(*K*. II, SS. 90-1. 〔99.〕) それに対して，商品資本の循環 $W'\cdots W'$ においては，中間段階たる $G—W{<}{A \atop Pm}$ および $g—w$ において——資本主義的生産の一般的・専一的支配を前提するならば，$G—Pm$ の対象たる生産手段も $G—A$ によって

媒介される $A—G—W$ の $G—W$ および剰余価値の消費支出の対象たる消費資料もすべて産業資本の所産でなければならないのであるから，——他の産業資本の W' としての定在を前提する。かくして，$W'\cdots W'$ 循環過程では，「W' が運動の出発点・通過点・終結点として存在」し，W' が「再生産過程の不断の条件」をなす（$K. \text{II}, S. 90. 〔98.〕$）。

以上第三，第四の点からして，この循環形態は，たんなる個別資本の運動形態としてそれを考察するだけでなく，同時に，各個別資本の運動が相互に絡み合い制約しあいながらその部分運動をなすところの・「資本家階級の総資本の運動形態」——それは資本家階級および労働者階級の個人的消費・「所得の流通」と不可分に絡み合う——として，それを考察することを要求する（$K. \text{II}, S. 92. 〔101.〕$）。実際また，この循環形態を社会的総資本の運動としてとらえるならば，個別諸資本の運動のたんなる社会的総計たる以上の・社会的総資本の運動に固有の諸問題（「個々の個別資本の循環の考察から〔それらの総計として〕その解決がえられるのではなく，個別資本の循環の考察にさいしてその解決が前提されねばならない諸問題」（$K. \text{II}, S. 93. 〔101.〕$））と法則性を析出することができよう。その場合には，循環の始点の W' は社会的総資本の総生産物を意味するが，第四の点として述べたところの流通の第二段階における「他の産業資本の W'」も総資本の総生産物でなければならない。そのことによって，第三の点として論じたところの $W'—G'$ のうちに含まれる資本価値（不変資本 C＋可変資本 V）の流通 $W(C+V)—G$ と剰余価値（M）の流通 $w—g$ とがそれぞれ $G—W{<}^A_{Pm}$ および $g—w$ によって条件づけられているという関係が，「資本の流通」と「所得の流通」との・「生産的消費」と「個人的消費」との・交錯＝連繋をそのうちに含むところの，この流通の二段階の対応関係の問題が，社会的総資本の総生産物 W' 自体の価値的・素材的構成によって $W'—G'$ 過程がノーマリィに進行しうるか否かが決定されるという問題として把握されてくるのである。第II編第3章「社会的総資本の再生産と流通」において $W'\cdots W'$ 循環を基準として社会的総資本の総流通＝再生産過程を把握し，社会総体としてみた「流通の媒介運動」のうちに包蔵

されている「再生産の諸条件」を析出しようとするのは、この理由による。

$W'\cdots W'$ 循環は、ケネーの「経済表」およびマルクスの「再生産表式」の方法的基準をなすものであった。「$W'\cdots W'$ はケネーの経済表の基礎をなすのであって、彼が $G\cdots G'$（重商主義が孤立化して固持した形態）に対してこの形態を選び、〔スミスやリカードゥ等の古典派経済学におけるように〕$P\cdots P$ を選ばなかったということは、偉大で正確な腕前を示すものである。」(K. II, S. 95. 〔103.〕) だがこの循環形態もそれだけを固定しかつそれを固持するならば、資本の循環運動の把握としても社会的総資本の再生産過程の把握としても、一面的ならざるをえない。資本の循環運動は、次節でみるように、「三つの循環の統一」として展開されるのであり、また、社会的総資本の再生産過程の把握は、第Ⅰ編第4章でみた生産過程の基礎視点からする資本関係の再生産把握によって基礎づけられていなければならないからである。

* ただし、ケネーの、価値論を欠如した古拙な「純生産物」概念を基準とする、地主階級（君主および十分の一税取得者を含む支配階級）・生産階級（農業者の階級）・不生産階級（商工業者の階級）の三階級分割なる特異な前提による、また当時の半封建的＝絶対主義的な社会体制の一反映たる・「経済表」を、古典派の $P\cdots P$ 循環による再生産（古典派的価値論の不可避的な帰結たる「$V+M$ のドグマ」を含めて）をいわば否定的媒介として、徹底的に組み替え、「労働の二重性」把握に拠る独自の価値論を土台として全面的に再構成することによって、マルクスはその再生産表式を展開したのであって、このケネーとマルクスとの理論構成上の決定的な相違を、その発展途上に介在する古典派理論の否定的媒介としての意義とともに、充分明確に把握する必要がある。

** 「第三形態においては、市場に見出される諸商品が生産＝および再生産過程の不断の前提をなしている。それゆえ、この形態を固定させるならば、生産過程のすべての要素は商品流通から生じ、たんに商品からのみ成り立っているようにみえる。この一面的な把握は、商品要素からは独立な、生産過程の諸要素を看過している。」(K. II, S. 94. 〔103.〕 傍点は引用者。)

第4節　資本循環の総過程

　資本の循環運動は，絶えず円環運動をおこないながら自己増殖をとげつつある一物体のそれのようにみえる。絶えず回転しつつある円にあっては各点が出発点であると同時に復帰点であるのと同様に，資本の循環過程を総体としてみれば，「過程の前提はすべて過程の結果として，過程自体によって生産された前提として現」われ，また「各契機が出発点，通過点，復帰点として現」われる。資本の循環運動は，貨幣資本の循環形態・生産資本の循環形態・商品資本の循環形態という「三様の循環形態の統一」であり，そのことによって同時にまた，「生産過程と流通過程との統一」としてあらわれる。資本の循環過程において，生産過程は流通過程の媒介者として現われ，また流通過程は生産過程の媒介者として現われる（$K.$ Ⅱ, SS. 95-6.〔104-5.〕）。

　すでに貨幣資本の循環を考察したさいに述べたように（本書202ページ），一形態における循環の反復はおのずから他の諸形態における循環軌道を含むのであって，三つの循環形態は一資本の循環過程において連続的な継起において現われるのであるが，それと同時にまた，貨幣資本・生産資本・商品資本の三様の資本諸姿態およびそれらを起点および復帰点とする三様の循環運動は一資本の循環過程において相並んで連続的におこなわれる。例えばいま，商品資本として機能している資本の一部は貨幣の形態に転化するのだが，同時に他の一部は商品資本として生産過程から出て流通に入るのであって，かくして絶えず資本の一部は商品資本として存在する。貨幣資本および生産資本の他の二形態についても同様である。すなわち，資本の一部――とはいえ絶えず入れ替わる一部――は絶えず再生産されて「貨幣に転化される商品資本」として存在し，他の一部は「生産資本に転化される貨幣資本」として存在し，さらに第三の一部は「商品資本に転化される生産資本」として存在する。資本の三様の姿態は絶えざる時間的継起において現われて循環運動を画

第4節　資本循環の総過程

$$G-P-W'-G-P-W'-G$$
$$P-W'-G-P-W'-G-P$$
$$W'-G-P-W'-G-P-W'$$

$$\left(\begin{array}{l}ただし\ G=貨幣資本\\ P=生産資本\\ W'=商品資本\end{array}\right)$$

くとともに，空間的に併存しかつそれぞれに循環運動を画き，そのことによってまた，如何なる時点においても三様の姿態が併存することとなる。これを図示すれば上図のようになる。第1-3節におけるそれぞれの循環形態の考察にさいしては資本はその総価値量の全部をもってあるいは貨幣資本，あるいは生産資本，あるいは商品資本として現われるものと想定され，したがって，資本が流通段階にある間は生産過程が中断され，またその逆でもあるものと想定された。だが，特定の顧客だけの需要に応ずる中世的手工業者の注文生産とは異なって連続こそは資本主義的生産の特徴をなすものであり，それは価値増殖が自己目的たる資本主義的生産の本質により，また「機械制大工業」ないしは機械による「組織的工場制度」なるその技術的基礎により規定されている。その資本運動の連続性が保持されるためには，「資本のすべての部分が循環過程を順次に通過し，循環過程の相異なる諸段階のうえに同時に在る」のでなければならない。かくして，「産業資本は，その循環の連続性において同時に循環のすべての段階にあり，各段階に照応する相異なる機能諸形態にある」($K.$ II, S. 98.〔106.〕)のである。

　それゆえ，その連続性における産業資本の現実の循環過程は，生産過程と流通過程との統一であり，また，三循環の統一である。だが，それがかような統一でありうるのは，資本の相異なる姿態にある各部分が相並んで循環の継起的諸段階を順次に通過し，一段階・一機能形態から他のそれに移行することができ，したがって，これらの部分の全体としての産業資本が，同時に各種の段階および機能にあり，かつ同時に三循環のすべてを画くというかぎりにおいてである。その意味において，全体としての資本運動の連続性は，一定の比率で分割された資本の諸機能形態にある諸部分の循環運動の並行によって条件づけられている。だがその反面，全体としての資本運動の連続性を条件づける資本の諸機能形態にある諸部分運動の並行は，それら資本の諸

部分が順次に継起的に種々の段階を通過する運動に依存する。その意味において,「並行 (Nebeneinander) は，それ自体，継起 (Nacheinander) の結果にほかならない。」例えば,「一部分にとっての $W'—G'$ が停滞し，商品が売れないならば，この部分の循環は中断され，その生産手段による塡補はおこなわれない。W' として生産過程から出てくる後続部分は，それらの機能転換が先行者によって阻止されているのを見出す。こうしたことがしばらく続けば，生産は制限されて〔やがて〕全過程が休止状態におちいる。〔かくして，〕継起 (Nacheinander) が停滞すれば必ず並行 (Nebeneinander) が攪乱され，〔また，〕一段階における停滞は，必ず，停滞しているその資本部分ばかりではなくその個別資本全体の総循環における大なり小なりの停滞を惹起する。」(K. II, SS. 98-9.〔107.〕角括弧内は引用者による補足。)

かくして，資本循環の総過程は，貨幣資本・生産資本・商品資本なる資本の三様の姿態とそれらを起点および復帰点とする三様の循環の，時間的継起＝ならびに空間的並行における・統一として現われる。かかるものとしての循環過程において，自立化した価値の運動体たる資本が，自己目的たる・したがってまた無際限の・自己増殖運動をおこなう。——「自己増殖的な価値としての資本は，たんに階級関係を，賃労働としての労働の定在にもとづく一定の社会的性格を，包含するだけではない。それは一つの運動であり，種々の段階を通過する一つの循環過程——それ自身がまた循環過程の三つの相異なる形態を含むところの——である。だからそれは，ただ運動としてのみ理解されうべく，静止的なものとしては理解されえない。価値の自立化 (Verselbständigung des Werts) をたんなる抽象にすぎぬと見る人びとは，産業資本の運動が現実性におけるこの抽象 (Abstraktion *in actu*) であることを忘れている。価値はここでは，種々の形態，種々の運動を通過し，そのうちでみずからを保持すると同時に増殖し増大する。」(K. II, S. 100.〔109.〕) かくして，三つの循環形態の統一として資本循環の総過程を把握しえたわれわれは，そこにおいて価値が「自己増殖する価値」として「一の自動的主体」に転化するところの・運動としての資本の全き概念をうることができる。

＊　こうした論述に続けて，マルクスはさらに，《運動》としての資本における《価値の自立化》というこの論点との関連において《価値革命 (Wertrevolution)》の問題について下記のように論じている。――「ここでわれわれがさしあたり問題とするのはたんなる運動形態であるから，資本価値がその循環過程中にこうむりうる諸革命は顧慮されない。しかし価値革命にもかかわらず資本制的生産が存在しかつ存続しうるのは，明らかにただ，資本価値が増殖されるかぎり，すなわち自立化した価値としてその循環過程を画くかぎりにおいてであり，したがって価値革命がいかようにか克服され相殺されるかぎりにおいてのみである。資本の諸運動は個々の産業資本家の諸行為として――すなわち，彼が商品＝および労働の購買者，商品販売者および生産的資本家として機能し，彼の活動によって循環を媒介する，という諸行為として――現われる。社会的資本価値が価値革命を受けるときは，彼の個別的資本は，上の運動の諸条件を満たしえないために，その価値革命の犠牲となって没落するかもしれない。価値革命が急性となり頻繁になればなるほど，不可抗的な自然過程の強力をもって作用する自動的な，自立化した価値の運動は，個々の資本家の予見と打算とに対抗してますます威力を現わし，正常的な生産の進行はますます非正常的な投機に屈従し，個別資本の生存にとっての危険はますます大きくなる。かくして，これらの周期的な価値革命は，それが否定すべきはずのものを，すなわち価値が資本として経験し，その運動によって維持し強化するところの，自立化 (Verselbständigung) を確認するのである。」(*K*. II, S. 101. 〔109.〕)

第5節　流　通　費

　資本の循環過程は，生産過程と流通過程との，相互に媒介しあう二局面をそのうちに含む。資本が生産過程にある期間を生産期間といい，流通過程にある期間を流通期間という。流通期間は資本循環にとって不可欠の期間ではあるが，その期間においては資本価値のたんなる姿態変換がおこなわれるにすぎず何らの剰余価値も生産されない。したがって流通期間は資本の価値増殖にたいする「消極的制限として作用」し，流通期間が短縮されればされるほど一定期間内における資本の価値増殖はそれだけ大となる。このことは流通期間の短縮がそれ自体として資本をして価値増殖せしめる積極的要因として作用するかのような仮象を生みだすのであって，「資本は生産過程におけ

る労働の搾取に係わりのない神秘的な自己増殖源泉を流通過程のうちにもつ」とする俗流経済学的な幻想を根拠づけることともなる。

ところで，資本の流通過程は一定の期間を要するだけではなく，一定の費用を必要とするのであって，その費用を流通費という。

資本の流通費は，(1) 純粋な流通費，(2) 保管費，および (3) 運輸費の三様の部分からなる。

純粋な流通費は，商品を貨幣に，貨幣を商品に形態転化させるに要する費用であって，(a) 売買費用，(b) 簿記費用，(c) 貨幣費用の三者からなり，それらは商品に対してなんらの価値も追加しない純粋の流通空費にすぎず，その空費は剰余価値の一部をもって補塡されるほかはなく，資本家にとっての剰余価値からの純然たる控除をなす。

　　(b)「簿記費用」は，資本主義社会にのみ固有なものではなく，共同的に管理されるヨリ高度な社会体制のもとにおいても資本主義社会におけるとは意味を異にするが価値計算とその記帳が必要とされるかぎりにおいて，超体制的なものであり，その点において，資本主義的な流通形態に固有なものとしての，(a)「売買費用」から区別される。また，(c)「貨幣費用」，すなわち，金銀が貨幣として存在し，社会的富の一部が生産的消費にも個人的消費にも入らない不生産的形態に拘束され，しかも不断にその磨損補塡がなされなければならないということからする「費用」は，直接に個々の資本の負担となるものではなく，社会の資本総体にとっての「流通空費」であり，その平均的一可除部分たるかぎりでその構成員たる各個別資本の負担に帰着するという点で，(a)「売買費用」および (b)「簿記費用」から区別される。

　販売および購買過程に雇用される賃労働者はなんらの価値も生産しないとはいえ，やはり資本家に剰余労働を提供することは，通常の生産過程に雇用される賃労働者と異なるところはない。この場合，労働搾取度が高いほど，流通空費が，したがってまた本来の生産過程で生産された剰余価値からの控除が節減されるのである。

これに対して保管費および運輸費は，「流通で続行」される（あるいは流通過程に延長された）付随的ないしは追加的な生産過程・「その生産的性格が流通形態によって蔽われているにすぎない生産過程」にともなう費用（*K*. Ⅱ, S. 131. 〔138.〕）であり，たんなる価値の形態転化に係わる流通空費とは区別さ

るべき性格をもつ。商品在庫の保管は商品の使用価値の損耗を防止することによってその価値を維持し，運輸は生産物の場所的変更なる一定の有用的効果を産み出すのであって，そのかぎりにおいてこれらに投下された費用――それは「社会的に見れば」やはり，本来的な生産過程からの資材および労働力の「控除」をなすとはいえ――は，対象たる商品に価値を追加する。(すなわち，保管業ならば建物・倉庫等に，運輸業ならば運輸手段に投下された不変資本の磨損価値が対象たる商品に移転され，また，保管労働および運輸労働はそれを雇用した資本家に対して新たな価値を，したがってまた剰余価値を生産する。) だが保管費が上のような性格をもつのは，その対象たる商品在荷が如何なる社会形態のもとにおいても必要な在荷形成の資本制的形態たるかぎりにおいて，すなわち，流通過程をその一局面として包含する・再生産過程の恒常性と連続性とを確保するに必要な範囲内での「商品在荷の正常形態」たるかぎりにおいてであって，資本制社会に特有の現象たる恐慌・不況等により商品が販売されないことの結果として生ずる「商品在荷の異常形態」の場合には，保管費はなんら価値形成に加わらず，むしろ価値実現にあたっての控除として価値の損失となるのである。投機を目的とする商品在荷の形成の場合についても，同様である。

* 「商品在荷が商品流通の条件であり，しかも商品流通において必然的に発生した一形態でさえもあるかぎり，したがって貨幣予備の形成が貨幣流通の条件であるのと全く同様に，この外見上の停滞が流動そのものの形態であるかぎり――ただそのかぎりにおいてのみ商品流通は正常的である。これに反して，流通の貯水池に滞留する諸商品が後から追いかける生産の波に場所をあけず，したがって貯水池が溢れることになれば，流通停滞の結果として商品在荷の膨脹することは，貨幣流通が停滞すれば退蔵貨幣が増大するのと全く同様である。そのさい，この停滞が産業資本家の倉庫で生ずるか，商人の倉庫で生ずるかは，どちらでも構わない。この場合には商品在荷は不断の販売の条件ではなく，商品の売れないことの結果である。諸費用は同じであるが，しかし，いまやそれらは純粋に形態から，すなわち商品を貨幣に転化する必要とこの姿態変換の困難とから生ずるのであるから，商品の価値に入るのではなく，価値の実現にさいしての控除すなわち価値損失をなす。在荷の正常形態と異常形態とは形態上では区別されず，いずれも流通の停滞なのであるから，両現象の混同はありうることであり，また，生産者に

とっては，商人の手に渡った彼の商品の流通過程は停滞しても彼の資本の流通過程は進行しうるのであるから，それだけ生産者自身を欺くことがありうる。生産および消費の範囲が膨脹すれば，他の事情が変わらないかぎり商品在荷の範囲は膨脹する。それは同じ速さで更新され吸収されるがその範囲はヨリ大きくなる。したがって，流通の停滞による商品在荷量の膨脹は再生産過程の拡大の一徴候と誤認されることがありうる。信用制度の発達によって現実の運動が神秘化されうるにいたれば，殊にそうである。」(*K*. Ⅱ, SS. 142-3.〔149-50.〕)

第2章 資本の回転

第1節 資本の回転,回転期間と回転数

　反復される周期的過程として考察された資本の循環を,「資本の回転(Umschlag des Kapitals)」という。本編第1章においては,資本が循環中にとる種々なる形態およびこの循環そのものの種々なる形態が考察され,資本循環の総過程は三様の循環諸形態の統一であることが明らかにされた。いまや,その循環過程が,一定期間における前貸資本の回収＝ならびに価値増殖の率という観点から,ヨリ具体的に考察される。

　資本が一回転するに必要な期間を「資本の回転期間」といい,それは「生産期間」と「流通期間」とから成るが,生産条件および流通条件は産業部門によって異なるので,資本の回転期間および一定期間における資本の回転数は,資本の投下部門によって異なる。いま,回転期間の度量単位たる期間をU,資本の回転期間をuとし,回転数をnとすれば,$n=\dfrac{U}{u}$である。回転期間の自然的計算単位は(資本主義的生産の母国である温帯地方の最も重要な生産物たる農作物が1年に1回の生産物であったことにより),通常1年である。そこで,資本の回転期間が3ヵ月ならば年4回の回転をし,18ヵ月ならば年$\dfrac{2}{3}$回の回転をするということになる。

　ところで,資本家が彼の資本を価値増殖して元の姿態で回収するためにそれを前貸しておかねばならない期間たる資本の回転期間の問題を,さらに具体的に考察するためには,回転の期間および様式を異にする資本の二つの成

分について，まず考察しておかなければならない。

第2節　固定資本と流動資本

1. 固定資本と流動資本

　生産資本は資本の価値増殖の観点からは不変資本と可変資本とに区分されるが（本書第Ⅰ編第3章第2節 1. の c. 項），資本の回転様式の観点からは「固定資本 (fixes Kapital)」と「流動資本 (zirkulierendes od. flüssiges Kapital)」とに区分される。

　不変資本のうち機械・工場用建物等の労働手段に投下される部分は，反復される労働過程で同じ使用姿態をもって機能しながら，その価値を一部分ずつ生産物のうちに移転せしめる。すなわち，不変資本のうち労働手段に体化される資本部分は，労働過程においてはその全使用姿態をもって全部的に機能しながら，価値形成過程には部分的にのみ関与する。このことによって，労働手段に投下される不変資本部分は，独特の流通＝回転様式をもつこととなる。すなわち，労働手段は耐久年限の間その現物形態を保持したまま生産過程内において機能し続けるのであるが，その反面，それの価値は生産期間を終わるごとに漸次的に生産物のうちに移転され，生産物の商品形態から貨幣形態への形態転化にともなって漸次的に還流し，「償却基金 (Amortisationsfonds)」として貨幣形態において積み立てられ蓄蔵され，「生産資本のかたわらに沈澱」する。かくして，不変資本のうち労働手段に投下された部分は，同時に生産資本の形態と蓄蔵貨幣——「潜勢的貨幣資本 (potentielles Geldkapital)」——の形態との「二重存在」をもち，生産過程内において機能しつづける労働手段のうちに残存し拘束されている価値部分は生産期間を終わるごとに労働手段の磨滅＝価値移転にともなって漸次的に減少し，この減少にともなって償却基金として貨幣形態において積み立てられる価値部分は漸増し，労働手段が磨滅しおわる耐久期間の終期に，流通過程から滴下し沈澱

した貨幣総額が一括して一挙に労働手段の現物形態に再転化される。この独特の回転様式によって，生産資本のこの部分は「固定資本」と呼ばれる。固定資本は，償却基金として積み立てられた貨幣総額が労働手段に再転化されることによって一回転する。

これに対して，不変資本のうち原料および補助材料に投下される部分は，一生産期間ごとにその現物形態を失い，それにともなってまた，全部的にその価値を生産物のうちに移転し，それの販売によって貨幣形態において回収され，再び直ちに生産資本として更新される。こうした流通＝回転様式によって，不変資本のこの部分は，労働力の購入に投下された資本部分とともに，「流動資本」と呼ばれる。労働力の価値は生産物のなかに移転されるのではなく絶えず新たに（労働力の使用価値の実現たる）労働によって──剰余価値とともに──再生産されるのであり，この点において原材料に投下された資本部分と労働力に投下された資本部分とは明確に区別されなければならない（本書第Ⅰ編99-100ページ）のであるが，資本の回転様式の観点からは両者はともに流動資本として規定される。労働力の購入に投下された可変資本価値は生産物のうちに再生産され，それの販売にともなって貨幣形態において回収され，再び直ちに生産資本として投下されるのであって，その流通＝回転様式においては原料・補助材料に投下された資本部分と全く異なるところはないからである。

以上の「固定資本」と「流動資本」との区別は生産資本のうち労働手段に投下される資本部分と原料・補助材料ならびに労働力に投下される資本部分との回転様式の相違にもとづく区別であって，「生産資本 (produktives Kapital)」と「流通資本 (Zirkulationskapital)」（流通過程にある資本形態，すなわち商品資本および貨幣資本）との区別とは全く異なる。この点を混同したところにアダム・スミスの資本分類（『国富論』第2編第1章）の誤りがある。なお，アダム・スミスおよびこれを継承したリカードゥは，さらに，資本の回転様式の観点からする固定資本と流動資本とのこの区別を資本の価値増殖の観点からする「不変資本」と「可変資本」との区別とも混同したのであって，こ

の誤りは──J. S. ミルにそのまま引き継がれ，またその後の経済諸学説においても種々なる形態において再生産されているのだが──前者のそれよりもさらに致命的であるといえよう。

* 固定資本のこの独特の回転様式によって，固定資本投資は下記のような非対称的性格をもつ。──「固定資本に投ぜられた生産資本価値部分は，固定資本を構成する生産手段部分の全機能期間にわたって全部が一度に前貸されている。したがって，この価値は資本家によって一度に流通に投ぜられる。しかしそれは，固定資本が少しずつ商品に附加する価値部分の実現によって，漸次に少しずつ再び流通から引き上げられるにすぎない。他面では，生産資本の一構成部分がそれに固定されるところの生産手段そのものは，一度流通から引き上げられてその全機能期間にわたって生産過程に合体されるが，しかしこの機能期間中は同種の新品による代置を要せず，再生産を要しない。それは，大なり小なりの期間にわたり，それ自身の更新のための諸要素を流通から引き上げることなしに，流通に投入される諸商品の形成に寄与し続ける。……」（K. II, S. 162.〔168.〕) 固定資本はその全機能期間にわたり一括して一挙に生産過程に投下され，その機能期間中は更新のための需要を形成することなく，商品の生産に寄与し続ける。そして，その価値は少しずつ商品に附加される磨滅＝移転価値部分の実現によって漸次的かつ断片的に償却基金として蓄蔵され積み立てられ，耐久期間の終期にいたってはじめてその全額が再び一挙に更新される。こうした固定資本投資の需給に及ぼす非対称的な作用──それは，固定設備投資が長期の「建設期間」を要する場合はなおさら強くなるであろうが──は，主要な産業諸部門の固定資本更新が不況過程から好況過程への転換期に集中的におこなわれること（この点については，本書222-3ページの註記参照）と相俟って，産業循環の周期的運動を規定する有力な一要因としてあらわれる。

2. 前貸資本の総回転・回転循環

生産資本のうちの固定資本部分と流動資本部分とでは回転の様式および期間を異にするが，$G \cdots G'$ 循環形態を基準として前貸資本の諸構成部分の（質的に同等な価値回転としての）平均回転を算出することができる。これを「前貸資本の総回転 (Gesamtumschlag des vorgeschoßnen Kapitals)」という。

例えば前貸資本100億円のうち80億円が機械その他の工場設備を現物形態とする固定資本に，20億円が原材料および労賃を含めての流動資本に投下されるものとし，固定資本の回転期間が10ヵ年（年間回転数 $\frac{1}{10}$ 回），流

動資本の回転期間が2.4ヵ月（年間回転数5回）であるとすれば，その前貸資本の1年間における平均回転数は $\dfrac{80 \times 0.1 + 20 \times 5}{100} = 1.08$ 回 となる。換言すれば，100億円の資本を前貸して年間に——剰余価値を別として——108億円の資本が回収されることとなる。

前貸資本の総回転を N，固定資本を F，その年間回転数を n_1，流動資本を Z，その年間回転数を n_2 とすれば

$$N = \frac{F \cdot n_1 + Z \cdot n_2}{F + Z}$$

である。

　この「前貸資本の総回転」は資本家的には資本効率を示す一基準として重要な意味をもつが，それは必ずしも資本の現実の回転運動を正確に反映するものではない。上例でいえば，100億円の資本を前貸し，1年間に108億円の資本を回収して後もなお72億円の資本価値が固定資本の現物形態のうちに残存しているのである。「生産の筋骨系統」たる機械的労働手段をその現物形態とする固定資本の回転は資本の現実の回転運動にたいして規定的な意味をもつのであって，前貸資本価値はこの固定資本の一回転において連結的諸回転の一循環を——前記の例でいえば，機械の耐久期間10ヵ年によって規定される固定資本の一回転のうちに 10.8 回の総回転の連鎖を——画く。この，固定資本の回転期間によって規定されているところの・いくつもの平均回転をそのうちに含む・一循環を，「前貸資本の回転循環 (Umschlagszyklus des vorgeschoßnen Kapitals)」という。

　固定資本の回転期間は，生産技術の発展にともなって，一方では機械の耐用期間が延長されることにより長期化する反面，不断に生ずる生産手段の変革によって余儀なくされる「無形の磨損 (moralischer Verschleiß)」すなわち技術的＝経済的陳腐化によって，短縮される傾向にある。その結果，大工業の主要諸部門の固定資本の回転期間は，経験的事実として，ほぼ10ヵ年にわたるものとなる。かかる「無形の磨損」という契機を含めての・労働手段の現実の耐用年数によって規定される前貸資本の回転循環は，周期的恐慌の，

したがってまた産業循環の周期的運動の,「物質的な一基礎」をなすものとされる。

* 「資本主義的生産様式の発展につれて充用固定資本の価値量と寿命とが増大するのに比例して,産業および各個の投資における産業資本の生命は,多年的なものに,たとえば平均して 10 年というようなものになる。一面で〔生産技術の高度化にともなう〕固定資本の発達がこの生命を延長するとすれば,他面ではこの生命が,同様に資本主義的生産様式の発展とともに絶えず増加する生産手段の不断の変革によって,短縮される。したがって,資本主義的生産様式の発展とともに,生産手段の変換も,それが物理的に死滅する遙か以前に無形の磨損 (moralischer Verschleiß) の結果絶えず補塡される必要も,増大する。大工業の最も決定的な諸部門については,この生命循環が今日では平均して 10 年にわたるものと想定されうる。しかしここでは特定の年数が問題なのではない。ともかく,次のことだけは明らかである。この資本がその固定的構成部分によって縛りつけられているところの・多年にわたる連結的諸回転の循環によって,周期的恐慌の,すなわち,事業が不振・中位の活況・過度の繁忙・恐慌という継起的諸時期を通過するところの周期的恐慌の,物質的な一基礎が生ずる。資本の投下される諸時期は極めて種々様々である。とはいえ,恐慌はつねに一大新投資の出発点をなす。したがってまた,――社会全体として考察されるならば,――多かれ少なかれすぐ次の回転循環のための一つの新たな物質的基礎をなす。」($K.$ Ⅱ, S. 180.〔185-6.〕)

「機械が更新される平均期間」という「大産業の直接的な物質的条件のうちに,〔産業〕循環の規定の一要素を見出」そうとするマルクスの着想は,1858 年 3 月 2 日付および 5 日付のエンゲルス宛の書翰以来のものであり,1870 年執筆の『資本論』第 2 巻第 2 編第 9 章における上の叙述は,こうした見解の一応の定式化とみることができるが,しかし,何故に,また如何なる意味で,固定資本の「生命循環」によって規定される「前貸資本の回転循環」が周期的恐慌の「物質的な一基礎」をなすのかを明らかにすることは,必ずしも容易ではない。(この点についてはとりあえず,拙著『恐慌論研究』前編本論第 2 章第 2 節〔B〕,第 3 節〔B〕,ならびに第 4 章の論述と,後編第五,六論文を参照されたい。)

なお,恐慌――それに続く不況の過程は,競争の異常な激化により,「七里歩幅の長靴」をもってする生産力の発展を強制するのであって,不況局面から好況局面への転換を主導する最も有力な要因は,既存固定設備の「無形の磨損」=廃棄と改良された労働手段をもってするその補塡という意味での固定資本更新を含めての,生産技術の革新を伴う「一大新投資」の発足(シュムペーターのいわゆる「新企業の群的出現」)にある。この点についてマルクスはさらに下記のように論述している。――「労働手段の大部分は産業の進歩によって絶えず変革される。したがって,それは当初の形態をもってではなく変革された形態をもって補塡される。一面では,一定の現物形態で投下されて一定の平均耐久期間中その形態で

存在せねばならない大量の固定資本が，新たな機械等がただ漸次的にしか採用されない一原因をなし，したがって，改良された労働手段の急速な一般的採用に対する一障碍をなしている。他面では，競争戦が，殊に決定的変革の場合には，古い生産手段をその自然的死滅以前に新しいものに取り換えることを強制する。ヨリ大きな社会的規模でのかかる早期の経営設備更新を強要するのは，主として恐慌という破局(カタストローフ)である。」(K. Ⅱ, SS. 164-5.〔171.〕)　この場合の「無形の磨損」は，いわゆる《価値革命》(本書213ページの註記参照)によるそれを含む。

第3節　資本の回転と価値増殖

1. 生産期間と流通期間

　資本の回転期間は生産期間と流通期間との合計からなるが，生産期間のうちには労働期間と非労働期間とが含まれる。労働期間とは，ある産業部門において完成生産物を産出するまでに要する技術的に相関連する諸労働日の合計日数であり，価値増殖はこの期間においてのみなされる。非労働期間たる生産期間は生産過程の技術的必要にもとづく労働の中断期間であり，その期間において労働対象は自然過程にゆだねられて一定の物理的，化学的ないしは生物学的な変化をうける。たとえば，ブドー酒の醱酵，陶器やピアノ響板等の乾燥，布の漂白，穀物・果実等の成熟，樹木の成育などに要する労働の休止期間がそれである。これらの期間においてもなにほどかの補助労働が必要とされるかぎりにおいてその労働による価値増殖がなされ，またこれらの期間内において投下される不変資本はその価値を生産物に移転する。これに対して，販売期間と購買期間とからなる流通期間は資本の価値増殖にたいする全くの「消極的制限」をなすにすぎない。こうした回転期間を構成する諸要素の資本の価値増殖に対する作用の相違は，資本家的表象においては全く看過される。資本の価値増殖にたいする「消極的制限」たる流通期間が短縮されれば，それだけ一定期間における資本の価値増殖率は上昇するのであって，それはあたかも労働期間が短縮されたのと全く同様であるかにみえるか

らである。

労働期間は一般に生産技術の発展にともなって短縮され，非労働期間たる生産期間も同様である（例えば，自然乾燥から赤外線乾燥への，また自然的栽培から促成栽培への転化等）が，そうした生産技術の発展は他面では投下不変資本の増大，とりわけ固定資本の巨大化をともなう。なお，流通期間は，交通手段（鉄道・道路・港湾・航空路・電信電話など）の発展や商取引の集中・合理化，信用制度の発展などによって短縮される。

2. 回転期間と前貸資本量

回転期間，とくに流通期間の長さと前貸資本量との関係について考察しよう。固定資本部分の回転および剰余価値の流通は捨象し，また生産期間はすべて労働期間からなるものとする。

いま或る種の生産物の一定量を生産するのに毎週 100 万円の流動資本前貸を要し，その労働期間は 9 週間，流通期間は 3 週間であるとすれば，この生産物を完成するには計 900 万円の流動資本があれば足りるのであるが，その生産物が商品形態から貨幣形態に転化し再び流動資本として投下されるためには 3 週間の流通期間を要するのであって，その間生産は中断されることとなる。

```
      第 1 次労働期間            流通期間 第 2 次労働期間
    |―――――――――――|- - -|―――――
                           生産中断
```

この生産の中断をまぬがれその連続性を維持するためには，なお 300 万円の追加流動資本前貸を必要とする。したがって，資本主義的生産に固有の生産の連続性を維持するためには，前貸資本量は，900 万円ではなく，1,200 万円でなければならない。第 1 次労働期間が終了すると同時に 300 万円の追加資本による第 2 次労働期間が開始され，その 3 週間後には第 1 次労働期間に投下された資本が流通期間を経過しおえて再び生産資本として生産過程に投入され，以下同様の過程が反復される。こうした過程を図示すれば，次図のようになる。

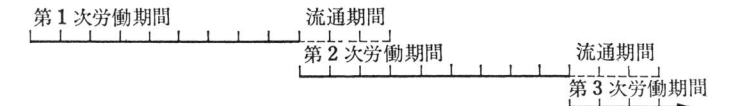

第3節　資本の回転と価値増殖　225

```
|第1次労働期間　　 |流通期間|
                |第2次労働期間　 |流通期間|
                                |第3次労働期間→
```

　ところでこの場合，第1次労働期間に投下された900万円の資本が3週間の流通期間を経過して再び生産資本として投下されるときにはすでに300万円の追加資本による第2次労働期間が3週間経過しているのであるから，残り6週間の労働期間のために600万円の資本投下が必要であるにすぎず，したがって回収されて再投下さるべき900万円のうち300万円は第2次労働期間中「遊休貨幣資本 (brachliegendes Geldkapital)」を形成する。この「資本の遊離 (Freisetzung von Kapital)」は労働期間と流通期間との割合如何によって種々に規定されるが，ここでの問題の要点は，3週間の流通期間が介在するために，900万円の流動資本を要する生産過程の連続性が維持されるには1,200万円の流動資本前貸を要し，そのうちの300万円は絶えず流通資本ないしは「予備貨幣資本 (Reservegeldkapital)」の形態において存在しなければならないという点にある。

　流通期間の短縮および延長は（回転期間および生産規模に変化がなく，流動資本諸要素および生産物の価格が変化した場合と同様の），「資本の遊離と拘束 (Freisetzung und Bindung von Kapital)」を生ぜしめる。すなわち，流通期間が例えば3週間から2週間に短縮されれば補足資本はいまや200万円で足り，したがって100万円の資本が遊離され，逆に4週間に延長されれば補足資本は400万円必要となり，したがってさらに100万円の資本が拘束されることとなるのである。

　なお，前記の例示の前提のもとに，生産過程も流通過程もともに連続しておこなわれどの資本部分も無駄に遊休せしめないような・合理的な資本運動の形態（経営形態）を成立せしめるには，次ページに図示するように3週間毎に順次にそれぞれ計900万円（総計3,600万円）の資本を投下すればよいであろう。

　第3週以降は，計300万円の資本が絶えず生産過程に投入されて生産資本

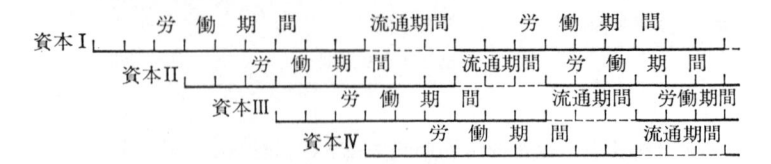

```
資本Ⅰ  |労 働 期 間|流通期間|労 働 期 間|
  資本Ⅱ    |労 働 期 間|流通期間|労 働 期 間|
    資本Ⅲ    |労 働 期 間|流通期間|労働期間|
      資本Ⅳ    |労 働 期 間|流通期間|
```

として機能し，100万円の資本が流通資本の形態にある。貨幣資本・生産資本・商品資本という資本の継起的諸形態が，生産期間と流通期間との構成割合によって規定される一定比率において同時併存することによって生産過程および流通過程の連続性が維持され，前貸資本は最も効率的に充用資本として機能することができる。なお，上図に示された資本回転の運動態様は，本編第1章第4節「資本循環の総過程」の図（211ページ）に示された，資本循環における資本諸形態の時間的継起および空間的併存の運動態様の，資本の回転の観点からするヨリ具体的な表現にほかならない。

3. 可変資本の回転・剰余価値年率

　前項では回転期間のうちの（資本の価値増殖に対する消極的制限要因たる）流通期間の長さと前貸流動資本量との関係を主として考察したが，本項では流動資本のうちの（資本の価値増殖に対する規定的要因たる）可変資本部分の回転を考察する。そのためここでは，流動不変資本部分を捨象して流動資本はすべて可変資本からなるものと仮定し，また流通期間を捨象して回転期間はすべて労働期間からなるものと仮定する。

　いま二つの資本A，Bがあって，その労働期間はAが5週間，Bが50週間であるが，剰余価値率はいずれも100％で，両者とも毎週100万円の可変資本前貸を要するとすれば，1年を50週として，Aは500万円の可変資本を年間10回回転せしめるのに対してBは5,000万円の可変資本を年間1回回転せしめるにすぎない。Aは毎週100万円，計500万円の可変資本をもって5週間後には500万円の可変資本価値の補塡分と500万円の剰余価値，計1,000万円の貨幣をえ，そのうちの500万円を再び可変資本として生産過程に投入し，以下同様の過程を年間10回反復して計5,000万円の剰余価値を

生み出す。これに対してBは毎週100万円,計5,000万円の可変資本をもって50週間後に10,000万円の貨幣をえ,5,000万円の可変資本を回収すると同時に5,000万円の剰余価値を得る。前貸される可変資本額はAは500万円,Bは5,000万円であるが,年間に取得される剰余価値額はいずれも5,000万円であり,前貸可変資本額にたいする年剰余価値総額の比率はAが1,000%,Bが100%である。これを「剰余価値年率(Jahresrate des Mehrwerts)」という。こうした剰余価値年率の差異は,可変資本の回転数の差異によって生ずる。可変資本Aの年間回転数は10回であるのにたいしてBのそれは1回であり,Aにおいては500万円の「前貸資本(vorgeschoßnes Kapital)」が5,000万円の「充用資本(angewandtes Kapital)」として機能したのにたいして,Bにおいては5,000万円の前貸資本が5,000万円の充用資本として機能したにすぎない。A,Bいずれも毎週100万円の可変資本が投入され(したがって雇用労働者数は同数),剰余価値率(現実の労働搾取率)はいずれも100%であるにもかかわらず剰余価値年率に差異が生じたのは,もっぱらこの理由による。

　剰余価値年率を M', 剰余価値率を m', 前貸可変資本を v, その年間回転数を n とすれば

$$M' = \frac{m'vn}{v} = m'n$$

である。

　可変資本の年間回転数の主要な規定要因たる労働期間の長さは,産業部門によって種々に異なる。また,すでにみたように,労働期間は生産技術の発展にともなって短縮されるが,反面,その生産技術の発展は,一般には,固定資本の増大をともなう。

第4節　剰余価値の流通

　ここでの問題は，「いったい如何にして資本家は，流通に投げ入れるよりも多くの貨幣をたえず流通から引き上げうるのか」という問題，すなわち，剰余価値を貨幣化するための貨幣はどこから来るのか，という問題である。

　資本家は $C+V$ に相当する貨幣を投じて $C+V+M$ 額の貨幣を流通から引き上げる。どうしてそういうことが可能であろうか？

　だが，一見困難にみえるこの問題は，それを正確に考察するならば，実は「問題そのものが存在しないのである。」(K. II, S. 333. 〔334.〕)　流通に必要な貨幣量に関して商品流通のところで定立された法則（本書 68–70 ページ）は資本制的生産のもとにおいてもそのまま妥当する。それと同時にまた，資本流通においてはすべての貨幣が資本家の手から流れ出て資本家の手に還流する。「実は――一見いかにも逆説的に見えるが――資本家階級自身が，商品に含まれる剰余価値の実現に役だつ貨幣を流通に投げ入れるのである。」(K. II, S. 335. 〔335.〕)　剰余価値がすべて消費支出される単純再生産の場合は，資本家たちが消費基金として支出した貨幣によって彼らの剰余価値が実現され，消費基金が貨幣形態で回収される。剰余価値の一部が追加資本に転化される拡張再生産の場合には，まず追加資本として投下しうる大きさに達するまで潜勢的貨幣資本として貨幣形態で積み立てられるのであるが，そうした蓄積基金の積立を可能にする貨幣は，他方において，すでに蓄積基金を妥当な大きさにまで積み立ておわった資本家たちの追加資本投下によって供給される。拡張再生産による増大した商品量の流通に必要な追加貨幣は，流通＝および支払手段の流通速度の増大や蓄蔵貨幣の動員によってまかなえぬかぎり，金の追加生産によって補足されなければならない。こうした諸問題は，さらに次章において詳論される。なお，流通貨幣量の信用による節約は，第III編第5章において論述する。

第3章　社会的総資本の再生産と流通

序　節　分析課題と方法的限定

　本書第Ⅰ編第3章「資本」においては資本の生産過程分析によって資本の価値増殖の秘密が解明され，同編第4章「資本の蓄積過程」においてはそうした資本の価値増殖を可能ならしめるその前提条件たる社会関係，すなわち資本―賃労働関係そのものが如何にして再生産されるかが明らかにされた。この第Ⅰ編の分析の基礎づけのもとに，第Ⅱ編の課題は，資本の生産＝再生産過程を媒介する流通過程の解明にある。第Ⅰ編においては，資本が流通過程においておこなう形態＝および素材変換はただ前提されただけで立ち入った考察を加えられることなく，資本家は一方では生産物をその価値どおりに販売し，他方では生産過程を再開し反復するがための生産諸要素を流通部面に見出しうるものと想定された。第Ⅰ編において詳論せざるをえなかった流通過程における唯一のモメントは，資本制的生産の基礎条件たる・労働力の売買のみであった。第Ⅱ編においては，第Ⅰ編において単に前提されていたにすぎないところの，また労働力の売買をも一契機としてその内に含むところの，資本の流通過程――流通における資本の運動形態が，分析対象となる。こうした課題のもとに，まず第Ⅱ編第1章――それは第Ⅱ編全体の序章としての意味をもつのだが――においては，資本が循環過程中にとる種々の形態と，循環そのものの種々の形態およびその特質が考察され，さらに第2章においては資本の循環運動が周期的に反復される過程として，回転として，ヨ

リ具体的な態様において考察され，回転の期間および様式を異にする資本の諸成分（固定資本と流動資本），回転期間の構成要素たる労働期間と流通期間の長さおよび両者の比率が前貸資本の量ならびにその前貸資本の一定期間における充用資本としての機能効率・価値増殖率に及ぼす影響等の諸点が考察された。これら第Ⅱ編の第 1, 2 章の主題は，個別的資本の運動としての資本の循環と回転であった。しかるに，個別的諸資本の循環運動は互いに絡み合い条件づけあうのであって，まさにこの絡み合いにおいて社会的総資本の運動を形成する。いまや，この社会的総資本の総・流通＝再生産過程が考察されなければならない。

ところで，かかるものとしての総資本の総流通過程は，たんに「生産的消費」のための流通をそのうちに含むだけでなく，それとの不可分の関連において，資本家階級および労働者階級の「個人的消費」のための流通をもそのうちに含むのであって，社会的総資本の再生産が剰余価値の流通 $g—w$ による資本家階級の個人的消費，ならびに労働力の購入 $G—A$ によって媒介される労働者階級の個人的消費 $(A—G\cdot)G—W$ と如何ように絡み合い条件づけあうかが，いまや明らかにされなければならない。こうした総・流通＝再生産過程における資本流通と所得流通との交錯・連繫の態様を明らかにするためには，すでに本編第 1 章において論述したように，$G\cdots G'$ 循環形態や $P\cdots P$ 循環形態ではなく，すでに増殖された資本価値をもって，すなわち不変資本価値 C および可変資本価値 V とともに剰余価値 M をそのうちに含むものとしての W' をもって，循環を開始するところの $W'\cdots W'$ 循環形態が，基準とされなければならない。

商品資本の循環形態

$$W'\begin{cases} W \\ + \\ w \end{cases} \begin{matrix} — \\ —G' \\ — \end{matrix} \begin{cases} G—W{<}^{A}_{Pm} \cdots P \cdots W' \\ + \\ g—w \end{cases}$$

が社会的総資本の運動を表示するものとすれば，生産過程を媒介する総流通

の第二段階において諸購買(すなわち,$G-P_m$, $\begin{smallmatrix}G-A\\ \times\\ A-G\cdot G-W\end{smallmatrix}$ および $g-w$)の対象としてあらわれる W 総額は循環の始点たる総資本の総生産物 W' にほかならず,したがって社会総体としての $W'-G'$ すなわち総生産物 W' の実現如何はその W' 自体の価値的・素材的構成に依存し,総生産物 W' の実現運動は W' の各構成部分の価値的・素材的な相互補塡運動にほかならないものとして把握されてくるのである。

かくして,本章の課題は,商品資本の循環形態 $W'\cdots W'$ を基準として,社会的総資本の総生産物 W' の各構成部分がその価値=並びに素材において如何ように相互に補塡代置されつつ社会的資本の再生産を媒介し,同時にまた,資本家階級および労働者階級の再生産を媒介するかを明らかにし,もって生産過程を媒介する総流通の構造を把握し,それを規定する諸条件を析出するにある。

本章は,流通過程における資本の運動形態がその分析課題たる第Ⅱ編の最終章,資本制的動態過程の構造と法則の把握を課題とする再生産論=蓄積論体系(本書第Ⅰ編第4章の「本章の分析視角と方法的限定」135-6ページ参照)の中間環たる枢要な位置を占め,そのことによってまた,以下の二様の方法的限定をもつ。すなわち第一に,ここでは総流通過程の分析,「流通の媒介運動」のうちに包蔵されている「再生産の諸条件」の析出が直接の課題をなし,「直接的生産過程」,およびその基礎視点からするところの・資本関係そのものの再生産把握,並びに資本制的蓄積の基本法則の解明は,(第Ⅰ編第4章において)すでになし了えたものとしてこれを前提するということ。第二に,剰余価値の平均利潤への・価値の生産価格への・転化の問題は依然として捨象され,価値法則はなおその本来の形態において貫徹するものと想定され,剰余価値はいまだその本源形態において考察されるということ。この二様の方法的限定は,本章の論述がそれに固有の一定の抽象性をもつことを意味するが,しかし,社会的総資本の総流通=再生産過程を規定する諸条件をその純粋形態において把握するための,合理的な限定であるということができよう。

第3章 社会的総資本の再生産と流通

なお,この場合,生産過程の基礎視点からする資本関係の再生産把握,並びに資本制的蓄積の基本法則の解明は,これを「すでになし了えたものとして前提」するのであって単に捨象するのではない点に,充分な留意を要する。したがって本章の論述においては,第Ⅰ編第4章の論述との対応をつねに念頭におく必要がある。

資本制的再生産過程は,生産が反復される過程であると同時に絶えず流通によって媒介される過程であり,生産過程と流通過程とをその二階梯として内に含む過程である。この資本制的再生産過程の構造とそれを規定する法則ないしは条件を,商品資本の循環形態 $W'\cdots W'$ を基準として流通の媒介運動の側面から明らかにするのが本章の課題である。

第1節 単純再生産

一般的規定

a. 基本表式

社会的総資本の総生産物 W' は,価値視点からは 不変資本 $C+$(可変資本 $V+$剰余価値 M)の構成に,素材視点からはそれと対応的に生産手段(ないしは生産財)と消費資料(ないしは消費財)との二部類ないしは二部門に分割され,したがって,下記の構成をもつものとして表示される。

$$\begin{cases} \text{I} & C+V+M=W'_{\text{I}} \text{〔生産手段〕} \\ \text{II} & C+V+M=W'_{\text{II}} \text{〔消費資料〕} \end{cases}$$

かかる総括表示のもとに総生産物 W' の各構成部分の価値=ならびに素材における相互補塡運動を明らかにし,もって「再生産の諸条件」を析出するのが,いわゆる再生産表式分析にほかならない。まず,再生産過程を規定する基本的な法則性を析出把握するために,剰余価値の全額が資本家によって消費支出され同一規模での生産が反復されるところの・単純再生産の場合——単純再生産は,資本主義の本来的傾向たる蓄積を排除している点で「一

第1節 単純再生産

の抽象」にほかならないが、しかしそれはつねに、蓄積過程の・「それ自体として考察されうる」・一部をなし、「現実の一要因」をなす（*K*. II, SS. 397-8.〔394.〕）——を想定し、社会の総生産物のうち生産手段からなる部分は如何にして両部門の資本を補塡し、他方、消費資料からなる部分は如何にして社会の所得と交換され、もって、資本家階級と労働者階級との再生産に役立つか、また、これら資本補塡と所得流通の二つの運動は相互に如何ように絡み合うかを明らかにしよう。

単純再生産の想定のもとに、どういう社会形態のもとでもおこなわれなければならない一般社会的な再生産のための社会的質料変換が資本主義社会においてはどのような流通の運動に媒介されるか、という意味における再生産の法則が、その単純な基本形態において端的に把握されるのであって、そこに単純再生産表式の《経済表》としての方法的意義がある。それは、生産過程の基礎視点からする「資本制的蓄積の一般的法則」の把握（『資本論』第1巻第7編、本書第Ⅰ編第4章「資本の蓄積過程」）において単純再生産の想定のもとに《資本関係そのものの再生産過程》をその単純な基本形態において解明した（『資本論』第1巻第7編第21章、本書第Ⅰ編第4章第1節）のと対応する。単純再生産表式は拡張再生産表式を展開するための方法的前提をなすのである。この点を把握することが重要である。それはたんに、単純再生産の場合——それは資本主義社会としてはきわめて特異な異常な場合にすぎない——についての、表式展開だというのではない。（また、蓄積率がゼロの場合の表式が単純再生産表式であり、蓄積率がプラスの値をとる場合が拡張再生産表式だとするような理解も、単純再生産表式の上記の方法的意義という観点からすれば、表面的な理解というべきであろう。）

なお、再生産表式分析の理論的意義を理解しようとする場合、まず、価値の構成 $C+(V+M)$ と二部門分割との対応関係を明確にとらえておく必要がある。$C+(V+M)$ のうち C は生産的消費を通じて生産物のうちに移転・再現された不変資本価値をあらわし、これに対して $V+M$ は今年度ないしは今期の労働によって新たに生みだされた価値、すなわち「価値生産物（Wertprodukt)」をあらわす。前者の価値部分は不変資本の補塡に充てられるべき価値部分であるのに対して，後者の価値部分は所得として処分可能な価値部分——といっても，V 部分は資本家の側からすれば可変資本として再投資されなければならないことはいうまでもないが——であり，両者は全くその性格を異にする（本書第Ⅰ編第3章 98-100 ページ参照）。生産手段生産部門と消費資料生産部門との二部門分割の方法は，こうした生産物価値の構成把握と対応的に，また，資本の流通と所得の流通との交錯・連繋を明らかにするという問題意識と照応的に，採られたものである。マルクスが，ケネー経済表 (F. Quesnay, *Tableau économique*, 1758) における「純生産物 (produit net)」概念を基準とする三階級（「生産階級 (classe productive)」，「地主階級 (classe des propriétaires)」，「不生産階級 (classe stérile)」）分割方法の揚棄と，アダム・スミス再生産論の《$V+M$ のドグマ》の批判のうえに，独自の再生産表式を展開しえたのは，労働の二重性把握に拠る前記の生産物価値の構成＝$C+(V+M)$ 把握と対応的な二部門分割の方法の確立と，地代をもその一分岐として包括する剰余価値範疇の措定とによる。レーニンは，『経済学的ロマン主義の特徴づけによせて』(1897 年) および『市場の理論に関する問題への覚え書——トゥガン-バラノフスキー氏とブルガコフ氏との論戦について——』(1899年) において，再生産表式における二部門分割の方法の「基礎的理論的な意義」を強調し，それを承けて，山田盛太郎氏も，『再生産過程表式序論』25 ページにおいて，「二部門への総括の絶対的妥当性」を力説されているが，その理論的意義は，まさにこうした点にあるものとされなければならないであろう。こうした方法によってのみ，資本と所得との交換，生産的消費と個人的消費との連繋が，——すなわち，社会総体としてみた資本の補塡・再生産が資本家階級および労働者階級の再生産と如何ように絡み合うかの関係が，把握される。もとより，二部門分割の理論的意義を強調することは，両部門をさらに細分した諸表式を展開することの意義を否定するものではないが，それらの諸表式は，二部門分割の基調のうえに，あるいはそれへと総括されることによってはじめて，その理論的意義が明確とな

る。

　単純再生産の条件・法則は，次のように定式化される。

　部門Ⅰで生産された生産物の価値総額（前記表式の部門Ⅰ欄を横に読んだW'Ⅰの価値総額）は，年間に第Ⅰ，第Ⅱ両部門において生産的に消費され従って補塡さるべき不変資本の価値総額（前記表式のC欄を縦に読んだ価値総計額）に等しくなければならない。それゆえ

$$\mathrm{I}(C+V+M)=\mathrm{I}\,C+\mathrm{II}\,C \quad\cdots\cdots\cdots\cdots\cdots\cdots\cdots(1)$$

　他方，部門Ⅱの年生産物の価値総額（前記表式の部門Ⅱ欄を横に読んだW'Ⅱの価値総額）は，両部門の資本家と労働者の年収入の総額（前記表式のV欄およびM欄をそれぞれ縦に読んだ総計額の合計）に等しくなければならない。それゆえ

$$\mathrm{II}(C+V+M)=(\mathrm{I}\,V+\mathrm{II}\,V)+(\mathrm{I}\,M+\mathrm{II}\,M) \quad\cdots\cdots\cdots\cdots(2)$$

　この場合，(1)式においても(2)式においても，左辺は供給額を右辺は需要額をあらわす。(1)式は生産手段に関する需給均等式，(2)式は消費資料に関する需給均等式である。この(1),(2)式が同時に成立しているとすれば，生産手段に関しても消費資料に関しても需給は均等しているのであるから，単純再生産は均衡を保ちながら進行しうる。

　ところでいま，(1)式から，その式の両辺に共通の項として示されているところの，部門Ⅰ内部の相互取引によって処分される $\mathrm{I}\,C$ 部分（——というのは，この生産物部分は価値的には不変資本の補塡に充てられるべき部分であり，素材的には生産手段の現物形態をとっているからである）を除去すれば

$$\mathrm{I}(V+M)=\mathrm{II}\,C \quad\cdots\cdots\cdots\cdots\cdots\cdots\cdots\cdots\cdots\cdots(3)$$

がえられ，また，(2)式から，その式の両辺に共通の項として示されているところの，部門Ⅱ内部での相互取引によって処分される $\mathrm{II}(V+M)$ 部分（——というのは，この生産物部分は価値的には労働者および資本家の消費支出に充てられるべき部分であり，素材的には消費資料の現物形態をとっているからである）を除去すれば

$$\mathrm{II}\,C=\mathrm{I}(V+M) \quad\cdots\cdots\cdots\cdots\cdots\cdots\cdots\cdots\cdots\cdots(4)$$

がえられる。I$(V+M)$ 部分と IIC 部分は（前者は価値的には労働者および資本家の消費支出に充てられるべき部分であるにもかかわらず素材的には生産手段の現物形態をとっており，その反対に，後者は価値的には不変資本の補塡に充てられるべき部分であるにもかかわらず素材的には消費資料の現物形態をとっているのであるから）相互に交換され合わなければならず，これら (3), (4) 式は，この両部門間の相互交換における均衡条件を示す。

マルクスは，(イ) 部門 I 内部の相互取引によって処分される IC 部分に関する補塡運動，(ロ) 部門 II 内部の相互取引によって処分される II$(V+M)$ 部分に関する補塡運動，および，(ハ) 両部門間の相互取引によって処分される I$(V+M) \rightleftarrows$ IIC 部分の補塡運動をもって，総流通の「三大支点」をなすものとし，(ハ) の両部門間の相互交換における I$(V+M)$ と IIC との需給における価値均等をもって，単純再生産の基本条件をなすものとした。けだし，この交換関係によってはじめて，部門 I の労働者および資本家は彼らの生産物がすべて生産手段の現物形態をとっているにもかかわらず彼らの収入を消費資料において実現することができ，他方，部門 II の資本家はその生産物がすべて消費資料の現物形態をとっているにもかかわらずその資本を生産手段をもって補塡することができるからであり，したがって上記の均等条件は，生産手段の生産と消費資料の生産との，生産的消費と個人的消費との，また，資本流通と所得流通との，連繋を制約する条件をなすとみることができるからである。

b. 貨幣還流の法則

上記の関係を数字例によって示し，その数字例による表式によって，各生産物部分の価値・素材補塡の運動が如何なる貨幣の流れによって媒介されるかを示そう。

総資本の年総生産物 W' が例えば下記のような構成の場合には，さきの均衡諸条件が充たされることは，ただちに明らかである。

両部門とも $\dfrac{C}{V}=\dfrac{4}{1}$, $\dfrac{M}{V}=100\%$ と仮定されている。なお単位は任意，億円でも万ドルでもよい。

$$\begin{cases} \text{I} & 4,000C + \boxed{1,000V + 1,000M} = \boxed{6,000W'_{\text{I}}} \\ \text{II} & \boxed{2,000C} + 500V + 500M = 3,000W'_{\text{II}} \end{cases}$$

$$\boxed{6,000C} + \boxed{1,500V + 1,500M}$$

生産手段の供給総額は I$(4,000C+1,000V+1,000M)=6,000W'_{\text{I}}$ で需要総額は I$4,000C+$II$2,000C=6,000C$, 消費資料の供給総額は II$(2,000C+500V+500M)=3,000W'_{\text{II}}$ で需要総額は (I$1,000V+$II$500V$)+(I$1,000M+$II$500M)=1,500V+1,500M$ であるから, 生産手段に関しても消費資料に関しても需給均等関係が成立しており, また, I$(1,000V+1,000M)\rightleftarrows$II$2,000C$ という両部門間の交換関係における価値均等関係も成立している。

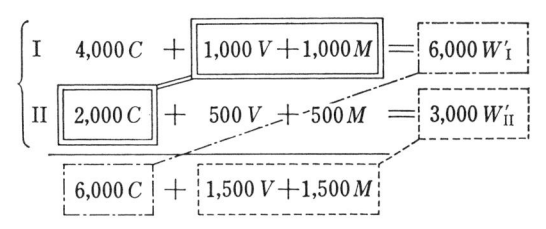

この表式によって, 各生産物部分の価値・素材補塡運動を媒介する貨幣の流れを考察しよう。

K をもって資本家を, P をもって労働者をあらわすとすれば,

（1） I$4,000C$ の部門 I 内部での相互補塡を媒介する貨幣の流れは, IK—IK

（2） II$(500V+500M)$ の部門 II 内部での補塡運動を媒介する貨幣の流れは, (イ) II$500V$ については IIK—IIP—IIK, (ロ) II$500M$ については IIK—IIK

（3） 最後に, I$(1,000V+1,000M)\rightleftarrows$II$2,000C$ なる両部門間の相互補塡運動は, (イ) I$1,000V$ とそれに対応する II$2,000C$ のうちの II$1,000C$ との相互補塡は IK—IP—IIK, IIK—IK (あるいはその逆, すなわち IIK—IK, IK—IP—IIK) なる貨幣の流れによって, また, (ロ) I$1,000M$ とそれに対応する II$2,000C$ のうちの残り II$1,000C$ との相互補塡は IK—IIK, IIK—IK (あるいはその逆, IIK—IK, IK—IIK) なる貨幣の流れによって, それぞれ媒介される。

以上, 両部門の資本家によってそれぞれ流通に投下された貨幣額は, 後に同量の価値額の商品を販売する起点たる同じ部門の資本家の手許に還流・復

帰する。それによって両部門の資本家は再び生産手段と労働力とを購入すべき貨幣をその手に回収する（すなわち，資本を貨幣形態において回収する）だけでなく，消費基金として消費資料を購入すべき貨幣をもその手に回収する。他方，賃労働者は消費資料の入手と引換えに賃銀として支払われた貨幣を資本家の手に（部門IIの労働者は同部門の資本家に直接に，部門Iの労働者は部門IIの資本家の手を通じて彼等が所属する部門Iの資本家に間接に）返還する。流通を媒介する貨幣は，すべていずれかの部門の資本家の手から流れ出て起点たる同じ部門の資本家の手に流れ帰り，労働者の手には止まらない。かくして，資本家の側に可変資本が貨幣形態において回収される反面，労働者はその労働力を再び商品として販売せざるをえない状態においてのみ自己自身を再生産することができる。両部門の不変資本が生産手段をもって補塡され，また，両部門の資本家と労働者とがそれぞれ消費資料をえて再生産されると同時に，《資本関係》そのものが維持，再生産されるのである。かくして，総流通（＝総資本の総生産物の価値・素材補塡運動）を媒介する貨幣の出発点への回流・復帰の法則は本書第I編第4章において明らかにされた《資本関係の再生産》の別様の表現にほかならない。この点を把握することが重要である。

再生産表式によって析出されるところの，単純再生産の場合における，社会総体としての生産と消費との，それを媒介する資本流通と所得流通との，二部門間の交換を結節とする交錯・連繫——貨幣回流の態様と諸条件はほぼ以上のごとくである。

* 念のため，最も複雑なこの（3）の（イ）の場合の貨幣の流れを具体的に説明しておこう。——部門Iの資本家は1,000億円の貨幣を賃銀として労働者に支払い，部門Iに雇用されている労働者はその1,000億円をもって部門IIの資本家から消費資料を買う。$IK-IP-IIK$ はその貨幣の流れをあらわす。これによって部門IIの資本家は，その生産物のうち不変資本の補塡に充当さるべき不変資本価値体現部分の半分（$II2,000C$ のうちの $II1,000C$）を消費資料の現物形態から貨幣形態に転化せしめることができる。次いで，部門IIの資本家は，かくしてえた貨幣1,000億円を投じて部門Iの資本家から生産手段を買う。すなわち $IIK-IK$。これによって部門IIの資本家は不変資本を現実に生産手段をもって補塡す

ることができ，他方同時に，部門Ⅰの資本家は（第Ⅱ部門用の）生産手段の現物形態をとっている Ⅰ $1,000V$ の価値部分を貨幣形態に転化せしめることができる。かくして，部門Ⅰの労働者は消費資料をえ，部門Ⅱの資本家は生産手段をえ，また部門Ⅰの資本家は可変資本を貨幣形態において回収する。なお，括弧内に記した ⅡK－ⅠK，ⅠK－ⅠP－ⅡK は，貨幣が部門Ⅱの資本家を起点とする場合，すなわち，部門Ⅱの資本家がまず 1,000 億円の貨幣を投じて生産手段を部門Ⅰの資本家から買い，次いで部門Ⅰの資本家がその 1,000 億円を賃銀として同部門の労働者に支払い，後者がそれをもって部門Ⅱの資本家から消費資料を買い，かくして 1,000 億円の貨幣が起点たる部門Ⅱの資本家の手に回流する場合を示す。現実には，この両場合が交錯しておこなわれる。

　なお，以上の説明では，貨幣は年間に僅かに一回流するものと想定されているが，現実には幾回もの回流がおこなわれ，したがって必要とされる貨幣額は遙かに少額で足りる。

** 以上の分析からしてもおのずから理解されうるであろうが，資本の構成要素たる不変資本と可変資本との間には質的な相違がある点が認識される必要がある。不変資本はそれ自体再び商品としても販売しうべき生産手段として補塡されるのに対して，可変資本は貨幣形態においてのみ回収され，それに対応すべき労働力は，商品として販売さるべき状態においてではあれ，労働者の手にある。後者は，生産資本の構成要素としては，すでに価値を生みだす労働として流動状態にある。生産物価値の構成要素としての C 部分と V 部分との性格の差異——V は，可変資本の価値が移転・再現されたものでなく，M 部分とともに労働によって新たに生みだされたものである——は，労働力という商品の特殊性に係わるこの点によって規定され，他面また，「所得流通」における V 部分に関するそれと M 部分に関するそれとの意味内容の質的差異も，これと対応する。V 部分は可変資本としての側面においては「資本流通」であり，賃銀支出としては「所得流通」である。「所得流通」のこの部分——それは「個人的消費」の規定的な部分をなすのだが——は，資本の運動によって直接に規定されているのであり，まさにその点に特徴点と問題点とがある。「資本流通」と「所得流通」との交錯・連繫は，たんに二部門間の関係としてのみではなく，こうした問題点との関連においてその含意が把握されるのでなければならない。

第2節 拡張再生産

一般的規定

a. 基本表式

単純再生産に関する表式分析の基礎上に，拡張再生産表式が展開される。拡張再生産は剰余価値の一部が追加資本に，すなわち追加不変資本と追加可変資本とに転化されることによっておこなわれるのであるから，追加の労働力の供給があることのほか，追加生産手段（同一規模での再生産を維持するに必要な額を超える余剰の生産手段）と追加雇用のための追加消費資料が予め生産されていなければならない。すなわち，社会総体としてみた剰余労働の一部分が部門Ⅰ，Ⅱにおいてすでにそうした生産に充当されているのでなければならない。その場合，（追加雇用労働者用の追加消費資料は，剰余価値の消費支出の対象であった部門Ⅱの生産物の一部をそれにふりむけることも可能なのであるから，）とりわけ規定的なのは，部門Ⅰにおける余剰生産手段の生産である。かくして，単純再生産の場合と異なって，$W'_Ⅰ > ⅠC + ⅡC$ なる関係（二部門間の関係としては $Ⅰ(V+M) > ⅡC$ なる関係）がまずあたえられていなければならず，それが拡張再生産が展開されるための物質的な基礎ないし前提条件をなすのである。

この物質的前提条件があたえられている場合に，拡張再生産は如何ような価値的・素材的相互補塡運動を通じて進行するか。

剰余価値Mのうち蓄積にむけられる部分を $M_α$，消費にあてられる部分を $M_β$ とし，$M_α$ のうち追加不変資本部分を M_c，追加可変資本部分を M_v とすれば，社会的総資本の年総生産物 W' は次のような表式表現があたえられる。

$$\begin{cases} \text{I} \quad C+V+\overbrace{M_c+M_v}^{M_\alpha}+M_\beta = W'_\text{I} \quad \text{〔生産手段〕} \\ \text{II} \quad C+V+\underbrace{M_c+M_v}_{M_\alpha}+M_\beta = W'_\text{II} \quad \text{〔消費資料〕} \end{cases}$$

こうした表式表現によって，拡張再生産の均衡条件を単純再生産の場合と同様に求めれば，

部門Ⅰの年生産物，すなわち年間における生産手段供給の価値総額（上記表式の部門Ⅰ欄を横に読んだ W'_I の価値総額）は，年間に両部門において生産的に消費され従って補塡されなければならない不変資本の価値総額，すなわち年間における両部門の生産手段補塡需要額（表式の C 欄を縦に読んだ価値総計額）と，同じく年間における両部門の追加不変資本の価値総額，すなわち生産手段の新投資需要額（表式の M_c 欄を縦に読んだ価値総計額）の和に等しくなければならない。それゆえ，

$$\text{I}(C+V+M_c+M_v+M_\beta) = (\text{I}\,C + \text{II}\,C) + (\text{I}\,M_c + \text{II}\,M_c) \cdots (1)$$

次に，部門Ⅱの年生産物，すなわち年間における消費資料供給の価値総額（表式の部門Ⅱ欄を横に読んだ W'_II の価値総額）は，再雇用労働者の消費需要額，追加雇用労働者の消費需要額および資本家階級の消費需要額の総和（表式の V 欄，M_v 欄および M_β 欄をそれぞれ縦に読んだ価値総計額の和）に等しくなければならない。それゆえ，

$$\text{II}(C+V+M_c+M_v+M_\beta) = (\text{I}\,V + \text{II}\,V) + (\text{I}\,M_v + \text{II}\,M_v)$$
$$+ (\text{I}\,M_\beta + \text{II}\,M_\beta) \cdots\cdots\cdots(2)$$

この場合，単純再生産の場合と全く同様に，(1)，(2)式とも左辺は供給額を右辺は需要額をあらわす。(1)式は生産手段に関する需給均等式，(2)式は消費資料に関する需給均等式である。この (1)，(2) 式が同時に成立しているならば，生産手段に関しても消費資料に関しても需給は均等しているのであるから，拡張再生産は均衡を保持しながら進行することができる。

ところでいま，(1)式から，その式の両辺に共通の項として示されているところの，部門Ⅰ内部の相互取引によって処分される $\text{I}(C+M_c)$ 部分（――

というのは、この生産物部分は価値的には不変資本の補塡および追加投資に充てられるべき部分であり、素材的には生産手段の現物形態をとっているからである）を除去すれば

$$\text{I}(V+M_v+M_\beta)=\text{II}(C+M_c) \cdots\cdots\cdots\cdots\cdots\cdots\cdots\cdots(3)$$

がえられ、また、(2)式からその式の両辺に共通の項として示されているところの、部門II内部での相互取引によって処分される $\text{II}(V+M_v+M_\beta)$ 部分（——というのは、この生産物部分は価値的には再雇用労働者、追加雇用労働者および資本家の消費支出に充てられるべき部分であり、素材的には消費資料の現物形態をとっているからである）を除去すれば

$$\text{II}(C+M_c)=\text{I}(V+M_v+M_\beta) \cdots\cdots\cdots\cdots\cdots\cdots\cdots\cdots(4)$$

がえられる。

$\text{I}(V+M_v+M_\beta)$ と $\text{II}(C+M_c)$ 部分は、（前者は価値的には労働者および資本家の消費支出に充てられるべき部分であるにもかかわらず素材的には生産手段の現物形態をとっており、その反対に、後者は価値的には不変資本の補塡および追加投資に充てられるべき部分であるにもかかわらず素材的には消費資料の現物形態をとっているのであるから、）相互に交換され合わなければならず、これら(3)、(4)式は、I、II両部門間の相互交換における均衡条件を示し、それゆえにまた、拡張再生産の場合における生産的消費と個人的消費との・資本流通と所得流通との・交錯＝連繫を制約する条件をなす。すなわち、マルクスのいう拡張再生産の「基本条件」をなすのである。

かくして、拡張再生産の場合には、(i) 部門I内部の相互取引によって処分される $\text{I}(C+M_c)$ 部分に関する補塡運動、(ii) 部門II内部の相互取引によって処分される $\text{II}(V+M_v+M_\beta)$ に関する補塡運動、(iii) 両部門間の相互取引によって処分される $\text{I}(V+M_v+M_\beta)\rightleftharpoons\text{II}(C+M_c)$ 部分の補塡運動が総流通の「三大支点」をなし、かくして両部門間の交換を基調とする「三大支点」が、単純再生産の場合よりもさらに複雑な形態をもって現われてくるのである。

こうした複雑な形態をもつ拡張再生産の均衡諸条件が流通過程における相

互に自立的な諸契機の運動によって媒介されることにより，それらの諸条件は同時にまた不均衡化の諸条件をなす。その意味で，生産過程と流通過程の統一の諸条件を明らかにすることは，同時にまたその乖離の諸条件を明らかにすることにほかならないのである。マルクスが「資本の生産部面と流通部面との統一であり，両方の過程を自己の諸部面として通過するところの一過程」たる「資本の総＝流通過程または総＝再生産過程 (der Gesamt-Zirkulationsprozeß oder der Gesamt-Reproduktionsprozeß des Kapitals)」のなかに「恐慌のいっそう発展した可能性または抽象的形態がある」(MW. II, S. 514.) と述べているのは，まずもってこの理由による。だが，この問題は，貨幣還流の法則の拡張再生産の場合における貫徹態様を考察することによって，さらに明確に，さらに規定的なものとして把握されうるものとなる。

なお，拡張再生産の場合の，年総生産物構成諸部分の価値的・素材的相互補塡運動を規定する条件・法則を，分析図の形で示せば，次のようになる。

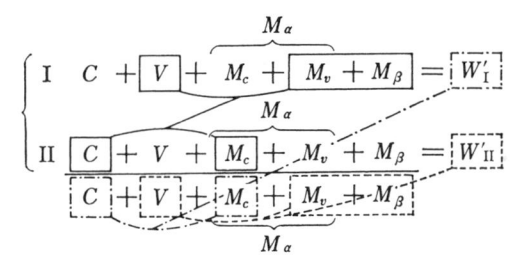

$$\begin{cases} \text{I} \quad C + \boxed{V + \underbrace{M_c + \overbrace{M_v + M_\beta}^{M_\alpha}}_{}} = \boxed{W'_{\text{I}}} \\ \text{II} \quad \boxed{C + V + M_c} + M_v + M_\beta = \boxed{W'_{\text{II}}} \\ \phantom{\text{II}} \quad \underbrace{\ulcorner C + V + M_c + M_v + M_\beta \urcorner}_{M_\alpha} \end{cases}$$

b. 貨幣還流の法則――蓄積基金の積立と投下――

上記の関係と補塡運動を数字例によって示し，その数字例による表式によって，諸転態が如何なる貨幣の流れによって媒介されるかをみよう。

総資本の年総生産物 W' が例えば下記のような構成をもつものとすれば，$W'_{\text{I}} > \text{I}C + \text{II}C$ であるから拡張再生産がおこなわれるための物質的前提件はすでに与えられている。

$$\begin{cases} \text{I} \quad 6{,}000C + 1{,}500V + 1{,}500M = 9{,}000W'_{\text{I}} \\ \text{II} \quad 2{,}000C + \phantom{1{,}}500V + \phantom{1{,}}500M = 3{,}000W'_{\text{II}} \end{cases}$$

両部門とも $\dfrac{C}{V} = \dfrac{4}{1}$，$\dfrac{M}{V} = 100\%$ と仮定されている。不変資本の補塡額を

超える余剰生産手段を ΔPm で表わすとすれば，

$$9,000W'_{\text{I}} - (\text{I}\,6,000C + \text{II}\,2,000C) = 1,000\Delta Pm$$

で，1,000 億円の余剰生産手段が部門Iにおいてすでに生産されていることを，上数字例の表式は示している。均衡を維持しうべき蓄積総額はこの余剰生産手段を過不足なく吸収すべき大いさ $(1,000M_c + 250M_v = 1,250M_a)$ でなければならず，蓄積総額がこの大いさをとる場合には部門間均衡条件はおのずから充たされることになるのであるが，ここではとりあえず『資本論』第2巻第3編第21章におけるマルクスの表式展開の方法にならって，部門Iの蓄積額がまず決定され，次いで部門間均衡条件を充たすように部門IIの蓄積額が決まるものとし，いま仮に，部門Iの $1,500M$ のうち $1,000$ が蓄積にむけられ残りの 500 が消費支出されるものとすれば，部門Iの蓄積部分の構成は

$$\text{I}\,1,000M_a = (800M_c + 200M_v)$$

であり，部門間均衡条件を充たすべき部門IIの蓄積額は

$$\text{I}\,(1,500V + 200M_v + 500M_\beta) - \text{II}\,2,000C = \text{II}\,200M_c \text{ で，}$$

$$\text{II}\,(200M_c + 50M_v) = \text{II}\,250M_a$$

というようにして算出され，かくして，拡張再生産が均衡を維持しながら進行してゆくべき総生産物の価値・素材配置は，次のようになる。

$$\begin{cases} \text{I} & 6{,}000C + 1{,}500V + \overbrace{800M_c + 200M_v}^{1{,}000M_a} + 500M_\beta = 9{,}000W'_{\text{I}} \\ \text{II} & 2{,}000C + 500V + \underbrace{200M_c + 50M_v}_{250M_a} + 250M_\beta = 3{,}000W'_{\text{II}} \end{cases}$$

部門間均衡条件が充たされていることはいうまでもないが，生産手段および消費資料に関する需給均等関係が成立していることもまたおのずから明らかであろう。

---

* 何故ならば，蓄積総額すなわち部門I，IIの蓄積額の合計 $(\text{I}M_a + \text{II}M_a)$ が余剰生産手段 ΔP_m を過不足なく吸収すべき大いさであるということは，部門I，

Ⅱの追加不変資本額の合計（ⅠM_c+ⅡM_c）が，余剰生産手段の価値額と等しいことを意味し，下記の等式関係が成立していることにほかならない。すなわち，

$$W'_{\rm I}-({\rm I}C+{\rm II}C)={\rm I}M_c+{\rm II}M_c$$

この等式関係は生産手段に関する需給均等式の若干変形したものであり，その需給均等式から部門間均衡条件を容易に導き出しうることは，すでにみたごとくであるからである。

上の数字例による拡張再生産表式によって，諸転態を媒介する貨幣の流れをみよう。

点線で囲んだ部分は，単純再生産の場合と全く同様である。すなわち，(i) 部門Ⅰ内部の取引で処理される Ⅰ$6,000C$ を媒介する貨幣の運動は ⅠK―ⅠK，(ii) 部門Ⅱ内部の取引で処理される Ⅱ$500V$ および Ⅱ$250M_\beta$ に関しては，それぞれ ⅡK―ⅡP―ⅡK および ⅡK―ⅡK，(iii) 両部門間の取引によって処理さるべき Ⅰ$(1,500V+500M_\beta)\rightleftarrows$Ⅱ$2,000C$ の相互補塡運動を媒介する貨幣の流れは，（イ）Ⅰ$1,500V$ とそれに対応する Ⅱ$2,000C$ のうちの Ⅱ$1,500C$ との相互補塡は ⅠK―ⅠP―ⅡK, ⅡK―ⅠK（あるいはその逆，すなわち ⅡK―ⅠK, ⅠK―ⅠP―ⅡK），（ロ）Ⅰ$500M_\beta$ と Ⅱ$2,000C$ のうちの残り Ⅱ$500C$ との相互補塡は ⅠK―ⅡK, ⅡK―ⅠK（あるいはその逆，ⅡK―ⅠK, ⅠK―ⅡK）である。

以上，両部門の資本家によって，あるいは再投資として，あるいは消費支出として，交互に流通に投下された貨幣額は，それぞれ，それらに対応する同量の価値額の商品の実現によって，起点たる同じ資本家の手許に還流・復帰する。部門Ⅰにおける Ⅰ$(6,000C+1,500V)=7,500$ 億円，部門Ⅱにおける Ⅱ$(2,000C+500V)=2,500$ 億円 の資本の再投下 $(G-W\langle{}^A_{Pm})$ がおこなわれ，そのうちの可変資本部分の投下 $(G-A)$ によって媒介される Ⅰ$1,500V+$Ⅱ$500V=2,000$ 億円 の労働者階級による消費支出（$A-G-W$ の $G-W$）がなされ，かつ部門Ⅰ資本家による 500 億円の，部門Ⅱ資本家による 250 億円の消費支出（$w-g-w$ の $g-w$）がなされるとすれば，点線で囲まれた生産物構成諸部分の価値的・素材的相互補塡運動は，ノーマリィに進行しうる。

だが，剰余価値のうち消費されることなく蓄積にふりむけられる M_α 部分

に関する貨幣の運動は,特殊のやや複雑な屈折を画く。

剰余価値のうち蓄積にむけられる部分は,資本として投下しうる一定の大いさ(それは,とりわけ労働手段要因によって規定される)に達するまで,順次貨幣形態において積み立てられ「潜勢的な貨幣資本」として横たわる。この「蓄積基金」の形成は,——さきにみた固定資本の償却基金積立と同じく——後続の購買 $G—W$ をともなわない商品販売 $W—G$ の続行によっておこなわれる。購買なき販売によって,貨幣は流通から引き上げられて退蔵貨幣として貯蓄され保蔵される。だが,すべての資本家が剰余生産物のこの部分について,販売するだけで購買しないならば,剰余生産物のこの部分の販売自体が不可能となる。M_a 部分は実現されえず,蓄積基金の積立自体が不可能となるのである。固定資本の償却基金積立がなされるためにはちょうどそれに対応するだけの現物補塡(「補塡投資」)がなされなければならなかったのと同様に,M_a 部分が販売されてその価値額だけの蓄積基金の積立(「貯蓄」)がなされるためには,ちょうどそれに対応するだけの蓄積基金の投下(「新投資」)が,「潜勢的貨幣資本」の生産資本への転化がなされなければならない。一方における購買 $G—W$ なき販売 $W—G$ による流通からの貨幣の引上げは,他方における販売 $W—G$ なき購買 $G—W$ による流通への貨幣の投入によって対応されなければならないのである。換言すれば,蓄積基金の投下額が積立額と等しいこと(前者を I,後者を S とすれば,$I=S$ であること)が,拡張再生産の場合に付加される均衡条件をなす。

この条件が充たされている場合に,M_a 部分の実現は如何なる貨幣の流れによって媒介されるか。

資本家を蓄積基金の積立をおこなう資本家群と積み立て了った蓄積基金を投下すべき段階にある資本家群との二群に分かち,前者を K_A,後者を K_B であらわすとすれば,蓄積部分の実現を媒介する貨幣の流れは,(i) 部門 I 内部の取引で処分される I $800M_c$ については I K_B — I K_A,(ii) 部門 II 内部の取引で処分される $50M_v$ については II K_B — II P — II K_A,最後に,(iii) 両部門間の取引によって処理さるべき I $200M_v \rightleftarrows$ II $200M_c$ については

$IK_B - IP - IIK_A$, $IIK_B - I\overset{**}{K}_A$（あるいはその逆，$IIK_B - IK_A$, $IK_B - IP - IIK_A$）としてあらわされる。どの場合についてみても，いずれかの部門のB群の資本家によって投下されたのと同額の貨幣が同じ部門のA群の資本家の手に積み立てられる。貨幣のその出発点への還流・復帰の法則は，蓄積部分の実現に関しては，かような屈折と変容を受けながら貫徹されるのである。

この貨幣回流の態様を把握することによって，蓄積基金の積立がそれに対応する蓄積基金の投下によって条件づけられている関係を，さらに明確に理解することができよう。部門Ⅰにおいて1,000億円，部門Ⅱにおいて250億円の新投資がなされることによって，それぞれにそれと同額の蓄積基金積立（「貯蓄」）が可能となった。両部門のA群の資本家達が蓄積基金積立をなしえたのは，それに対応する剰余価値部分 M_α が実現されえたからであり，それは総計においても部門間配分においてもちょうどそれに等しいだけの価値額の蓄積基金投下が両部門のB群の資本家達によってなされたからである。両部門の蓄積基金積立を制約する M_α 部分の実現如何は，どれだけの新投資がなされるか，また部門間に如何なる配分比率でなされるかに依存し，それによって決定される。剰余価値のうちの非消費部分たる M_α のどれだけが実際に実現されるかはどれだけの新投資が如何なる部門間配分比率でなされるかに依るのであるから，事後的 (ex post) には蓄積基金積立額はその投下額に等しからしめられることになるのであるが，しかし，事前的 (ex ante) にみた場合には，両部門の資本家達が積み立てようと意図する蓄積基金額とその投下額とが社会的総計としても部門間配分においても予め均等であるという保証はない。ここに拡張再生産過程の価値・素材補塡運動を媒介する貨幣の流れにおける特徴的な問題点があるのである。

二部門間の交換関係を結節点とするところの，社会総体としての生産と消費との，資本流通と所得流通との交錯・連繋が拡張再生産の場合にはヨリ複雑化した形態においてあらわれてくることはさきにみたごとくであるが，その複雑化した交錯・連繋は蓄積基金の積立と投下の対応関係によって媒介さ

れることにより，まさに全面的な攪乱の可能性をはらむものとして現われるのである。
***

* この場合，蓄積基金の積立をおこなうかぎりでその資本家を K_A，蓄積基金の投下をおこなうかぎりでその資本家を K_B とする。実際には，一方ですでに積み立て了った蓄積基金を投下するB群の資本家が，他方では他の資本家と同じく剰余価値の非消費部分を販売してえた貨幣を蓄積基金として積み立てるかぎりにおいて，同時にA群の資本家でもあるわけであり，その意味で K_B は K_A を兼ねる。いな，すべての資本家は，剰余価値の非消費部分 $M_α$ を販売してえた貨幣を蓄積基金として積み立てるかぎりにおいて K_A である。それにもかかわらず資本家を A, B の二群に分かつのは，一つには説明の便宜上からであり，また一つには蓄積基金の積立と投下とは相対応するがしかし全く相異なった経済行為であることを強調的に現わすためである。

** 念のため，最も複雑なこの (iii) の場合の貨幣の流れを具体的に説明しておこう。――部門 I B 群の資本家は新投資にさいして 200 億円の貨幣を賃銀として労働者に支払い，部門 I に新規に雇用された労働者はその 200 億円をもって部門 II の資本家から消費資料を買い，かくして部門 II の資本家の手にわたった 200 億円の貨幣が蓄積基金として積み立てられる。すなわち，$I K_B - I P - II K_A$。他方，部門 II B 群の資本家は新投資にさいして 200 億円の貨幣を投じて部門 I から生産手段を買い，かくして部門 I の資本家の手にわたった 200 億円の貨幣が蓄積基金として積み立てられる。すなわち，$II K_B - I K_A$。一方では部門 I B 群の資本家が新規労働者の雇用に投じた蓄積基金 200 億円が部門 II A 群の資本家の手で積み立てられ，他方では部門 II B 群の資本家が生産手段の購入に投じた蓄積基金 200 億円が部門 I A 群の資本家の手で積み立てられる。

*** 蓄積される剰余価値部分の実現に関する蓄積基金の積立と投下との対応関係の問題は，『資本論』第2巻第3編第 21 章「蓄積と拡張再生産」――この部分はいわゆる「第八稿」，すなわちマルクスの執筆した最後の経済学論稿である――の第 1, 2 節の主題をなすものであり，理論的に極めて重要な意味をもつ論点であるにもかかわらず，従来，マルクス経済学界において殆ど neglect されてきたといってよい。僅かにローザ・ルクセンブルクがその著『資本蓄積論』(Rosa Luxemburg, *Die Akkumulation des Kapitals: Ein Beitrag zur ökonomischen Erklärung des Imperialismus*, 1913.) において展開したところの，蓄積される剰余価値部分の実現は非資本主義的外域からの購買なくしては不可能であるとする謬見において，問題の所在を指摘しえたにすぎない。拙著『恐慌論研究』(1962 年，未来社刊) 前編本論第 2 章の論述は，マルクス学界において従来不当に等閑視されてきたこの問題の意義を強調的に明らかならしめかつそれをなにほどか発展せしめようとしたものである。

なお，マルクスがとらえた蓄積基金の積立と投下との対応関係の問題は，マル

クス死後ほぼ半世紀を経てのち，ケインズの『雇傭・利子および貨幣の一般理論』(J. M. Keynes, *The General Theory of Employment, Interest and Money*, 1936.) において，「貯蓄」と「投資」の問題として把握され，それが彼の「有効需要の理論」の軸点をなすものとされたのであるが，ケインズにおいては問題がいきなり「所得」論の段階で流通の現象過程に現われるがままの局相においてとらえられたのであって，《貯蓄・投資》の問題も流通界への単なる貨幣の流出・流入の問題としてのみ把握され，本来この問題がその基礎上に，またその一環として展開さるべき，総資本の総生産物の価値並びに素材における相互補塡運動との関連が，その意味で再生産の実体的基礎との連繫が把握されていない点に，重大な方法上の難点をもつといわざるをえない。なお，「短期理論」たる原型ケインズ理論においては「投資」が「投資需要」たるその一側面においてのみ把握されていたのに対して，ケインズ理論の長期=動学化を意図するポスト・ケインジアンは「投資」の他の一側面たる生産に与える効果 "capacity-effect" の問題をもとりあげ，需要形成・産出力増大という「投資効果」の二面性，この背反する二面の効果の量的関係如何の問題をその動態論の軸線とするのであるが，この「投資」のいわゆる "capacity-effect" の問題も，マルクス的方法においては当初から需要形成側面との対応において明示的に，しかも部門連関=並びに所得分配の問題との関連においてはるかに具体的に，把握される基礎があたえられているということができよう。こうした方法的基礎のうえに，ケインズ学派が展開した問題をも——それが資本主義の現実の一側面を反映するものであるかぎりにおいて——批判的に包摂しながら，マルクス的動学体系が展開されなければならない。

c. 均衡蓄積率——有効需要の構造——

前項までの表式展開においては，『資本論』におけるマルクスの方法を踏襲して，(1) 剰余価値の蓄積による両部門の追加資本 M_a の構成は，$\frac{C}{V}$ すなわち生産物価値の構成比率としての不変資本と可変資本の比率に照応するものとし，また，(2) 蓄積額の決定は，部門Ⅰのそれがまず任意に決まり，次いでそれに依存して——部門間の均衡関係が維持されるように——部門Ⅱの蓄積額が決まってくるものとした。だが，(1) $\frac{C}{V}$ における C は，生産物のうちに移転されたかぎりでの不変資本価値を，すなわち固定資本の磨滅=価値移転分 d と流動不変資本 R との価値を含むにすぎないのであって，追加資本 M_a の構成は，元投下資本の本来の意味での資本構成に，すなわち，固定資本 F と流動不変資本 R との和としての投下不変資本総額 K と可変資本 V との比率 $\frac{K}{V}$ に，照応するのでなければならず，また，(2) 蓄積額の決定

は，第一に，各部門の投下資本の資本構成，各部門への投下資本の配分比率，ならびに剰余価値率などの諸条件によって決定されるところの，総生産物 W' の価値的・素材的構成によって《均衡を維持しうべき蓄積総額》がまず決定される関係が明らかにされ，第二に，その蓄積総額が部門間に如何なる比率で配分されると想定するのが実現の一般法則の表式表現として妥当であるかが検討されなければならない。——すなわち，すでにみたように，諸部門の蓄積額の総和が《均衡を維持しうべき蓄積総額》に等しくなる場合にはその蓄積額が部門間に如何なる比率で配分されていようと《部門間の均衡条件》は充たされるのであるが，その場合，部門Iの蓄積額が全く任意の大いさをとりうるとするのが果たして全面的に正しいといえるかどうかが検討されなければならない。以上の二点——とくに (2) の点が重要であるが——を考慮しながら，あらためて拡張再生産表式の展開を試みよう。

社会の投下資本総体の構成

$$\begin{cases} \text{I} & \overbrace{(F+R)}^{K}+V \\ \text{II} & \underbrace{(F+R)}_{K}+V \end{cases}$$

総生産物 W' の価値的・素材的構成

$$\begin{cases} \text{I} & \overbrace{(d+R)}^{C}+V+M=W'_{\text{I}} \quad \text{〔生産手段〕} \\ \text{II} & \underbrace{(d+R)}_{C}+V+M=W'_{\text{II}} \quad \text{〔消費資料〕} \end{cases}$$

すでに第I編第4章第2節「資本の蓄積」の 1. で述べ (142ページ)，またさきのa.項で再論したように，蓄積がおこなわれるためには蓄積さるべきその剰余価値を体現する剰余生産物が（単純再生産の必要を超えるという意味で）余剰の生産手段および（追加雇用労働者を維持しうべき）余剰の生活手段の現物形態をとっているのでなければならず，また均衡を維持しながら蓄積がおこなわれるためには，蓄積額はその余剰生産手段および余剰生活手段を過不

足なく吸収すべき大いさでなければならない。すなわち

$$\begin{cases} \text{I} & \overbrace{(d+R)}^{C}+V+\overbrace{(M_k+M_v)}^{M_\alpha}+M_\beta=W'_\text{I} \\ \text{II} & \underbrace{(d+R)}_{C}+V+\underbrace{(M_k+M_v)}_{M_\alpha}+M_\beta=W'_\text{II} \end{cases}$$

において

$$W'_\text{I}-(\text{I}C+\text{II}C)=\text{I}M_k+\text{II}M_k \quad \cdots\cdots\cdots\cdots\cdots\cdots\cdots(1)$$

$$W'_\text{II}-\{(\text{I}V+\text{II}V)+(\text{I}M_\beta+\text{II}M_\beta)\}=\text{I}M_v+\text{II}M_v\cdots(2)$$

なる関係が成立するように, 蓄積額が決定されなければならない。ところで, 蓄積額が余剰生産手段を過不足なく吸収すべき大いさでなければならないことを表わす (1) 式は, さきに a. 項でみた生産手段に関する需給均等式の若干変形したものにほかならず, また, 蓄積にともなう追加雇用労働者に支払う賃銀総額が余剰生産手段の価値額に等しくなければならないことを表わす (2) 式は, 同じく a. 項でみた生活手段に関する需給均等式の若干変形したものにほかならない。それゆえに蓄積額が (1), (2) 式に示される条件を充たすべき大いさをとるということは, 生産手段および生活手段に関する需給均等関係が同時に成立することにほかならず, したがってまた部門間均衡関係が成立することをも意味する。そしてこの場合, 余剰生産手段の存在量が均衡蓄積額の決定に対してとりわけ規定的な意味をもつ。というのは, 蓄積にともなう追加雇用労働者を維持すべき生活手段は剰余価値の消費支出充当分をそれにふりむけることが事実上可能であり, また (2) 式における M_v 額を決定すべき因子たる M_β 額は逆に M_α 額によって決定さるべき関係にあるからである。$W'-(C+V+M_\beta)=M_\alpha$ という自明なる関係式の両辺からそれぞれ (1) 式の両辺を差し引けば, おのずから (2) 式がえられる。そこで以下に, 総生産物 W' の価値的・素材的構成によって規定される余剰生産手段の存在量と均衡蓄積額との相関関係に焦点を合わせながら数字例による表式展開をおこない, それを手がかりとして問題の所在をなお掘り下げてみよう。

社会の投下資本総体が次のような構成であったとする。

$$\begin{cases} \text{I} & \overbrace{(10{,}000F+5{,}000R)}^{15{,}000K}+1{,}500V \\ \text{II} & \underbrace{(\ 3{,}333F+1{,}667R)}_{5{,}000K}+\ \ 500V \end{cases}$$

両部門とも $\dfrac{K}{V}=\dfrac{10}{1}$, 両部門への資本配分は3対1である。固定資本の耐久年限が10ヵ年すなわち年間磨滅・価値移転率が10％であるとし、また剰余価値率が100％とすれば、

総年生産物 W' の価値的・素材的構成は

$$\begin{cases} \text{I} & \overbrace{(1{,}000d+5{,}000R)}^{6{,}000C}+1{,}500V+1{,}500M=\boxed{9{,}000W'_{\text{I}}} \\ \text{II} & \underbrace{(\ 333d+1{,}667R)}_{2{,}000C}+\ \ 500V+\ \ 500M=3{,}000W'_{\text{II}} \\ & \underbrace{(1{,}333d+6{,}667R)}_{8{,}000C}+2{,}000V+2{,}000M \end{cases}$$

したがって、余剰生産手段は

$$9{,}000W'_{\text{I}}-(\text{I}\,6{,}000C+\text{II}\,2{,}000C)=1{,}000\varDelta Pm$$

生産力が変化しないまま蓄積がおこなわれるとすれば追加資本の資本構成は元投下資本のそれに照応するのであるから、上の余剰生産手段を過不足なく吸収すべき均衡蓄積総額は

$$1{,}000M_k+100M_v=1{,}100M_\alpha$$

となり、したがってまた均衡蓄積率は $\alpha=\dfrac{1{,}100M_\alpha}{2{,}000M}=55\%$ となる。

(なお、資本の均衡増加率は $g=\dfrac{V}{K+V}\cdot\dfrac{M}{V}\cdot\dfrac{M_\alpha}{M}=\dfrac{M_\alpha}{K+V}=5\%$ である。)

かくして、拡張再生産の正常的進行のための価値・素材配置は、蓄積額の部門間配分が元投下資本の部門間配分比率（部門構成）に照応するものとすれば（その理由は後述）次のようになる。

第2節 拡張再生産

$$\begin{cases} \text{I} & 6{,}000C + \boxed{1{,}500V} + \overbrace{750M_k + \overbrace{75M_v + 675M_\beta}^{825M_\alpha}} = \{9{,}000W'\text{I}\} \\ \text{II} & \boxed{2{,}000C} + 500V + \underbrace{\boxed{250M_k} + \underbrace{25M_v + 225M_\beta}_{275M_\alpha}} = \boxed{3{,}000W'\text{II}} \end{cases}$$

$$\underbrace{\{8{,}000C\} + \boxed{2{,}000V} + \boxed{1{,}000M_k} + \boxed{100M_v + 900M_\beta}}_{1{,}100M_\alpha}$$

　生産手段および消費資料に関する需給均等関係が成立し，また部門間均衡条件も充たされている。生産手段の補塡需要 8,000 億円，新投資需要 1,000 億円，計 9,000 億円の生産手段需要と，再雇用労働者の消費需要 2,000 億円，追加雇用労働者の消費需要 100 億円，資本家階級の消費需要 900 億円，計 3,000 億円の消費資料需要という，一定の配分比率と構造連関をもった有効需要(「投資需要」プラス「消費需要」)があれば，拡張過程は均衡を維持しながら進行することができる。所与の生産力水準とそれに照応する生産関係の表現たる投下資本総体の資本構成・部門構成・剰余価値率などの相連繋する諸条件によって規定されるところの，総生産物 W' の価値的・素材的構成によって《均衡を維持しうべき蓄積総額＝並びに平均蓄積率》が決定され，それにともなってまた拡張過程の均衡を維持しうべき総有効需要の構造が規定されるのである。なお，上の表式に表示された拡張過程の諸転態を媒介する貨幣の流れについては，b.項の論述からおのずから理解されうるであろう。(この場合は，I M_v と II M_k とが直接に見合う数値となっていないが——むしろこうした場合が一般的である——，I $675M_\beta$ を I $1{,}500V$ と共に II $2{,}000C$ と見合う。I $500M_\beta$ 部分と I $75M_v$ と共に II $250M_k$ と見合う I $175M_\beta$ 部分とに分けて，部門間転態の対応関係とそれを媒介する貨幣の流れを考えればよい。)蓄積基金の投下をおこなう各部門のB群の資本家の手から流れ出たのと同額の貨幣が同じ部門のA群の資本家の手に蓄積基金として積み立てられる関係にあり，どれだけの蓄積基金の積立が可能となるかは，どれだけの蓄積基金投下がなされるかに依存することも，すでにみたごとくである。だが，所与の生産力水準と生産関係の表現たる総生産物 W' の価値的・素材的構成によって《均衡蓄積率》が決定さ

れるという関係が明示的に展開されたここでは，蓄積基金の積立と投下との対応関係の問題は，その実体的基礎たる拡張過程との関係において，「各部門の個別諸資本によって各個に意図される蓄積基金積立の社会的総計が総生産物 W' の価値的・素材的構成によって規定される均衡蓄積総額 $M_α$ と一致しまたちょうどそれに対応するだけの蓄積基金投下がなされる場合には《動的均衡》が維持される」という命題として，ヨリ明確に定立される。蓄積基金投下（「新投資」）によって対応されなければ，意図される蓄積基金積立（貯蓄）の社会的総計額が多ければ多いほど実現される剰余価値額が減少することになるのであるが，意図される蓄積基金積立の社会的総計額が均衡蓄積額を超過した場合には，たとえその積立額に対応するだけの蓄積基金投下がなされたとしても，それは《過剰蓄積 (Überakkumulation)》として，過剰生産を——部門間資本移動によっては処理しえない・《全般的過剰生産 (allgemeine Überproduktion)》を惹起せざるをえない。生産諸部門間には，生産力の所与の発展段階に照応すべき技術的＝経済的な関連性——比率関係がなければならず，「生産財需要」と「消費財需要」とからなる総有効需要の構成諸要素はある一定の配分構造を（前掲の表式でいえば，$8,000C+1,000M_k=9,000$ の生産財需要と $2,000V+100M_v+900M_β=3,000$ の消費財需要という一定の配分構造を）もたなければならないからである。

　例えばいま仮に，前掲表式において，意図された蓄積基金積立の社会的総計額が均衡蓄積額 $1,100M_α$ の 50％ 増の 1,650 であったとした場合，資本家の剰余価値からの消費支出は均衡蓄積の場合の $900M_β$ から 350 へと 550 だけ減少するが，他方において蓄積基金の投下額が意図された積立額とちょうど等しく $1,650 (=1,500M_k+150M_v)$ であったとすれば，500 だけの生産手段に対する超過需要と 50 の追加雇用労働者増による消費需要増加が生ずることになり，その結果，500 の生産手段不足と 500 の消費資料過剰が生ずることになるが，それは需要構造の変化に対応する部門Ⅱから部門Ⅰへの資本移動によって処理されうるとすることができるであろうか？　部門Ⅱの生産は需要減退によって大幅に縮小を余儀なくされ，他方において部門Ⅰの生産は

第2節　拡張再生産　255

新投資の激増にともなう生産手段需要増加によって急速に拡張される。だが，増加した生産手段は一体誰によって購買されるのであろうか？　縮小を余儀なくされた部門IIの資本家ではありえない。そうだとすれば，それは部門Iの生産拡張のために部門Iの資本家自身によって購買されるのでなければならない。だが，《永久にヨリ多くの工場を建設するがための工場の建設》は，ただ経済学者の空想においてのみ可能であるにすぎないであろう。もちろん，部門連関には一定の弾力性があり，部門Iの生産（とりわけ部門I用生産手段の生産）は直接には消費需要によって制約されることなくそれから一定限までは「独立的に」発展しうるが，しかし「終局的には個人的消費によって限界づけられ」ている。けだし，「不変資本の生産は決してそれ自体のためにおこなわれるのではなく，ヨリ多くの不変資本が個人的消費に入りこむ物を生産する生産諸部面で使用されるがゆえにのみおこなわれるのだからである。」(K. III, S. 336.〔317.〕)　したがって，実現の一般法則の解明としては，生産諸部門間の技術的＝経済的連繋を表現するところの・部門構成は，資本構成や剰余価値率などの諸要因と同様に（部門連関には弾力性があるため，これらの諸要因ほど rigid にではないが），所与の生産力（ないしは技術）水準に照応し生産力水準にして変化がない場合には原則として不変とされなければならない。この点を不明確にして，意図された蓄積基金積立の社会的総計が均衡を維持しうべき蓄積総額を超える額であったとしても，それにちょうど等しいだけの蓄積基金投下がなされるならば，部門間資本移動によって結局において均衡が成立しうるとする思考を，実現の一般法則に関する命題として容認するとすれば，「貯蓄率」が如何ほど大であり従ってまた「所得」に対する消費の割合が如何ほど小であっても，その「貯蓄」を埋め合わすだけの「投資」さえあれば有効需要不足の問題は生じないとするケインズ的論定を当然容認しなければならず，また，部門IIが停滞ないしは縮小しても部門Iの急速な拡張さえあれば実現の困難は生じない（部門Iの「自立的発展」は無限界に可能である）とするトゥガン-バラノフスキー流の見解をも当然容認しなければならないであろう。だが，「『社会の消費力』と『相異なる生産諸部門間

の比例均衡性』——これは決して，個々の・独立した・相互に連関のない・諸条件ではない。反対に，消費の一定の状態は，均衡状態の諸要素の一つなのである。」(レーニン『市場の理論に関する問題への覚え書——トゥガン-バラノフスキー氏とブルガコフ氏との論戦について——』飯田貫一訳，国民文庫，72 ページ)

山田盛太郎氏は『再生産過程表式分析序論』の 25-9 ページにおいて，「二部門分割＝生産力表現，価値の三構成 $C+V+M$＝生産関係表現」という命題を定立された。この命題は，「生産力表現」がなされているのは「二部門分割」においてのみでなく，「価値の三構成」においてもそうであることが示されていない点に問題があるが，部門分割比率が資本の有機的構成とともに，所与の生産力水準に照応するところの生産諸力の社会的編成（その基礎には価値法則によって媒介される「社会的労働の配分」がよこたわる）を表現するものであることを，示唆しようとしたものと解することができよう。

　　各部門の蓄積額の総和が《均衡を維持しうべき蓄積総額》に等しくなる場合にはマルクスが「再生産の基本条件」をなすものとして析出・定立した部門間均衡条件はおのずから充たされるであろうこと——逆にまた，各部門の蓄積額の総和が《均衡を維持しうべき蓄積総額》を超えあるいはそれ以下になる場合には部門間均衡条件は破壊されるであろうこと——はすでにみたごとくであり，それゆえにまた，蓄積率が《均衡蓄積率》を上廻る場合は部門Ⅱから部門Ⅰへの（下廻る場合は部門Ⅰから部門Ⅱへの）部門間資本移動によって結局は均衡が成立する（「部門構成は蓄積率を規定する一要因ではなく逆に蓄積率によって規定される要因にすぎない」）とする推論は，部門間均衡条件（ⅠV+ⅠM_v+ⅠM_β＝ⅡC+ⅡM_k）が破壊されてもそれは部門間の相対的な過剰・過少の関係を示すにすぎず（プライス・メカニズムに媒介されての）部門間資本移動によって処理されうるとする推論につながるのであって，再生産表式をもってしては全面的な過剰生産の発生根拠を明らかにすべきなんらの論拠も与えられないとし，結局は実現の問題を捨象する議論に席を譲らざるをえなくなってくるのである。再生産表式分析から直接に恐慌の必然性が論証されうるとする議論は方法的に誤りを含むが，それはともかく，表式分析の恐慌論に対する意義を強調する論者達がしばしば上の論点のもつ意義を否定ないしは看過しているのは，首尾一貫しない理論態度と評さざるをえない。生産諸部門間の技術的＝経済的連繋という問題観点を欠如するならば，いわゆる《生産と消費との矛盾》が全生産物の実現を制約するという命題をも当然否定しなければならないのである。

なお，総生産物 W' の価値的・素材的構成によって《均衡を維持しうべき蓄積率》が規定される関係を把握することの理論的意義については，マルクス『経済学批判要綱，（草案）1857—1859 年』の「資本に関する章，（ノートⅥ）」における下記の示唆的な叙述を参照されたい。すなわち，同書のその個所においてマルクスは，後の『資本論』第 2 巻第 3 編の再生産表式の原型ともみるべき，「原料」・「機械」・「労働者用必需品」・「資本家用剰余品」なる四部門分割の方法による一種の表式分析を試みてのちに，それを承けて，次のように論じている。——「生産力発展の所与の地点においては，……生産物が——原材料，機械，必要労働，剰余労働に対応するところの——部分に分割され，そして最後に，剰余労働自身が消費に帰着する部分と再び資本となるもう一つの部分とに分割されるところの，或る固定した・比例関係が生ずる。資本のこの内的な概念上の分割は，交換においては，或る規定され制限された比率関係——生産の発展とともに絶えず変動してゆくとはいえ——が，諸資本相互間の交換にとって生ずる，というように現われる。……交換は，それ自体としては，これらの概念的には相互的に規定された諸契機に一の恣意的な定在を与える。これらの諸契機は，相互から独立して存在する。それらの内的な必然性は，それら相互の恣意的な外観を強力的に終止せしめる恐慌において現われる。」(Grundrisse, SS. 347-8. 傍点は原文イタリック，下線は引用者。) 生産力の所与の発展段階によって規定されるところの資本の「内的分割」＝構成に照応する「概念的に」規定された「交換」における諸契機の相互連繋＝「内的な必然性」は，他面「交換」においてあたえられる「恣意的定在」の外観を破砕する恐慌において，強力的に自己を貫徹する。《均衡蓄積率》を超えての《過剰蓄積》は，やがて全般的過剰生産をもたらす。「全般的過剰生産は……〔たんに商品が〕消費に対して過剰にではなく，消費と価値増殖との間の正常な比例関係を確保するには過剰に，すなわち価値増殖に対して過剰に，生産されたために生ずる。」(Ibid., S. 347.) 過少消費説を明確に否定したこの注目すべき定言との関連において前記の論述が展開されているのである。《均衡を維持しうべき蓄積率》は，《消費と価値増殖との間の正常な比例関係》を保持しうべき蓄積率にほかならない。この率を超えて蓄積がおしすすめられることによって，やがて「価値増殖のための生産」が「価値増殖に対して過剰」となる関係が現出せざるをえない。

以上によって，総資本の総生産物 W' の価値的・素材的構成によって《均衡を維持しうべき蓄積総額》が規定される関係をほぼ明らかにしえたかとおもわれるが，その蓄積額が部門間に如何なる割合で配分されると想定するのが実現の一般法則の表式表現として妥当であろうか。

生産諸部門間の技術的＝経済的連繋の表現たる部門構成は，——資本構成や剰余価値率などの諸要因と同様に，（これらの諸要因ほど rigid にではないにせよ，）——生産力（ないしは技術）水準が不変の場合は原則として不変でなければならないという観点からすれば，生産力が不変の場合の蓄積過程は両部門の併行的ないしは均等的発展の過程でなければならない。さきの表式展開（266-7 ページ）において，両部門の蓄積率が等しく蓄積額の部門間配分が元投下資本の部門間配分比率に照応するものとされていたのは，こうした理由による。ところで，さきの b. 項の表式展開 (257-8 ページ) においては，『資本論』第 2 巻第 3 編におけるマルクスの方法にならって，部門 I の蓄積額がまず任意に決定され次いで部門間均衡条件を充たすように部門 II の蓄積額が決定されるものとした。この方法を総生産物 W' の価値的・素材的構成による均衡蓄積総額決定の論理をまず明らかにしてのちにその蓄積額の部門間配分を論ずる本項の論述にあてはめるとすれば，部門 I の蓄積額が（均衡蓄積総額の範囲内の）任意の大いさをまずとり次いでその（均衡蓄積総額の）残額が部門 II の蓄積額となる，というように，蓄積額の部門間配分がなされるものと想定することとなる。こうした表式展開の方法は蓄積過程における部門 I の主導的役割を反映せしめているという点において一定の理論的意義をもつが，しかしその反面，規定的な意味をもつ部門 I の蓄積額の決定そのものは，（均衡蓄積総額の範囲内でさえあれば）総生産物 W' の価値的・素材的構成によってなんらの制約もうけることなく任意になされうるものとされている点に，一つの重大な難点をもつといわなければならない。今年度（ないしは今期）の部門 I の蓄積率が部門 II のそれに比べて大であればあるほど翌年度（ないしは翌期）の余剰生産手段が従ってまた均衡蓄積率が大でありえ，その意味で部門 I は蓄積過程において規定的かつ主導的な役割を果たすのであるが，しかし生産諸部門間には所与の生産力水準に照応する一定の技術的＝経済的連繋がなければならないのであるから，或る一定の時間的ずれをもって部門 II の拡張が部門 I のそれを追ってゆくのでなければ部門 I がやがて過剰生産におちいらざるをえないであろうことも見やすい道理であろう。そこで蓄積額

の部門間配分については，以下のように推論されなければならない。すなわち，生産力水準が不変の場合は，原則として両部門の蓄積率は等しく蓄積額の部門間配分は元投下資本の部門間配分比率に照応するのでなければならないが，部門連関の弾力性（それは，生産諸部門の連繋が複雑であり，また複線的な構造をもち，いわゆる「迂回」の度合が大であればあるほど大となり，また各部門における建設期間の介在によって自乗化される）が許容する一定の期間，一定の度合において部門Ⅰの蓄積率は部門Ⅱのそれよりも大でありえ，そしてその蓄積率の較差が大であればあるほど翌期の均衡蓄積率が部門連関の弾力性による許容度ゼロの場合の本来のそれよりも大でありうる，と。いわゆる「第Ⅰ部門の優先的発展」とは，理論的に厳密には，この意味での蓄積率の部門間較差を意味するのでなければならない。この蓄積率の部門間較差の部門連関の弾力性による許容度の範囲を定量的に確定することは——問題の性質上——困難であるが，しかし，それを過大に見積もることは誤りであろう。ましてや，部門間均衡条件さえ充たされれば部門Ⅰの蓄積率は全く任意の大いさをとりうるとするのは，既述の理由によって妥当ではない。生産力水準が不変の場合は原則として両部門は一定の比例を保ちながら均等的に発展してゆかなければならないという関係をまず明確にしたうえで，前記の蓄積率較差の許容度を論ずるのでなければならない。生産力が発展する場合には資本構成の高度化と対応的に部門構成もまた高度化しなければならず，したがって部門Ⅰは部門Ⅱよりもヨリ急速に拡張してゆかなければならないが（——レーニンが「不均等発展」と呼ぶのはこうした拡張過程にほかならない），しかし，新たな部門構成は新たな生産力水準に照応するのでなければならない。この場合の部門間蓄積率較差はさきの部門連関の弾力性によって許容されるそれとは内実を異にする点が注意されなければならない。なお，部門連関の弾力性による許容度を超えて部門Ⅰが急速に発展してゆく場合，それを「自立的発展」という。消費需要によって直接に制約されない部門Ⅰ（とりわけ部門Ⅰ用生産手段の生産部門）は本来この意味での「自立的発展」への傾向をもつが，この部門Ⅰの「自立的発展」への傾向は，「不均等発展」の過程すなわち生

産力の発展にともなう部門構成高度化の過程においてとくに強くあらわれる。生産力の発展にともなう資本構成・部門構成・剰余価値率などの蓄積率を規定する諸条件の変化による蓄積軌道の上方転位が通常第Ⅰ部門の主導性のもとにおこなわれることによって，その「自立的発展」への傾向はとくに強力に現われざるをえないのである。

* 「一部門での現存資本の生産と再生産が他の諸部門での併行的な生産と再生産を前提するのと同様に，一生産部門での蓄積すなわち追加資本の形成には，他の生産諸部門での追加生産物の同時的ないしは併行的形成が前提となる。したがって，不変資本を供給するあらゆる部門での生産規模が同時的に，しかも生産の全般的増大にさいして各特殊部門が占めるところの，需要によって決定される平均的比重に照応して，増大しなければならない。……かくして，蓄積が可能であるためには，あらゆる部門での絶えざる剰余生産が必要であるとおもわれる。」(MW. Ⅱ, S. 481.) 蓄積が価値・素材の両面における均衡を保ちながら順当におこなわれてゆくためには，原則として，あらゆる生産部門が同時に，しかも（所与の技術水準に照応する）一定の比例をたもちながら拡張してゆかなければならない。

** この難点は，例えば，前記（267 ページ）の総生産物の価値的・素材的構成において部門Ⅰの蓄積額の大いさが均衡蓄積総額のそれと等しく 1,100 であり，その結果，部門Ⅱの蓄積額がゼロとなる，下記のような表式展開を試みることによって，容易に理解することができるであろう。すなわち，

$$\begin{cases} \text{Ⅰ} & 6{,}000C+1{,}500V+\overbrace{1{,}000M_k+100M_v+400M_\beta}^{1{,}100M_\alpha} \\ \text{Ⅱ} & 2{,}000C+\ \ 500V \end{cases}$$

Ⅰ$(1{,}500V+100M_v+400M_\beta)=$Ⅱ$2{,}000\,C$ で Ⅰ$(V+M_v+M_\beta)=$Ⅱ$(C+M_k)$ なるマルクスのいわゆる「再生産の基本条件」（部門間均衡条件）は充たされている。だが，部門Ⅱは全く停滞したままで部門Ⅰのみが急速に拡張してゆくこうした蓄積過程が一般的に可能であるとするならば，それはまさしく，投資と消費との・生産と消費との連繋を無視したトゥガン－バラノフスキー説にほかならず，そうした立論が基本的に誤っていることはすでにみたごとくである。

*** この点，高須賀義博氏の近著『再生産表式分析』における「拡大再生産の自由度」に関する議論——それはソ連邦の経済学者ダダヤンの所説（W. S. Dadajan, *Ökonomische Modelle der sozialistischen Reproduktion, Mathematische Methoden in der Wirtschaft*, 1964. ロ語版は 1961 年）を継承し発展させようとしたものであり，氏のユニークな労作の一主要論点をなすものであるが，——には，疑問なきをえない。氏が「自由度方程式」と呼ぶ関係式は部門間均衡条件式をたんに書きかえたものにすぎず，「拡大再生産の自由度」に関する議論の要旨は，部門間均

第 2 節 拡張再生産

衡条件さえ維持されれば（あるいは，同じことだが，蓄積総額が余剰生産手段を過不足なく吸収すべき大いさであれば）各部門の蓄積率の大いさ（蓄積総額の各部門への配分割合）は自由でありうるというにあり，生産諸部門間の技術的＝経済的連繋の表現たる部門構成の観点を実質上欠如している点において首肯しがたい。（同様の批判は，部門構成は蓄積率に応じて任意でありえ従って「蓄積需要」ないしは「投資需要」さえあれば実現の困難は生じない——顕在化しないというのではなく——とするトゥガン的ないしはケインズ的見解をとり，総資本の総生産物の価値的・素材的構成によって《均衡を維持しうべき蓄積率》が規定される関係を事実上無視ないしは看過する結果となった置塩信雄氏の近著『蓄積論』の論旨にも妥当する。）　なお，この論点に関連して，かつて久留間鮫造氏が「高田博士の蓄積理論の一考察」（『大原社会問題研究所雑誌』第 9 巻第 2 号，1932 年刊）および「高田博士による蓄積理論の修正」（『中央公論』1933 年 4 月号）において提起され，最近では林直道氏が「第一部門の優先的発展の法則——拡張再生産における二大部門の相互関係——」（横山正彦編『マルクス経済学論集』所収）において指摘され，また吉原泰助氏が「再生産（表式）論」（杉本俊朗編『マルクス経済学研究入門』所収）において「均等化法則」とよんで強調された以下の命題，すなわち，「第Ⅰ部門の蓄積率がいかように定められようとも，その蓄積率が次年度も維持されれば，それは，次年度の均等発展蓄積率であって，次年度には両部門は均等に発展し，しかも，この均等発展成長率〔生産額増加率〕は前年度の第Ⅰ部門の成長率に一致する」（吉原前掲論文，杉本編前掲書 109 ページ）といった命題を，高須賀氏も採用されて，「均等的拡大再生産の内的メカニズム」をなすものとしてその意義を強調し，「第Ⅰ部門の成長率が二期以上にわたって同一であれば，一期おくれて第Ⅱ部門の成長率もそれに等しくなり，かくして均等的拡大再生産が成立する」（高須賀前掲書 110-2 ページ）と論じられているが，そうした立論は，固定資本の価値が期毎に全部的に移転すると仮定することによって固定資本要因を事実上捨象し，K と C とを同一視した場合にのみ成立しうるにすぎず，固定資本要因を考慮すれば一般的には成立しえないのであって，それを「拡大再生産の一般理論」なるものに含まれる一命題とすることはできない。すなわちその命題は，第 t 期の部門Ⅰの成長率を $a_{(t)}$，第 $t+1$ 期の総平均成長率（＝均等発展成長率）を $g_{(t+1)}$ とした場合，その g は社会の総不変資本 C の成長率すなわち $\dfrac{\Delta C}{C}$ に等しく，また，$C_{(t+1)} = W'\mathrm{I}_{(t)}$，$\Delta C_{(t+1)} = W'\mathrm{I}_{(t+1)} - C_{(t+1)} = W'\mathrm{I}_{(t)}(1+a_{(t)}) - W'\mathrm{I}_{(t)} = W'\mathrm{I}_{(t)} \cdot a_{(t)}$ であるから，

$$g_{(t+1)} = \frac{\Delta C_{(t+1)}}{C_{(t+1)}} = \frac{W'_{(t)} \cdot a_{(t)}}{W'_{(t)}} = a_{(t)}$$

となり，かくして第 $t+1$ 期の均等発展成長率は第 t 期の部門Ⅰの成長率と等しくなる，として導き出されるとされているのであるが，そうした命題は，固定資本要因を考慮し K と C との相違を明確にすれば，一般的には成立しえない。すなわち，第 t 期の固定資本の増分を $\Delta F_{(t)}$，流動不変資本の増分を $\Delta R_{(t)}$ とし，固

定資本の耐久期間を n 期とすれば，
$C_{(t+1)} = W'\mathrm{I}_{(t)}$ ではなく

$$C_{(t+1)} = C_{(t)} + \frac{1}{n}\Delta F_{(t)} + \Delta R_{(t)}$$

$$= C_{(t)} + \Delta K_{(t)} - \frac{n-1}{n}\Delta F_{(t)}$$

$$= W'\mathrm{I}_{(t)} - \frac{n-1}{n}\Delta F_{(t)}$$

であり，また，$\Delta C_{(t+1)} = W'\mathrm{I}_{(t)} \cdot a_{(t)}$ ではなく

$$\Delta C_{(t+1)} = \frac{1}{n}\Delta F_{(t+1)} + \Delta R_{(t+1)}$$

$$= \Delta K_{(t+1)} - \frac{n-1}{n}\Delta F_{(t+1)}$$

$$= W'\mathrm{I}_{(t+1)} - C_{(t+1)} - \frac{n-1}{n}\Delta F_{(t+1)}$$

$$= W'\mathrm{I}_{(t+1)} - \left(W'\mathrm{I}_{(t)} - \frac{n-1}{n}\Delta F_{(t)}\right) - \frac{n-1}{n}\Delta F_{(t+1)}$$

$$= W'\mathrm{I}_{(t)} \cdot a_{(t)} - \frac{n-1}{n}(\Delta F_{(t+1)} - \Delta F_{(t)})$$

であり，したがって

$$g_{(t+1)} = \frac{\Delta C_{(t+1)}}{C_{(t+1)}}$$

$$= \frac{W'\mathrm{I}_{(t)} \cdot a_{(t)} - \frac{n-1}{n}(\Delta F_{(t+1)} - \Delta F_{(t)})}{W'\mathrm{I}_{(t)} - \frac{n-1}{n}\Delta F_{(t)}}$$

$$= \frac{W'\mathrm{I}_{(t)} \cdot a_{(t)} - \frac{n-1}{n}\Delta F_{(t)} \cdot g_{(t)}}{W'\mathrm{I}_{(t)} - \frac{n-1}{n}\Delta F_{(t)}}$$

となるのであって，

$$W'\mathrm{I}_{(t)} \cdot a_{(t)} - \frac{n-1}{n}\Delta F_{(t)} \cdot g_{(t)} - a_{(t)}\left(W'\mathrm{I}_{(t)} - \frac{n-1}{n}\Delta F_{(t)}\right) = 0$$

よって

$$\frac{n-1}{n}\Delta F_{(t)}(a_{(t)} - g_{(t)}) = 0$$

となる場合，すなわち固定資本の耐久年限が1ヵ年であるか，あるいは $a_{(t)} = g_{(t)}$ なる場合，すなわち第 t 期の部門Ⅰの成長率が同期の均等発展成長率と等しい場合，要するにすでに第 t 期から均等発展がおこなわれている場合にのみ，第 $t+1$ 期の均等発展成長率が第 t 期の部門Ⅰの成長率（＝第 t 期の均等発展成長率）に等しくなるのである。

それゆえ，吉原氏が「均等化法則」とよび高須賀氏が「拡大再生産の内的メカ

ニズム」をなすものとして強調された命題は率直にいって misleading であると評さざるをえない。そもそもそうした「法則」や「内的メカニズム」が作用しないところにこそ資本制的蓄積の特色があるとみるべきなのであって，そうした「法則」や「内的メカニズム」が両氏のいわれるように蓄積過程においてほんとうに絶えず作用しているとすれば，「不均等発展」はただちに自動的に均等発展に転化し，また部門Ⅰの「自立的発展」もありえないことになるのであって，資本制的蓄積過程はまことに強力な自動調整機能をそのうちに内包していることになる。(なお，井村喜代子氏も「拡大再生産過程にかんする表式分析」と題する慶応義塾経済学会『経済学年報』第 12 号所載の最近の論稿において，「均等化法則」に関する吉原＝高須賀説に対して同様の批判を展開されている。——同会報 194-9 ページ参照。)

上記の私の「均等化法則」論批判に対して，吉原泰助氏は「拡大再生産表式と部門間成長率開差」(一橋大学『経済研究』Vol. 22. No. 3.) と題する論文において反論されているが，複雑な数学式を用いてのその反論は，第一部門の蓄積率が一定のまま維持されると翌年度から第二部門の蓄積率もそれに等しい値となるという命題は，固定資本要因を考慮すれば成立しえなくなることを一方で認めながら，しかし第一部門の蓄積率が「多年にわたって」一定のまま経過すれば第二部門の蓄積率の値がやがて次第に第一部門のそれに収斂してゆくであろうことを主張されたものであるが，「多年にわたって」というその期間は，吉原氏自身が同論稿で試算された数字例によってみても，実はかなりの長期間——産業循環の一周期を超えるほどの——であり，そのように修正を余儀なくされた命題が果たして経済学的に有意味でありうるか，疑問である。

**** 部門連関の弾力性が許容する一定の期間，一定の度合において部門Ⅰの蓄積率が部門Ⅱのそれよりも大でありえ，そしてその蓄積率較差が大であればあるほど次期の余剰生産手段の量と均衡蓄積総額＝(並びに均衡平均蓄積率)そのものが大となりうるのであり，したがってまた，《均衡蓄積軌道》それ自体が部門構成不変の《均等発展径路》から一定の許容度の範囲内において乖離しうるとしている点において，本書の論述は拙著『恐慌論研究』第 2 章第 2 節の論述に対して若干の修正を加えたものとなっている。同書においても，「蓄積総額は余剰生産手段の生産量によって制約され，したがって第Ⅰ部門の蓄積率が相対的に大であればあるほど，次年度の蓄積総額もまた大となりうるのであり，その意味で第Ⅰ部門が拡張過程を先導的に規制するという側面をもつ」ということと，「流動的で弾力的な資本制的拡張過程においては，部門連関もまたかなりに弾力的でありうる」ということとが共に認識され，また，部門連関の弾力性とそれによって許容される第Ⅰ部門の自立的発展の「限界を明らかにするためには，生産力が不変の場合は資本構成や剰余価値率とともにまたそれらとの関連において部門構成もまた原則として不変であるという関係が明らかにされなければならないであろう」(拙著 89-90 ページ)と論じられているのであって，論旨の基調は本書と異な

らないのであるが、しかし、生産諸部門間の技術的＝経済的連繋の表現たる《部門構成》の観点を強調しようとする余り、事実上《均衡軌道》を《均等発展径路》と同一視する結果となっている点、若干の修正を要すると考えたからである。ただし、マルクスの再生産表式分析の動学化の意図をもって、総資本の総生産物 W' の価値的・素材的構成による均衡蓄積率決定の論理と総有効需要の構造の問題を提起し、そうした論述との不可分の連繋において生産諸部門間の技術的＝経済的連繋の表現たる《部門構成》の観点を強調した拙著の論旨の基本点は、変わることなくそのまま保持されている。《均衡蓄積率》の決定に関する命題と《部門構成》の観点とは、——前註で指摘し、また 270 ページの註記でも述べたように、——不可分の連繋を有するのである。この点、「拡大再生産の『正常的経過』の条件については、Ⅰ$(V+M_v+M_\beta)$＝Ⅱ$(C+M_c)$ という条件のみでは決して十分ではないということを認識することが不可欠なのである」として拙著『恐慌論研究』における《均衡蓄積率》の問題視点を支持されながら、反面では、「次年度の生産拡大率いかんによって部門間均衡を維持する部門構成は様々なものとなる」とすることによって生産諸部門間の技術的＝経済的連繋の表現たる部門構成の所与の生産力水準との照応関係を否認される井村氏の前掲論文における議論（前掲『年報』110 ページ、163-4 ページ、172 ページ等）は、論理的に首尾一貫しないようにおもわれる。部門構成を余りに rigid に考えすぎることは問題であろうが、しかし蓄積率のいかんに応じて部門構成は全く任意でありうるとしたのでは、前註で関説した置塩説と同様、トゥガン説に帰着せざるをえなくなるのである。

　井村氏はその後『恐慌・産業循環の理論』(1973年, 有斐閣刊) において、第Ⅰ部門が第Ⅱ部門よりもヨリ急速に発展する《不均等発展の過程》を数字例による表式展開によってあらわし、さらにその論述を展開されているが、しかしその論旨に対しても上の批判がそのまま妥当する。同書において井村氏は、前年度の各部門の拡大率によって決定される部門構成の如何に応じて今年度の均衡を維持しうべき拡大率、したがってまた均衡蓄積率は「無数の値をとりうる」とすることによって事実上、投下総資本の有機的構成・剰余価値率ならびに部門構成等の所与の生産力水準を表現するところの、相連繋する諸条件によって決定される社会的総資本の総生産物 W' の価値的・素材的構成によって《均衡を維持しうべき蓄積率》が規定されるという、その規定関係そのものを否定する結果となり、それゆえに全般的過剰生産をもたらすべき《過剰蓄積》の概念も、第Ⅰ部門の自立的発展の概念もともに不明確となってしまっている点に問題がある。氏は《不均等的拡大再生産》の過程において「生産と消費の矛盾」が激化するのだということを反復強調されているが、氏の論理を一貫させるならば、その過程はなんら「生産と消費の矛盾」の激化の過程ではなく、たんに——氏のいわれる「均衡」を保ちながら——第Ⅰ部門が第Ⅱ部門よりもヨリ急速に拡張してゆく過程であるにすぎない。そもそも、蓄積率に応じて部門構成が全く任意でありうるとするならば、「生産と消費の矛盾」が全生産物の実現を制約するという関係は否定され

ざるをえないのである。
***** 「……他の部門で完成される生産物の条件または先行段階であるものを供給するところの生産部門は、いずれも、直接の需要……を標準とするものではなく、これらの直接の需要〔とそれに対応する〕直接の生産・再生産が拡大する程度・度合・割合を標準とする。そして、かような計算において、目標を大きくしすぎることがありうるのは、自明的である。」(*MW*. Ⅱ, S. 527.)

　自立化し自己増殖する価値が過程の主体たる顛倒的な資本制的蓄積過程は、《労働者階級の狭隘な消費限界》を土台とする《蓄積のための蓄積・生産のための生産》の過程として《均衡蓄積率》を超えての蓄積、すなわち《過剰蓄積 (Überakkumulation)》への、内的＝不可抗的傾向をもつ。すでに述べたように、各部門における建設期間の介在によって自乗化される部門連関の弾力性が許容する一定の期間、一定の度合において、所与の生産力水準に照応する本来の部門構成から乖離して均衡を維持しながら部門Ⅰが部門Ⅱよりもヨリ急速に拡張することが可能であり、そして部門Ⅰの蓄積率の部門Ⅱのそれに対する較差が大であればあるほどその翌期の《均衡蓄積率》の値が大となるのであるから、毎期《均衡蓄積率》が維持されることによって画き出される《均衡軌道》自体が一定の幅をもったものとなるのであるが、価値増殖が自己目的たる資本制的蓄積過程はこの意味での《均衡軌道》からさえ絶えず上方に乖離する内的＝不可抗的な傾向をもつのである。この過剰蓄積傾向は、部門Ⅰとりわけ部門Ⅰ用生産手段部門の「自立的発展」に主導されての顛倒的な拡張過程として、自己を展開する。部門連関の弾力性が許容する限界を超えての部門Ⅰの「自立的発展」への傾向は、すでにみたように、生産力の発展にともなう「不均等発展」（資本構成高度化と対応的な部門構成高度化）の過程においてとくに強力に現われるのであるが、それ自体としては不均衡を意味するその部門Ⅰの「自立的発展」も直ちに不均衡として顕在化し調整をうけることなく、逆に一定限まではそれによって主導されながら、下記のようなメカニズムによる独特の顛倒的形態をもってする拡張過程が展開されるのである。——すなわち、部門Ⅰとりわけ部門Ⅰ用生産手段部門には巨大な固定設備と長期の建設期間を要するものが多く、その建設期間の間なんら

の生産物の供給をもおこなうことなく生産諸手段を吸収し続け労働者の雇用を通じて消費資料を消費し続け，またそれに対応して貨幣を流通過程に投入し続け，かくして，その期間を通じて販売 $W—G$ なき購買 $G—W$ を続行するのであるから，そうした投資は，生産諸手段の継続的需要を通じて一連の関連産業諸部門の拡張を誘発し，逆にまたそれによって誘発され，さらには，これらの投資増大にともなう雇用増大・消費需要増大は部門Ⅱの拡張を通じてなお一層の部門Ⅰの拡張を誘発してゆく。かくして，部門Ⅰ（とりわけ部門Ⅰ用生産手段生産部門）の自立的発展はただちにはその限界につき当たり調整をうけることなく，部門内部での相互誘発を通じて自己累積的に進展し，しかもそれによって一定限までは雇用・消費需要の増大を通じて部門Ⅱの拡張を誘発し，このようにしていわば上から逆に社会的再生産の規模を引きずり上げ拡張せしめ，不均衡としての顕在化を先へ先へとおしやりながら，進展してゆくのである。だが，不均衡の顕在化が先へ先へとおしやられてゆくのは，過剰投資の累加によってのみである。すなわち，過剰生産をもたらすべき過剰投資がヨリ大きな過剰投資によって蔽われてゆくかぎりにおいて，矛盾の顕在化が回避されてゆくにすぎない。それゆえにその過程は《矛盾の累積過程》にほかならず，それゆえにまた，なんらかの理由によってひとたび蓄積速度の減退が余儀なくされるならば，累積した矛盾は一挙に全面的に顕在化せずにはいない。――かくして，《均衡蓄積率》を超えての《過剰蓄積》によって《消費と価値増殖との間の正常的比例関係》を保持するには過剰に商品が生産され，「価値増殖のための生産」が「価値増殖に対して過剰」となる関係が顕わとなるのである。

＊ 所得 $(V+M)$ に対する蓄積 (M_a) の割合は，剰余価値率 $\dfrac{M}{V}$ および蓄積率 $\dfrac{M_a}{M}$ によって決定される。「価値増殖が自己目的」たることによって V 部分は絶えず相対的に圧下される傾向にあり（――「敵対的分配関係」），また，同じく「価値増殖が自己目的」たることによって M のうちの M_a 部分は相対的に大ならしめられる傾向にある。本章の再生産表式分析においては，剰余価値率――それは，所与の生産力水準に照応する生産関係の一表現であり，また，「所得分配」を規定する基本要因をなすものであるが――を所与と前提したうえで，もっぱら剰余

第 2 節　拡張再生産　267

価値のうちの蓄積へのふり当て分が過大となる傾向のみを問題としたのであるが，《消費と価値増殖との間の正常な比例関係》(*Grundrisse*, S. 347.) を保持するには過剰に商品が生産される内的傾向は，実はヨリ根本的に，本書第Ⅰ編第 4 章「資本の蓄積過程」で明らかにしたところの，《資本関係》の拡張再生産としての蓄積過程の本質そのものによって，また，労働者人口の相対的過剰化による賃銀圧下のメカニズム＝蓄積の基本法則そのものによって，規定されているのである。かくして，「労働者階級の狭隘な消費限界」を土台とする「生産の無制限的発展」への・《過剰蓄積》への・内的＝不可抗的な傾向，資本主義的生産の本質に根ざすこの内的傾向が，全般的過剰生産の必然性を基本的に規定するのである。

**　この過程は，過剰投資がヨリ大なる過剰投資によって，第Ⅰ部門の自立的発展がヨリ大なる自立的発展によって，蔽われてゆく過程なのであって，ただたんに第Ⅰ部門の自立的発展の自立性が「後から後からと解消されてゆく過程」ではない。この点に関する井村氏前掲書 255－9 ページにおける私見批判は，(拙著『恐慌論研究』初版における当該個所の叙述の不備から生じたものであるかもしれないが) 明らかに誤解にもとづくものである。絶えずヨリ大なる過剰投資，ヨリ大なる第Ⅰ部門の自立的発展がおこなわれてゆくような場合には，先行の過剰投資がその生産能力を発揮しようとするとき現行のヨリ大なる過剰投資による需要増大がこれに対応するならば，それは過剰生産を結果しないが，しかし後続のさらにヨリ大なる過剰投資がおこなわれなければ，その需要増大をもたらした現行の過剰投資はさらにヨリ大きな規模における過剰生産としての顕在化を余儀なくされるのであって，過剰投資は絶えずヨリ大なる過剰投資がおこなわれてゆくかぎりにおいて過剰生産として顕在化せず，第Ⅰ部門の自立的発展は絶えずヨリ大なる自立的発展がおこなわれてゆくかぎりにおいて不均衡として顕在化しないにすぎない。そのような形態で矛盾が累積してゆくのである。なお，部門連関の弾力性の構造ないしはメカニズムについては，さらに次項の a. の論述をみられたい。

***　何故に蓄積速度が急激に減退し過剰投資の累加過程が挫折反転を余儀なくされるかのその必然性については，過剰蓄積への内的傾向が競争過程において個々の資本家に対して外的・不可抗的な《競争の強制法則》となって現われるメカニズムとともに，後に第Ⅲ編において論ずる。

第Ⅲ編

資本の総過程

第1章　剰余価値の利潤への転化
第2章　利潤の平均利潤への転化
第3章　資本蓄積と利潤率の変動
第4章　商業資本と商業利潤
第5章　利子生み資本と信用

本編の課題

　本編は，第Ⅰ編における「資本の生産過程」分析，第Ⅱ編における「資本の流通過程」解明の前提のもとに，資本の生産過程と流通過程とをそれの二側面としてそのうちに含むところの・ヨリ具体的な過程としての《資本の総過程とその諸姿態》を把握することを課題とする。第Ⅱ編第1章第4節「資本循環の総過程」において，資本の循環過程は貨幣資本の循環・生産資本の循環・商品資本の循環という「三様の循環形態の統一」であり，そのことによって同時にまた，「生産過程と流通過程との統一」としてあらわれることが明らかにされ，また，第Ⅱ編第3章「社会的総資本の再生産と流通」においては，「社会的再生産過程の媒介としての〔総＝〕流通過程」の考察にさいして，「資本主義的生産過程は，全体としてこれをみれば，生産過程と流通過程との統一である」ことが示された(K. Ⅲ, S. 47.〔33.〕)。以上の分析を承けて，この第Ⅲ編の課題とするところは，「生産過程と流通過程との統一」についての「一般的反省を試みることではありえない」。そうではなくて，全体として考察された資本の運動過程を把握しその過程において生ずる具体的な諸形態を見出し，それを叙述することでなければならない。現実の運動において諸資本は，直接的生産過程および流通過程における資本姿態がそれぞれその特殊的契機として現われるような，具体的な諸形態において相互に相対しているのであって，その資本の具体的な諸形態によって直接的生産過程の分析において示された本質的関係が如何ように隠蔽されるかが批判的に明らかにされ，同時にまた，資本の現実の運動過程において生ずる新たな具体的な諸問題が展開されなければならない。具体的な運動過程としての資本の総過程において，生産過程と流通過程との統一を分裂に転化せしめる・諸矛盾が自己を開展する。その内的必然性の解明が，第Ⅰ，Ⅱ編の分析成果のヨリ具体的な問題視角からする総括としてなされなければならない。未だ本編においては競争の現象過程そのものが考察対象とされるわけではないが，しかし本編の論述のすすむにつれて，資本の姿容は，諸資本相互の競争過程において現われ生産担当者自身の普通の意識に現われる形態に，一歩一歩近づいてゆくのである。

第1章 剰余価値の利潤への転化

第1節 費用価格と利潤,利潤率

　資本主義的に生産される商品の価値の構成は $C+V+M$ において表示される。この生産物価値のうちから剰余価値 M を引き去れば,生産諸要素に支出された資本価値 $C+V$ に対するたんなる等価たる価値部分だけが残る。この価値部分は資本家が商品の生産に要費した資本価値を補塡すべき部分であり,資本家にとって商品の「費用価格 (Kostpreis)」をなす。

　商品価値のうちの剰余価値部分のためには労働者が不払労働（支払われない剰余労働）を費すだけで資本家は何も費さないのであるから,資本家が商品の生産に要費するものと商品の生産そのものが実際にあるいは真実に要費するものとは二つの全く異なる大いさである。ところが,資本主義的生産においては,労働者は,生産過程に入ったのちには,資本家に属する機能中の生産資本の一要素にすぎず,資本家が現実の商品生産者なのであるから,資本家にとっての商品の「費用価格」が商品そのものの現実の費用として現われる。しかも商品の費用価格は,資本家的簿記にのみ存在する一項目であるのではない。この価値部分は商品形態から流通過程を経て,絶えず再び生産資本の形態に再転化されなければならないのであるから,「この価値部分の独立化は,商品の現実の生産において絶えず実際に自己を貫いてゆくものとなっている」(K. Ⅲ, SS. 48-9. 〔34.〕) のである。かくして,商品の価値の構成 $C+V+M$ は $(C+V)+M$ に,すなわち費用価格＋剰余価値に転化さ

れる。

　商品の価値の構成 $C+V+M$ における C は生産手段の価値が生産物に移転されたものであり、それに対して $V+M$ は労働によって新たに生産された価値部分である。この観点からすれば商品価値の構成は $C+(V+M)$ として表示されなければならないのであって、C と V は同じく商品の生産に要費した資本価値を補塡すべき部分であっても、両者は根本的にその性格規定を異にするのである。(この点については、第Ⅰ編第3章第2節1.のc.「不変資本と可変資本」、とくに 99-100 ページを参照。) この両者の性格規定の相違は、生産手段の価値の変動と労賃の変動とが生産物の価値に及ぼす影響の相違をみればただちに明らかとなる。すなわち、生産手段の価値の変化はそのまま生産物のうちに移転さるべき価値の大いさの変化を意味するのであるから生産物の価値はそれにともなって増減するのに対して、労賃の変動による可変資本の大いさの変化は労働によって新たに生み出される価値の大いさそのものを変化せしめずに、ただ新たに産出された価値のうちの可変資本の補塡部分の大いさを変化せしめるにすぎないのであるから、この場合には生産物の価値の大いさそのものは全く変化することはないのである。しかるに、$(C+V)+M$ として、$C+V$ という二様の資本価値の補塡部分が「費用価格」として一括されるや、両者の質的差異は看過され、それと同時に資本の価値増殖の秘密も隠蔽されることとなる。剰余価値はいまや商品価値のうち費用価格を超えるたんなる価値の超過部分として表象されることとなる。すでに第Ⅰ編第3章第3節「労賃」においてみたように、労働力の価値は資本主義社会の日常においては「労賃」として、すなわち（古典学派の用語でいえば）「労働の価値ないしは価格」として現われ、そうした現象形態においては、労働者のおこなう全労働が支払労働として現われる。この労働力の価値の労賃への転形は、商品価値のうちの $C+V$ が費用価格として現われるのと相俟って、資本の価値増殖の秘密を隠蔽し、剰余価値をすべての資本要素の所産たらしめる。それと同時に、資本なるものは、それ自体としておのずから価値増殖力をそなえた、神秘的な属性をもつものとして現われる。不変資本と可変資本との

区別は消え失せ，費用価格の形成に全部的に関与する流動資本と部分的にのみ関与する固定資本との区別のみが意味をもつこととなる。

かくして，商品価値のうち費用価格を超える超過分として，また前貸された総資本の所産として現われる剰余価値は，「利潤 (Profit)」という転化された形態を与えられることとなる。《労働—労賃・資本—利潤》なる無概念的な範式が成立することとなるのである。《$C+V+M$》なる商品価値は《費用価格＋利潤》に転化し，或る価値額が資本であるのはそれが利潤を生むために投ぜられるからであり，また利潤が生ずるのは或る価値額が資本として充用されるからである，といった無内容な経済学上の定義が現われることとなる。*

* こうした定義は実際にマルサスが『経済学における諸定義』(Thomas Robert Malthus, *Definitions in Political Economy*, 1827.) において展開したものであるが，同様の「定義」ないしは事実上の資本概念を現今のいわゆる近代経済学の教科書のうちにも容易に見出すことができよう。利潤の実体規定が欠落するかあるいは不明確な場合には，おのずからそういうことにならざるをえないからである。

ところで，さきにみたように，利潤として現われる商品価値のうちの剰余価値部分は資本家にとって何も要費しない価値部分であり，他方それに対して費用価格部分は資本家が商品の生産に要費した資本価値を補塡すべき部分である。費用価格を超える価格ならば，資本家は利潤を得ながら商品をその価値以下で売ることができる。だが価格が費用価格以下となれば，利潤はマイナスとなり商品の生産に要費した資本価値は補塡されえない。それゆえ，商品の販売価格の最低限界は商品の費用価格によって与えられている。この関係からして，資本家が商品の費用価格をもって商品の本来的な内在価値とみなす傾向があらわれる。「商品の販売によって実現される価値超過分または剰余価値は，資本家にとっては，商品の費用価格を超える商品の価値の超過分としてではなく，商品の価値を超える商品の販売価格の超過分として現われ，したがって，商品のうちに含まれる剰余価値が商品の販売によって実現されるのではなく，販売そのものから生ずるかのようにみえてくる」(*K.*

Ⅲ, S. 58.〔48.〕）のである。こうした幻想はさきの無概念的 (begriffslos) な資本概念とともに経済学上の俗説において支配的なのであって，むしろそうした幻想にもとづく不合理な俗説を如何に合理的に論拠づけるかによって「俗流経済学」の諸学説が分かれているとみることができよう。

なお，費用価格が資本家にとって現実に要費した価値部分でありそれが商品の《本来の内在的価値》として現われ，その《内在的価値》を超える価格でさえあれば，商品価値から乖離した価格であっても，資本家は利潤を得ながらその商品を販売することができるということは，次章でみるところの，競争による「利潤の平均利潤への転化」＝「価値の生産価格への転化」が何故におこなわれうるかを説明する。その意味でも，「費用価格と利潤」に関する本節の論述は次章への準備となっているのである。

剰余価値は，費用価格を超える価値の超過分として，同時にまた，前貸されたすべての資本要素の所産として，「利潤」となる。それゆえに，「利潤」なる概念は，前貸総資本に対する剰余価値の比率としての「利潤率 (Profit-rate)」なる概念を前提ないしは内蔵している。＊剰余価値および剰余価値率は分析によってはじめて明らかにされる本質的関係を表現するものであるが，利潤率，したがってまた利潤としての剰余価値の形態はそのまま現象の表面に現われている。可変資本に対する剰余価値の比率としての剰余価値率においては労働の搾取度が端的に表明されているのに対して，前貸総資本に対する剰余価値の比率としての利潤率においてはそうした問題側面は後景に退き，資本の価値増殖度が表示されている。費用価格を超える販売価格の超過分たる利潤を前貸総資本の価値額に対して計算することは資本主義的経営にとって甚だ重要でありまた自然でもあるが，そうした計算においては資本のすべての部分が等しく利潤の源泉として現われることによって資本関係は神秘化され，また利潤なるものの発生は資本自体に属する隠れた性質に由来するもののように見える。利潤率においては，そうした本質的関係の隠蔽と神秘化のもとに，資本の価値増殖度が表示されているのである。

＊ マルクスが「剰余価値率の利潤率への転化から剰余価値の利潤への転化が導き

出されるべきであって，その逆ではない」(K. III, S. 63.〔53.〕) と述べているのはこの意味においてであるとおもわれる。

第2節　利潤率を規定する諸要因

剰余価値率を m'，利潤率を p'，前貸総資本を T であらわすとすれば

$$m' = \frac{M}{V}$$

$$p' = \frac{M}{T} = \frac{V}{T} \cdot m'$$

この場合の T をマルクスは（『資本論』第3巻第1編第3章において）$C+V$ すなわち生産物価値の構成要素としての不変資本と可変資本の和としているが，前貸総資本 T は正確には $K+V$ すなわち固定資本と流動資本を含めての前貸不変資本総額と可変資本の和でなければならない。固定資本要因を捨象した場合にのみ，K は C と等しくなる。なお，前貸総資本のうちに可変資本の占める比率 $\frac{V}{T}$（これをスウィージーは『資本主義発展の理論』において「可変資本率」と呼んでいる）は

$$\frac{V}{T} = \frac{V}{K+V} = \frac{1}{\frac{K}{V}+1}$$

であるから，資本の価値構成が高くなればそれだけ小となる。

ところで，実際には，一定の期間——通例，1年——を基準として，その一定の期間内にえられる利潤量——それは，剰余価値率が所与の場合，可変資本が（他の流動資本要素とともに）その期間内に幾回転するかによって規定される——の前貸総資本に対する比率が問題となる。年間に取得される利潤量の前貸総資本に対する比率を年利潤率と呼び，それを P' であらわすとすれば

$$P' = \frac{V}{T} \cdot m' \cdot n = \frac{V}{T} \cdot M'$$

である。ただし，n は可変資本の年間回転数，M' は年剰余価値率（第Ⅱ編第2章第3節の 3. を参照）をあらわす。

それゆえに，年利潤率は，総資本のうちに占める可変資本の比率，剰余価値率，可変資本の回転数の三者によって規定される。

剰余価値率は，第Ⅰ編第3章第2節でみたように，労働時間の延長および労働強度の増大による絶対的剰余価値の生産，労働生産性の上昇による相対的剰余価値の生産によって上昇せしめられるが，（労働力の価値以下への）賃銀の切下げによっても容易にかつ直接的にこれを上昇させることができるのであって，利潤率の動きに強い関心をもつ資本家が種々なる方法（複雑な賃銀支払形態の採用等）による実質上の賃銀切下げに強い関心をもたざるをえないのはこの理由による。

総資本のうちに占める可変資本の比率は前述のように資本の価値構成によって規定されるが，その資本の価値構成は，生産力の発展にともなう技術的構成の高度化によって——生産手段の価値が消費資料の価値，したがってまた労働力の価値よりもヨリ急速に低下してゆくという関係によって或る程度まで相殺されながらも——次第に高度化してゆくのであって，これがやがてみるように社会総体としてみた資本にとっての利潤率の低下傾向を規定するのであるが，それだけにまた資本はいわゆる「不変資本充用上の節約」のための種々なる方策を講じ，また生産諸手段とりわけ利潤率に直接的に影響する原材料の価格変動に強い関心を示し，その価格変動を利用するところの商人資本的な投機的売買をさえしばしばおこなうのである。「不変資本充用上の節約」としては，（イ）労働時間の延長や昼夜交替制の採用等による機械その他の固定設備の休止期間の減少＝利用度の増加，（ロ）生産の大規模化にともなう社会的結合労働をもってする生産諸手段の大量的・集中的利用による節約（いわゆる「規模の経済性」），すなわち集積された労働手段，機械・工場用建物・倉庫等の共同的・効率的利用，補助材料たる燃料・照明手段等

の費用節減，（ハ）生産過程から排出される屑ないしは廃物の利用による副産物の生産，あるいは屑ないしは廃物の販売による原材料費の節約等がある。こうした「不変資本充用上の節約」は，社会的労働の生産力の発展が資本の生産力の発展としてあらわれ，生産過程において労働力が他の物的生産要素とともに物として消費されるという関係を基礎とし，また資本家相互の激しい競争に媒介されておこなわれるのであって，労働者の側での労働条件の悪化と過度労働による健康の犠牲や労働災害の増大を——その防止対策が法規をもって強制されるのでなければ，あるいは強制されてさえも——ともないがちである。なお，低廉な工業用原料を入手するために低開発国との貿易が重要視され，あるいは直接的な植民地支配がおこなわれる。

　以上にみた「不変資本充用上の節約」や「安価な原材料の入手」等は，それ自体としては，剰余価値生産を増大させる積極的要因ではなく，剰余価値生産にとっての（不可欠ではあるが）制限的な要因の節減にすぎないのであるが，利潤率の上昇を結果するという点においては変わりないため，利潤を《資本の果実》とみる無概念的 (begriffslos) な表象とも結びついて，それ自体として利潤を生み出す積極的要因であるとする顚倒的な把握が生ずることとなる。また，不変資本の節約効果や安価な原料の入手等は資本家やその代理人の能力によって左右されるところ大であるので，《管理労働の報酬としての利潤》という俗説がおこなわれることともなる。

　なお，剰余価値生産に及ぼす資本の回転の影響についてはすでに第Ⅱ編第2章においてみたところであり，そこでの考察が当面の年利潤率の考察にもそのままあてはまる。（労働期間，非労働期間を含めての）生産期間は生産技術の発展にともなって短縮されるが，その生産技術の発展は通常，不変資本とりわけ固定資本の巨大化をともなう。また，流通期間は鉄道・船舶・自動車・航空機等の交通手段や電信・電話等の通信施設の発達，商取引の集中・合理化，信用制度の発展等によって短縮される。これらの生産期間および流通期間の短縮による可変資本の回転数の増大は，年利潤率の上昇をもたらす。第Ⅱ編第1章第5節でみた（利潤からの控除によってまかなわれるべき）「流通

費」の節減も，同様の効果をもつことはいうまでもあるまい。

* 現今のいわゆる「公害問題」も，この資本主義的生産の本性に根ざすものであると考えるべきであろう。自己増殖する価値自体が過程の主体であり，利潤率を上昇させることが至上命令であり，社会的労働の生産力が資本の生産力としてあらわれ，労働力が他の物的生産要素とともに物として生産過程において消費される，という関係を基礎とする生産様式そのもののなかに，公害問題を発生させる根因があるのである。公害問題の根の深さとその解決の困難さは，まさにこの点にある。

〔補説〕 古典派利潤論とマルクス——剰余価値と利潤——

　古典学派は労働価値説にもとづいて利潤を事実上においては剰余労働の所産としてとらえることができたのであるが，剰余価値という範疇を定立しえず，利潤は費用価格を超える価値の超過分としての日常的な現象形態において把握されたままであり，そこにこの体系を崩壊にみちびく古典派価値論＝および利潤論の混乱が胚胎したのである。そうした混乱は，アダム・スミスの『国富論』のなかに明瞭に読みとることができる。剰余価値範疇が定立しえなかったのは，労働力の価値という範疇が定立しえなかったことと密接に関連する。賃銀は「労働の価格」であるという，これまた日常的な現象形態のままのとらえ方がなされることによって，労働の生みだした価値のうち労働力の価値を超える剰余価値部分としての剰余価値範疇が明確に定立しえなくなるのである。（——「労働の価格」という現象形態においては全労働が支払労働として現われる。） まず労働力の価値という範疇を定立することによって（剰余労働の対象化たる）剰余価値範疇を定立し，次いでその本源形態がどのようにして利潤という現象形態に転化するかを明らかにするという，マルクスの発生的・発展的な，順次的・体系的な，展開方法のもつ意義がここにあるのである。

第2章　利潤の平均利潤への転化

第1節　平均利潤率の形成，価値の生産価格への転化

　利潤率は，剰余価値率・資本の有機的構成・資本の回転期間の三者の要因によって規定される。このうち剰余価値率はあらゆる生産部門において等しいと仮定することができるし，事実また資本主義的生産の発展にともなう労働力の可動性の増大（統一的な労働市場の形成）につれて剰余価値率すなわち労働搾取率はあらゆる生産部門において均等化する傾向がある。これに対して，資本の有機的構成および回転期間は，各生産部門に固有の生産技術的条件に規定されて，部門ごとに相異ならざるをえない。そこで，各生産部門の商品がその価値どおりに販売されるものとすれば，相等しい剰余価値率が生産部門ごとに異なる利潤率となって現われることとなる。ところがすでに前節でみたように，商品の生産において資本家が現実に要費するのは（その商品の生産に要する労働総量ではなくて）商品価値のうちの「費用価格」部分にすぎず，利潤はその費用価格のたんなる超過分として，（可変資本部分のみでなく）前貸された総資本の所産として，現われる。資本家にとっては，前貸された総資本の価値額に対して或る与えられた期間にどれだけの費用価格超過分たる利潤が獲得されるかということだけが問題なのであり，その意味での利潤の前貸総資本に対する比率たる利潤率のみが資本効率を測定する基準として資本家としての彼の行動を規定する。したがって，同じ労働搾取度のもとに生産部門によって異なる利潤率がえられるならば，利潤率の極大化をも

とめる**資本**はおのずから利潤率のヨリ高い生産部門に投下されあるいは流入し，そうした**資本の動き**は（需給関係の変化を通じて）商品価格を価値から乖離させ，利潤率を均等化ないしは平均化させる。利潤率の極大化をもとめる**資本の競争**が《平均利潤率 (Durchschnittsprofitrate)》を成立せしめるのである。各生産部門で生産された剰余価値の総量は，社会の総資本の平均的な一可除部分たる各部門の資本に均等な率で配分される。それと同時に，諸商品の価値は《費用価格＋平均利潤》たる《生産価格 (Produktionspreis)[*]》に転化する。

> [*] この概念は，重農学派が《必要価格 (prix nécessaire)》と名づけ，アダム・スミスが《自然価格 (natural price)》と規定し，またリカードゥが《生産価格 (price of production)》と呼んだものに当たる。ただし，これらの経済学者たちはいずれも，価値と生産価格との区別を展開しえなかったのであるが。

数字例によって説明しよう。ただし，簡単化のために資本の回転期間の問題は除外し，また固定資本要因は捨象して前貸不変資本総額 K は生産物価値の構成要素としての不変資本価値 C に等しいものと仮定する。いま仮に，一社会の生産諸部門がⅠからⅤまでの五生産部門に類別されるとし，その各部門ごとの資本の有機的構成の平均が下表の第1欄に示すごとくであり，また剰余価値率がいずれも 100% であったとすれば，各生産部門の商品の生産物価値は第3欄に示すようになり，その生産物の価値どおりに諸商品が販売されるものとすれば各部門の利潤率はそれぞれ第4欄のようになるであろうが，前述のように利潤率を極大化すべく投下部面をもとめる諸資本の競争は第5欄にみるように価値の生産価格への転化と剰余価値の均等率での再分配を実

前 貸 資 本	剰余価値率 m'	生 産 物 価 値	部門別利潤率
Ⅰ． $80K+20V$	100%	$80C+20V+20M=120$	20%
Ⅱ． $70K+30V$	100%	$70C+30V+30M=130$	30%
Ⅲ． $60K+40V$	100%	$60C+40V+40M=140$	40%
Ⅳ． $50K+50V$	100%	$50C+50V+50M=150$	50%
Ⅴ． $40K+60V$	100%	$40C+60V+60M=160$	60%
計 $300K+200V$	100%	$300C+200V+200M=700$	

第1節　平均利潤率の形成，価値の生産価格への転化　281

現せしめるのであって，その平均利潤率 p' は

$$p' = \frac{200M}{300K + 200V} = 40\%$$

となる。Ⅰ～Ⅴの生産諸部門の各資本 100 に対して均等な平均利潤 40 が帰属する。それはあたかも，Ⅰ～Ⅴの部門が或る単一の資本の異なる諸工程をなし（例えば，或る木綿工場の異なる諸工程，すなわち梳綿室，前紡室，精紡室および織布室のように），それら諸工程に不変資本と可変資本との異なる比率をもって投下された資本部分各 100 にたいして，総資本 500 の 5 分の 1 として，$300K + 200V$ なる構成の資本が生み出す 200 の剰余価値が均等に割りあてられ，計算されるのと同様である。諸資本の競争は絶えずそうした結果をもたらす。そのかぎりにおいて資本家たちは，一株式会社のたんなる株主と同様に振る舞うこととなるのである。

下表の第 7 欄にみるように，価格の価値からの乖離は相互に相殺される。また，その資本構成が社会的総資本の平均構成に等しい第Ⅲ部門においては価格は価値から乖離せず，その部門で生産された剰余価値がそのまま平均利潤となっている。なお，生産価格の社会的総計は生産物価値の社会的総計に等しく，平均利潤の社会的総計は剰余価値の社会的総計に等しい。そして，この《総価値＝総生産価格・総剰余価値＝総平均利潤》なる命題は，平均利潤とは一社会において生産された剰余価値総額が競争を通じて資本構成を異にする生産諸部門の資本に均等な率で配分されたものにほかならないということの別様の表現なのである。

生　産　価　格 （費用価格＋平均利潤）	平均利潤率 p'	価格の価値からの乖離
$80C + 20V + 40P = 140$	40%	＋20
$70C + 30V + 40P = 140$	40%	＋10
$60C + 40V + 40P = 140$	40%	0
$50C + 50V + 40P = 140$	40%	－10
$40C + 60V + 40P = 140$	40%	－20
$300C + 200V + 200P = 700$	40%	0

ところで，諸商品がその価値においてではなく生産価格において販売されるという関係が展開されることとなると，各生産部門の商品の生産価格の構成要素たる費用価格そのものが価値によってではなく生産価格によって規定されることとなり，したがって各部門の商品の生産価格の量的規定も変化することとなるが，しかしそれは諸商品の生産価格相互の関係を変化させるだけであって，総価値によって総生産価格が規定され，総剰余価値量によって総平均利潤量が規定されるという関係自体をなんら否定するものではない。諸商品の生産価格の相対関係が変化しても，一方の側に諸商品の費用価格の総額を他方の側に平均利潤の総額を置いてみれば，上の関係が依然として貫徹していることは容易にこれを把握することができるであろう。（なお，この点については 320-1 ページの註記をも参照。）価値および剰余価値規定を基礎としなければ，平均利潤なるものは「無の平均」であり「たんなる仮空物」にすぎない。その場合には，平均利潤率は何パーセントであってもよいということになるのであって，それを規定する客観的根拠は明らかでない。いな，そもそも，価値・剰余価値規定を基礎としなければ，利潤なるものが何故にまた如何にして成立するかが明らかにされえないのである。内的関連ないしは内的機構を明らかにしてのちにそれが如何にして現象するかを解明してゆくという方法をとることなく，いきなり競争の現象過程を論ずる諸経済学（現今のいわゆる「近代経済学」をも含めて）が没概念的たらざるをえないのはこの理由による。

なお，さきの表においては各生産部門への資本投下量は等しいものと仮定したうえで平均利潤率が算出されているが，実際には各生産部門への資本投下量が相異なるのであって，社会の資本総量の各生産部門への配分割合を加味したうえで平均利潤率が算出されるのでなければならない。例えばいま，前掲表においてⅠ部門 = 300，Ⅱ部門 = 300，Ⅲ部門 = 200，Ⅳ部門 = 100，Ⅴ部門 = 100 の資本がそれぞれ投下されていたと仮定すれば，平均利潤率 p' は次のようになる。

$$p'=\frac{20M\times 3+30M\times 3+40M\times 2+50M+60M}{300+300+200+100+100}=34\%$$

　平均利潤率は，剰余価値率の変化によって，各生産部門の資本構成および回転期間の変化によって，さらには各生産部門への社会の総資本の配分割合の変化によって絶えず変動するのであるが，諸要因の相反する作用は相互に相殺しあい，諸部門における反対方向の変動は相互に中和しあうのであって，全体としての変動は一般には緩慢である。生産力の発展によって規定されるその変動方向が，ヨリ高い利潤率をもとめる個々の資本の意図とは逆の結果にならざるをえない次第については，次章でみる。ここで重要なのは，生産価格の，したがってまた平均利潤の運動を規制するのは価値法則にほかならないことを，明確に把握しておくことである。「(1) 価値法則は価格の運動を支配する。——けだし，生産に必要な労働時間の増加または減少は生産価格を騰貴または下落させるからである。……(2)……諸商品の総価値は総剰余価値を規制し，この総剰余価値はまた平均利潤の，したがってまた一般的利潤率の高さを規制する———一般的法則として，また諸動揺を支配するものとして——のであるから，価値法則は生産価格を調整するのである。」(K. Ⅲ, SS. 204-5.〔189.〕) すなわち，諸商品の総価値によって総生産価格が規定され，総剰余価値量によって総平均利潤率が規定されるという関係のもとに，平均利潤率の（たんに名目的でない*）現実的な運動がおこなわれるのであることを，明確にとらえておくことが必要なのである。利潤率の平均化と価値の生産価格への転化によって価値法則が否定されるのではない。価値法則——それは，（前記の『資本論』の叙述からも読みとれるように，）いわゆる「等価交換の法則」として単純商品流通を規制する法則としてのみ理解さるべきではなく，資本家と労働者との階級関係そのものを基本的に規定する法則として，すなわち，いわゆる「剰余価値法則」をもそのうちに含むものとして理解されなければならないのだが——は，そうした現象過程を内的にあるいは背後から規制し，また，そうした現象過程を通じて自己を貫徹するのである。**

　* 「生産価格を規定する平均利潤は，つねに，社会的総資本の可除部分としての

所与の一資本に帰属する剰余価値量にほぼ等しくなければならない。一般的利潤率したがって平均利潤が〔社会的総資本の一可除部分たる資本に帰属すべき〕現実の平均剰余価値を貨幣価値で計算したものよりも〔なんらかの理由によって〕ヨリ高い貨幣価値で表現されているとしよう。資本家たちがここで問題となるかぎりでは、……貨幣表現の誇張は相互的〔であるにすぎない。〕だが、労働者たちに関していえば、……〔彼等が標準的労賃を受けとるものとすれば〕……平均利潤の引上げによって生ずる商品価格の増大には、可変資本の貨幣表現における増大が対応しなければならない。実際、投下総資本に対する現実の剰余価値の比率によって定まる率以上への利潤率……のかような一般的名目的な引上げは、労賃の引上げを招くことなしには、また同様に、不変資本を形成する諸商品の価格の引上げを招くことなしには、可能でない。これとは逆の、引下げの場合も同様である。」(*K*. Ⅲ, S. 205.)〔189.〕)

** 『資本論』第1巻「価値の理論」と第3巻の「生産価格の理論」との間には矛盾撞着があるとし、よって労働価値説は排棄さるべきだとするボェーム-バヴェルクの『マルクス体系の終焉』と題する古典的なマルクス批判 (E. v. Böhm-Bawerk, *Zum Abschluss des Marxschen Systems*, 1896.) は、価値法則を財貨の交換比率決定の法則としてのみ把握する皮相な見解をその基調とし、価値規定と生産価格との論理次元の差異、本質的関係と現象過程との関係としての両者の関連を把握しえないことによるものである。このボェーム-バヴェルクのマルクス批判に対してはヒルファーディングの『ボェーム-バヴェルクのマルクス批判』と題する周知の、これまた古典的なともいうべき反批判 (R. Hilferding, *Böhm-Bawerks Marx-Kritik*, 1904.) があるが、そのヒルファーディングの議論は、価値と生産価格との関係は「単純商品生産から資本家的商品生産への移行」という「歴史的前提の変化」にともなう交換および価値法則の「変容(Modifikation)」の問題であるとする説明にやや安易に重点をおきすぎているという点において問題がある。もちろん、ヒルファーディングのいわんとするところは、「価値法則も、たとえ変形された姿態においてであるとはいえ、〔資本主義経済の〕交換ならびに価格変動を支配している」という点にあったのであろうが、しかしそれにしても、価値と生産価格との関係はなによりも論理次元の差異と関連の問題として明確に把握され、そのうえで歴史的過程との比定がなされるのでなければならない。もともとヒルファーディングのそうした議論は、『資本論』第3巻第2編第10章におけるマルクスの、「商品の価値を、たんに理論的にのみでなく歴史的にも生産価格の先行者 (das prius) と看なすことは、まったく適切 (sachgemäß) である。このことは、生産手段が労働者に属するような状態に妥当するのであって、こうした状態は、古代世界でも近代世界でも、みずから労働する土地所有農民の場合、および手工業者の場合にみられる。……」(*K*. Ⅲ, S. 202.〔186-7.〕)という叙述や、エンゲルスの『資本論』第3巻への「補遺」における価値法則論に拠ったものであるが、価値と生産価格との関係を主としてそういう歴史的関係として把握するの

第1節 平均利潤率の形成，価値の生産価格への転化

は妥当ではない。

なお，価値と生産価格との関係については，《総生産価格は総価値によって規定され，総平均利潤は総剰余価値によって規定される》という問題に関する，ボルトキヴィッツの「マルクス体系における価値計算と価格計算」，「『資本論』第3巻におけるマルクスの基本的理論構造の修正」という二論文（L. v. Bortkiewicz, Wertrechnung und Preisrechnung im Marxschen System, *Archiv für Sozialwissenschaft und Sozialpolitik*, Bde. 23, 25, 1906-7; Zur Berichtigung der grundlegenden theoretischen Konstruktion von Marx im dritten Band des „Kapitals", *Jahrbücher für National-ökonomie und Statistik*, Bd. 34, 1907.）に端を発し，スウィージーの『資本主義発展の理論』（P. M. Sweezy, *The Theory of Capitalist Development*, 1942.）による紹介によって俄に活潑となった「転形問題 (Transformation Problem) 論争」と呼ばれる一見厄介な論争があり，未だ決着をみないまま中断された形となっているが，その論争が（問題を深く考えなおすきっかけを与えたという意味では全く無駄ではなかったにしても，）やや不毛な印象をあたえているのは，そもそもボルトキヴィッツや，スウィージーの問題提起が——「価値の生産価格への転化」の問題を再生産表式によって析出される「再生産の均衡条件」の問題と不当に絡ませてゆく方法上の誤りを措いて問わないとしても，——価値と生産価格との論理次元の差異を明確に把握することなく，両者を同一次元の数量としてとらえたうえで両者が等しいかどうかを論ずるという安易な思考によっている点に，根本的な問題を含むとおもわれる。元来，価値という範疇は決して単に観念的ではないが，そのまま生まの形で数値として現われるものではない。内的関連を明らかにしてのちにそれが如何ように現象するかを論ずるその説明の方法としての数量表示をそのまま実体化してとらえ，そういうものとして価値量が現われるかのように暗黙のうちに考えているとすれば，やや素朴にすぎる誤解というべきであろう。価値が貨幣商品たる金の量において価格としてのみ現象するということとはやや異なった意味においてではあるが，価値法則は生産価格規定の支配する現象過程を通じてのみ自己を貫徹するのである。

だが，価値の生産価格への転形にともなって，利潤は剰余価値とたんに範疇として区別されるだけでなく，量的にも異なるものとしてあらわれるのであって，「利潤の真の本性および起源」は資本家にたいしてだけでなく労働者にたいしてもすっかり隠蔽されることとなる。剰余価値の利潤へのたんなる転形によっても，価値の概念が見失われ価値規定そのものの基礎が目に見えなくなってくる次第についてはすでに前節においてみたが，そうした本質的関係の隠蔽は，利潤が平均利潤として剰余価値と量的にも異なるものとな

り，かつ個々の特殊的な生産部門の生産条件および価値形成とは直接には係わりなく平均利潤の率と量とが変化することとなるや決定的となるのであって，商品の費用価格をもって商品の「本来的な内在的価値」とみなし，利潤はそれを超えるたんなる「販売価格の超過分」であり，商品の「内在的価値」にとって外的な何かであるとする没概念的な表象が確定され，固定され，骨化されることとなるのである。価値法則は，まさにそうした本質的関係の隠蔽のもとに自己を貫徹する。だからそれは，科学によって批判的に析出されなければならない。しかるに，現象過程の没概念的な表象を事実の反映であるとしてそのままに前提しかつ理論化しようとする経済諸学説が現われるのであって，リカードゥ学派の解体以来現代にいたるマルクスのいわゆる《俗流経済学》の系譜がそれである。

* 価値の生産価格への転化の問題を合理的に解決しえず「価値論の修正」を余儀なくされたことが，（賃銀を「労働の価値」としてとらえ，資本家と労働者との間の・賃労働と賃銀との間の・特殊的な交換の問題を解決することなく回避した点とともに）リカードゥ理論を崩壊せしめる規定的な要因となった。マルサスは，この点をとらえて，本来の意味の価値規定（投下労働による価値決定の法則）を放棄して生産価格（しかも需要供給の関係によって規定される市場価格の平均としてのそれ）の規定のみをもって経済理論を構成すべきことを主張した。リカードゥがアダム・スミスの理論の核心をなす部分の継承と純化のうえにおこなったブルジョア社会の内的構造＝本質的関係の解明の試みは，現象過程の没概念的な表象の無批判的な定式化にとって代わられることとなる。マルクスがマルサスをもって「リカードゥに対する科学的反動」であるとしたのは，まさにこの理由による。

利潤率の平均化は，資本および労働力が充分に可動的であることを前提とし，資本の可動性はまた完全な商業的自由の確立と種々なる独占の排除，信用制度の発達，広汎な生産部面の資本への従属化等をその前提とし，労働力の可動性——それは剰余価値率均等化の条件でもある——は，労働者の移動を妨げる諸制度ならびに諸事情の解消，機械による生産の発展にともなう個人的熟練労働の簡単な平均労働への可能なかぎりの還元，自己の労働の内容にたいする労働者の無関心，一切の職業的偏見の消滅，総じて資本主義的生

産様式への労働者の従属化をその前提とする。資本制的生産が発展すればするほど価値法則はますます全面的に社会の隅々まで貫徹し，それにともなって一方では剰余価値率が均等化し，他方では利潤率の平均化が徹底してゆくのである。

第2節　市場価格と市場価値，超過利潤

　一般的利潤率ないしは平均利潤率の形成にともなって諸商品は価値においてではなく生産価格において販売されることとなる次第については前節においてみたが，その生産価格は市場における価格の不断の動揺を通じてその平均価格としてあらわれるのであって，各生産部門の利潤もこの市場価格の運動を通じておこなわれる（市場価格の変動をもたらしかつそれによって媒介される）諸資本の競争によって平均化されるのである。その場合，利潤率の均等化をもたらす異部門間の資本の競争（相異なる商品の生産をおこなう諸資本の間の競争）は部門内の資本の競争（同種の商品の生産をおこなう諸資本の間の競争）を含蓄しつつおこなわれるのであって，部門間競争は部門内競争によって絶えず媒介されるものとして把握されなければならない。この二重の側面をもつものとしての諸資本の競争をとらえることによってはじめて，「一般的利潤率への均等化がどのようにしておこなわれるのか」を理解することができる。一般的利潤率の形成についての論理的・抽象的規定はすでに前節においてあたえられているので，それを前提として，いまや，一般的利潤率への均等化の過程そのもの——その意味での競争過程が考察されなければならない。そういう問題観点から，競争の二つの側面のうちの部門内のそれ（したがってまた，部門間競争を前提するものとしての部門内競争）を，市場価格とその運動の中心としての市場価値との関係の問題として論ずるのが，本節の課題である。以下に市場価値についてえられる命題は，「必要な限定を加えれば」そのまま生産価格にも妥当する。

a. 市場価値の概念規定

　まず，市場価値論のほんらいの価値論に対する関係からみてゆこう。

　利潤率の平均化機構の一側面としての部門内競争を考察するこの論理段階において，商品の価値規定は市場価値なるヨリ具体的な規定をあたえられるのであるが，この市場価値という規定においては，ほんらい諸商品の価値関係の内容規定をなすところの・社会的諸欲望の充足に適合的な・社会的総労働の生産諸部門間への配分の問題が，ヨリ具体的な形態において前面に立ちあらわれてくるのである。

　すなわち，第一に，「個々の商品の価値に妥当する諸条件が，ここでは，ある商品種類の総額の価値にとっての諸条件として再生産される。」(K. Ⅲ, S. 206.〔191.〕)　すなわち，商品の価値はその商品の生産に個々に要費した労働量によって決定されるのではなくその商品の生産に社会的・平均的に必要な労働量によって決定されるということが，いまや，或る生産部門の商品総量はその生産に必要なだけの社会的労働量を含むということとして，ヨリ現実的に，あるいは「一歩すすんで」規定されている (K. Ⅲ, S. 208.〔192.〕)。しかも同時に，生産諸条件が相異なることによって異なる同一種の諸商品の個別的諸価値とそれらの集約としての市場価値との関係の問題が，問題として前面に浮かび上がってくる。

　そして第二に，一生産部門の全商品にたいする社会的欲望の量的規定がいまや「本質的な契機」となる。──「商品が使用価値をもつということは，それが何らかの社会的欲望を充足するということにほかならない。われわれが個々の商品だけを問題にしていたあいだは，われわれは，充足さるべき欲望の量にヨリ以上立入ることなしに，この一定の商品にたいする欲望──価格のうちにはすでにその量が含まれている──が存在するものと想定することができた。しかし，一方の側に一生産部門全体の生産物が立ち，他方の側に社会的欲望が立つことになれば，この充足さるべき欲望の量が一つの本質的な契機となる。いまや，この社会的欲望の程度すなわち量を考察することが必要となる。」(K. Ⅲ, S. 210.〔194.〕)　このことは同時に，市場価値論は

第2節 市場価格と市場価値，超過利潤

必然的にないしは不可避的に市場価格論をともなうということを意味する。あるいは，角度を変えていえば価値から乖離する価格の問題は，市場価値論にいたってはじめて本格的に論ぜられるのである。

上の第一，第二の点は市場価値論の展開においてはつねに同時的に考慮されていなければならないのであるが，順序としてまず，第一の市場価値そのものの規定からみてゆこう。

本書第Ⅰ編第3章第2節 3.「相対的剰余価値の生産」においてみたように，新生産方法の導入と普及にともなう商品の社会的価値の低下によって規定される・「特別剰余価値」ΔM の成立→消滅，その反面での旧生産方法による諸資本の剰余価値減少量 $-\Delta M$ の増大というメカニズムに媒介されて，各生産部門の資本はたんに資本としての存立を維持するためにも新生産方法の速やかな採用を強制され，また，さらにヨリ高度な生産方法の採用が絶えず促進されるのであって，かくして，競争によって，一方において個別資本間の生産条件の差異が絶えず解消されようとし，他方において同時に，新たな生産条件の差異が絶えず生み出されてくるのであって，或る一時点をとってみれば，相異なる生産条件の諸資本が同時並存的に生産を営んでいることとなる。相異なる生産条件のもとで生産される商品の個別的価値は，互に相異なる。ところで，一生産部門の商品総量の価値はその構成要素たる諸商品の諸個別的価値の総計にほかならず，その商品種類の単位量あたりの価値は諸個別的価値の総計を総商品数量によって除した商にほかならない。それが，すなわち，商品の市場価値である。すなわち，市場価値とは，一生産部門の相異なる生産条件のもとでの商品の個別的諸価値の加重平均として割り出される「平均価値」にほかならない。

いま，一生産部門の相異なる生産条件が上・中・下位の三群に類別されるとし，また需給関係の問題側面を捨象するために，市場に供給されるこの部門の商品総量もそれによって充足される社会的欲望量も全く変化しないものとすれば，市場価値は，相異なる生産条件による相異なる個別的価値の諸商品のこの部門の商品総量のうちに占める比率の如何によって，種々なる規定

を受けることとなろう。

　(1)　一生産部門の商品の大量をなす部分が中位の生産条件のもとで生産されていて、かつ上位と下位の生産条件の商品の個別的価値の平均がその中位の生産条件の商品の価値に等しい場合には、この部門の商品の市場価値は中位の生産条件の商品の個別的価値によって規定されることとなる。この場合には、中位の生産条件がそのままこの部門の標準的ないしは平均的な生産条件としてあらわれる。この場合の相異なる個別的価値をもつ商品量の「組合せ」は、もっとも通例的な場合とみなすことができよう。

　(2)　つぎに、下位の生産条件で生産される商品量が上・中位のそれよりも相対的に大きな割合を占める場合には、その下位の生産条件の商品の個別的価値が規定的な役割を果たすことになる。だが、言うまでもなく、個別的諸価値の平均価値たる市場価値はその下位の生産条件の個別的価値に完全に等しくなるものではなく、後者に市場価値がどこまで近接するかは後者が総商品量のうちに占める割合いかんによる。

　(3)　さらに、上位の生産条件で生産される商品量が中・下位のそれをはるかに上廻る場合には、その上位の生産条件の商品の個別的価値が規定的な役割を果たすことになるが、この場合にも市場価値がどこまでその上位の生産条件の個別的価値に近接するかは、上位の生産条件の商品の総商品量のうちに占める割合いかんによる。

　上の三様の「組合せ」のうち、第一の場合には、その商品の個別的価値が市場価値以下である上位の生産条件の諸資本は特別剰余価値 ΔM を取得するが、下位の生産条件の諸資本は負の特別剰余価値 $-\Delta M$ をすなわち剰余価値の減少を余儀なくされ、第二の場合には上・中位の生産条件の資本がともに特別剰余価値を取得するのに対して大量をなす下位の生産条件の諸資本はその個別的価値と市場価値の差額だけの負の特別剰余価値を余儀なくされ、さらに第三の場合には、中・下位の生産条件の諸資本が負の特別剰余価値を余儀なくされる反面、大量をなす上位の生産条件の諸資本はその個別的価値と市場価値との差額だけの特別剰余価値を取得する。その場合、一方の諸資

第2節　市場価格と市場価値，超過利潤　291

本が取得する特別剰余価値量と他方の諸資本が余儀なくされる負の特別剰余価値量とがつねに相等しいことは，すでに本書111-3ページの「特別剰余価値に関する補説」で展開したごとくである。上の三様の「組合せ」を，絶えずヨリ高度な生産方法が導入され普及してゆく過程の態様を表わすものとみることもできよう。（その場合には，第二の「組合せ」から第一のそれに移行し，最後に第三の「組合せ」という順序となるであろう。）或る生産部門の平均的ないしは標準的な生産条件は，ヨリ高度な生産方法の普及にともなう相異なる個別的価値の商品量の「組合せ」の変化とともに変化してゆくのであって，その意味での平均的な生産条件よりも有利な生産条件の個別資本はその商品の個別的価値が市場価値以下であることによってその差額を特別剰余価値として利得し，その反面，平均的な生産条件よりも不利な生産条件の個別資本はその商品の個別的価値が市場価値以上であることによってその差額だけの剰余価値の減少を余儀なくされるという関係にある。

　ところで，この《特別剰余価値 (Extramehrwert)》はいまや《特別利潤 (Extraprofit)》という現象形態において現われる*のであって，平均的な生産条件よりも有利な生産条件の個別資本はその商品の個別的費用価格が平均的生産条件のもとでの平均費用価格以下であることによってその差額を特別利潤として取得し，その反面，平均的な生産条件よりも不利な生産条件の個別資本は個別的費用価格が平均費用価格以上であることによってその差額だけの利潤の減少を余儀なくされるという関係として，個々の資本家に意識されるのである。しかも，通常の利潤に特別利潤を加えたものの投下資本に対する比率たる個別的利潤率が平均的生産条件のもとでの投下資本に対する剰余価値の比率たるその部門の標準的利潤率以上になるのでなければ，その生産方法は採用されない。生産方法の高度化は通常資本の有機的構成の高度化をともなうのであるが，資本構成の高度化にもかかわらず上の意味での個別的利潤率の上昇をもたらすほどの特別利潤（個別的費用価格の平均費用価格に対する差額）がえられるのでなければ，新生産方法の採用はなされないのである。この個別的利潤率が個々の資本の投資行動を決定する。なお，前節において

生産価格の規定を与えるさいに生産部門ごとに相異なる利潤率が均等化され一般化されるとしたその部門ごとの特殊的利潤率とは，上の意味での，各部門における標準的・平均的生産条件のもとでの部門ごとの標準的利潤率（＝部門内利潤率の平均値）に他ならない。ただし，部門内の個別的利潤率が競争によって平均化されて部門ごとの特殊的利潤率が形成され，それがさらに一般的利潤率に平均化されるのではない。前述の，特別利潤の成立→消滅・その対極での負の特別利潤の成立→増大なるメカニズムに規定される個別諸資本相互の競争によって新生産方法の普及が強制される反面，絶えずヨリ高度な生産方法の導入が促進され，その結果相異なる生産条件の諸資本が並存することになるのであるから，部門内の利潤率は均等化されない。競争は，異部門間には均等な利潤率を部門内には不均等な利潤率を結果するのである。

* 「特別利潤」なる概念は『資本論』においてはやや多義的に用いられているが（例えば，『資本論』第3巻193ページにおけるエンゲルスの註記や，同394ページ本文における用例等），本書ではそれを「特別剰余価値」の直接的転化形態という意味においてのみ用いることとする。

b. 市場価格と市場価値

さて，市場価格と市場価値との関係の問題を考察しよう。市場価格論を外面的で無内容なたんなる需要・供給論に解消せしめないためには，以下の三点が留意されなければならない。

第一に，いわゆる需要と供給との関係は，社会的再生産の観点からこれをみれば，社会的総労働の生産諸部門への配分の問題にほかならないということ。すなわち，資本制社会においては，社会的諸欲望を充足するに適合的な社会的総労働の各生産部門への配分関係は，需要・供給の関係として，市場価格の運動を通じて，絶えず事後的に調整されるのであって，市場価格の市場価値からの絶えざる乖離とそれへの収斂の運動は，社会的総労働の生産諸部門への配分の特殊・資本制的な形態として把握されなければならないということ。この点についてマルクスは次のように論じている。重要な点であるので，長文の引用を敢てしておく。

第2節 市場価格と市場価値, 超過利潤

「一商品がその市場価値どおりに, すなわちそれに含まれている社会的に必要な労働に比例して販売されるためには, この商品種類の総量に費される社会的労働の総量がこの商品に対する社会的欲望, すなわち支払能力ある社会的欲望の量に照応しなければならない。競争は, 需要と供給との比率の動揺に照応する市場価格の動揺は, 絶えず, 各商品種類に費される労働の総量をこの限界に制約させようとする。」(K. III, S. 219.〔202.〕)

「……一方における, ある社会的商品に費されている社会的労働の総量, すなわち社会がこの商品の生産に費すところの社会の総労働力の可除部分, したがってこの商品の生産が総生産において占める範囲と, 他方における, 社会がかの特定の商品によって充される欲望の充足を要求する範囲とのあいだには, なんらの必然的な関係も存在せず, ただ偶然的な関係が存在するにすぎない。各個の商品または一商品種類の各定量はその生産に必要な社会的労働のみを含むであろうとはいえ, そしてこの面からみれば, この商品種類全体の市場価値はただ必要労働のみを表示するとはいえ, もしこの特定商品がそのときの社会的欲望を超えた分量で生産されたとすれば社会的労働時間の一部分が浪費されたのであり, その場合にはこの商品量は, 市場では, 現実にそれに含まれているよりも遙かに小さい量の社会的労働を代表するのである。(生産が社会の現実の予定的統制のもとにある場合にのみ, 社会は, 特定の物品の生産に費される社会的労働時間の範囲とこの物品によって充されるべき社会的欲望の範囲とのあいだの関連を, 作り出す。) したがって, これらの商品はその市場価値以下で売りとばされなければならず, その一部分はまったく売れなくなることもありうる。」(K. III, S. 213.〔196-7.〕)

第二に, 需要と供給との不一致による市場価格の市場価値からの乖離の問題は, 需要と供給とが一致した場合の市場価格が何によって規定されるかを, すなわち, 市場価値そのものの規定を明確にしてのちに, それを基準として論ぜられるべきであるということ。──

「本来的な困難は, 需要と供給との一致を何と解すべきかということの規定にある。……もし需要と供給とが一致するならば, それらは〔市場価

値からの市場価格の乖離の運動に〕作用することをやめる。そしてまさにそれゆえに，商品はその市場価値で売られる。二つの力が反対の方向に均等に作用する場合にはそれらは相互に止揚しあう……のであって，かかる条件のもとで生ずる諸現象はこの二つの力の関与以外のものによって説明されねばならない。……資本主義的生産の現実の内的諸法則は，明らかに需要と供給との相互作用からは説明されえない。……なぜならばこれらの法則は，需要と供給とが……一致する場合にのみ，純粋に実現されたものとして現われるからである。需要と供給とは実際には決して一致しない。……しかるに経済学においては，それらは一致するものと想定される。何故か？ 諸現象をその合法則的な，その概念に照応する態容において考察するため，すなわち，諸現象を需要と供給との運動によって惹起される外観から独立に考察するためである。他面では，需要と供給との運動の現実の傾向を見出し，いわば確定するためである。何故ならば，諸不等は反対の性質のものだからであり，また絶えず相継いで起きるがゆえに，……相互に相殺されるからである。……〔かくして，〕市場価値から乖離する市場価格は，それらの平均数によってみれば，市場価値に均等化される。……そして，この平均数は決して単に理論的な重要性をもつのみでなく，大なり小なりの特定の期間における諸変動と諸平均化とを計算に入れて投下される資本にとっては実際的な重要性をもつものである。」(K. Ⅲ, SS. 215-6.〔199-200.〕)

第三に，需要・供給の問題を具体的に把握するためには，社会的総需要の構造が分析されなければならない。——ある商品種類に対する社会的需要（支払能力ある需要）とは，すでに第一の点として述べたように，基本的には，この商品種類と交換される他の商品種類に対象化されている社会的労働を実体とするものにほかならないのであるが，いっそう具体的に，資本制的生産の総過程の観点から社会の諸商品総体に対する需要総体の構成をとらえれば，社会的総需要は「生産的消費」のための需要と「個人的消費」のための需要とからなり，後者は「本質的には，種々なる階級相互間の関係により，それらの階級のそれぞれの経済的位置によって，かくして殊に，第一には労賃に

対する総剰余価値の比率によって，第二には剰余価値が分裂する種々なる部分（利潤・利子・地代・租税等々）の比率によって，制約」(K. Ⅲ, S. 207.〔191.〕) されており，また，前者すなわち「生産的消費」のための需要は資本家の「利潤動機」によって，また産業諸部門間の連関（複線的な「絡合い」の関係）によって規定されているのであって，かかるものとしての社会的総需要の構成の把握は，「資本制的生産過程の総姿容」の把握を前提する。社会総体としての生産と消費との連繫は本書第Ⅱ編第3章の再生産表式分析によって基礎的に解明されたが，資本の競争によって媒介される市場価格の運動は，この連繫を，事後的・暴力的に，絶えざる不均衡の均衡化として，調整するのである。

以上の三点が市場価格の問題を把握するうえでの要点をなすものであるが，それを前提したうえで，市場価格の市場価値からの乖離とそれへの収斂の運動そのものについて，利潤率の平均化機構を明らかにするという当面の課題に必要なかぎりでの考察を加えておこう。

（イ）　需要供給が一致しない場合には市場価値からの市場価格の乖離が生ずるが，「一方向における乖離の結果は反対の方向における他の乖離を呼び起こす。」(K. Ⅲ, S. 216.〔200.〕)　市場価格は需要供給の関係によって絶えず変動し，逆に市場価格の変動は需要供給の関係を絶えず調節する。すなわち，需要が供給以上となれば市場価格は市場価値を超えて上昇するが，その市場価格の上昇は一方では需要を減退せしめると同時に他方では利潤増大に誘発された供給増加（他部門からの資本流入によるものを含めて）をもたらし，かくして市場価格を下落させる。逆の場合はその逆である。——かくして，市場価値からの市場価格の乖離の運動は，その乖離を生ぜしめた需要供給関係の変動を通じて，絶えずそれ自身を止揚し，市場価値が市場価格の変動を規制する中心として現われるのである。その結果，大なり小なりの一期間を通じての「過ぎ去った運動の平均」(K. Ⅲ, S. 216.〔200.〕) としては，需要と供給とは一致し，市場価格は市場価値に収斂する。この意味において，諸資本の競争によって媒介される価格メカニズムは，——「絶えざる不均衡の均衡化」としてではあるが，——均衡回復的な作用をなすのである。ほんらい，

「価格の価値の大いさからの乖離の可能性は，価格形態〔商品価値の価格としての表現形態〕そのもののうちに横たわっている」のであるが，「このことは価格形態の欠陥ではなく，むしろその逆に，価格形態を一の生産様式──そこでは規律が，盲目的に作用する無規律性の平均法則としてのみ自らを貫徹しうるような一の生産様式──に適当な形態たらしめる」(*K. I, S.* 107. 〔117.〕)のであって，ヨリ高い利潤率をもとめる諸資本の競争に媒介される市場価格の絶えざる変動を通じて，価値関係が確立し価値法則が自らを貫徹するのである。

　(ロ) 上にみたように，市場価値は「それをめぐって需要供給の変動が市場価格を振動させる中心」をなすのであるが，この市場価値の変動自体がまた需要供給の関係の変動を規制し，また逆に，需要供給の関係の変動が市場価値そのものの変化を導くということも生じうる。すなわち，(市場価格の運動の中心点をなす)市場価値の低下（ないしは上昇）はそれ自体，社会的需要を増加（ないしは減少）せしめる作用をなし，他方，供給に対比しての需要の相対的減少（あるいは，需要に対比しての供給の相対的増加）による市場価格の低下は，一方においてはヨリ高度な生産方法の採用を強制し他方においては劣悪な生産条件による弱小資本を遊休ないしは脱落せしめることによって，市場価値自体の低下に導く作用をする。その反対に，供給に対比しての需要の相対的増加による市場価格の上昇は，遊休状態を強いられていた劣悪な生産条件の資本をも生産に参加せしめることによって市場価値を上昇させる。この側面からも，市場価格は絶えず市場価値に一致せしめられようとするのである。

　以上に考察したような部門内競争を含蓄しそれによって媒介されつつおこなわれる異部門間競争によって，生産諸部門間の利潤率の均等化が実現されるのである。費用価格を超える販売価格の超過分たる利潤とその利潤の投下総資本に対する比率たる利潤率がすべての資本の規定的な動因としてあらわれ，個別諸資本は，ヨリ高い利潤率を求めて自由に投資分野を選択し無差別に生産部門間を移動することによって，利潤率を平均化し，諸商品は価値に

第2節　市場価格と市場価値，超過利潤　297

おいてではなく生産価格において販売されることとなる。

c. 超過利潤

かくして平均利潤率と生産価格が成立するや，各生産部門の標準的な生産条件よりも有利な生産条件によって生産をおこなう個別諸資本が取得する特別利潤は，平均利潤を超える《超過利潤 (Surplusprofit od. Mehrprofit)》として現われる。市場価値と個別的価値の差額としての特別剰余価値が標準的費用価格と個別的費用価格の差額としての特別利潤として現われることは，さきにみたごとくであるが，その特別利潤がいまや平均利潤を超える販売価格の超過分として，《超過利潤》として現われるのである。剰余価値が利潤にさらに平均利潤に転化するにともなって，特別剰余価値もこうした形態転化をとげる。個別諸資本はこの意味での超過利潤をもとめて競争するのであって，そうした競争過程にある資本家の意識，および資本家の意識に映ずるがままの現象過程を理論的に定式化しようとする経済諸学説においては，平均利潤はしばしば種々の名目のもとに（利子分は「耐忍の代価」として，それを超える部分はあるいは「危険負担の代償」として，あるいは「経営者の労賃」として等）費用価格に算入され，超過利潤のみが本来の利潤であるとされる。こうした表象において，本質的関係は完全に隠蔽される。

　　＊　ナッソー・シーニョアの「利潤＝節欲」説に端緒し (N. W. Senior, *An Outline of the Science of Political Economy*, 1836.)，J. S. ミルの『経済学原理』(J. S. Mill, *Principles of Political Economy*, 1848.) において折衷的にリカードゥ的利潤論と併存し，アルフレッド・マーシャルの『経済学原理』(A. Marshall, *Principles of Economics*, 1890.) においてリカードゥ理論を完全に撤去することによって純化された，この無概念的な利潤把握は，現今の「近代経済学」の通例的な理論構成なのである。新機軸（イノベイション）による超過利潤を「企業者利得」としてそれのみが「剰余価値」であるとするシュムペーター『経済発展の理論』(J. A. Schumpeter, *Theorie der wirtschaftlichen Entwicklung*, 1912.) における一見特異な理論も，この無概念的な表象による通例的な理論構成の一ヴァリアントにすぎないであろう。

ところでいまや，一方における特別剰余価値の成立によって対極における負の特別剰余価値の成立が余儀なくされる関係は，一極における超過利潤の成立は対極における負の超過利潤を随伴せざるをえない関係としてあらわれ

るのであって，そうした形態において新生産方法の普及とヨリ高度な生産方法の導入とが個々の資本に強制されるのである。新生産方法が普及してゆくにつれてその生産方法によって取得される超過利潤が減少してゆく反面，未だ旧生産方法による諸資本が余儀なくされる負の超過利潤は増大してゆき，やがてそれが平均利潤の額を超えることとなるや，それらの諸資本は費用価格をさえ償いえなくなるのであって，新生産方法の速やかな採用かあるいは没落かを余儀なくされるのである。同様のメカニズムによってまた，さらにヨリ高度な生産方法の導入が促される。資本蓄積と生産力の発展を自己目的として追求するという「資本主義的生産の内在的法則」は，個々の資本家に対して外的・不可抗的な「競争の強制法則」として現われる。超過利潤の成立→消滅・その対極での負の超過利潤の増大なるメカニズムは平均利潤成立のもとに展開されるのであるが，逆にこうした運動を通じてまた，利潤率の平均化が達成されてゆくのである。すなわち，新機軸の導入によって高い超過利潤がえられる部門にその超過利潤を求めて資本が殺到し，他方，負の超過利潤の増大によって没落を余儀なくされた資本が他の生産部門に投下部面をもとめてゆくといった資本の流出入運動が（信用に媒介されつつ）絶えずおこなわれるのであって，こうした運動は市場価格の騰落を通じて，新たな生産力水準に照応する新たな水準の平均利潤率を成立せしめてゆくのである。

　　　超過利潤は平均利潤を超える利潤という一般的概念としては，(a)特別剰余価値の転化形態たる超過利潤のほか，(b)市場価格が一時的に生産価格を超えることによってえられる超過利潤，(c)差額地代および絶対地代に転化すべき超過利潤，(d)独占的超過利潤等を含む。(a), (b)がいずれも超過利潤として同一視されることは，平均利潤が費用価格に組み込まれて把握されることと相俟って利潤の実体規定を殆ど完全に消失させることとなる。

　なお，さきに市場価格と市場価値について論じたことは，市場価格と生産価格についてもそのまま妥当する。ところで，利潤率の平均化機構の一環として市場価格の運動を考察するにさいしては，市場価格の生産価格からの乖離の運動はその乖離を生ぜしめた需給関係の変動をもたらすことによって絶えずそれ自身を止揚し，平均的には生産価格に収斂するものとして，価格メ

第 2 節 市場価格と市場価値，超過利潤　299

カニズムの均衡化作用の側面のみが強調的に示されることになるが，価格メカニズムには不均衡化作用の側面もあるのであって，その両面を正しく把握することが必要である。すなわち，市場価格の生産価格からの乖離がなおいっそうの市場価格の乖離を惹きおこしてゆくという場合も充分にありうるのである。それは，たんなる部門間資本移動によっては解決されえないところの，市場価格総額の生産価格＝価値総額からの乖離の運動であって，本書第Ⅱ編第 3 章第 2 節「拡張再生産」1.「一般的規定」の b.「貨幣還流の法則——蓄積基金の積立と投下——」において論述した・「意図された蓄積基金積立」の社会的総計額に対する「蓄積基金投下」の社会的総計額の乖離を規定的な動因とし，投資活動の変化によって媒介されることにより，乖離がなおいっそうの乖離を，乖離の自乗化をもたらし自己累積的に展開されてゆく，そうした市場価格の運動——産業循環の過程において現われるのはまさにそれである——にほかならない。だが，そういう市場価格の運動の問題は，《競争の現実的過程》を解明することを課題とする・固有の意味での《競争論》の論理次元に属するとされなければならない。それゆえ，ここでは，そういう問題領域が存在することを指摘しておくにとどめる。
＊

　＊　本節の論述が対応するところの『資本論』第 3 巻第 2 編第 10 章「競争による一般的利潤率の均等化。市場価格と市場価値。超過利潤」において論ぜられているのは，部門間資本移動によって解決されうるような・生産諸部門における市場価格の市場価値ないしは生産価格からの乖離の問題，そのかぎりにおいてリカードゥ的な問題にすぎず，マルサスがその所在を感知し「有効需要論」という形で問題を提起したところの・社会の供給総額に対する需要総額の乖離による価値＝生産価格総額からの市場価格総額の乖離の問題——リカードゥが暴力的に体系外に放逐した問題は，いまだ問題として本格的にとりあげられていないのである。いな，そういう問題は，第 3 巻第 2 編第 10 章の範囲外とされていただけでなく，《資本一般》の論理段階に属するものとしての『資本論』体系を超える問題領域として，事実上《競争論》へともちこされていたと解するのが妥当であろう。いずれにせよ，『資本論』第 3 巻第 2 編第 10 章において展開されている競争論は，競争の基礎的な一側面にすぎないことを明確に認識しておく必要がある。この点を全く理解しえず，価格メカニズムの作用を均衡化側面においてのみとらえるところにいわゆる宇野理論なるものの特徴があり，それは「実現の理論」を欠如していることと密接に関連する欠陥であるといえよう。しかもリカードゥのように

その論理を首尾一貫させて全般的過剰生産の可能性を否定するのではなく，敢てその必然性を論証しようとするところに，この「理論」の不条理さがある。

なおこの点については拙著『恐慌論研究』468 ページおよび前編本論第 4 章「産業循環」を参照されたい。さらに，直接には本書次章の論述と関連するのだが，同じく拙著『蓄積論研究』540-9 ページの補説における論述をも参照されたい。

第 3 節　賃銀の一般的変動が生産価格に及ぼす影響

賃銀の変動は，労働によって産み出された価値（価値生産物）のうちに占める剰余価値の相対的割合を変化させるだけであって生産物の価値そのものは変化させない。この命題は社会の総生産物価値についてもそのまま妥当するのであって，賃銀の一般的変動は剰余価値率を変化させ，したがってまた平均利潤率を変化させるが，生産物の価値総額，したがってまた生産価格総額を全く変化させない。だが，個々の生産部門の商品の生産価格についてみると，資本の有機的構成が異なるにつれて異なった影響が現われるのであって，賃銀の一般的上昇（下落）にともなって，(1) その資本構成が社会的平均構成に等しい生産部門の商品の生産価格は全く変化しないが，(2) 社会的平均構成よりもヨリ低い資本構成の生産部門の生産価格は上昇（下落）し，その反対に，(3) 社会的平均構成よりもヨリ高い資本構成のそれは下落（上昇）し，かつ，その資本構成が社会的構成よりも低ければ低いほどその生産部門の商品の生産価格の上昇（下落）度合は大であり，また，その資本構成が社会の構成よりも高ければ高いほどその下落（上昇）度合は大である。

その関係を第 1 節の表によってみよう。いま賃銀が 20％ 上昇したとすれば，I〜Vの生産諸部門の生産物価値の構成，剰余価値率，生産価格および平均利潤率は次ページの表のようになる。

生産価格の上昇・下落は相互に相殺され，生産価格総額は全く変化しない。賃銀上昇が自動的に物価水準を上昇させるという命題が如何に無根拠な俗説にすぎないかを，これによって知ることができよう。だが，賃銀の一

第3節　賃金の一般的変動が生産価格に及ぼす影響

	生　産　物　価　値	剰余価値率 m'	生　産　価　格	平均利潤率 p'	価格変動
Ⅰ.	$80C+ 20V+ 20M=120$	100 %	$80C+ 20V+40\ P=140$	40 %	
	$80C+ 24V+ 16M=120$	66.6%	$80C+ 24V+30.8P=134.8$	29.6%	−5.2
Ⅱ.	$70C+ 30V+ 30M=130$	100 %	$70C+ 30V+40\ P=140$	40 %	
	$70C+ 36V+ 24M=130$	66.6%	$70C+ 36V+31.4P=137.4$	29.6%	−2.6
Ⅲ.	$60C+ 40V+ 40M=140$	100 %	$60C+ 40V+40\ P=140$	40 %	
	$60C+ 48V+ 32M=140$	66.6%	$60C+ 48V+32\ P=140$	29.6%	0
Ⅳ.	$50C+ 50V+ 50M=150$	100 %	$50C+ 50V+40\ P=140$	40 %	
	$50C+ 60V+ 40M=150$	66.6%	$50C+ 60V+32.6P=142.6$	29.6%	+2.6
Ⅴ.	$40C+ 60V+ 60M=160$	100 %	$40C+ 60V+40\ P=140$	40 %	
	$40C+ 72V+ 48M=160$	66.6%	$40C+ 72V+33.2P=145.2$	29.6%	+5.2
計	$300C+200V+200M=700$	100 %	$300C+200V+200P=700$	40 %	
	$300C+240V+160M=700$	66.6%	$300C+240V+160P=700$	29.6%	0

般的変動にともなって或る生産部門の商品の生産価格が上昇し他の生産部門のそれが下落することは，価値規定とは無関係に諸商品価格が変化することにほかならず，それ自体，本質的関係の把握を阻げる一現象をなす。そもそも競争過程の個々的な現象に目を奪われるならば，資本主義経済の内的機構，「隠蔽された核心態容」は把握されえないものとなる。「競争においては一切が逆立して現象する」（$K.$ Ⅲ, S. 235.〔219.〕）のである。如何に本質的関係が隠蔽され顛倒した形態において現われるかについては，本編の冒頭以来順次展開してきたごとくである。諸商品価格が賃銀の一般的変動によって価値規定とは無関係に変動するということは，価値の生産価格への転形自体のうちに横たわり，いわばその一系論たる現象にすぎない。

第3章　資本蓄積と利潤率の変動

本章の課題

　如何にして剰余価値が利潤に転化しさらに平均利潤に転化するかについては，第1, 2章においてみた。以上の論述の前提のもとに本章の課題は，資本の蓄積にともなう生産力の発展につれて平均利潤率が如何ように変化し，その平均利潤率の変化がまた資本の蓄積と生産力の発展に如何なる反作用を及ぼすかを明らかにするという問題視角から資本制的動態過程を把握するにある。第Ⅰ編第4章「資本の蓄積過程」においては資本関係の再生産過程としての資本制的再生産過程の把握にもとづいて資本の蓄積にともなう生産力の発展と資本構成の高度化による労働者人口の相対的過剰化のメカニズムが明らかにされ，第Ⅱ編第3章「社会的総資本の再生産と流通」においては総資本の総生産物 W' の構成諸部分の価値的・素材的相互補塡運動の視角から資本制的経済循環の構造が把握され，それを規定する均衡諸条件が析出された。この二つの章の論述との対応のもとに，本章においては，資本蓄積と利潤率変動との相互規定関係の視角から資本制的蓄積の基本法則の総括的な解明がなされる。資本制的再生産＝蓄積過程が第Ⅰ編第4章においては生産過程の基礎視点から，第Ⅱ編第3章においては総流通の媒介運動の視角から，それぞれ分析されたのに対して，本章においては，生産過程と流通過程とをそのうちに含むものとして資本の総過程把握の観点から，資本制的動態過程がヨリ具体的に解明されるのである。未だ《資本一般》の論理段階での平均的過程の考察による蓄積の基本法則把握にとどまり，「競争の現実的過程」ないしは「産業循環」の周期的過程そのものが論述されるのではないが，そ

うした過程を——たんなる現象記述としてではなく——理論的に分析し解明するための基準が本章においてあたえられる。ただし同一生産部門に同一の市場価格を成立せしめ，また異部門間の利潤率の平均化をもたらすかぎりでの《諸資本の競争》が前章で考察されたのに対して，本章においては，価値増殖が自己目的たることによって規定される資本制的生産の「内在的法則」が「競争の強制法則」となって現われるところの独得の競争メカニズムが明らかにされるのであって，資本制的蓄積の基本法則を解明するに必要なかぎりでの《競争》の基礎的な一側面の解明がなされるのである。その意味においても本章の論述は，《資本一般》の論理段階での平均的考察によるものとしての一定の方法的抽象性をもつものであるとはいえ，すでにかなりに現実的・具体的である。本章において，『資本論』＝原理論体系の根幹部分たる再生産論＝蓄積論体系が総括される。

第1節　利潤率の傾向的低落法則

1. 法則の論証

　資本主義的蓄積過程を平均的にみれば，資本の蓄積は一般には労働生産力の発展をともない，その労働生産力の発展につれて資本の有機的構成が高度化してゆくとみることができる。この資本構成の高度化は，第Ⅰ編第4章でみたように，資本の雇用する労働量を資本に対比して相対的に減少せしめ，かくして労働者人口を絶えず相対的に過剰化せしめることによって賃銀を労働力の再生産に必要な最低限の範囲内へと圧下せしめると同時に，他面では，社会の投下総資本に対する総剰余価値量の比率としての平均利潤率を傾向的に低下せしめる。これを「利潤率の傾向的低落の法則」という。「傾向的に」というのは，この法則を規定する要因たる資本蓄積と生産力の発展が同時に他面では，この法則に対して「反対に作用する諸要因」を生ぜしめ，それによって阻害されながらもこの法則は絶えず重力の法則のように作用し，傾向

的に貫徹する，という意味においていわれているのである。

そこで，本項においてまず，「法則そのもの」の定立・論証をおこない，次いで第2項において「反対に作用する諸要因」を考察し，さらに第3項においてこの法則が個別諸資本の競争に媒介されながら如何ように貫徹し，またその過程において資本制的生産の内的諸矛盾が開展せざるをえないかを考察する。

(1) 前　提　この法則の定立と論証は，以下の諸点をその理論的前提とする。

第一に，投下労働量による価値決定の法則。——前章の第1節でみたように，資本構成の相異なる種々なる生産諸部門間の資本の競争による利潤の平均利潤への転化にともなって，個々の商品の生産価格はそれぞれにその価値から乖離するが，しかし商品の生産価格総計は価値総計に等しく，利潤総額は剰余価値総額に等しくなければならない。利潤の平均利潤への転化は種々なる生産部門への剰余価値の配分を変えるが，剰余価値総額の絶対的大いさは変えないのであって，この剰余価値の絶対量は剰余労働の量によって決定される。この点を明確にしなければ利潤総額の大いさが理論的に確定しえず，投下総資本に対する総剰余価値の比率としての平均利潤率の変化の法則も論じえない。

第二に，この法則にいう「利潤」とは，産業利潤・商業利潤・利子・地代等の諸範疇に分岐する以前の，剰余価値の直接的な転化形態たる利潤であること。——ここにいう「利潤」とは，「剰余価値自体の一別名にすぎないのであって，ただこの剰余価値がそれを生み出す可変資本にたいする関係においてではなく，総資本にたいする関係において示されているだけである。」したがって，この法則は，これらの所得諸範疇への剰余価値の分割割合の如何とは独立のものとして把握されなければならない (K. III, S. 241.〔224.〕)。

第三に，この法則そのものの確定にあたっては，いわゆる「実現」の問題は方法的に全く捨象されなければならない，ということ。実現の問題は，この法則の確定ののちに，この法則が貫徹してゆく資本制的蓄積過程における

「内的諸矛盾の開展」の問題として，本章第2節の 2. において論ずべき問題である。

　第四に，この法則の定立にあたっては，賃銀は労働力の価値において支払われるものと想定されていること。——産業予備軍の急激な吸収による労働力の価値を超えての賃銀の急騰による利潤率の突然かつ急激な低下の問題も資本そのものの過剰生産の問題として，本章第2節の 3. において論究する。第三および第四の問題は，ともに，この法則の確定のもとに展開さるべき《恐慌の必然性》の論定に関連する。

　(2) 論　証　投下不変資本を K，可変資本を V，剰余価値を M，剰余価値率を m'，利潤率を p' であらわし，$m'=\dfrac{M}{V}=100\%$ であってこの剰余価値率 m' が変化することなくしかも資本構成が高度化してゆくと仮定する場合には，利潤率 p' は次のように低下してゆくことになる。

（ⅰ）　$K=100, V=100$　ならば　　$p'=\dfrac{100}{200}=50\%$

（ⅱ）　$K=200, V=100$　ならば　　$p'=\dfrac{100}{300}=33\dfrac{1}{3}\%$

（ⅲ）　$K=300, V=100$　ならば　　$p'=\dfrac{100}{400}=25\%$

（ⅳ）　$K=400, V=100$　ならば　　$p'=\dfrac{100}{500}=20\%$

　上の仮設的な例示は剰余価値率が不変と仮定した場合に資本構成の高度化にともなって「同じ剰余価値率が低下する利潤率において表現される」次第を表示しているにすぎず，一般には資本構成の高度化をもたらす生産力の発展にともなって剰余価値率が上昇するのであるから，したがってこれだけでは利潤率の低下傾向を論証したことにはならない。いなむしろ，生産力の発展にともなう資本構成高度化の度合と剰余価値率上昇の度合との両者の関係如何によって利潤率の変化が決定されるのであるから，その変化方向は不確定であるとするのが妥当であるかのようにみえる。*

　　*　トゥガン－バラノフスキーに始まり，ボルトキヴィッツをへて P. M. スウィー

ジーからジョーン・ロビンソンにいたる，この法則の論証に対する批判の論旨は，この点の指摘に帰着する。(Tugan-Baranowsky, *Studien zur Theorie und Geschichte der Handelskrisen in England*, 1901, SS. 212–5; do., *Theoretische Grundlagen des Marxismus*, 1905, Kap. Ⅱ. § viii; L. v. Bortkiewicz, Wertrechnung und Preisrechnung im Marxschen System, *Archiv für Sozialwissenschaft und Sozialpolitik*, Bde. 23, 25, 1906–7; do., Zur Berichtigung der grundlegenden theoretischen Konstruktion von Marx im dritten Band des „Kapitals", *Jahrbücher für Nationalökonomie und Statistik*, Ⅲ Folge, Bd. 34, 1907; P. M. Sweezy, *The Theory of Capitalist Development*, 1942, ch. Ⅵ § iii; J. Robinson, *An Essay on Marxian Economics*, 1942, ch. V. なお，柴田敬『理論経済学』上巻，1935 年。) なお，堀江忠男『マルクス経済学の創造的発展』(1958 年) や最近の宇野派の諸氏の批判も全く同工異曲のものである。

だが，生産力の発展にともなって相対的剰余価値が増大し剰余価値率が上昇するにしてもなおかつ，資本構成の高度化によって，一般には，平均利潤率が低落すべきことがいえるのであって，その論拠は下記の二点にある。

すなわち，第一に，剰余価値量は剰余労働量によって決定され，後者はその増大限界を充用される生ける労働の量によって劃されているのであるから，そしてまた利潤率とはこの剰余価値量の投下総資本に対する比率をいうのであるから，労働生産力の発展と資本構成の高度化にともなって，生ける労働の量の，したがってまたそれによって生み出される価値生産物量＝剰余価値量の増大限界そのものの投下総資本に対する比率が低下するならば，仮に剰余価値率の上昇が如何ほど急速であったとしても，利潤率はやがて低下せざるをえない。

例えば先の例示の $K=100$, $V=100$, $M=100$, $m'=100\%$, $p'=\dfrac{100M}{100K+100V}=50\%$ なる (ⅰ) の場合に，$100V$ によって雇用され $100V+100M=200$ の価値生産物を生産する労働量を $100N$ とし，いまこの $100N$ の雇用労働量に対する不変資本が $100K$ から $400K$ ないしはそれ以上へと増加したとすれば，(不変資本に対する価値生産物量の比率が当初の利潤率の数値以下とならざるをえず，したがって，) 利潤率 p' は必ず当初の 50% 以下に低下せざるをえない。何故ならば，労働生産力の発展によって労働力の価値がどれほど低下するとしても $V>0$ であり，したがって，つねに

$$\frac{M}{K+V} < \frac{V+M}{K}$$

であるからである。労働力の価値の低下による剰余価値率上昇という相殺要因は，剰余価値が剰余労働の対象化たることによっていわば質的にその作用限界が劃されているのである。

　しかも，第二に，労働生産力の発展が相対的剰余価値の増大＝剰余価値率の上昇をもたらすのは，それが労働力の再生産に必要な諸商品（いわゆる「賃銀財」）の価値を低下せしめるかぎりにおいて，またその程度にしたがってであって，労働力の再生産とは無関係な奢侈品部門その他（例えば軍需品部門など）における生産力の発展はなんらかような結果をもたらすことなく，また（一般に生産力の発展が他の諸部門に比して急速な）生産手段の生産諸部門におけるそれが労働力の価値の低下に及ぼす作用は間接的であるにすぎず，さらには，——とくにこの最後の点が重要なのであるが——生活必需品の生産において規定的な意味をもつところの・農業における生産力の発展は，自然的・技術的制約により，また資本制的土地所有関係による制約——「土地改良」に投下された資本は，長期にわたって「土地に合体」せしめられて土地契約の更新とともに土地所有者に帰属し，その年々の回収分は利子とともに地代の構成部分に転化せしめられるため，「土地生産力」を永続的に高めるような資本投下は農業資本家によって回避される傾向があり，ときには却って「地力」を荒廃せしめる濫穫さえおこなわれる——により，他の生産諸部門に比して顕著な遅滞性をまぬがれえず[*]，また，同じく資本制的土地所有関係の制約（競争の制限）により，農業生産物の価格は，《生産価格》によってではなく《価値》によって規定され（——そのことによって，工業諸部門よりも資本構成が低位な農業部門に成立する・平均利潤を超える剰余価値の超過分は「絶対地代」に転化する），しかもその《価値》は（平均価値ではなく）最劣等地における生産物の価値（限界価値）によって（——「差額地代」第1形態），また最終投下資本による生産物の価値によって規定される（——「差額地代」第2形態）のであって，この関係からしても農業生産物は他の諸商品に比してつね

第1節　利潤率の傾向的低落法則　309

に相対的に高価ならざるをえず，かくして，労働力の価値の低下は一般には決してそれほど急速ではありえないのである。

　　＊　この点に関連して，リカードゥの利潤率低下傾向論を想起されたい。リカードゥは『経済学および課税の原理』第6章「利潤論」において，資本の蓄積が人口増加にともなわれながら順当に進行してゆく場合の「利潤率の永続的変動」を論じて，それは増加人口のための追加穀物の単位量を生産するに要する労働量の増大＝穀物価値の騰貴にもとづく「労働の自然価格」の漸次的昂騰によって次第に低下するとしたのである。（この穀価騰貴にともなってまた差額地代は漸次的に増大するとされる。）こうしたリカードゥの議論は，マルサス的人口法則の想定のもとに，「収穫逓減の法則」の機械的な理解にとらわれながら農業生産力発展の工業部門に比しての相対的遅滞性を絶対的なそれと見誤った謬見にすぎないが，当面の論点に関してなに程か示唆的な意味をもつといえよう。

　以上第一，第二の論拠からして，生産力の発展にともなう平均利潤率の低下傾向の法則の論証は成立しうるといってよいであろう。このうち論証の成立のキイ・ポイントをなすのは第一の論拠であり，この点を全く理解しえなかったところにこの法則の批判者たちの決定的な誤りがあったのである。＊『資本論』第3巻第3編第13章の論述はこうした批判を予め封ずるほどに整序されてはいないが，しかし問題の核心はすでにマルクスによって把握されていたことは，下記の引用によってこれを立証することができよう。──「〔労働生産力の発展にともなって〕生産手段に付加される生きた労働の総量がこの生産手段の価値に対する比率において減少するのであるから，不払労働およびこれが表示される価値部分もまた前貸総資本の価値に対する比率において減少する。言い換えれば，支出される総資本の絶えず減少する一可除部分が生きた労働に換えられるのであって，したがって，この総資本は，充用労働の支払部分に対する不払部分の比率は同時に増大することがありうるにもかかわらず，その大いさに対する比率において絶えず減少する剰余労働を吸収する。」(K. Ⅲ, S. 243.〔226.〕od. S. 240.〔223.〕)

　　＊　この第一の点は，奇妙なことにも，この法則の支持者たちによっても一般に看過されてきたようにおもわれる。だがこの点を看過しては法則の論証は成立し難いのであって，拙稿「『利潤率の傾向的低下法則』と恐慌の必然性に関する一試

論」(『商学論集』第 22 巻第 5 号,1954 年刊所載,後に拙著『蓄積論研究』に所収)および「資本蓄積と『利潤率の傾向的低落』——『法則』の論証,意義,その作用形態——」(『経済評論』1960 年 6 月号所載,後に拙著『恐慌論研究』に所収)は,主としてこの論点に立って法則の論証とマルクス批判に対する反批判を試みたものである。なお,これとほぼ同様の論点を強調しようとしたものとしては R. Rosdolsky, Zur neueren Kritik des Marxschen Gesetz der fallenden Profitrate, *Kyklos*, Vol. IX, 1956. がある。そうしてまた,この論点が利潤率の低下傾向の法則の論証に不可欠であることは,次第に一般に認められてきつつあるようにおもわれる。

以上の論述においては,前貸資本の回転期間の問題を全く捨象して,利潤率を

$$p' = \frac{V}{K+V} \cdot m'$$

として,その変化方向を規定する二要因,資本構成の高度化と剰余価値率の上昇との関係を論じて,後者の相殺要因の作用限度を明らかにした。だが,利潤率は,期間の観点を入れて,一定期間内に獲得される利潤量の前貸ないしは投下資本に対する比率として把握されなければならないのであって,その期間の単位を 1 年にとった年利潤率は

$$P' = \frac{V}{K+V} \cdot m' \cdot n$$

である。

「前貸資本の総回転」の期間 ($G \cdots G'$ を基準としてはかられる) は,(イ) 生産期間と流通期間の長さによって,(ロ) 固定資本と流動資本との比率,および固定資本の償却期間の長さによって規定される。資本制的生産の発展につれて,(イ) 生産期間と流通期間は短縮される傾向にあるが,他方,(ロ) 固定資本はますます巨大化し,それの資本のうちに占める比率は増大し,かつその固定資本の償却期間は次第に延長される傾向にある。(もっとも,物理的な耐久年限が延長される反面,技術的進歩が急速になることにより「無形の磨損」すなわち技術的・経済的陳腐化の速度が増大することも考慮さるべきであるが)。生産期間を短縮せしめる生産方法の発展は,一般には,耐久年限の長い巨大な固定資

第1節　利潤率の傾向的低落法則

本の投下をともなうのである。かくして，これらの諸要因の作用の総結果としては，「前貸資本の総回転」の期間は漸次に延長される傾向にあるとみてほぼ誤りないようにおもわれる。他の諸要因にして変化がないものとすれば，一定の貨幣額としての前貸資本総額が一定期間にどれだけの利潤額を打ち出すかは，その前貸資本総額の回転期間の長短に依存し，回転期間が長ければ長いほど一定の前貸資本によって一定期間に打ち出される利潤額は減少するのであるから，この要因を考慮すれば，前貸資本の年利潤率の傾向的低下はいっそう確定的に論定できるともいえよう。だが，利潤率を規定する要因たる資本の有機的構成は，1 生産期間に充用される流動不変資本に固定不変資本全額を加えたものとしての不変資本総額に対する可変資本の比率を意味していたのであるから，

$$P' = \frac{V}{K+V} \cdot m' \cdot n$$

の n は可変資本の回転度数を意味するにとどまる。「前貸資本の総回転」の期間を延長せしめる要因たる，耐久年限の長い巨大な固定資本の投下は，$\frac{V}{K+V}$ の K すなわち不変資本部分の顕著な増大としてすでに表現されているからである。かくして，n は m' とともに利潤率低下に対する相殺要因としてあらわれる。そこで生産力の発展にともなう年利潤率の低下傾向を論定しうるためには，可変資本の回転度数の増大なる相殺要因の作用限度が明らかにされなければならないということになる。

この要因の作用限度を明らかにするためには，可変資本の回転度数の増大とは，一定期間に一定の労働量を稼動せしめるに要する可変資本貨幣額が生産期間の短縮にともなって節減され，その節減額だけの「可変資本の遊離」が生ずるにすぎない，ということを明確に把握することが重要である。いま仮に 100 人の労働者が雇用され，その 1 週間の賃銀が 1 人 1 万円，計 100 万円であるとすれば，1 生産期間が 10 週間の場合は 1 生産期間に支払われる賃銀額は 1,000 万円である。仮定により $m'=100\%$ であるから，この 1,000 万円の可変資本をもって 1 生産期間 (10 週間) に 1,000 万円の剰余価値が生

産され，1年間すなわち5生産期間には 5,000 万円の剰余価値が生産されることになる。いま，他の諸事情にして変化がなく，生産期間が5週間に短縮されたとすれば，1生産期間（5週間）に 100 人の労働者に対する 500 万円の賃銀，500 万円の可変資本をもって 500 万円の剰余価値が生産され，1年間すなわち 10 生産期間には以前と同額の 5,000 万円の剰余価値が生産されることになる。生産期間が 10 週間，したがって可変資本の年回転度数が5回の場合には 1,000 万円の可変資本をもって年剰余価値 5,000 万円が生産され，したがって年剰余価値率 $M'=500\%$ であったものが，生産期間が5週間に短縮され可変資本の年回転度数が 10 回に増加した場合には 500 万円の可変資本をもって同額の年剰余価値 5,000 万円が生産され，年剰余価値率 $M'=1,000\%$ となった。この年剰余価値率の上昇は同じ雇用量を維持しつつ同額の年剰余価値を生産するに要する可変資本額の節減にほかならず，その節減額だけの可変資本の遊離（上例では 500 万円）が生ずることになるのである。可変資本の回転度数の増大とは，それ以上のことでもそれ以下のことでもない。この点を明確に把握することが，この相殺要因の作用限度を明らかにするうえに決定的に重要である。一見したところ，可変資本の回転度数 n の増大による年剰余価値率の 500% から 1,000% への増加は年利潤率の飛躍的な上昇をもたらすかのようにみえるが，実はそうではない。例えば，上例の資本における不変資本部分のうちの固定資本 F が 10,000 万円，（耐久年限 10 年），流動不変資本 R が 2,000 万円であるとすれば，生産期間が 10 週間の場合の年利潤率は

$$P'_1=\frac{1,000M\times 5}{10,000F+2,000R+1,000V}=38\frac{6}{13}\%$$

いま，他の諸事情にして変化がなく生産期間のみが5週間に短縮されたと仮定し，また，同数の労働者 100 人が雇用されるものとすれば，年利潤率は

$$P'_2=\frac{500M\times 10}{10,000F+2,000R+500V}=40\%$$

となる。年剰余価値率の 500% から 1,000% への上昇をもたらす可変資本の

回転度数の増加は，年利潤率を規定する分母の 1,000V を 500V に節減せしめるにすぎず，年利潤率の僅か $1\frac{7}{13}\%$ の上昇をもたらすにすぎない。分子たる年剰余価値量は 1,000M×5＝500M×10＝5,000M で変化しない。すなわち，同じ雇用量を維持しつつ同額の年剰余価値を生産するに要する可変資本額が節減され，500 万円が「遊離」されたのである。ここに，問題の要点がある。もし雇用労働者数が 200 人に倍増するならば不変資本額もまたそれにともなって倍増されなければならない。不変資本と雇用労働者数との比率は生産技術的に決定されるのであるからである。

　ところで，生産期間の短縮をもたらす生産技術の発展は，一般には，固定資本の巨大化をともなう。そこでいま，生産期間の 5 週間への短縮が 20,000 万円の固定資本（耐久年限 10 年）の投下によって可能ならしめられたとすれば，年利潤率は

$$P'_3 = \frac{500M \times 10}{20,000F + 2,000R + 500V} = 22\frac{2}{9}\%$$

となり，かくして，可変資本の回転度数の増加をもたらす生産技術の発展は資本構成の高度化をともない，年利潤率の低落を結果するのである。上の例示から一見して明らかであるように，生産技術の発展にともなう固定資本 F の増大が可変資本 V の節減額を超えるならば，年利潤率は低落せざるをえないのである。

　かくして，前貸資本の回転期間なる要因を考慮しても，生産技術的に決定されるところの不変資本総額に対する雇用労働量の比率に基点をおいて問題を合理的にとらえれば，年利潤率の低下傾向を論定することができる。生産力の発展・資本構成の高度化にともなう利潤率の低下傾向は，労働者人口の相対的過剰化のメカニズムの反面をなす法則にほかならない。

　なお，この法則を論ずるにさいしては，新たな生産方法を採用する個別諸資本にとっての事実と社会の資本総体にとっての事実との区別と関連が，明確に把握されなければならない。新たな生産方法を採用する個々の資本家は彼の商品を従来の一般的生産価格（社会的価値）以下に，だが個別的生産価

格(個別的価値)以上に——個別的費用価格プラス平均利潤以上に売ることによって特別利潤(特別剰余価値)を,平均利潤を超える超過利潤を取得し,それによってその個別資本にとっての個別的利潤率もまた——新たな生産方法を採用することによってその資本の資本構成が高度化するにもかかわらず——上昇する。そうした個別的利潤率の上昇があればこそ,新たな生産方法の採用もおこなわれるのである。だがしかし,その反面においては,旧来の生産方法を用いる同じ生産部門の爾余の個別資本家たちは市場における競争を通じて従来の(新生産方法が導入される以前の)生産価格(旧社会的価値)以下の新たな価格を強制されることによってその利潤の減少(負の特別利潤)と利潤率の低落を余儀なくされるのであり,また,特別利潤が取得されるのは新たな生産方法が普及し一般化されるまでの過程においてであって,特別利潤の成立はたんに経過的であるにすぎず,しかも,新たな生産方法の普及と一般化にともなう商品の生産価格(社会的価値)の低下につれて特別利潤が減少してゆく反面,旧来の生産方法による諸資本が余儀なくされる負の特別利潤が増大してゆき,やがてこれらの資本は費用価格をさえ償いえなくなる。かような特別利潤の成立→消滅・その対極での負の特別利潤の増大という競争過程のメカニズムを通じて絶えず新たな生産方法の採用が破滅の脅威をもって強制されるのである。かくして,「労働時間による価値決定の法則」は「競争の強制法則」として個別資本家たちを「新たな生産方法の採用に駆りたてる。」(*K*. I, S. 334.〔337-8.〕) そして,こうした過程を通じての諸生産部門における生産力の発展が直接間接に「賃銀財」の価値の低下に作用し,労働力の価値を低下せしめるかぎりにおいて「一般的剰余価値率」が上昇するが,しかし同時に他面においては,同じ過程にともなう諸生産部門の資本構成の高度化を通じて社会的資本の平均構成が高度化してゆき,それは剰余価値率の上昇によって(また可変資本の回転度数の増大によって),或る程度まで相殺されながらも,平均利潤率の低落をもたらす。——かくして,諸生産部門における個々の資本のヨリ多くの利潤とヨリ高い利潤率を求めての競争は,逆に総結果としては,社会の資本総体にとっての,したがってまたその平均

的一可除部分としての平均資本にとっての，利潤率の低落を結果してゆくのである。

* 剰余価値量——その総資本に対する比率がすなわち利潤率であるところの——の増大限界そのものが生産力の発展にともなって縮小してゆくことにより利潤率の低下傾向が規定されるとする「法則」の論証に対しては，そういう結果をもたらすような生産方法の発展それ自体がおこなわれえないのだとする置塩信雄氏の批判があるが（置塩信雄「利潤の傾向的低下法則について」『国民経済学雑誌』1963 年 5 月号；『資本論講座』第 4 分冊 1964 年 5 月刊，第 2 編 II「研究と論争」第 1 章；『資本制経済の基礎理論』1965 年 7 月刊，第 3 章第 3 節等），その批判が，新生産方法を用いる個別資本のもとでの労働が potenzierte Arbeit として作用し特別剰余価値＝特別利潤を生み出すという点を全く無視ないしは看過し，個別資本にとっての事実と社会の資本総体にとっての事実とを混同した謬見にすぎないことについては，拙著『蓄積論研究』540–2 ページおよび『マルクス経済学体系』II の第 3 篇 IV 研究欄の A，88–9 ページにおける鶴田満彦氏の批判を参照されたい。上の誤った「批判」にもとづいて置塩氏は，「利潤率を低下させる最大の要因は実質賃銀率の上昇であり，この実質賃銀率の上昇にもかかわらず，資本の利潤率を維持上昇させる最大の要因は革新的技術変化の導入である」とする議論を展開されているが，それはまさにリカードゥ理論の現代版と評すべきものであろう。

2. 反対に作用する諸要因

ところで，それならば，機械制大工業の成立以来の固定資本量の巨大化と累増をみてもあきらかな，労働生産力の急速かつ累進的な発展——資本構成の累進的高度化にもかかわらず，利潤率のそれほど急速な低下現象がみられないのは，何故であろうか？　それは，この法則の作用と交錯してあらわれ，これを阻害し，この法則に「たんに一傾向という性格のみを与える」ところの「反対に作用する諸要因」が，資本の蓄積と生産力の発展にともなって絶えず生み出され，作用するからである（K. III, S. 260.〔242.〕）。これら諸要因のうち生産力の発展の直接の所産たる相対的剰余価値の増大による剰余価値率の上昇ならびに可変資本の回転度数の増大なる二要因については，法則そのものの論証のさいにすでにみたが，これらの諸要因の他に，(1) 労働の外延的・内包的増大による労働搾取度の上昇，(2) 労働力の価値以下への労賃の引下げ，(3) 不変資本諸要素の低廉化，(4) 相対的過剰人口，(5) 外国

貿易などの諸要因が重要視されなければならない。

　このうちとくに重要であり、また有力な阻止要因として作用するのは、(1)および(5)の要因である。(3)の要因は本編第1章第2節において不変資本諸要素の価値の低下と不変資本充用上の節約について述べたことが、これにあたる。(4)の要因は、利潤率の低下傾向を規定する資本構成の高度化は、反面では、すでにみたように、絶えず相対的過剰人口を生み出すのであるが、そうしてまた、この過剰人口の圧力によって、一般的に、賃銀率が圧下され労働搾取度が増大せしめられるのであるが、そうした作用のほかに、この過剰人口が提供する低廉な賃労働は、それを直接の搾取基盤としてこれに吸着する産業諸部門に存立の余地をあたえ、また絶えず新たに同様の産業諸部門を形成せしめるのであって、そういう側面からも利潤率の低下傾向を緩和する要因としてあらわれることをいう。これらの諸部門において極めて低い資本構成のもとで、しかも異常に高い率で搾出される剰余価値もまた、社会の利潤総額の一部をなし、平均利潤率の形成に参加するのであるから、そのかぎりにおいて、こうした諸部門の残存・再形成は利潤率の低下傾向に対する阻止要因となるのである。(1)の労働時間の延長および労働の強化は、第Ⅰ編第3章第2節の 2.-4. で述べたように、それ自体、「機械制大工業の所産」であり、労働力の価値の低下による相対的剰余価値の増大や可変資本の回転度数の増加＝剰余価値年率の上昇とともに、最も有力な阻止要因をなす。だが、この要因の作用には超ええない自然的限界がある。「元来つねに24時間よりも小であるところの平均労働日の絶対的制限」は、「労働力の搾取度を高めることによっての搾取される労働者数の減少の補償にたいする絶対的制限」をなしている (K. I, S. 320.〔323.〕, Ⅲ, SS. 275-6.〔257-8〕, SS. 434-5.〔411-2.〕)。しかも、労働日の延長という搾取度増大のこの方法は労働者階級の反抗を惹起する。労働の強化についても、同様の自然的・生理的かつ社会的限界があるとみなければならない。かくして、労働の外延的・内包的増大なる相殺要因も、利潤率の低下傾向を弱めることはできるが、それを解消せしめることはできない。(2)の「労働力の価値以下への労賃の引下げ」に関

しても，生理的かつ社会的な限界やそれが惹起する労働者階級の反抗について，上と同様のことがいえる。

　(5) の「外国貿易」については，とくに立ち入った説明が必要である。外国貿易が，あるいは不変資本の諸要素を，あるいは労働力の再生産を媒介するところの生活必需品を，ヨリ低廉にするかぎりでは，それは剰余価値率を高めかつ不変資本の価値を低下させることによって，利潤率を高めるように作用する。こうした作用のほかに，外国貿易，ことに植民地貿易に投下された資本のもたらすヨリ高い利潤率は，一般的利潤率の形成に参加することによってそれを上昇させる。生産力の発展度のヨリ高い先進国が生産力の発展度のヨリ低い後進国に商品を輸出する場合に，輸出国はその商品を，輸入国の価格以下に，だが輸出国の価格以上に販売することによって，超過利潤を取得する。この超過利潤は「質的にヨリ高い労働として支払われない労働が，かかるものとして販売される」ことによって取得されるものであり，それは，新たな生産方法が一般化する以前にそれを利用する資本家が特別利潤を実現するのと全く同様なのであるが（$K.$ Ⅲ, SS. 265–6.〔247–8.〕），この場合の超過利潤は，輸出国と輸入国との生産力格差が持続するかぎり引き続き獲得されるべきものであり，しかも，（通常の特別利潤とは異なって，）輸出国にとっての社会的な価値の純増加を意味する。そうして，この超過利潤は，競争の過程——それは，この輸出産業への社会的資本の大量的な集中投下という形態をとる——を通じて，一般的利潤率の均等化に参加せしめられ，したがってまた，一般的利潤率の上昇に作用する。また，労働搾取度の高い植民地などに直接に投下された資本の取得する高率の利潤も母国に送られ，母国において——独占によって妨げられないかぎり——一般的利潤率の均等化に参加し，それを上昇せしめる。

　以上の諸要因は相合して利潤率の低落に反対に作用するのであって，労働生産力の急速な発展にもかかわらず，何故にそれほど急速な利潤率の低下現象がみられないかがそれによって説明される。利潤率の低落をもたらす資本の蓄積と生産力の発展は，同時に他面においては「反対に作用する諸要因」

を生ぜしめ，この法則をして「傾向的に」のみ貫徹する法則たらしめるのである。この法則の貫徹が数量的な結果として看取されるのは，長期的にのみである（K. Ⅲ, S. 267.〔249.〕）。

なお，以上に考察した「反対に作用する諸要因」のほかにマルクスは「株式資本の増加」なる要因を挙げているが，それは妥当でないようにおもわれる。

第2節　資本制的生産の内的諸矛盾の開展

1. 利潤率の傾向的低落過程

　資本蓄積にともなう労働生産力の発展＝資本構成の高度化は，資本に合体される生ける労働量を（したがってまた剰余価値量の増大限界そのものを）資本に対して相対的に減少せしめ，利潤率を傾向的に低下せしめる。労働者人口を相対的に過剰化せしめ，それによって賃銀率を資本の価値増殖に適合的な限界内に圧下せしむべきその同じ要因が，同時に他面においては，資本の価値増殖率たる利潤率の傾向的低落をもたらす。それは，労働者人口の相対的過剰化とともに，生産力発展の資本制的表現にほかならず，また，価値増殖が自己目的たる・資本主義的生産にとっての一制限をなす。

　だが，利潤率の低下傾向がただちに資本蓄積の緩慢化に作用するとはいえない。労働者人口の相対的過剰化は雇用労働者数の絶対的増加を排除せず，また絶対的ならびに相対的剰余価値増大の諸方法によって同数の雇用労働者から得られる剰余価値量が増大せしめられるのであるから，資本の蓄積と労働生産力の発展にともなって，資本の取得する剰余価値量は資本に対比して相対的には減少するとしても絶対的には増大する。すなわち，利潤率の低落は利潤絶対量の増大を排除しない。いな，一般には，利潤率の低下は利潤量の増大と相伴って進行するのである。その利潤量の増大は蓄積率（剰余価値のうち蓄積にふり向けられる部分の剰余価値総額に対する割合）にして変化がなければ，いわゆる「蓄積ファンド」を，したがってまた蓄積額を増大せしめる

第2節 資本制的生産の内的諸矛盾の展開 319

のであって，それだけ蓄積が量的に加速される。しかもさらに，利潤率の低落は，以下に述べるようなメカニズムを通じて，蓄積率の上昇に作用するのである。

個別的諸資本が新たな生産方法を採用するのは，その新生産方法の採用にともなう資本構成の高度化にもかかわらずその資本にとっての個別的利潤率の上昇をもたらすような特別利潤（特別剰余価値——それは，新生産方法のもとでの労働が「自乗化された労働」として作用することによる）が得られるからである。そういう場合にのみ，新生産方法の採用がなされる。だが，すでにみたように，一方における特別剰余価値の成立は（新生産方法の導入による商品の社会的価値の低下により）他方における剰余価値の減少（負の特別剰余価値の成立）を不可避的にともなうのであって，新たな生産方法を採用する個別資本にとっての利潤率の上昇は旧い生産方法による個別資本の利潤率の低落をともなわざるをえない。新生産方法による諸資本の個別的利潤率が（超過利潤の成立によって）平均利潤率以上となる反面，旧生産方法の諸資本の個別的利潤率は（負の超過利潤によって）平均利潤率以下とならざるをえないのである。しかも，新たな生産方法の普及にともなう商品の社会的価値・生産価格の低下につれて，すでに新たな生産方法を用いている個別資本の個別的利潤率は生産方法の転換をおこなったその当初の率以下に次第に低下して平均利潤率に近接してゆく反面，旧来の生産方法による個別資本の個別的利潤率の低下は新たな生産方法の普及に比例してますます急速化してゆき，ついには費用価格をさえ償いえなくなるのである。そしてその場合，注意すべきは，利潤率が上昇するのは生産方法の転換をおこなうその個別資本においてのみであって，すでに新生産方法を用いている個別資本の利潤率も未だ旧生産方法による個別資本の利潤率も（前者は特別剰余価値の減少により，後者は負の特別剰余価値の増大により）ともに低下せざるをえないという点である。このようにして，絶えず新たな生産方法の採用が破滅の脅威をもって強制される。かような競争過程のメカニズムを通じての生産諸部門における生産力の発展は，それが労働力の再生産を媒介する諸商品の価値の低下に作用するかぎりにおい

てまたその程度に従って「一般的剰余価値率」の上昇をもたらすが，しかし同時に，社会的資本の平均構成を高度化せしめ，資本の雇用する労働量を資本に比して相対的に減少せしめることによって平均利潤率ないしは一般的利潤率の低落を結果してゆくことはすでにみたごとくである。個々の資本の利潤率の極大化を求めての生産力競争は，逆に総結果としては，社会の資本総体にとっての，したがってまたその平均的一可除部分としての平均資本にとっての，利潤率の低落に結果してゆくのである。

　　＊　以上の諸点からして，新たな生産方法を採用する個別資本にとっての利潤率の上昇が，その生産方法の普及にともなって波及してゆき，一般的利潤率の上昇に結果してゆくと推論することができないことは明らかであろう。マルクスの「利潤率の傾向的低下法則」に対する従来の批判者たちにおいて，事実上，あるいは暗黙のうちに，前提されていたと解される上のような想定は，実は分析欠如による単なる錯覚にすぎない。

　＊＊　利潤率の低下傾向がこうしたプロセスを通じて，こうした競争のメカニズムに媒介されて貫徹してゆくのであることを把握することが重要である。ただし，未だ当面の立論においては，市場価格の市場価値ないしは生産価格からの乖離による市場利潤率の平均利潤率からの乖離の問題は方法的に捨象されている点も，同時に注意されなければならない。この点，『資本論講座』第4分冊，第2編Ⅱ「研究と論争」の第2章における井村喜代子氏の，市場価格の市場価値ないしは生産価格からの乖離の問題を無方法的に混入せしめようとするこの論点に関する立論は，──問題をさらに具体的に把握しようとする良き意図によるものではあるが──やはり，方法的に疑問である。(なお，この井村説については，拙著『蓄積論研究』542-6 ページにおいて或る程度詳細な批判を展開しておいたので，参照されたい。)

　生産力の発展と資本構成の高度化にともなうこの一般的利潤率低落の運動は，「反対に作用する諸要因」を惹起しそれによって阻害されながらも，絶えず重力の法則のように作用し，「傾向的」に貫徹するのであって，過程の背後において作用するこの一般的利潤率の低下傾向によってまた，特別利潤の取得と個別的利潤率の上昇を求める個別諸資本の生産力競争が激化する。その過程において，弱小資本は，生産力水準の上昇にともなう・資本として機能しうる資本規模の最低限の増大によって，また，一般的利潤率の低下傾向に負の特別利潤の増大による個別的利潤率の低落が加重されることによって，没落かあるいは貨幣形態での遊休を余儀なくされ，《資本の集中》が──

第2節　資本制的生産の内的諸矛盾の開展　321

その対極現象たる群小資本の「過多 (Plethora)」なる現象を絶えず随伴しつつ——おしすすめられ，それによってまた，資本の蓄積と生産規模の拡張・生産技術の高度化が加速されてゆくこととなる。かくして，諸商品の社会的価値・生産価格の不断の低下と，特別利潤の成立→消滅・その対極における負の特別利潤の増大なる独特の競争メカニズムに媒介されての，《利潤率の傾向的低落過程》において，（価値増殖が自己目的たることによって規定される）「生産の無制限的拡張への傾向」という資本制的生産の《内在的法則》は，《競争の強制法則》——競争過程の個々の資本にとって外的・不可抗的な「強制」となってあらわれつつ，自らを「自然法則」のごとく貫徹せしめるのである。「蓄積衝動」が各個の資本家にとって彼がその一動輪たるにすぎない「社会的機構の作用」となる・この顚倒的な過程において，資本制的生産の「内的諸矛盾」が激化し開展する。

*　「利潤率の低落をその量によってつぐないえないような資本の過多」(K. Ⅲ, S. 279.〔261.〕)。この意味で「過多」となり，貨幣形態での遊休を余儀なくされた小資本は，結局は，「信用を通じて大事業部門の指導者達の手に委ねられる」こととなり，したがってそれによって資本の集中が促進されることとなる。

**　本書第Ⅰ編第4章（それは『資本論』第1巻第7編に該当する）において，資本制的生産の本質規定の観点から，資本制的蓄積過程は《蓄積のための蓄積・生産のための生産》の過程であることが明らかにされたが，いまや，この第Ⅲ編第3章（それは『資本論』第3巻第3編に該当する）において，資本制的蓄積過程がそうした顚倒的な過程たらざるをえない必然性が，資本蓄積と利潤率変動の相互規定関係の観点からヨリ具体的に明らかにされるのである。なお『資本論』第3巻第3編第15章は「〔利潤率の傾向的低落〕法則の内的諸矛盾の開展」と題されているが，それは，「利潤率の傾向的低落法則が貫徹してゆく過程における資本制的生産の内的諸矛盾の開展」というほどの意味に解すべきであろう。その場合，利潤率の傾向的低落によって直接に資本制的生産の内的諸矛盾が開展せしめられる，というように理解されるべきではなく，緩慢にではあるがしかし絶えず重力の法則のように作用する・一般的利潤率の低下傾向をその背景ないしは基調とするところの，前述の固有のメカニズムに規定される個別諸資本の競争過程（その競争過程においては，新生産方法の普及とさらにヨリ高度な生産方法の導入にともなう商品の社会的価値・生産価格の不断の低下→特別利潤の減少・負の特別利潤の増大→個別的利潤率の低落が，絶えず，個別諸資本に資本の蓄積と生産力の発展を強制する）において，資本制的生産の内的諸矛盾が開展せざるをえない次

第が明らかにされる，というようにその関連が把握されなければならない。基準である平均利潤率そのものの低下傾向と，特別利潤の成立によって平均利潤率以上であった個別的利潤率が（その特別利潤の減少によって）平均利潤率に近接してゆき，他方，同時にまた，負の特別利潤によって平均利潤率以下であった個別的利潤率が（その負の特別利潤の増大によって）さらに低落してゆくという（平均利潤率の漸次的・傾向的低落と個別的利潤率の不断の低落の）二様の利潤率低落の運動がオーバーラップしてあらわれるのであって，そうした過程において各個の資本家はたんにその存立を維持するためにも，生産拡張による利潤量の増大とヨリ高度な生産方法の採用による特別利潤の獲得に，したがってまた可能なかぎり急速な資本蓄積に，駆りたてられることになるのである。かくして，資本制的蓄積過程は《蓄積のための蓄積・生産のための生産》の過程たらざるをえず，価値増殖が自己目的たることによって規定される（自立化し自己増殖する価値自体が過程の主体たる）そうした顚倒的な過程において，蓄積法則は（個々の生産担当者の意志からは独立で逆にそれを支配し規制するところの）鉄の必然性をもって自己を貫徹する法則としてあらわれ，資本制的生産の「内的諸矛盾」が激化し開展せざるをえない。この意味での《利潤率の傾向的低落過程》の把握は，恐慌諸規定の「資本一般」のもとでの総括たる《恐慌の必然性》論定の基礎的前提をなす。ただし，この《過程》は，個別諸資本の競争に媒介される過程であるとはいえ，市場価格と市場利潤率の周期的変動の問題が未だ方法的に捨象された・一定の抽象性をもつ・平均的過程であることが，（恐慌の必然性の論定が「資本一般」の論理内での恐慌諸規定の総括にすぎないという点とともに）銘記されなければならない。（なお，この《過程》把握の意義については，拙著『恐慌論研究』420-3 ページを参照されたい。）

2. 剰余価値生産の条件と実現の条件との矛盾

利潤率の傾向的低落の法則は労働者人口の相対的過剰化＝賃銀圧下のメカニズムの反面をなす法則にほかならず，この法則が個別諸資本の競争に媒介されつつ貫徹してゆく過程において，「消費諸関係のよって立つ狭隘な基礎」をその条件とする「生産の無制限的拡張への傾向」なる資本制的生産の《内在的矛盾》が激化し開展する。資本制的生産が価値増殖のための生産たることによって，一方においては，有効需要増大の資本制的限界が劃され，他方においては，この限界を無視しての「生産の無制限的拡張への傾向」が規定されるのであるが，この内的傾向は，個別諸資本相互の死活の競争に媒介さ

第2節 資本制的生産の内的諸矛盾の開展

れる利潤率の傾向的低落過程において，個々の資本家にとって外的・不可抗的な「強制法則」となってあらわれつつ，客観的な「自然法則」の必然性をもって自己を貫徹するのである。かくして，実現の問題側面における資本制的生産の《制限性》とその制限を突破せざるをえざらしめる内的必然性とが規定される。この観点から，「剰余価値生産の条件」と「実現の条件」との間の矛盾について，マルクスは下記のように論定している。

「……剰余価値生産をもっては，資本制的生産過程の第一幕たる直接的生産過程が了わっただけである。……そこで過程の第二幕となる。総商品量，総生産物が，不変資本および可変資本を補塡する部分も，剰余価値を表示する部分も販売されなければならない。それが販売されないか，または一部分しか販売されないか，または生産価格以下の価格でしか販売されないならば，労働者は搾取されているには違いないが，彼の搾取は資本家にとっては搾取として実現されず，それが搾取される剰余価値の全くの非実現または僅かに部分的な実現を伴うことも，実に彼の資本の部分的または全部的な喪失を伴うことさえも，ありうる。直接的搾取の諸条件とその実現の諸条件とは同じではない。搾取とその実現とは，時間的および場所的に別々であるばかりでなく，概念的にも別のものである。前者は社会の生産力によってのみ制限され，後者は，相異なる生産諸部門間の比例性により，また，社会の消費力によって制限されている。だが，この社会の消費力は，絶対的な生産力によっても絶対的な消費力によっても規定されているのではなくて，社会の大衆の消費を多かれ少なかれ狭い限界内でのみ変動しうる最小限に縮小するところの，敵対的な分配諸関係の基礎上での消費力によって規定されている。それはさらに，蓄積衝動，すなわち，資本を増大しかつ拡大された規模で剰余価値を生産しようとする衝動，によって制限されている。この衝動は，生産諸方法そのものにおける絶えざる革命，この革命と絶えず結びついている現存資本の減価，一般的競争戦，および，たんに滅亡から免れて存続するための手段として生産を改良しかつその規模を拡張せざるをえないという必然性，によってあたえられてい

るところの,資本制的生産にとっての法則なのである。したがって市場が絶えず拡張されねばならないが,その結果,市場の諸関係とこれを規制する諸条件とは,ますます生産者から独立した自然法則の姿態をとるようになり,ますます統御できないようになる。内的諸矛盾は,外の生産場面の拡張によって均衡をえようとする。だが生産力は,それが発展すればするほど,消費諸関係がよって立つ狭隘な基礎とますます矛盾するようになる。かかる矛盾にみちた基礎上では,資本の過多がますます増大する人口の過多と結びついているということは全く何らの矛盾でもない。けだし,この両者を結合すれば生産される剰余価値の量が増大するであろうとはいえ,まさにそれとともに,この剰余価値が生産される諸条件と実現される諸条件との間の矛盾が増加するからである。」(K. Ⅲ, SS. 272-3.〔254-5.〕)

剰余価値部分を不可欠のかつ規定的な部分としてそのうちに含む総商品の,総資本の総生産物 W' の実現は,(1)「相異なる生産諸部門間の比例性」により,また(2)「敵対的分配関係」の基礎上での労働者階級の「狭隘なる消費限界」により,さらに(3)「蓄積衝動」によって規定される資本家階級の消費制限により,制限される。これらの実現に対する諸制限は,資本制的生産の本質そのものによって規定される「生産の無制限的拡張への傾向」との関連において,また相互の内的連繋において,把握されなければならない。(2)および(3)による「消費制限」と(1)の「生産諸部門間の比例性」との関連は,本書第Ⅱ編第3章の再生産表式分析による,生産手段部門と消費資料部門との間の交換を結節とする,社会総体としての生産と消費との,資本流通と所得流通との交錯・連繋の把握を基準として,これを理解することができよう。本書第Ⅰ編第4章(『資本論』第1巻第7編)において資本関係の再生産過程としての資本制的再生産過程把握の観点から析出された,「消費諸関係のよって立つ狭隘な基礎」をその固有の条件とする「生産の盲目的・無制限的拡張」への資本制的生産に内在的な傾向が,第Ⅱ編第3章(『資本論』第2巻第3編)の再生産表式分析による生産と消費との連繋の把握を媒介環として,当面の第Ⅲ編第3章(『資本論』第3巻第3編)の論理段階において,

第2節 資本制的生産の内的諸矛盾の開展

剰余価値生産の条件と実現の条件との間の矛盾を規定するものとして，恐慌の必然性の基本規定をなすものとして措定されるのである。さきに第Ⅱ編第3章において再生産表式によって《均衡蓄積率》の概念を析出し，それを基準として《過剰蓄積》への――全般的過剰生産をもたらすべき・均衡蓄積率を超えての蓄積への・内的傾向を明らかにしたが，その内的傾向（それは，第Ⅰ部門の「自立的発展」に主導されての顛倒的な拡張過程として展開される）が，いまや，個別諸資本の競争に媒介される利潤率の傾向的低落過程において，まさに鉄の必然性をもって自己を貫徹するものとしてあらわれるのである。かくして，それ自体《矛盾の累積過程》たる《過剰投資の累加過程》展開（その内的傾向の析出は，すでに本書第Ⅱ編第3章第2節1.のc.項，とくに279-81ページにおいてなされた）の必然性が，ここに把握される。

「実現」の問題側面からする恐慌の必然性の基本規定の含意をとらえようとする場合，労働者階級の「過少消費 (Unterkonsumtion)」をもって恐慌の「直接の原因」であるとするシスモンディやロートベルトゥス流の過少消費説とマルクス恐慌論との差異を明確にする必要がある。この点については，とくに，『資本論』第2巻第3編におけるマルクスの，「恐慌は支払能力ある消費……の欠如から生ずるというのは，純然たるタウトロギーである。……恐慌はいつでも，労賃が一般的に昂騰して，労働者階級が年々の生産物のうち消費にあてられる部分の現実にヨリ大きな分け前を受けとるまさにその時期によって準備される……。資本制的生産は，かかる労働者階級の相対的繁栄をただ一時的に，しかも常にただ恐慌の前触れ (Sturmvogel) としてのみ許すところの，意志の善悪から独立した諸条件を含むかのようにみえる」(K. Ⅱ, S. 414.〔409-10.〕) という周知の論述が，参照されるべきであろう。資本制的生産においても，「個人的消費のための需要」が「生産的消費のための需要」を究極において制約するという側面をもつのであるが，しかし，投資活動が活潑であればそれによって雇用が増大し，賃銀率も或る一定限までは上昇し，かくして消費需要も増大しうるのであって，蓄積は始めから制限されている消費によって限界づけられているのではなく，「消費の限界は，再生産過程自体の緊張によって拡張される」(K. Ⅲ, S. 527.〔409.〕) という側面をもつのである。『経済学批判要綱』においてマルクスが「全般的過剰生産」はたんに商品が「消費に対して過剰」に生産されたために生ずるのではなく，価値増殖のための生産が，「価値増殖に対して過剰」となることによって生ずるのだとしているのも (Grundrisse, S. 347.), 同様の過少消費説批判の観点からであ

る。「恐慌の究極の根拠」に関する下記のマルクスの論述も，同様の観点からその含意が理解されなければならない。──「全社会が産業資本家と賃労働者とだけから構成されているものと想定しよう。……その場合には，恐慌は，種々の部門における生産の不均衡から，および，資本家たち自身の消費と彼らの蓄積との不均衡からのみ，説明されうるであろう。……他方，労働者たちの消費能力は，一部は労賃の法則により，一部は彼らが資本家階級のために利潤をもたらすように充用されうるかぎりにおいてのみ充用されるということによって，制限されている。あらゆる現実的恐慌の究極の根拠は，つねに，あたかも社会の絶対的消費能力だけが限界をなすかのように生産諸力を発展させようとする資本制生産の衝動と対比しての，大衆の窮乏と消費制限である。」(K. Ⅲ, S. 528.〔500-1.〕) この論述において，「労働者たちの消費能力は，一部は労賃の法則により，一部は彼らが資本家階級のために利潤をもたらすように充用されうるかぎりにおいてのみ充用されるということによって，制限されている」とされている点，さきの「恐慌はいつでも，労賃が一般的に昂騰して，労働者階級が年々の生産物のうち消費にあてられる部分の現実にヨリ大きな分け前を受けとるまさにその時期によって準備される」という叙述とともに，次節でみる搾取率低落による資本過剰との関連において，充分な留意を要する。

3. 資本の絶対的過剰生産

　前項でみたように，利潤率の低下傾向を背景とする・個別諸資本の競争過程において，全般的過剰生産をもたらすべき《過剰蓄積》が必然的となるのであるが，しかし本書 279-80 ページにおいて既述のように，過剰投資（→過剰生産）がなおいっそうの過剰投資によって蔽われてゆくかぎりにおいて，矛盾の顕在化が回避され延期されてゆくとすることができよう。だが，第Ⅰ部門の自立的発展が雇用・消費需要の増大を通じて第Ⅱ部門の拡張を誘発し，かくしていわば上から逆に社会的再生産の規模を引きずり上げ拡張せしめてゆくという，そうした独特の顚倒的形態をもって展開される過剰投資の累加過程は，やがて産業予備軍の資本制的限界を超えての吸収による資本そのものの過剰をもたらすことによって挫折反転を余儀なくされ，潜在的形態において累積されてきた矛盾は，一挙に全面的に顕在化せざるをえない。そうした加速度的蓄積の上限を劃すべき資本過剰が何たるかを理解するために，マ

第2節　資本制的生産の内的諸矛盾の開展　327

ルクスは,『資本論』第3巻第3編第15章の第3節において,「資本の絶対的過剰生産 (absolute Überproduktion von Kapital)」なる局面を措定して,以下のような論述を展開している。

すなわちまず,マルクスは,下記のように問題を設定する。

「個々の商品の過剰生産ではなく,資本の過剰生産——といっても,資本の過剰生産はつねに商品の過剰生産を含むのだが——は,資本の過剰蓄積以外の何ものをも意味しない。この過剰蓄積……が何たるかを理解するためには,これを絶対的なものとして措定 (setzen) しさえすればよい。いかなる場合に,資本の過剰生産は絶対的であろうか？　しかも〔いかなる場合に〕過剰生産が,あれこれの,または 2, 3 の重要な生産部面に及ぶのでなく,その範囲そのものにおいて絶対的であり,かくして,全生産領域を包含するであろうか？」(K. Ⅲ, SS. 279-80.〔261.〕)

この問題設定において留意すべきは,第一に,たんなる「商品の過剰生産」とは異なる「資本の過剰生産」,すなわち,資本の資本としての,労働者の搾取手段としての過剰生産の問題として,当面の問題が提起されていることであり,第二に,それにもかかわらず,「資本の過剰生産」はつねに「商品の過剰生産」を含むとされていることであり,そして第三に,「資本の絶対的過剰生産」とは,かかるものとしての「資本の過剰生産」・「過剰蓄積」が何たるかを理解するために,「絶対的なものとして措定」されたものであるということである。

かかる問題設定のもとに,次のような概念規定があたえられる。

「資本主義的生産の目的のための追加資本がゼロとなる場合には,資本の絶対的過剰生産が現存するであろう。しかるに,資本主義的生産の目的は資本の価値増殖,すなわち剰余労働の取得,剰余価値の・利潤の・生産である。かくして,労働者人口に比較して資本が増大しすぎて,この人口の提供する絶対的労働時間も拡張されえず,相対的剰余労働時間も拡大されえなくなるや否や……,かくして,増大した資本が増大以前と同量の,または,むしろヨリ少量の剰余価値しか生産しない場合には,資本の絶対

的過剰生産が現出するであろう。……いずれの場合にも一般的利潤率の強い突然の低落が生ずるであろうが、この場合の利潤率の低落をもたらす資本構成の変動は、生産力の発展によるものではなく、可変資本の貨幣価値における増大（賃銀の昂騰による）と、これに照応する必要労働に対する剰余労働の比率における減少とによるのであろう。」(K. Ⅲ, S. 280.〔261-2.〕)

「資本の絶対的過剰生産」とは、加速度的蓄積の展開にともなう労働需要の増加速度が労働者人口の増加速度に比べて余りに急激なために、やがて産業予備軍が一定限を超えて吸収されることによって賃銀の一般的昂騰と労働搾取度の低落をもたらし、元資本に追加資本を加えた・増大した資本が、増大する以前の元資本と同量の、いなむしろヨリ少量の剰余価値しか取得しえなくなり、その意味で「資本主義的生産の目的のための追加資本がゼロとなる」ことを意味する。追加資本の剰余価値のみがゼロとなるのではなく、追加資本投下による賃銀率の一般的上昇によって元資本のえていた剰余価値量が減少し、その剰余価値の減少量が追加資本に対する剰余価値量を上廻ることになり、かくして、社会の資本総体の獲得する剰余価値量は、追加資本を投下することによって却って減少することとなるのである。そうした局面が現出するにいたれば、それ以上の資本の蓄積は社会の資本総体にとっては全く無意味となり、利潤絶対量の減少をともなう「一般的利潤率の強い突然の低落」が開始されることとなる。そうした一般的利潤率の顕著な低落も、一時的には却ってそれを利潤量の増大によってカバーしようとする個別諸資本の蓄積を加速しさえするであろうが、それによって一般的利潤率の低落はさらに急激となりやがて蓄積も衰退せざるをえない。（とくに、利潤率が利子率――それは、後に述べる理由によって、利潤率が低落するまさにそのときに昂騰する――以下となれば、蓄積の停止は不可避となる。）　そして、蓄積の衰退ないしは停止は、蓄積が速度を加えつつ展開されてゆくことによってのみその顕在化が回避されてきた（だが、そのため却って潜在的に激化してきた）矛盾ないしは不均衡の一挙的な顕在化をもたらすこととなるのである。

「資本の絶対的過剰生産」なる概念をマルクスがことさら措定したことの

意味については，解釈の分かれるところであるが，それは，資本制的生産の「利潤（その量と率）による制限」の一側面を，すなわち，雇用増大・予備軍の吸収による賃銀率の上昇＝労働搾取度の低落には，或る一定の資本制的な限界が劃されていることを，追加資本投下によって社会総体としての充用労働量自体が全く増加しえず，その意味で「絶対的労働時間が拡張されえない」という「極端な前提」(K. Ⅲ, S. 284.〔265.〕)のもとでの極限状態を想定することによって明らかならしめようとしたものと解すべきであろう。そうした極限状態を想定することは，労働力の物理的不足によって加速度的蓄積の上限が劃されることをいわんとしたものではなく，また，そうした極限状態にいたらなければ資本が資本として過剰にならないというのでもない。――追加資本の投下によって雇用労働量が増加し，ここでマルクスのいう「絶対的労働時間」が増加し，それにともなってまた価値生産物量も増加するとしても，その価値生産物の増加量が賃銀騰貴による可変資本の増加量に等しいかあるいはそれ以下となるような場合には，すなわち，「充用資本量の増大につれて利潤量を増加させるような搾取度」が保持されえなくなり，その意味において「一定の点以下に」搾取度が低落する場合 (K. Ⅲ, SS. 284-5.〔266.〕)には，すでに資本は資本として，労働者の搾取手段として過剰となり，「一般的利潤率の強い突然の低落」が開始されるであろう。すでに第Ⅰ編第4章第3節 1. において，賃銀率の上昇＝労働搾取度の低落には「資本制的蓄積の本性」によって規定される或る一定の超ええない限界があることが明らかにされたが，資本制的蓄積の本質把握の観点から指摘されたこの限界が，資本蓄積と利潤率変動との相互規定関係の問題視角から蓄積過程をヨリ具体的に把握する当面の論理段階において，資本制的生産の「内的諸矛盾の開展」の一側面をなすものとして，「資本の過剰生産」なる規定を与えられ，その極限として「資本の絶対的過剰生産」なる概念が設定されたのである*。この労働搾取度の低落限界において，蓄積が絶対的に限界づけられる。

* 以上のように解すれば，「資本の絶対的過剰生産」に関する論述にさいして仮定法による叙述形式がとられている理由も理解されうるであろう。「資本の絶対

的過剰生産」の概念を展開するにさいして仮定法による叙述形式がとられているからといって，蓄積を限界づける労働搾取度の低落限界そのものを架空だとする解釈は，妥当ではない。資本を資本として過剰ならしめる労働搾取度の低落限界を資本制的生産の制限性の一側面をなすものとしてマルクスがとらえていたことは，疑いえないところである。

だが，実現の困難と搾取度の低落という，資本制的生産の「利潤による制限」のこの二面は，その不可分の内的連繋において把握されなければならない。「資本の絶対的過剰生産」なる概念を措定するにさいしてマルクスが「資本の過剰生産は商品の過剰生産を含む」としていたことについてはすでにみたが，マルクスが，資本の資本としての過剰と資本の商品としての過剰という・資本制的生産が「利潤のための生産」たることによって規定されるこの二面を，蓄積と生産の無制限的拡張への傾向を軸として一定の内的連繋において把握しようとしていたことは，疑いえないところであろう。資本制的生産が利潤のための生産たることによって，この二面の制限性が規定され，かつそれを無視しての生産の無制限的拡張への傾向が規定されるのであって，この矛盾は個別諸資本の競争に媒介される利潤率の傾向的低落過程において開展せざるをえない。これが恐慌の必然性の基本的な規定をなすのである。資本は，資本として絶対的に過剰となり，同時にまた商品として全面的に過剰となる。下記のマルクスの論述は，こうした観点からみることによってはじめて，その含意が充分に理解されうるものとなるであろう。

「現存人口との比率において過剰な生活手段が生産されるのではない。その逆である。……労働能力ある人口部分を就業させるに過剰な生産手段が生産されるのではない。その逆である。……だが，周期的に，過剰な労働手段および生活手段が，――それらを労働者の搾取手段として或る一定の利潤率をもって機能させるには過剰な・労働手段および生活手段が，生産される。過剰な商品が，――それに含まれる価値とそのうちに包含される剰余価値とを，資本主義的生産によって与えられた分配諸条件と消費諸関係とによって実現しかつ新資本に再転形しうるには過剰な商品が，……生産される。過剰な富が生産されるのではない。だが周期的に，資本主義

的・対立的な諸形態での過剰な富が生産される。」(K. Ⅲ, S. 287.〔268.〕)

なお，「〔資本主義的生産は〕欲望の充足が停止を命ずる点においてではなく，利潤の生産と実現とがこれを命ずる点において，停止する。」(K. Ⅲ, S. 288.〔269.〕) という文言も，前記の「資本主義的生産様式の制限」の二面性を念頭において，その含意が把握されるべきであろう。

資本が資本として過剰となる労働搾取度の低落限界は，有効需要増大の資本制的限界がそれによって劃されるものとして，それゆえにまた，「恐慌の究極の根拠」をなす基本関係そのもののまさに逆表現をなすものとして把握され，そこに過程を規定する Dialektik が看取されなければならない。それは，剰余価値実現の問題に関する基本命題のたんなる反対命題としてではなく，その同じ関係の対極的表現として，理解されなければならない。そう解することなしには，「一定点以下へのこの搾取度の低下は，資本主義的生産過程の攪乱と停滞，恐慌，資本の破壊を惹起する。」(K. Ⅲ, S. 286.〔266.〕) というマルクスの文言は到底合理的ではありえない。また，そのように理解することによってはじめて，「資本そのものが資本主義的生産にとっての制限となる」という関係も，充分に把握しうるものとなるのである。この同じ関係の対極的表現たる二側面が同時的にかつ二律背反的に（一方の解決が他方の解決を排除するという関係において）現出することによって，全面的過剰生産＝恐慌が必然的となるのである。

　　搾取度低落による資本過剰については，従来，実現の問題に関する基本命題にのみ依拠してそれを事実上全く無視する伝統的思考と，逆にそれのみによって恐慌の必然性の論定がなされうるとする・宇野弘蔵氏によって代表される実現の理論を欠如した見解との，対極をなす二様の見解がおこなわれてきたのであるが，それらはいずれも一面的であり，マルクスの本来の論旨に即したものとはいえず，また，恐慌の必然性の論証として成功してもいない。搾取度低落による資本過剰が論述されているのは，『資本論』第3巻第3編第15章の第1，2節において矛盾開展のヨリ基本的な側面たる実現の問題に関する論述が展開されたのちに，それを前提として，「人口過剰のもとでの資本過剰」と題する第3節においてである点が留意されなければならないと同時に，（仮に他の諸契機が全く現出しない場合にも）実現の問題の全面的な顕在化を余儀なくさせ，「人口過剰のもとで

の資本過剰」の現出を不可避ならしめるものとしての、資本が資本としての規定性において過剰となる契機を措定することの、恐慌の必然性論定に対する意義が理解されなければならない。第15章第1，2節において実現の問題観点からする矛盾開展の基本命題が定立されたのちに、何故にことさら第3節において一見その反対命題ともみえる論述が展開されているのか——さきに本書361-2ページにおいて過少消費説批判に関連して記した論点を考慮しながら——その含みが読みとられなければならない。それは、全生産物の実現を制約する「利潤による制限」それ自体の、まさに対極的表現にほかならないのである。第15章第3節の論述のすべてを、特殊的局面を設定してのたんなる「例解」にすぎぬとし、もって資本の資本としての過剰の契機を無視ないしは否定するのは、マルクスの本来の論旨に即した読解ではなく、また、資本制的生産の「利潤による制限」の充分な把握でもありえない。逆にまた、資本の資本としての過剰の契機は「恐慌の究極の根拠」をなす基本関係の逆表現をなすものとして《恐慌の必然性》を規定する基本的な一契機をなすのであって、その要因をそれだけとり出して《恐慌の必然性》の基本規定をなすものとするのは、決定的な誤りでなければならない。そうした立論は、たんに一面的であるというだけでなく、資本の資本としての過剰それ自体をも正しく理解しえてはいないのである。拙著『恐慌論研究』前編本論第3章は、こうした観点から、従来の二様の見解に対する両面批判をおこないながら、《恐慌の必然性》の論定を試みたものである。

　本節の論述は、『資本論』第3巻第3編第15章——それは、『資本論』体系の根幹たる再生産論＝蓄積論体系を総括すべき位置にある——に該当する。そこにおいて、資本制的生産の「内在的諸制限」は「利潤による制限」として総括把握され、本節1．においてみた個別諸資本相互の競争に媒介されての利潤率の傾向的低落過程において、資本制的生産の「内的諸矛盾」が激化し開展すべき、その必然性が明らかにされる。かくして、この章は、恐慌諸規定の「資本一般」の論理内での一応の総括たる・《恐慌の必然性》の基礎的論定があたえられるべき個所であるといえよう。だが反面、その論述は、「資本一般」の論理内での・平均的過程としての・《利潤率の傾向的低落過程》の把握を基調とし、それに照応する方法的抽象性をもつものであるかぎり、回復期・好況期・恐慌期・不況期の四局面をもってする産業循環の周期的過程そのものの解明は、未だその課題とされてはいない。「競争および信用」の論理段階での産業循環の過程分析をおこなうことによってはじめて恐

慌の必然性の論定は充分な確定性をうることとなるのであるが，しかし逆にまた，「競争の現実的過程」たる産業循環の周期的過程の（たんなる現象記述ではなく）科学的分析が可能であるためには，それに先立ってまず，「資本一般」の論理内での恐慌諸規定の総括としての・恐慌の必然性の基礎的論定がなされていなければならないのである。こうした順次的・階梯的な展開方法をもって「二元論 (dichotomy)」であるとするのは，およそ科学的経済学の方法を理解しない者の言であるというべきであろう。[*]

[*] なお，この点については，拙著『恐慌論研究』第4章「産業循環」序節「予備的考察」および『蓄積論研究』後編第五論文「附論」540-9 ページ等を参照されたい。

第4章 商業資本と商業利潤

本章の課題

本章の課題は,産業資本の流通過程の担当者たる商業資本の特徴的諸属性の解明を,「その核心的構造における資本の分析に必要なかぎりにおいて」(K. Ⅲ, S. 297.〔278.〕)おこなうにある。商業資本——産業資本確立以前の前期的商人資本と範疇的に区別されるものとしての近代的商業資本——は,いわば産業資本の流通過程における定在たる流通資本が独自の資本種類として自立化したものにほかならず,直接的生産過程には関与せずしたがってそれ自体としてはなんらの剰余価値をも生産しないが,産業資本の再生産過程の一環たる流通過程を担当するものとして剰余価値の均等な分与にあずかりその意味で一般的利潤率の形成に参加するものとしてあらわれる。本編第 1,2 章において資本の有機的構成と回転期間を異にする異部門間の産業資本相互の競争によって利潤率が平均化される次第が明らかにされたが,その競争による一般的利潤率の形成は,いまや,産業資本とは属性を異にする特殊な資本種類たる商業資本が加わることによってさらに具体化され,利潤の平均率はその「完成姿態」において現われ (K. Ⅲ, S. 370.〔350.〕),それと同時に,「生産部面で産業的に投下されるか流通部面で商業的に投下されるかを問わず,その大いさに比例して同じ年平均利潤を生みだす」(K. Ⅲ, S. 370.〔350.〕) ものとしての資本の一般的規定——直接的生産過程に関与すると否とを問わず同一率の年平均利潤をもたらすという機能をそれに固有の属性とする・完成された姿態の資本概念があたえられ,それにともなってまた資本関係の隠蔽と神秘化がさらに一歩すすめられ,徹底せしめられる次第が明ら

かにされることとなる。産業資本相互の競争に媒介されて剰余価値は前貸されたすべての資本要素の所産として《利潤》となり、そのことによって剰余労働の対象化たる本質が隠蔽されることはすでにみたが（本書 310 ページ）、いまや利潤はその固有の活動領域が生産過程であると流通過程であるとを問わずおよそ資本なるものの果実として現われ、本質的関係の隠蔽と資本の物神性がさらに徹底せしめられることとなるのである。だが、商業資本は、その活動領域が流通過程にすぎないとはいえ、なお再生産過程内での機能資本であって、かかるものとして平均利潤の分与にあずかるのであり、その点、次章でみる利子生み資本とはその属性を範疇的にかつ段階的に異にする。商業資本と商業利潤に関する論述が利子と企業者利得とへの利潤の分割に先立って展開されなければならないのは、こうした理由による。*

* 商業資本に先立って貸付資本の規定が展開されなければならないとする宇野弘蔵氏の『経済原論』その他に示された特異な見解は、商業資本論の位置づけに関するこうした諸点を考慮しないことによるものである。商業資本論は、「資本一般」の解明に必要なかぎりでの「競争」の基礎理論をしめくくるべき位置にあるのである。

第 1 節　商品取扱資本

1.　商業資本の自立化

資本は、個々の資本としても社会の総資本としても、その一部はつねに $W'—G'$ なる形態転化を遂げるべく商品として市場にあり、また他の一部は $G—W$ なる形態転化をおこなうべく貨幣として定在する。商品から貨幣へのまた貨幣から商品への形態変換という、流通過程にある資本のこの機能が特殊的資本の独自の機能として自立化され、分業によって特殊な資本家部類にわり当てられた固有の機能として固定化されるや、その資本は商品取扱資本または商業資本となる。

「流通過程内で続行される生産過程」とみなすべき運輸・保管等の諸業務

はしばしば商業資本の独自的諸機能と混同され，また実際上それと結びついておこなわれるのであるが，商業資本の運動をその純粋形態において把握しようとする当面の目的のためには，商業資本はもっぱら販売および購買という流通資本としての機能のみをおこなうものとされなければならない。社会的分業の発展につれて流通過程における形態変換運動にのみ係わる商業資本の独自的諸機能が運輸・保管等の諸業務から分離・独立せしめられてゆく傾向があるという事実からしても，こうした方法の妥当性が根拠づけられるであろう。なお，直接に産業資本相互間でおこなわれる商品売買の部分は除外し，流通資本としての機能が商業資本という特殊的資本によって代行されるかぎりにおいてそれが当面の考察対象とされる。

　産業資本の $W'—G'$ および $G—W$ なる形態変換運動——とりわけ規定的な意味をもつのは前者であるが——は，商業資本の $G—W—G'$ なる運動によって媒介され代行される。商業資本はまず貨幣資本の形態において現われ，商品資本に形態転化を遂げる（$G—W$）。それによって産業資本は $W'—G'$ なる形態転化を遂げ，その貨幣をもって，生産手段および労働力を買い（$G—W<{Pm \atop A}$），また消費支出をおこなうことができる（$g—w$）。かくして，産業資本の再生産は媒介される。だが，商業資本の手にわたった産業資本の生産物は未だ販売されるべき商品としてあるのであって，最終的には販売され了ってはいない。それが再び（その生産物が生産手段である場合は他の産業資本に，消費資料である場合は消費者に）売られた場合にのみ，貨幣への形態転化が完了する。商業資本の第二の形態運動 $W—G'$ は，産業資本の $W'—G'$ なる形態運動を代行するものにほかならない。もし商業資本が購入した商品の販売をなしえず，貨幣資本を（利潤をともなって——この利潤が如何にして生ずるかは次項でみる）回収しえなければ，それは再び産業資本から商品を購入しえず，したがって産業資本の $W'—G'$ なる形態運動自体が停頓せざるをえないのであって，この点からしても商業資本の $G—W—G'$ なる運動が産業資本の商品資本機能の転化したものにほかならないことがわかる。反面ではまた，商業資本の第二の形態運動 $W—G'$ は，それが生産手段である場合は産業資本

の $G—W(Pm)$ なる運動にほかならないのであって，この側面からみれば商業資本の第一の形態運動 $G—W$ は産業資本の貨幣資本から生産資本諸要素への転化を媒介し代行するものにほかならない。

かくして産業資本の再生産過程の一環たる流通過程——とりわけ規定的な意味をもつ販売 $W'—G'$ の過程は，商業資本の運動によって媒介され，代行される。商品販売が商品生産からきり離されてそれだけで独自の事業となり，かつそこに貨幣資本が前貸され利潤をともなって回収される。かくして，貨幣資本への形態転化をおこなおうとする商品資本の機能は，$G—W—G'$ なる運動を画く商品取扱資本ないしは商業資本の独自の機能として自立化するのである。

ところで，商業資本が生産資本の販売行為を代行する場合，それは単一の産業資本のそれを代行するのではなく，多数の産業資本の，しかも多くの場合，一産業部門だけでなく複数部門の産業資本のそれを代行する。商人は特定の一産業資本家の専属代理人ではなく，多数のしかも複数部門の産業資本家たちの共同代理人としてあらわれるのである。そのことによって諸々の販売が社会的に集中され，したがって一般的に販売が容易ならしめられ加速されることによって，流通期間の短縮と（流通期間の介在にもかかわらず生産過程を連続的ならしめるに要する）予備貨幣資本，ならびに売買に要する流通費（商業労働に支払われる賃銀や商業用の建物・倉庫等に投ぜられる費用）の節減がもたらされる。これらは，社会総体としてみた生産資本として機能しうる資本量の増大と再生産規模の拡張をもたらすのであって，それだけ生産される剰余価値量の増大としたがってまた一般的利潤率の上昇がもたらされる。商業資本の自立化の根拠はまさにこの点にある。個々の産業資本が直接販売よりも商業資本を介しての間接販売をヨリ有利として選択するのは，このことの別様の表現にほかならない。

2. 商業利潤

たんなる商品の売買をその内容とする流通過程においては，商品の価値お

よび剰余価値は生産されえない。逆に流通過程は——再生産過程の不可欠の一環をなすとはいえ——剰余価値の生産に対する制限要因をなすのであって，流通期間が短ければ短いほど，したがってまた，（流通期間の介在にもかかわらず生産過程の連続性を維持するに要する）予備貨幣資本が少なくてすめばすむほど，一定期間内に一定資本量によって生産される剰余価値量が増大し，利潤率が上昇する。だが，すでにみたように，産業資本相互の競争に媒介されて剰余価値は前貸されたすべての資本要素の所産として《利潤》となるのであって，流通期間が介在するために必要となる予備貨幣資本も——それが最低限において必要な範囲内でありさえすれば——他の貨幣資本と全く同様にその資本量に対する均等な率での剰余価値の配分を要求するものとなる。流通過程が商業資本によって担当され，産業資本の予備貨幣資本が節減される反面，商業資本によって貨幣資本が投下される，その商業資本の貨幣資本についても同様である。「産業資本の流通段階も，生産と同じく，再生産過程の一段階をなすのであるから，流通過程で自立して機能する資本も，生産の種々の部門で機能する資本と同様に年平均利潤をもたらさねばならない。」($K.$ Ⅲ, S. 312.〔293.〕)

　商業資本が年剰余価値総額を分与され，一般的利潤率の形成に参加する次第を簡単な数字例によってみよう。年間に前貸される産業資本の総額が $720K+180V=900$ で剰余価値率 $m'=100\%$ であるとし，また簡単化のために固定資本要因は捨象して前貸不変資本額 K と生産物価値の構成要素たる不変資本価値額 C とが全く等しいものと仮定すれば，年間の総生産物の価値ないしは生産価格は $720C+180V+180M=1,080$ となる。利潤率は 20% である。ところが，900 の産業資本のほかになお 100 の商業資本が加わり，これもその資本量に比例して産業資本と同じ率での利潤の分け前を取得するものとすれば，利潤率は $900+100=1,000$ の資本総額に対する $180M$ で 18% となる。すなわち，産業資本は $720C+180V+162M=1,062$ の価格で商業資本に商品を販売し，これをさらに商業資本は $1,062+18=1,080$ の価格で消費者に販売し，産業資本と商業資本とはともに 18% の利潤率をうるのである。

こうしていまや剰余価値ないしは利潤（180M）は産業利潤（162M）と商業利潤（18M）とに分割される。商業資本は産業資本から商品を〔費用価格＋産業利潤〕たる1,062で買って1,080で売り，その販売差益を商業利潤として取得するのであって，この商業資本の販売価格が商品の現実の生産価格であり，それは〔費用価格＋産業利潤＋商業利潤〕で構成されるものとなるのである。かくして，商業資本は剰余価値の生産には参加しないが剰余価値の平均利潤への均等化には参加するのであって，一般的利潤率は商業資本に帰属する剰余価値からの控除をすでに含んでいるのである。ただし，商業資本の介入によって一般的利潤率が低落すると考えるのは妥当ではない。前項で商業資本の自立化の根拠をなすものとして指摘したように，商業資本による流通過程の担当は流通期間の介入によって必要となる産業資本の予備貨幣資本（並びに流通費）を節減せしめることによって一般的利潤率の上昇をもたらすのである。例えばさきの設例において，流通期間の介入にもかかわらず生産過程の連続性を維持するために貨幣予備として留保しなければならない資本量——予備貨幣資本が200であったとすれば，実際の利潤率は900の総資本に対する180Mの20％ではなくて900＋200＝1,100の総資本に対する180Mの$16\frac{4}{11}$％であり，それが商業資本の介入によって18％に上昇するのである。100の商業資本の投下によって200の予備貨幣資本の節減が可能ならしめられるのであって，それは社会的にみれば，資本による利潤の生産に対する一制限要因たる貨幣予備の社会的集中と共同利用による節減にほかならない。かくして，商業資本は，剰余価値生産の増加に間接に寄与することによって，剰余価値の平均利潤への均等化へのみずからの参加を根拠づけるのである。

　さて，以上の論述において事実上捨象されてきた流通費の問題を考察しよう。商業資本は商品の購入に前貸される貨幣資本のほかに，商業活動のための物的・人的流通費を要し，これらの流通費もまた資本の前貸によってまかなわれなければならない。物的流通費——それは事務所・店舗，それに付随する道具類などの固定設備と包装紙・計算紙などの消耗品費とからなる——は不変資本に，人的流通費は可変資本にあたる。だが，「流通過程内で続行

第1節　商品取扱資本

される生産過程」たる運輸・保管等と区別される純粋の売買活動によっては商品の使用価値も価値も生産されえないのであるから，商業資本の「可変資本」によって雇用される賃労働は $V+M$ なる価値生産物を生みださず，また「不変資本」の価値を生産物のうちに移転せしめることもない。それは生産過程においてではなくたんなる流通過程において消費されるのであって，純粋の流通費として投ぜられた価値は再生産されることなく消滅するものとされなければならない。商業資本によって商品の購入に前貸された貨幣資本はその商品の販売によっておのずから回収されるが，その商業資本の $G—W—G'$ なる運動を媒介すべく投ぜられた流通費はそれと同じ意味では商品販売によっては回収されえない。しかも既述のように，それらの流通費は商業資本家による資本前貸によってまかなわれるのほかはないのであり，したがってその資本部分も商品の購入に前貸された資本部分と全く同様に均等な率での利潤の配分に参加するものとされなければならない。では，売買費用に前貸された商業資本の構成部分は如何にして回収・補塡されかつ利潤の分与をうけるものとすべきであろうか？

　商業資本の運動は産業資本の再生産過程の不可欠の一環たる流通過程を代行するものにほかならず，商業資本によって絶えず商品の購入に貨幣資本が前貸されることによって産業資本の流通期間のための貨幣予備が節減される関係にあることはすでにみたごとくであるが，売買費用に関しても全く同様のことがいえるのであって，商業資本によって投ぜられる売買費用は流通過程が商業資本によって代行されなければ産業資本みずからが投じなければならないものであり，商業資本によって売買操作が集中的に代行されることによりそのための費用もまた社会的にみて大幅に節減される。ところで，産業資本が売買操作をおこなおうとした場合，そのために投ぜられる費用は純粋の流通空費として剰余価値の一部をもって補塡されるほかはないことは，すでに本書第Ⅱ編第1章第5節「流通費」においてみたごとくである。その流通空費たる売買費用が商業資本によって投ぜられる場合も同様であって，それは結局において産業資本によって生産される剰余価値総額の一部によって

補塡されるほかはない。したがってまた利潤率は，商業資本のうち商品の購入に投ぜられる資本部分を B，補塡されるべき売買費用を Z とすれば

$$p' = \frac{M-Z}{C+V+B+Z}$$

となる。いま売買費用を 50 としてさきの設例にあてはめて利潤率を算出してみれば

$$p' = \frac{180M-50Z}{720C+180V+100B+50Z} = 12\frac{8}{21}\%$$

となる。売買費用に投ぜられた資本が一般的利潤率の形成に参加することによって p' を規定する式の分母がそれだけ増大するだけでなく，その売買費用が剰余価値の一部によって補塡されなければならないため，分子たる剰余価値——各資本要素に配分されるべき源泉そのものがそれだけ減少せざるをえないのである。では如何にして商業資本はその売買費用を産業資本の生産する剰余価値の一部をもって絶えず補塡され，しかもそれに投ぜられた資本に均等な率での利潤の分与をうることができるか。それは結局，商業資本が産業資本から $(C+V+M)-\{(B+Z)\cdot p'+Z\}$ なる価格で商品を買い，それを $C+V+M$ で消費者に売ることによって可能となる。さきの設例にあてはめていえば，商業資本は産業資本から $(100+50)\times 12\frac{8}{21}\%$ なる商業利潤と 50 の売買費用を加えたものを差し引いた $1,011\frac{3}{7}$ の価格で商品を買い，それを 1,080 なる価値どおりの価格で売ることによって，売買費用を回収しかつ同時に B および Z に投ぜられた資本に対する商業利潤を獲得することができる。たんなる売買操作によってはなんらの価値の追加もおこなわれえなかったのにあたかも価値の追加がおこなわれたかのごとく売買操作に要した費用だけ商品の販売価格に加算されて売られるのである。マルクスが「純粋に商業的な流通費のように，商品の現実の価値追加分を形成しない場合にも，名目的な価値を形成する一要素としての商品の販売価格に入りこむ。」(K. Ⅲ, S. 319.〔298.〕) と述べているのは，この意味に解した場合にのみ妥当でありうるであろう。
*

第1節　商品取扱資本　343

* したがって，『資本論』第4編第17章323ページにおけるマルクスの以下の算出方法はやはり疑問とせざるをえない。すなわちその個所で，マルクスは，売買費用を考慮した場合の一般的利潤率を

$$p' = \frac{180M}{720C+180V+100B+50Z} = 17\frac{1}{7}\%$$

となるものとし，産業資本は商品を費用価格にこの一般的利潤率 $17\frac{1}{7}\%$ によって規定される 900 の産業資本に対する産業利潤を加えた価格，すなわち

$$(720+180)+154\frac{2}{7} = 1,054\frac{2}{7}$$

の価格で商業資本に売り，商業資本はそれに同じ一般的利潤率によって規定される 150 の商業資本に対する商業利潤を加算し，さらに補塡されるべき流通費 50 を追加した価格，すなわち

$$1,054\frac{2}{7}+25\frac{5}{7}+50 = 1,130$$

で最終消費者に販売するものとしている。

　このマルクスの設例においては，売買費用の補塡が剰余価値からの控除によってなされる関係が明示されていず，商品は商業資本によってその売買費用分だけ価値（＝生産価格）を超える価格で販売されるものとされている。「名目的な」価値の形成が現実的な価値の追加と実質上区別され難いものとされているのである。

　こうしたマルクスの設例および推論に対しては，すでに，デ・イ・ローゼンベルクによって異見が提示され（デ・イ・ローゼンベルク著，副島種典，宇高基輔訳『資本論注解』第4分冊 237-9 ページ），また，森下二次也氏はそれをさらに精密化した議論を展開されている（森下二次也『現代商業経済論——序説＝商業資本の基礎理論——』166-72 ページ）。売買費用は純粋の流通空費としてはなんらの価値をも形成しないとするかぎり，マルクスの設例は不適切とせざるをえない。ローゼンベルクや森下氏の異説に対しては，マルクスの設例をもって正当とする井田喜久治氏の批判があるが（井田喜久治『商業経済学』第1章「商業利潤」），その批判は傾聴すべき論点の提示を含むとはいえ，必ずしも充分に説得的ではないようにおもわれる。当面の論点に関して井田氏は次のように論じている。——「この 1,080 において表示されている社会的労働量を体化している生産物を，社会が，実際に獲得して消費することができるためには，さらにこれに加えて，50 の価値として示される社会的労働量を追加的に必要とする。商人が追加的に投下する資本すなわち純粋な流通費を 50 と仮定するということは，まさしくこのことである。とすれば，この必要な労働は，それが社会的にみて必要な分量であるかぎり，この 50 によって転形を媒介されなければならない商品があらかじめもっている価値・実質価値を越える名目価値として追加されることは当然である。社会は，両者あわせた 1,130 として示されている社会的労働とひきかえにのみ，この生産物を手に入れることができる。したがって，この 1,130 は，生産的機能を遂行する

労働のみならず，不生産的機能を遂行する労働をも含まざるをえない。商人によってなされる商品への価値追加のうち唯一の現実的なものは，商品価値のうち，産業資本家が商品の生産価格に算入しないで彼のために残しておいた部分すなわち商業利潤として，その投下資本の大きさに比例して彼に帰属する剰余価値の可除部分にかぎられる。したがって，商人による流通費のためにする価値追加は，名目的価値を形成する要素としての追加以外の追加であることはできない。したがってこの追加は，その取り扱う商品の販売価格を商品の現実の価値以上に高めるという効果を必然的にもたらすのである。」(井田前掲書37-8ページ) この個所の論述が井田氏の所説の軸点をなすものと解されるが，この論述において井田氏が不生産的労働もまたなんらかの意味で価値を生産するとするのかどうか不明確であり，また「生産物を，社会が，実際に獲得して消費することができるため」に「追加的に必要とする社会的労働量」のうちには「対象化された労働」と「生きた労働」とが含まれるであろうが，この場合の純粋の流通費としての「50の価値として示される社会的労働量」のうちには「生きた労働」のうちの支払われた部分のみが含まれるはずであるのに，この点も上の井田氏の論述においては極めて曖昧である。要するに，「商業労働」をもって全面的に「不生産的労働」と規定すべきか否かが明確でないようにおもわれる。「商業労働」をもって全面的に資本制的商品経済にのみ固有の「不生産的労働」であると規定するかぎり，ローゼンベルクのように推論せざるをえない。だがもし，「商業労働」のうちには，生産物を消費者に調達・配分するのに社会の歴史的形態の如何を問わず社会的に必要不可欠な労働とみなすべき部分が含まれているとするならば，そのかぎりにおいて価値が形成されるとされなければならないであろう。この点はなお検討の余地がある。

最後に，流通費によって雇用される商業労働者の提供する剰余労働および商業資本の「可変資本」の補填について考察しておこう。10個の零細規模の商業資本が営む商取引は1個の大規模の商業資本によってその10倍の資本量よりもはるかにヨリ少量の資本によって営まれうるのであり，事務所・店舗等の固定設備の集中利用による節約という点からしても所要労働の分業によるまた同一量の労働のなしうる仕事量を容易に増加しうることによる節減という点からみても，大規模経営の有利性（いわゆる「規模の経済性」）は，産業におけるよりも商業においてさらに端的にあらわれるのであって，（特殊な商品種類は別として）大量をなす一般的な商品の売買は通常大規模な商業資本によって営まれる。産業資本家および彼の販売担当者によって各個に分

散的におこなわれていた操作が多数の賃労働者を雇用する大規模な商業資本によって肩がわりされることによって，流通期間のための予備貨幣資本とともに流通空費もまた大幅に節減され，したがってまた生産資本として機能しうる資本量が増大しそれだけ生産される剰余価値量が増大するだけでなく，剰余価値からの流通空費への控除が節減され，この両面からして一般的利潤率が上昇せしめられる。まさにこのことによって，商業資本の自立化と，商品購入に前貸された資本とともに流通費に前貸された資本への平均利潤の分与（剰余価値の一部の商業利潤への転化）が根拠づけられ，さらにまた，流通費に前貸された資本の剰余価値による補塡・回収も説明される。要するに，商業資本が商品をその価値どおりに販売してなおかつ商業利潤を獲得するだけでなく流通費に前貸した資本の回収をもなしうるのは，そうした価格すなわち $(C+V+M)-\{(B+Z)\cdot p'+Z\}$ で産業資本から商品を購入しうるからであり，産業資本はまた直接販売よりもそうした価格で商業資本に商品を販売することをヨリ有利とするからである。かくして，「可変資本」部分をも含めて流通費に前貸された資本が如何ように回収されまた商業利潤が得られるかは，すでに明らかにされているといえよう。だが，商業労働者の労働は，この「可変資本」の補塡ならびに商業利潤の獲得と如何なる関係にあるとすべきであろうか？　商業労働者もまた商業資本家によって雇用される賃労働者であるかぎり，その労働は支払労働と不払労働とからなる。だが他方において，商業労働が全くの不生産的労働にすぎないかぎり，それはなんらの価値をも生産せず，したがってまた「可変資本」の補塡も剰余価値の生産もおこなわないのであって，そうした不生産的労働の維持のための「可変資本」は絶えず剰余価値からの控除によってまかなわれるのほかはない。だが，商業労働者の「不払労働は，剰余価値を作り出さないとはいえ，商業資本家のために剰余価値の取得を作り出す」のであって，それゆえにまた商業労働者の不払労働は，商業資本家にとっては「利潤の源泉」にほかならない（$K.$ Ⅲ, S. 325.〔305.〕）。剰余価値は生産しないが「剰余価値の分け前を作り出す」商業労働は，商業資本にとっては「直接に生産的」な労働としてあらわれる

のである (K.Ⅲ, S. 333. 〔313.〕)。商業労働者からの剰余労働の搾取度が高ければ高いほどそれだけ流通費とそれに前貸される資本量が少なくてすみ，したがってまた剰余価値からの控除と剰余価値を（産業利潤・商業利潤を含めての）平均利潤に転化せしめるさいの分母となる数が減少し，この両面からして一般的利潤率が上昇し，商業利潤もまた増大する。労働時間の延長や労働強化により（あるいはまた賃銀の平均以下への切下げにより）平均的な労働搾取度よりもヨリ高い搾取度で商業労働者を使用する個別商業資本は，それだけヨリ多くの「剰余価値の取得」ないしは「分け前」を，超過利潤を得ることができ，また価格競争上の優位に立って——というのは，この個別商業資本は商品を普通よりも安価に販売してなおかつ平均利潤以上の利潤を得ることができるからである——販路を拡張し資本の回転速度（年間回転度数）を増大することができる。商品の販売が容易となり $G—W—G'$ なる循環を画く資本（商品取扱資本）の回転度数が増大すれば，その個別商業資本はなおいっそうの価格競争上の優位に立つことになる。資本の回転度数が倍になれば1回転ごとの利潤率が半減しても同じ年利潤率を得ることができるのであって，商業資本は商品をなおいっそう安価に販売しうるからである。こうした競争の結果，資本の集積とともに資本の集中が強力的におしすすめられてゆき，それによってまた，商業部門においてとくに顕著な大規模経営の有利性が発揮されることとなる。商業部門における急速な資本の集中，大商業資本の出現の必然性はこうした競争によって規定されているのである。

* 「産業資本にとっては，流通費は空費として現われ，またそうでもある。商人にとっては，流通費は彼の利潤の源泉として現われるのであって，この利潤は——一般的利潤を前提すれば——流通費の大いさに比例する。それゆえに，この流通費においてなされるべき支出は，商業資本にとっては生産的投資である。したがって，商業資本の買う商業労働も，商業資本にとっては直接に生産的である。」(K. Ⅲ, S. 333.〔313.〕)

3. 商業資本の回転

商業資本の取得する利潤は，前項でみた商業労働者の労働搾取度に依存す

るとともに，$G—W—G'$ なる循環運動をおこなう商品取扱資本の回転速度に依存する。商業資本が利潤率の均等化に参加するという場合には，商業労働者の平均的な搾取度および標準的な固定設備（事務所・店舗・倉庫・運輸通信施設等）とともに，商業資本の平均的な回転速度が前提されている。商業資本の回転期間は流通期間のみからなるが，その流通期間は一般に，鉄道・船舶・航空機等の交通手段や電信・電話等の通信施設の発達，商取引の集中・合理化，信用制度の発展等にともなって短縮される。しかしまた，交通手段や通信施設等の発展は遠距離の販路の開拓を促進し，したがってまた流通期間を延長させる。商業資本の回転速度はまた，再生産過程の流動性如何に依存する。産業資本の生産活動が活潑であり消費が旺盛であれば，商業資本の回転期間が短縮され回転速度が増大する。逆の場合はその逆である。回転期間が短縮されればヨリ少ない商業資本によって同一量の商取引がおこなわれえ，社会の資本総量のうちに占める商業資本の割合が減少しうるのであって，それだけ一般的利潤率が上昇しうることとなる。流通期間は剰余価値の生産に対する制限要因をなし，その短縮は同一量の資本に対する剰余価値量を増大せしめるという関係がいまやこうした関係として現われるのである。商業資本の回転期間が短縮されれば一定期間に一定量の商業資本によって取引される商品量が増大し，したがって個々の商品に付加される商業利潤が減少し，それ故にまた商品の販売価格を低下せしめてしかもなおかつ同じ期間に同一量の資本に対する同一率の商業利潤を得ることができる。このことから商品の価格は生産過程において規定される商品の価値なるものとは無関係に商業資本家の恣意によって決定されるかのようにみえてくるのである。事実また，一定限までは，商業資本家は商品の価格を引き下げて販売を促進し資本の回転を速めることによって却って商業利潤を増大することさえ可能なのであって，価格はもっぱら商人の販売技術的な観点から決定されるかにみえ，事実としても或る程度まではそうである。こうした競争の現象過程によって媒介されることによって，価格が価値によって，利潤が剰余価値によって規定される関係が全く隠蔽され，商人的な表象——まさしく没概念的な表象が一般

化する。

　最後に，資本制的再生産過程における商業資本の運動の役割について考察しておこう。

　商業資本は，利潤率の極大化をもとめる競争過程におけるその運動——それは一面では商業利潤を平均利潤に帰着せしめ，他面では超過利潤と負の超過利潤を成立せしめる——によって，資本制的生産の内在的諸制限を超えての再生産過程の拡張を促進する。第一に，商業資本の $G-W-G'$ なる運動は，産業資本の流通過程とりわけ $W'-G'$ の過程を可能なかぎり短縮し，産業資本の生産活動を活潑にする。第二に，「近代的信用制度のもとでは，〔商業資本は〕社会の総貨幣資本の一大部分を支配し，したがって，すでに買ったものを最終的に売ってしまう前に，自己の購入を反復することができる」($K.$ Ⅲ, S. 335.〔316.〕)のであって，それによって絶えず「仮空な需要(フィクティーフ)」が創出される。産業資本家と最終消費者との間に何人もの商人が介在する場合は，この傾向はなおさら強くなる。その実は「仮空な需要」であっても，産業資本にとっては商品は実際に売れるのであり，その限りにおいて現実の需要にほかならない。こうして生産は，産業資本によって消費の制限を無視して拡張される。商業資本は産業資本の流通過程における定在たる流通資本が自立化したものにほかならず，商業資本の運動は「その自立化にもかかわらず，流通部面における産業資本の運動以外の何ものでもない」のであるが，しかし商業資本は，「その自立化によって，特定の限界内では再生産過程の諸制限から独立して運動し，したがって再生産過程そのものに諸制限を突破させる。」(*Ibid.*)　商業資本はその運動において産業資本に対して内的に依存していると同時に外的に自立しているのであって，この「内的依存性と外的自立性とは，商人資本を駆って，内的関連が強力的に，恐慌によって回復される点にまでいたらしめる。」(*Ibid.*)　商業資本の運動の介在によって資本制的生産の内在的諸制限を超えての生産の拡張が隠蔽されると同時に媒介され促進されるのであって，恐慌がまず出現し勃発するのは卸売商業とこれに社会の貨幣資本を用立てる銀行業との部面においてであるという現象はこのこ

とに由来する。

第2節　貨幣取扱資本

　産業資本および商品取扱資本の流通過程のための貨幣に関する純粋に技術的な諸操作が特殊的資本の独自の機能として自立化すると，その資本は貨幣取扱資本となる。ここに，貨幣に関する技術的諸操作とは，(1) 貨幣が流通手段ないしは支払手段として機能することに関連する，貨幣の支払，収納，および差額決済等の操作，(2) 貨幣は国内流通においては国民的鋳貨姿態をとるが世界貨幣としては金および銀の本源的姿態をとって現われなければならないということからくる，自国鋳貨の地金ないしは外国鋳貨への，またその逆の転換・両替の操作，(3) 資本の正常な運動を持続するに要する種々なる蓄蔵貨幣，すなわち，購買手段ないしは支払手段の準備金としての，また，産業資本の循環運動から一時的に休息せしめられ貨幣形態のままで充用を待っている遊休資本（蓄積基金や固定資本の償却基金をそのうちに含む）としての，蓄蔵貨幣の保管・記帳などの操作，をいう。これらの貨幣に関する諸操作をおこなうに要する流通費と労働——それはなんらの価値をも創出しない不生産的労働である——は，これらの諸操作が特殊な部類の資本家によって全資本家階級のために，専門的に，集中的にまた大規模におこなわれることによって節減され，それと同時にまた，購買ないしは支払手段の準備金等の資本家的蓄蔵貨幣もそれぞれの資本家によって別々に管理される場合に比べてははるかに少なくてすみ，支払差額の決済等も容易ならしめられることによってそれに要する貨幣量も減少する。ここに貨幣取扱資本の自立化の根拠がある。

　貨幣取扱資本は売買取引や支払関係や蓄蔵貨幣の形成等を所与のものと前提したうえでそれにともなう貨幣に関する技術的操作をおこなうにすぎず，商品取扱資本が商品資本の機能を異なった形式で代行すると同様の意味で貨幣資本の機能を代行するものではない。その意味で，貨幣取扱資本は商業資

本の一亜種でありながら，商品取扱資本とはその性格規定を本質的に異にするのである。商品取扱資本が $G—W—G'$ なる独自の流通形態をもち，そうした循環運動において自立化し自己増殖をおこなうのに対して，貨幣に関する技術的操作のみをおこなう貨幣取扱資本は $G—G'(G+\Delta g)$ なる，いわば実体をともなわない，一見したところ次章でみる「利子生み資本」と類似の増殖形式をもつ。この場合の Δg の成立は，それ自体としてはなんらの価値も剰余価値も生産しない「商業労働」が商業資本に「剰余価値の取得」ないしは「剰余価値の分け前」を作り出すのと同様であり，その意味で貨幣取扱資本は商品取扱資本のうち流通費として商業労働に前貸された部分と類似する。ただし，さきにも述べたように，後者が商品資本の機能を代行する $G—W—G'$ なる独自の運動のための操作として Δg をもたらすのに対して，貨幣取扱資本はたんなる貨幣のための技術的操作をそれ自体としてその業務とし，そういうものとして均等な率での利潤の分与に参加する。

　貨幣取扱業は，最初はまず国際的交易から発展する。両替業は「近代的貨幣取扱業の自然発生的基礎」（*K*. Ⅲ, S. 348.〔329.〕）をなす。また，貴金属の生産地から出て世界市場へゆきわたる運動，国際的支払の決済や利子を求める資本移動にともなう流出入につれて地金取扱業 (bullion trade) が発展するが，この地金取扱業は両替業とともに「貨幣取扱業の最も本源的な形態」（*K*. Ⅲ, S. 350.〔331.〕）をなす。産業資本および商業資本の発展につれて，貨幣の支払・収納・差額決済・保管・記帳等の諸操作の必要が増大するが，すべてこれらのことを「貨幣取扱業者は最初はまず商人や産業資本家の単純な出納代理人としておこなう。」(*Ibid*.) やがて「貸借の機能や信用の取引が貨幣取扱業の元来の諸機能と結びつけられるようになれば，すでに貨幣取扱業は充分に発展している」（*K*. Ⅲ, SS. 350–1.〔332.〕）ことになる。「利子生み資本……の管理が貨幣取扱業者の特殊の機能として発展」し，貨幣取扱業者は銀行業者となる（*K*. Ⅲ, S. 439.〔416.〕）。そうしてまた，銀行業の発展につれて，それは本来の貨幣取扱業務をそのもとに包摂する。このように，貨幣取扱業の発展は銀行業の発展と密接に組み合ってなされるのであるが，商業

資本の一亜種たる貨幣取扱資本と貸付資本とは明確に範疇的に区別されなければならない。

第3節　商人資本に関する歴史的考察

　近代的商業資本は産業資本の再生産過程の一環たる流通過程を担当するものとして，いわば産業資本の流通過程における定在たる流通資本が独自の資本種類として自立化したものにほかならないのであるが，しかし，商業資本一般は商業とともに資本主義的生産様式よりもはるかに古いのであって，それは「資本の歴史的に最も古い自由な存在様式」($K.$ Ⅲ, S. 356. 〔337.〕) である。商業資本の機能は商品交換を媒介することだけであるから，商業資本の存在のためには単純な商品・貨幣流通のために必要な条件のほかにはどういう条件も必要でない。商品として流通に入ってゆく生産物がどんな生産様式の基礎上で生産されたにしても——原生的共同体の基礎上であろうと，奴隷制生産ないし農奴制生産の，または小農民的ないしは小市民的生産の，あるいはまた資本主義的生産の基礎上であろうと，問うところではない。商業資本が $G—W—G'$ なる運動によって媒介する両極は商業資本にとって全く所与のものにすぎず，媒介するその両極がどういう生産様式であろうと商業資本は $G—W—G'$ なるその運動を反復して自己増殖を遂げてゆくことができる。その意味で，商業資本は「資本一般の最初の自由な存在様式」($K.$ Ⅲ, S. 356. 〔337.〕) なのである。だが，そういうものとしての商業資本は生産様式の推転に対して，とりわけ資本主義的生産の発展に対して如何なる作用を及ぼすのであろうか？　商人資本の歴史的役割について概略考察しよう。

　商人資本の存在と或る程度までの発展は，「資本主義的生産様式の発展のための歴史的前提」をなす。というのは，それによって「貨幣財産の集積」がなされるからであり，また「個々の顧客相手でない大規模な販売」が可能となるからである ($K.$ Ⅲ, S. 358. 〔339.〕)。商人資本および商業の発展は交

換価値めあての生産を発展させることによって，既存の生産組織に対して「多かれ少なかれ分解的に作用」する（*K*. Ⅲ, S. 364.〔344.〕）。だが，「商人資本の発展は，それだけでは，或る生産様式から他の生産様式への移行を媒介し説明するのには不十分である。」（*K*. Ⅲ, S. 359.〔339.〕）商人資本および商業の発展が「どの程度まで古い生産様式の分解をひき起こすかは，まず第一に，その生産様式の堅固さと内部構成とにかかっている。また，この分解過程がどこに行き着くか，すなわち，古い生産様式に代わってどんな新しい生産様式が現われるかは，商業によってではなく，古い生産様式そのものの性格によって定まる。古代世界では，商業の作用も商人資本の発展も，その結果はつねに奴隷経済である。また，出発点によっては，ただ，直接的生活維持手段の生産を目ざす家父長制的奴隷制度が剰余価値の生産を目ざす奴隷制度に転化されるだけのこともある。これに反して，近代世界ではそれは資本主義的生産様式に結果する。このことから，これらの結果そのものは，なお，商業資本の発展とは全く別の事情によって条件づけられていた，ということになる。」（*K*. Ⅲ, S. 364.〔344.〕）資本主義的生産の発展に対する商人資本の歴史的役割は，すぐれて媒介的であり，またそれにとどまる，ということが明確に認識されなければならない。

　他方において，「商人資本の自立的発展は資本主義的生産の発展度に逆比例する。」（*K*. Ⅲ, S. 360.〔341.〕）本来媒介的であるべきものがそれ自体として自立的に発展し肥大化すると，それによって却って資本主義的生産の発展が阻害されることになるのである。前期的商人資本の利潤は，それが媒介する生産地域間の価格差を利していわゆる「譲渡利潤 (profit upon alienation)」として取得されるのであるが，商人資本の媒介によって，連続的な交換と，交換のための規則的な再生産がおこなわれるようになると，次第に生産地域間に等価性が確立されてゆくのであって，商人資本はその運動そのものによって自己の存立基盤を失ってゆくこととなる。そこで，商人資本が敢てその存立を維持してゆくためにはいわゆる「買占独占」などによって生産者を市場から遮断してゆくか，あるいは自らが生産を掌握する以外にはない。こう

して産業資本の自生的な発展が阻害されることとなる。歴史上，商人資本が封建的土地貴族と結んで政治的にもしばしば反動的な役割を果たしたのは，こうした商人資本そのものの性格規定による。

　資本主義的生産の発展に対する商人資本の歴史的役割をみる場合，その媒介的な作用の含むこの二面性を把握することが重要なのである。

第5章　利子生み資本と信用

本章の課題

　本章の課題は，資本主義的生産様式の内的構造をその「理念的平均」において叙述し（K. Ⅲ, S. 885.〔839.〕），「資本の一般的本性を把握する」（K. Ⅲ, S. 132.〔120.〕）に必要なかぎりにおいて，資本物神の最高の完成形態たる利子生み資本範疇とそれの運動形態たる信用制度についての基礎的考察をおこなうにある。産業資本の流通過程を担当することによって，剰余価値の生産には関与せず，ただその分配にのみ関与する・独自の資本範疇たる商業資本を考察した前章において，「資本一般」を解明するに必要なかぎりでの《競争》の基礎理論がしめくくられたのに対して，本章においては同じく「資本一般」の解明に必要なかぎりでの《信用》の基礎理論が展開される。《競争および信用》のより具体的な展開は，産業循環論としてなされるべきである。その活動領域が流通過程にすぎないとはいえ，なお再生産過程内での機能資本であり，そういうものとして平均利潤の分与にあずかる商業資本に対して，生産過程にも流通過程にも機能資本としては関与せず，それゆえにまた，それ自体としては全く如何なる意味でも再生産過程内には関与せず，再生産過程外にあって，社会のいっさいの遊休貨幣資本を動員して再生産過程の流動化と拡張を媒介しつつ，それに寄生し吸着し，利潤の一部を利子として取得するところの独自の資本範疇たる利子生み資本――それは「価値を生む価値」・「貨幣を生む貨幣」としての資本の最も端的でかつ無概念的な形態である――が，本章の考察対象である。

第1節　利子生み資本

1. 利子生み資本

　本編の第 1, 2 章において異部門間の産業資本相互の競争によって利潤率が平均化される次第が明らかにされ，さらに第 4 章において流通過程を担当する商業資本が剰余価値の均等な分与にあずかり一般的利潤率の形成に参加する次第が論述され，かくして，生産部面で産業的に投下されるか流通部面で商業的に投下されるかを問わず，その大いさに比例して同じ年平均利潤を生みだすものとしての資本の一般的規定があたえられ，利潤の平均率はその「完成姿態」において現われた。こうした資本主義的な生産関係のもとでは，貨幣は資本として平均率での利潤を生むという属性をそなえたものとして現われ，それがほんらい貨幣としてもつ使用価値のほかに資本として機能しうるという追加的な使用価値を具有したものとして現われる。「この可能的資本としての，利潤の生産のための手段としての属性において，貨幣は一の商品に，但し一種独特な商品に，なる。または，結局同じことになるが，資本は資本として商品となる。」($K.$ Ⅲ, S. 371. 〔351.〕)　すなわち，貨幣は「可能的資本 (mögliches Kapital)」たる属性において《商品》——といっても本来の商品とは区別される，一つの擬制された《商品》——となる。すなわち，資本が資本たる属性において取引対象となるのである。(ここでマルクスが，たんに「資本が資本として取引対象となる」といわずに，ことさら「資本が資本として商品となる」と述べているのは，資本主義的な生産関係のもとでは，——価値の自立的定在としての貨幣がそれ自体として「潜在的ないしは可能的資本 (potentielles od. mögliches Kapital)」としての属性を具える反面，——すべての関係が商品関係として現われ，利子が貨幣資本の「価格」として現われる関係を意識し念頭においてである，とおもわれる。この点は後にさらに関説する。)

　平均利潤率を年 20% とすれば，100 万円の価値額は平均的諸条件のもと

第1節　利子生み資本　357

で資本として年間 20 万円の利潤をもたらしうるであろう。それゆえ 100 万円の価値額を所有する人は 100 万円を 120 万円にする力，すなわち 20 万円の利潤を生み出す力を所有していることになる。彼は自分の手に 100 万円の可能的資本をもっている。この人がその 100 万円を現実に資本として充用する別の人の手に 1 年間任せておくとすれば，前者すなわち所有資本家は，後者すなわち機能資本家に，20 万円の利潤を生みだす力を与えることになる。後者が年末に生産された利潤の一部分，例えば 5 万円を支払うとすれば，これによって彼は 100 万円の使用価値の代価を，20 万円の利潤を生みだすという資本機能の使用価値の代価を支払うわけである。この代価が利子 (Zins) と呼ばれる。100 万円をもっているということがその所有者にその 100 万円が生みだす利潤の一部たる利子を引きよせる力をあたえるのである。そうして，ひとたびそうした関係が成立すると，100 万円という価値額はそれ自体としておのずから年間 5 万円の利子を生みだすものとしてあらわれることになる。所有資本家の資本に利子が生ずるのはその資本が機能資本家の手で資本として機能し利潤を生むことによってであり，その利潤を生むという資本の属性ないしは機能に対して利子が支払われるのであるが，そうした実体的な媒介過程は消え失せて，貨幣はそれ自体としておのずから利子を生みだすかのようにみえてくる。$G—G'$, money which begets money, ——貨幣を生む貨幣，価値を生む価値という資本の最も端的で無概念的な形態たる利子生み資本 (zinstragendes Kapital) なる範疇がここに成立することとなる。

　利子生み資本に関する取引は通常の商品売買とは異なって資本そのものが取引対象となる——貸し手にとっても借り手にとっても——のであるから，それは貸付 (Verleihen)—返済 (Rückzahlung) という独自の形態においておこなわれる。所有資本家はその所有する貨幣を資本として機能資本家の手にゆだねる——といっても，所有権は依然として所有資本家のもとにあるのだが——のであるから，それは一定期間ののち，利子をともなって返還されなければならず，また機能資本家は利潤を生むという属性をもつものとして所有資本家の所有に属する貨幣を一定の期間受け取り，それを自らの手で現実に

資本として機能させることによって利潤をうるのであるから，そうしてえられた利潤の一部は利子として，その資本機能の対価として所有資本家に支払われなければならず，その利子を付した貨幣が所有者のもとに返還されなければならない。機能資本家は利子を支払った残金を企業者利得として取得しうるのであるから，資本を借り受けただけ獲得する剰余価値量は増大する。後にも論述するように，利子生み資本とその運動形態たる信用機構の確立は，社会総体としての再生産規模の拡張と利潤の増大をもたらすのであって，利子生み資本という寄生的な資本範疇が成立しただけ産業資本および商業資本の獲得する利潤量が減少するわけではない。むしろその逆である。ここに利子生み資本範疇と信用機構の成立の社会的根拠がある。この点は，前章において商業資本の自立化の根拠として述べた（本書 373-4 ページ，375-6 ページ）のと同様のことがいえるであろう。

　貸し出された貨幣資本は，二重に還流する。すなわち，まず機能資本家の手に利潤をともなって還流し，次いで所有資本家の手に利子をともなって還流する。資本として投下された貨幣は出発点に還流・復帰するという法則は，そうした二重の還流においてみずからの表現を見出す。だが二度価値増殖がおこなわれるわけではない。産業資本および商業資本が $G—W \cdots P \cdots W'—G'$ および $G—W—G'$ という循環運動をおこなうことによって利潤を取得するように，利子生み資本もまたそれ自体として $G—G'$ なる自己還流と自己増殖をおこなうかにみえ，常識的にはまさにそのように理解されるが，しかしその利子は利潤の，剰余価値の一分岐にほかならず，真の価値増殖は利子生み資本が直接には関与しない生産過程においてのみおこなわれることが明確に把握されなければならない。利子が利子を生む《複利の魔術》をもってする貨幣資本の自己増殖運動は，不断に増大し，累増する規模においておこなわれる剰余価値の生産――剰余価値が剰余価値を生む累進的運動（本書 143-4 ページ）によって支えられているのであり，それの一派生形態にほかならないのである。

2. 利潤率と利子率

　利子は利潤の一分岐にほかならないのであるから，利潤はほんらい利子の増大しうる最高限界をなし，それゆえにまた利潤率はほんらい利子率の上昇しうる最高限界をなす。事実また長期的・平均的には，利子率は利潤率によって規定されているということができよう。資本主義的生産の発展につれて平均利潤率が傾向的に低落してゆくであろうことはすでに本書第Ⅲ編第3章においてみたごとくであるが，利潤率のそうした傾向によってまた長期的な趨勢としての利子率の低下傾向が規定される。だが，利子率が利潤率によって規定されるのは長期的・平均的にであって，産業循環の現実局面においては，後にみるように，利子率の動きは必ずしも利潤率のそれと併行せず，両者はむしろ背反的な運動をえがくのであって，とりわけ恐慌局面においては現実機能資本の過剰によって利潤率が急落するまさにそのとき貸付貨幣資本の不足によって利子率が奔騰し，利潤率を超えさえするのである。利潤率の変動と利子率のそれとの関係を考察する場合には，長期的・平均的にみた両者の関係と，産業循環の現実局面におけるそれとの両面をみる必要がある。

　一般的利潤率は総資本量に対する総剰余価値量の比率によって規定され，競争過程において絶えず変動する市場利潤率は，平均的には，法則的に規定されるその一般的利潤率に一致しようとする傾向をもつのに対して，貸付資本の需給関係によってのみ規定される利子率はそうした質的ないしは法則的に規定される変動の中心をもたないのであって，《利子の自然率》なるものはありえない。利子率は商品の市場価格と同様に貸付資本に対する需給という競争関係によってのみ規定されるのである。

　だがその反面，一般的利潤率が生産諸部門における特殊的諸利潤率の「均等化の傾向としてのみ，運動としてのみ存在」するのに対して，市場利子率は，絶えず変動するとはいえ，各瞬間において固定的な大いさとして，確定的で斉一的なものとしてあらわれる。なぜならば，「貨幣市場ではすべての貸付可能な資本がつねに総量として機能資本〔貨幣資本の借り手たるかぎりは，すべて無差別で一様な機能資本の総体〕に対立しており，したがって，一方にお

ける貸付可能な資本の供給の割合，他方におけるこれに対する需要が，そのつどの利子の市場水準を決定する」(K. Ⅲ, S. 400.〔379.〕) のであるからである。信用制度が発達するにつれて利子率の決定はますますかような「同時的な大量作用」となる。利子率は商品の市場価格と同様に，そのつど，個々の資本にとっては動かしがたい与件としてあらわれるのである。利子は貨幣資本ないしは「資金」の《価格》であるという商品関係に擬制された不合理な表象*は，市場利子率と商品の市場価格とのいずれも「同時的な大量作用」としておこなわれる需給関係によってのみ決定され，絶えず変動するとはいえ，個々の資本に対してそのつど確定的な大いさとして現われるというこうした類似点にもその根拠をもつのである。

　　* 利子を「貨幣資本の価格」だとするのは不合理な表現なのだということを，明確に把握しておく必要がある。「もしも利子を貨幣資本の価格と名づけようとするならば，それは価格の不合理な形態であって，〔ほんらいの〕商品の価格の概念とはまったく矛盾している。ここでは，価格は，使用価値としてなんらかの働きをするなんらかのものにたいして支払われる一定の貨幣額だというその純粋に抽象的で無内容な形態に還元されているのであるが，〔ほんらいの〕価格の概念からみれば，価格は，この使用価値の価値を貨幣で表わしたものに等しいのである。」(K. Ⅲ, S. 387.〔366.〕) 「資本の価格としての利子というのは，もともとまったく不合理な表現である。ここでは一つの商品が二重の価値をもつ。すなわち，まず第一にある価値をもち，そしてそれからこの価値とは違った価格をもつ。価格とは価値の貨幣表現であるのに。……価値と質的に異なる価格なるものは馬鹿げた矛盾である。」(K. Ⅲ, S. 388.〔366-7.〕) 価格とは商品の使用価値から区別される商品の価値の貨幣表現なのであるから，この本来の価格概念からすれば，利子は「資本の価格」であるとするのは，賃銀は「労働の価格」であるとするのと同様に不合理なのであるが，すべての関係が商品関係としてあらわれる資本主義社会においてはそのように表象される。そうした表象が一般的に成立してくるその根拠を批判的に明らかにすると同時に，それが不合理な表現であり不合理な表象であることを明確に把握することが肝要である。価格は使用価値ないしは効用の対価であるとする俗流経済学的な無概念的表象からすれば，それは全く不合理な表現ではない。それゆえにこそ，その不合理さが指摘されなければならないのである。したがって，例えば青木書店刊『資本論辞典』の「利子」の項において，「利子は資本という商品——利潤を生み出すという使用価値をもつ商品——の価格としてあらわれる」としてのち，それに説明を付加して「……しかし使用

第1節 利子生み資本　361

価値にたいして支払われるという点では普通の商品価格とことなるところはなく」云々と述べられているのは，そうした表現の不合理であることが全く指摘されていない点とともに，適切ではないようにおもわれる。

3. 利子と企業者利得

　所有資本家によって貸し付けられ機能資本家によって現実に資本として機能することによって生みだされた利潤は，利子（Zins）と企業者利得（Unternehmergewinn）に分裂する。この分裂はそれ自体，所有資本家と機能資本家の間におこなわれる利潤のたんなる量的分割にほかならないのであるが，ひとたびそうした関係が展開されるや，その量的分割は質的分割に転化する。利子は資本所有の果実として，資本機能とは無関係に資本がそれ自体としておのずから生みだす果実としてあらわれ，それに対して企業者利得のみが資本機能の果実として現われる。利子は生産過程以前にかつ生産過程外でたんなる資本所有を代表する貸付貨幣資本家のもとに流れ，企業者利得は資本の非所有者であるが生産過程内で現実に企業活動を営む機能資本家のもとに流れる。かくして，利子と企業者利得とは，相互に全く異なる源泉から生じたところの質的に全く異なる所得範疇としてあらわれるのである。そしてこの，利子と企業者利得という「総利潤の両部分相互の骨化および自立化」が一般化すると，自己資本で仕事をする資本家も，借入資本で仕事をする資本家と同じように彼の総利潤を，資本の所有者としての，自分自身に対する資本の貸し手としての自分に帰属する利子と，能動的・機能的資本家としての彼に帰属する企業者利得とに分割するようになる。そしてそのことによってまた，利潤の両部分への量的分割はますます決定的に質的分割となるのである。

　いまや利子と企業者利得とは利潤すなわち剰余価値の分岐形態としてではなく，相互の対立関係においてのみ表象されるようになる。利子も企業者利得もともに剰余労働の所産であることが全く見失われ，利子は生産過程内における労働搾取とは無関係なたんなる資本所有の所産としてあらわれ，他方，機能資本家にとって，企業者利得は，「利子との対立において，資本所有か

らは独立のものとして，むしろ非所有者としての——じつに労働者としての——彼の諸機能の結果として，現われる。」(K. Ⅲ, S. 415. 〔393.〕) したがって機能資本家の頭の中では必然的につぎのような表象が展開される。すなわち，「彼の企業者利得は——けっして賃労働にたいしてなんらかの対立をなしていてただ他人の不払労働でしかないというようなものではなく——むしろそれ自身労賃であり，監督賃銀，wages of superintendence of labour である」(Ibid.) とする表象が生じてくるのである。こうして，利子と企業者利得とへの利潤の分裂，その両部分の相互対立と骨化につれて，資本主義的生産の本質的関係を隠蔽する・顚倒的・無概念的な表象が確立してくるのである。利子なる果実をもたらすことが貨幣資本の一自然属性であるとされ，他方，資本の生産過程・価値増殖過程はたんなる労働過程に帰着せしめられる。これこそがまさに，現今の「近代経済学」を含めての俗流経済学的な認識にほかならないのである。

4. 利子生み資本の形態における資本関係の外面化

利子生み資本において資本関係は，その最も外面的で最も物神的な形態をうる。$G—G'$，すなわちそれ自体としておのずから，「ヨリ多くの貨幣を生む貨幣，両極を媒介する過程なしに自己を増殖する価値」がここにあらわれる。商人資本はその運動が流通過程にとどまるとはいえ，ともかくも $G—W—G'$ なる資本運動を通じてその利潤をうる。したがってその利潤は「社会的な関係の所産」としてあらわれ，たんなる「物の所産」としてはあらわれない。それに対して，利子生み資本においては，いっさいの媒介過程なしに G が $G'(G+\varDelta g)$ に転化する。こうした $G—G'$ なる価値の自己増殖運動は，「生産過程と流通過程との統一」であり，そういうものとして「一定の期間に一定の剰余価値を生むもの」としての「完成された資本 (das fertige Kapital)」の運動を前提しその一派生形態にほかならないのであるが，利子生み資本においては資本を資本たらしめる媒介過程がすべて無くなり，ただ G が G' になるという資本運動の結果のみがあらわれる。こうして，資本が利子の，資

本自身の増殖の，神秘的で自己創造的な源泉として，現われる。「貨幣という物それ自体がいまや単なる物としてすでに資本であり，逆にまた資本はたんなる物として現われる。」こうして「総再生産過程の結果が，物におのずからそなわる一属性として現われる」のである（K. Ⅲ, S. 427.〔405.〕)。資本を資本たらしめる媒介運動の痕跡をとどめぬ利子生み資本において，貨幣がヨリ多くの貨幣を，価値がヨリ多くの価値を生むという「自動的物神」がその純粋形態においてあらわれ，「社会的関係が物の，貨幣の，自己自身に対する関係として，完成」されるのである。貨幣は所有者の手においてそのものとしてすでに潜勢的に自己増殖的価値であり，そういうものとして貸し付けられ，果実たる利子を生む。まして，既述のように，自己資本で機能する資本家のもとにおいても，資本はその資本機能とは別に「資本それ自体 (Kapital an sich)」として，利子を生むものとして現われるのである。しかも，顚倒と歪曲はさらにすすめられるのであって，利子は利潤の一部にすぎないのに，逆に利子が資本の本来の果実として，本源的なものとしてあらわれ，利潤は，企業者利得という形態に転化されて，再生産過程でつけ加わるたんなる付加物として現われる。こうして，利子生み資本範疇の一般的成立にともなって，「生産関係の最高度の顚倒と物化」がすすめられるのである。利子生み資本は，資本の最も無概念的で外面的な形態である。それゆえにまた，資本を価値創造の独立の源泉として説明しようとする俗流経済学にとっての，まさに恰好の立脚点なのである。

第2節　商業信用と銀行信用

1. 商業信用

　商品流通の発展につれて，商品の譲渡をそれの価格の実現から時間的に分離させる「掛売り (Zeitverkäufe)」の関係が「自然発生的に」(*Kr.* S. 136. 〔119.〕) 発展してくることは，すでに第Ⅰ編第2章第3節の 2.「支払手段」

でみた。商品は貨幣の支払約束に対して販売され、購買者の手に渡る。購買者は「将来の貨幣の代表者」として、これを購買する。こうして、販売者は債権者となり購買者は債務者となるところの、債権・債務関係──端緒的な信用関係が──成立し、その債権・債務関係は支払期限が来て購買者たる債務者から販売者たる債権者に貨幣──支払手段としての貨幣──が支払われるとともに消滅する。これは信用制度の「自然発生的な基礎」をなすものであるが、「商業の発達、および流通を顧慮してのみ生産する資本制的生産様式の発達につれて、一般化され、仕上げられる。」(K. III, S. 436. 〔413.〕) けだし、商品流通は、資本主義的生産のもとにおいてはじめて全面的に全社会的規模において展開されるのであるからである。だが、それと同時にまた、商品流通は諸資本の流通運動の絡合いを媒介するものとなり、単純な商品流通における掛売りという信用取引は、「再生産にたずさわっている資本家たちが相互に与えあう信用」(K. III, S. 523. 〔496.〕)としての「商業信用 (kommerzieller Kredit)」となる。信用取引の当事者たちはもはや単純商品生産者ではなく産業資本家や商業資本家たち、すなわち機能資本家たちであり、取引の対象も単純な商品ではなく、資本の一形態としての商品──産業資本や商業資本の循環運動の一節をなすところの商品資本である。(ただし、商品資本が商品資本としての規定性において貸し付けられるわけではない。) すなわち、「商業信用」とは、「産業家や商人たちが、商品をもって、しかも再生産過程の循環内で、相互になしあう前貸 (die Vorschüsse)」(K. III, S. 523. 〔496.〕)であり、機能資本家たちが、彼らの商品資本の価値の実現にさいして相互に商品形態で与えあう信用である。資本主義的生産の発展につれて、再生産過程の諸段階がひろくこの商業信用によって媒介されるようになるが、その商業信用の展開はまたなおいっそうの資本主義的生産の発展をもたらすのであって、この両者はまさに「交互作用」をなして発展してゆくのである (K. III, S. 525. 〔498.〕)。

　商業信用は、産業資本家や商業資本家が商品の売買にさいして、商品の販売代金を相互に商品の形態で貸し付けるのであって、(1) 貸付が商品取引に

第2節　商業信用と銀行信用　365

ともなって機能資本家相互のあいだでおこなわれ，しかも一方において掛けで買い他方において掛けで売るという意味においてもまた相互的であるという点，(2) 貸し付けられるのが再生産過程内に就業している資本であるという点，また (3) それが商品形態で貸し付けられるという点において，再生産過程外にある遊休貨幣資本が貨幣形態で（機能資本家と範疇的に区別される）銀行業者によって機能資本家に対して貸し付けられるところの，銀行信用と「本質的に異なる」(K. Ⅲ, S. 523.〔496.〕)。上記の諸特質からしてまた，商業信用は再生産過程で就業している産業資本および商業資本の大いさにつれて増減するものであることが明らかである。

　商業信用取引においては，商品は一定の期限に支払うという契約書とひきかえに販売される。この支払契約書は，約束手形 (promissory note)，為替手形 (bill of exchange) 等の諸形態をとるが，「簡単化のために，ひっくるめて，手形 (Wechsel) という一般的範疇のもとに総称することができる。」(K. Ⅲ, S. 436.〔413.〕)　手形はその満期支払日まではそれ自身再び支払の手段として流通するのであって，それが「本来的な商業貨幣 (eigentliches Handelsgeld)」をなす。このような手形は，「最後に債権債務の相殺によって決済されるかぎりでは，絶対的に貨幣として機能する。」(Ibid.)　何故ならば，この場合には貨幣への最終的転化は生ぜず，手形は完全に貨幣に代位して機能したことになるからである。「生産者や商人のこの相互的前貸〔商業信用〕が信用の本来的な基礎をなすのと同様に，その流通用具たる手形は，本来的な信用貨幣たる銀行券等の基礎をなす。」(Ibid.)　銀行券等の信用貨幣は，（金属貨幣の流通であるか国家紙幣の流通であるかを問わず）貨幣流通にもとづくものではなく，手形流通にもとづくものである。

　商業信用の役割とその限界については，以下の二つのことが注意されなければならない。

　第一に，商業信用における相互的な債権の決済は，債務者たる購買者の資本の還流が円滑におこなわれるかどうか，その延期された $W-G$ が実現されるかどうかに依存する。もし紡績業者が織布業者から手形を受けとったと

すれば，その織布業者は自分が市場に出している綿布がやがて売れたときに支払うことができる。だがその綿布が売れない場合には，あるいは予期した価格と期間のうちに売れない場合には，予備資本——「還流がおくれた場合に自分の債務を果たすために手形振出人が自由にしうる予備資本」(*K*. Ⅲ, S. 523.〔497.〕)が動員されなければ支払はなしえない。ところで商業信用の連鎖において信用は相互的なのであるから，各人の支払能力は他人の支払能力に依存する。すなわち他人の資本が円滑に還流するかどうか，あるいはその他人への第三者の支払が遅滞なくおこなわれるかどうかに依存し，以下同様である。かくして，これらの支払は，延期された $W-G$ が順当に実現されるかどうかに，したがってまた，「再生産の——すなわち生産＝および消費過程の——流動性に依存する。」(*K*. Ⅲ, S. 524.〔497.〕)

　第二に，この商業信用という信用制度は，現金での貨幣支払の必要をなくしてしまうものではない。労賃や租税の支払など支出の大きな一部分は現金でなされなければならず，また社会の生産系列は複線的であって諸取引の循環が，したがってまた債権系列の円形化がつねにみられるわけではない。例えば，織物業者に対する紡績業者の債権は，機械製造業者に対する石炭ないしは石油業者の債権によっては決済されえない。また，同じ生産系列を商業信用が媒介するような場合にも支払期日や金額の点で完全に相互に相殺されつくされるものではない。以上の理由からして諸資本は，商業信用の連鎖関係が充分に展開されているもとにおいても，支払準備金などの貨幣形態での予備資本をもっていなければならないのである。

　商業信用は再生産過程内で就業している資本の大きさにつれて増減する。したがって，この「信用の最高限度は，産業資本の完全就業，すなわち，消費の限界にはお構いなしの，産業資本の再生産力の極度の緊張に等しい。」(*K*. Ⅲ, S. 527.〔499.〕) 商業手形は現実の商品売買にともなって振り出されるのが原則であるが，しかし現実の売買であるからといっても，その売買そのものが社会的需要をこえておこなわれうるのであるから，その商業手形は，(それ自体としては現実の商品売買に裏付けられた正常なものであったとしても) 社

会的には過剰に振り出されていることがありうる。それによって社会的再生産過程が極度に張りつめられ，資本制的限界を越えて拡張されることになる。資本制的な諸制限をこえての生産の拡張という資本制的生産の内的傾向が，商業信用に媒介されつつ強力的に自己を貫徹し，したがってまた必然的に当然の収縮と矛盾の爆発が余儀なくされるのである。再生産の諸段階が商業信用によって広汎に連鎖され，各人の支払能力が他人の支払能力に依存している関係のもとにおいて，諸支払の流れを強力的に中断するような攪乱が生じると，それは急速に波及して支払の連鎖関係を不払の連鎖関係に転化させ，ここに，「支払手段をもとめるはげしい殺到」が，「貨幣飢饉」が生じ，かくして，支払手段としての貨幣の機能にふくまれる「無媒介的矛盾 (unvermittelter Widerspruch)」(本書第Ⅰ編第2章第3節2.「支払手段」のなかの「貨幣恐慌の可能性」の項，本書 77-9 ページを参照) が現実に爆発し，「支払手段としての貨幣の形態から生じる恐慌の可能性」(*MW*. Ⅱ, S. 507.) が現実性に転化することになるのである。

　この商業信用に「本来的な貨幣信用」たる銀行信用が加わると，さらに商業信用は発展する。売り手たる債権者は持っている受取手形を手形の支払期間前に銀行に持参して割り引いてもらう。このようにして産業資本家および商業資本家の相互的前貸が，彼らに対する銀行業者からの貨幣前貸と混和される (*K*. Ⅲ, S. 528.〔501.〕)。そうなると，商品が貨幣の支払約束書たる手形とひきかえに売られたとしても，その手形を必要にさいしていつでも現金化しうることになるのであるから，「個々の製造業者や商人は多額の予備資本の必要ならびに現実的還流への依存を免れる。」(*K*. Ⅲ, S. 529.〔501.〕) このようにして銀行信用によって支えられることにより，商業信用はさらに広汎に全面的に展開され，資本制的再生産過程の拡張を誘発することになるのであるが，それと同時に他面ではまた，「一部はただの空手形振出 (Wechselreiterei) によって，また一部はただ手形づくりを目的とする商品取引によって，全過程が甚だしく複雑化されるのであって，外観上はまだ非常に堅実な取引と順調な還流とが静かに続いているようにみえても，じつはもうずっと前か

からを実現する近代的形態である。このように，銀行信用は商業信用とは異なって，利子の取得を目的とする貨幣貸付たるところに，その一つの特色があるのであるが，しかし利子の取得を目的とするあらゆる貨幣貸付が銀行信用であるのではない。いわゆる高利貸付もまた利子の取得を目的とする貨幣貸付たる点においては銀行信用と異なるところはないが，近代的利子生み資本の機能形態たる銀行信用はこの高利資本の否定ないしは止揚として成立するのであって，近代的信用制度なかんずく近代的銀行制度は，「一方では，いっさいの死蔵された貨幣準備 (totliegende Geldreserve) を集積してこれを金融市場に投ずることによって高利資本からその独占を奪い，他方では，信用貨幣の創造によって貴金属そのものの独占を制限する。」(K. Ⅲ, S. 651.〔617.〕) ここに銀行信用の銀行信用たるゆえんをみなければならない。近代的な産業資本および商業資本はそれに固有の一形態としての信用制度を創造し，前期的高利資本を自己に従属せしめ，近代的利子生み資本に転化せしめることによって，その再生産過程を媒介する一契機たらしめたのである。資本制的生産の発展とともに，その一形態としての信用制度が発展し，後者はまた前者を促進する。あらゆる死蔵された貨幣準備を動員して機能資本たらしめる銀行信用の発展によって産業資本の再生産過程が飛躍的に拡張され，剰余価値生産が増大する。高利貸資本の利子が剰余価値の全額を吸収するものであったのに対して，銀行信用の利子は利潤の一部の転化したものにほかならないのであるが，その利子が取得されるだけ機能資本の利潤が減少するのではなく，再生産規模の拡張とそれにともなう剰余価値生産そのものの増大によって，利潤は却って増大するのである。ここに近代的利子生み資本の機能形態たる銀行信用の成立の根拠がある。

　銀行業者は，社会にあるいっさいの遊休した貨幣資本および貨幣を自分の手許に大量的に集積し，それを一体化し，いわば《一般的資本》として，金融市場に投ずる。銀行は一方では「個々の貨幣貸し手に代わって，すべての貨幣貸し手の代表者として」借り手たる産業資本家および商業資本家に対応し，他方では「全商業世界に代わって借りる」ことによりすべての貨幣借り

る。そこで，この恒常的に手許に残る貨幣額は，これを自分のほんらいの貨幣取扱業に使用するか，あるいは他に貸し付けることができるようになる。この貨幣の貸付が次第に本格的におこなわれてゆくにつれて，貨幣取扱業者に重大な変質が生じ，彼等はもはやたんなる貨幣取扱業者ではなく，銀行業者に転化してゆくことになる。

　貨幣取扱業者が自己に預託された貨幣を他に貸し付けそれによって利子をうるということが公然とかつ常則的におこなわれるようになると，それにともなって預託の性質も変わってくるのであって，これまでは預かる方で保管依頼人から保管手数料をとっていたのが，逆に，貸付利殖を大ならしめるために，預託者に利子を支払って預かるようになる。こうして預金利子なるものが発生し，預託者と預託引受者との関係は債権者・債務者の関係へと転化する。預金に対して利子を支払うというこの新たな関係が発生すると，社会のあらゆる遊休貨幣が集中的に動員されて，この貨幣の貯水池に集積されるようになり，その貨幣集積量の増大につれてますますその大きな部分が利子を生むべく，すなわち利子生み資本として貸し付けられるようになり，次第にそれが本業化してゆくのである。取引先のための貨幣出納の業務も，貸付可能な貨幣を入手するという観点から取り扱われるようになる。

　いまや銀行業者となった貨幣取扱業者が自己の手許に預けられた金属貨幣を現金で貸し付ける上記のような場合には，その預けられた貨幣は金庫のなかから出てゆくのであるから，預金債務に対応する現金準備はなくなる。すなわち，そのかぎりにおいて，その部分の預金は現金準備によって裏付けられていない，たんなる債権，つまり債務請求権を表示するものとなる。貸付は形式的・現象的には現金の貸付という形態をとってはいるが，しかしその実質的内容ないしはその本質は，預金債務そのものの，したがってまた信用の貸付にほかならない。このように金属貨幣で貸し付ける場合であっても，銀行業者は無準備の自己に対する債務・支払約束を負うことになる。無準備の債務を負うことによって貸付がおこなわれるのである。すなわち，預けられた金属貨幣を貸し付けるこの primitive な場合であっても，すでにそこに

信用の取扱いがおこなわれているのであって、それこそが、貨幣取扱業者の銀行業者への転化・変質の最も規定的な契機をなすのである。それは、自己の貨幣のみを貸し付ける個人的な貨幣貸付業者とは区別されるところの、多数の預金者から大量に預金を集積している銀行業者のみがなしうることであって、ここに銀行業の銀行業たるゆえんがあるのである。

上にみたように、預け入れられた金属貨幣をそのまま貸し付けるというprimitiveな段階においてすでに、信用の取扱い・信用の貸付という事態が生じ貨幣取扱業者は銀行業者となるのであるが、しかし、この銀行業者は未だ完成された近代的銀行業者ではない。なぜならば、すでにみたように、近代的銀行制度の特質は、「いっさいの死蔵された貨幣準備を集積してこれを金融市場に投ずることによって高利資本からその独占を奪う」とともに、「信用貨幣の創造によって貴金属そのものの独占を制限する」(K. Ⅲ, S. 651.〔617.〕) のであるが、上の場合には、実質的にはすでに信用の取扱いはおこなわれているが、しかし形式的には現金貨幣の貸付がなされ、したがって信用そのものが流通するという事態はまだ生じていないからである。信用は形成されたが、しかしその信用はまだ創造されたものではなく、信用貨幣の創造・銀行による「信用および資本」の創造は、未だこの段階ではおこなわれていない。

かくして、このような初期の銀行業が近代的銀行業、近代的信用制度としての銀行業となるためには、みずからが信用貨幣を創造して、これを貸し付けるようにならなければならない。銀行業者が貸付に供するために創造する信用貨幣には種々なる形態があるが、その代表的なものは、自己銀行券の発行と帳簿信用の開設＝預金の創設という形態で創造される信用である。以下、順次これをみよう。

商業信用が信用制度の基礎をなし、また商業手形が銀行券の基礎をなすことはすでにみた。銀行券は銀行業者の発行する手形（いつでも金で支払うという銀行の一覧払の約束手形）にほかならず、それは一般の商業手形の流通を前提として成立するものである。だが、それと同時にまた、商業信用はいわゆ

る手形割引によって商業手形が銀行券に容易に転化しうるようになってはじめて飛躍的な発展をみたのである。近代的銀行業の初期においては，銀行券の発行が銀行業の中心的な要素をなし，また，手形割引の形で発行されるのが銀行券の重要な発行方法であった。だが，手形割引として銀行券が発行されるかぎり，それは既存の商業信用をもとにしてそれとひき換えて銀行の信用をおくだけのことであり，――さきに述べたように，それによって商業信用の発展と，したがってまた商業および産業活動の活潑化がもたらされるとはいえ，――銀行が信用をつくりだすのではない。だが，銀行による貨幣貸付は発券銀行の場合には，自己の発行する銀行券をもってなしうる。こうして，商業信用を基礎として紙券を発行するという銀行業務の一つが，貨幣貸付というもう一つのそれと結合することによって，重大な変化がもたらされる。貨幣取扱業者の銀行業者への転化のさいにみた，貨幣預託者数の増大と貨幣の大量的集積にともなってその一部が貸し出されうるようになり，無準備の自己に対する債務を負うことによって貸出がおこなわれるようになるという関係が，銀行による紙券の発行という銀行業と結びつくことによって，より展開された形態においてあらわれてくるのであって，そこに信用がつくり出される。

　銀行券は手形であり，いつでも兌換されなければならず，したがって発行銀行は貨幣支払の約束を守るために支払準備の貨幣，すなわち兌換準備金をもっていなければならない。だが，銀行が流通に投げ入れた銀行券のすべてが兌換を請求する人たちによって同時に銀行に呈示されることは――恐慌におけるパニックのような場合を除けば――まずありえない。また，その発行銀行券の少なくない部分は貸付の返済にともなって銀行に帰来し，あるいは預金のかたちで銀行に回流する。かくして，発行銀行は振り出した銀行券の全体が表示する貨幣額よりは，はるかに少ない貨幣を準備金として現実に保有していればよいことになる。したがって，銀行業者は金属貨幣の保有高をこえて銀行券を発行し，これをもって貸付をおこないうるのである。さきの金属貨幣の貸付の場合も実質的には無準備の自己に対する債務を負うことに

よって貸付がおこなわれたのであるが，銀行券発行による貸付の場合には，そのことは一見して明らかであり，また，その債務＝支払約束そのものが銀行業者によってあらたにつくり出されるという点に相違がある。こうして「銀行は信用および資本を創造する。」(K. Ⅲ, S. 589.〔558.〕)　「イングランド銀行がその地下室の金属蓄蔵貨幣によって準備されていない銀行券を発行するかぎりでは，同行は価値章標を創造するのであって，この価値章標は，ただに流通手段を形成するばかりでなく，この無準備銀行券の名目額まで，同行にとって，追加の——仮空のだとはいえ——資本を形成するのである。そしてこの追加資本は同行に追加的利潤をもたらす。」(K. Ⅲ, S. 588.〔557.〕)　ここに近代的銀行業の特有の機能がある。だがここに銀行によって「創造」されるのは「価値章標」すなわち「信用貨幣」であり，現実に銀行に利子をもたらすとはいえ，それ自体としては「仮空の資本」であるということが，同時に留意されなければならない。真の資本は，生産過程内における剰余価値生産によってのみ生みだされる。しかしまた，銀行によって創造された信用貨幣の貸付に媒介されて現実資本の蓄積がおこなわれ再生産規模の拡張がもたらされるかぎりにおいて，それは真の資本の増大を媒介するものとなりうるのであって事態は複雑であり，そこに銀行が魔法の杖をふるって自由に《信用および資本》を創造しうるかのような幻想が生まれてくることにもなる。現実に流通する貨幣の数量は，流通速度や諸支払の節約が与えられたものと前提すれば，諸商品の価格と諸取引の量によって決定されるという第Ⅰ編第2章「貨幣」(第2節「流通手段」2.「貨幣の通流」68ページ，および第3節「貨幣」2.「支払手段」80ページ)において示された流通貨幣量の法則が銀行券流通においてもそのまま妥当する (K. Ⅲ, S. 567.〔538.〕) のであり，したがって，「流通している銀行券の数量は交易上の必要に順応するのであって，あらゆる過剰な銀行券はただちにその発行銀行に還流する。」(K. Ⅲ, S. 569.〔540.〕)　その意味では，発券銀行は流通している銀行券の数量を勝手に増加することはできないのである。

かくして，銀行の信用創造とは，(1) 銀行が直接に自己の信用を (現金貨

第 2 節　商業信用と銀行信用　375

幣とは異なって，それ自体としては自己価値ではない信用そのものを）貸し付けて利子を取得し，(2) この貸付が金属準備をこえてなされ，(3) しかもそれによって終局的にこの金属準備が出動せずに済み，したがってそれだけ硬貨が節約される，事態をいう。いいかえれば，「銀行が直接に信用を貸付けることによって無準備の銀行債務をつくりだし，しかもこの無準備の銀行債務が貨幣に転化することなくして，そのままの形態で絶対的に貨幣として機能し，したがって貨幣にとって代るとき，銀行は信用を，または信用貨幣を創造したというのである。」(麓健一『金融経済論』日本評論社刊，218 ページ)

　ところで，近代的銀行業の初期においては，銀行券の発行が銀行の貸出業務の中心的な要素をなしていたが，18 世紀の 70 年代になると，ロンドンの銀行は，貸出にさいして自己銀行券を発行するという従来の方法に代えて，貸出額だけの預金を借り手の当座勘定に設定し，借り手はこれにあてて小切手を振り出すという方法がとられるようになった。いわゆる「帳簿信用の開設」がそれである。こうした銀行の貸出業務の方法上の変更にともなってまた，いわゆる預金銀行制度も広汎に形成されてくることになる。帳簿信用の開設＝預金の創設という形式による信用の創造および貸付は，預金の振替と手形交換という銀行技術的な支払決済制度の発展にともなわれて，とくに最近の半世紀において急速な発展をとげた。私営銀行に対する銀行券発行の制限もしくは禁止・銀行券発行の特権の中央銀行による独占——中央銀行制度の確立——は，おのずから私営の普通銀行による預金の創設による信用貸付と，その信用の相互決済の制度を普及せしめたのである。帳簿信用の開設によって銀行の造出した信用は，同一銀行の内部におけるたんなる帳簿上の振替（いわゆる行内交換）により，あるいは手形交換所における異種銀行間の小切手の相互交換（いわゆる行外交換）により，現金なしで相互に決済されうるようになる。信用すなわち貨幣請求権は，それが手形であれ預金であれ，「債権と債務との相殺によって究極的に決済されるかぎり，絶対的に貨幣として機能する。」($K.$ Ⅲ, S. 436.〔413.〕) この場合には貨幣への終局的な転形がなんら生ぜず，そのかぎりにおいて，手形も預金も完全に貨幣の代わりを

することになるからである。これがいわゆる預金通貨である。預金が引き出されて現金となることなく，預金のままで通貨機能を営むものを，預金通貨という。手形交換制度がさらに発展すれば，手形交換所における交換尻の決済もいちいち現金支払でなされないで，種々の銀行が中央銀行にもっている預金勘定上のたんなる振替によっておこなわれるようになる。こうして，近代的銀行制度は，旧くからおこなわれていた振替制度や手形交換制度を広汎にとりいれて，それをさらに発展させ，もって帳簿信用の開設による貸出の制度を普及させたのである。これによって，銀行によるいわゆる無現金取引は，その量においてもその範囲においてもいちじるしく発展することとなったのである。こんにち，預金通貨の流通額は銀行券のそれをはるかに凌駕し（流通貨幣総額のうち預金通貨のそれの量的比重は 80〜90％ を超えるとされている），銀行券が主として小口取引の部面の取引決済手段であるのに対し，大口取引部面の取引決済手段として，極めて重要な貨幣機能を営んでいるのであって，預金通貨こそはこんにちにおける典型的な信用貨幣であるといえよう。

> * 「これまでのところでは，前貸は銀行券をもってなされ，かくして少なくとも一時的な——すぐ再び消えるにしても——銀行券発行の増加を伴うものと前提されていた。だが，これが必須なのではない。銀行は A にたいし，紙券を与える代わりに帳簿信用を開設することができるのであって，このばあいにはつまり，同銀行の債務者たるこの A が，同銀行の想像上の預金者 (imaginärer Depositor) となる。A は自分の債権者たちにこの銀行あての小切手をもって支払い，この小切手の受取人は，これをさらに自分の取引銀行業者に支払い，この銀行業者はこれを，手形交換所で自分あてに振り出された小切手と交換する。このばあいには，銀行券の介入はぜんぜんみられないのであって，……。」(K. Ⅲ, SS. 499-500. 〔474.〕)

銀行業者の貸付が銀行券の発行によっておこなわれる場合も，預金の設定によっておこなわれる場合も，銀行業者は貸し付けた支払約束に対応するだけの額の現金準備をその金庫のなかにもっているわけではない。すなわち，そのかぎりにおいて，銀行業者は貸付をおこなうことによって無準備の自己に対する債務を負うことになる。貸付が，無準備の自己に対する債務を負うことによって，おこなわれるのである。まさに，ここに，銀行信用の銀行信

用たる所以がある。もちろん，支払約束であるからには，その約束が履行されるだけの裏付けがなければならないが，しかし，そうした支払約束が一時に履行をもとめられることはないということを，すなわち，発行した銀行券は一時に金との兌換を求めて銀行に還流することはなく，また，預金も一時に現金で引き出されることはないということを，前提として銀行業は成り立っているのである。したがって，銀行の約束した支払に対する信頼が大きく動揺する恐慌時のような場合には，その前提そのものがあやしくなり，信用制度は崩壊に瀕することになる。そうした信用貸付が広汎におこなわれていればいるほど，その危険もまた増大する。信用機構の高度な発展は，流通空費を大幅に節減し，再生産過程の流動性を高め（それはまた，流通および支払手段の流通速度を早め貨幣の節減に作用する），また信用の創造による追加資本の供給によって現実資本の蓄積を加速せしめる強力な要因として作用するのであるが，それと同時にまた，その高度に発展した信用機構そのものが，反面では仮空の構築物であることが一挙に露呈される危険もまた増大するのである。信用制度は，「その本性上弾力的な」資本制的再生産過程を「その極限まで強行」せしめる作用をすることによって，「過剰生産や商業上の過度投機の主要な槓杆として現われる。」「資本制的生産の対立的性格にもとづく資本の価値増殖は，〔その本質より，それ自身の〕現実の自由な発展を一定の点までしか許さず，したがって事実上は生産の内在的な桎梏および制限をなすが，この制限は信用制度によってたえず突破される。」(K. Ⅲ, S. 482. 〔457.〕) 資本主義的生産の内在的諸制限を超えての資本主義的生産の発展（その内在的諸制限も，それを超えての生産の発展への内的傾向も，いずれも資本主義的生産の本質そのものに根ざす）が，信用制度によって強力的に加速されるのである。かくして，「信用制度は，生産諸力の物質的発展と世界市場の形成とを促進するのであるが，これらのものを新たな〔より高度な〕生産形態の物質的基礎として一定の高度に達するまで作りあげることは，資本主義的生産様式の歴史的任務である。同時に，信用は，この矛盾の暴力的爆発を，恐慌を，したがってまた旧い生産様式の解体の諸要素を，促進する。」(K. Ⅲ, S.

482-3.〔457.〕) 資本主義的生産における信用の役割のこの二面性を明確にとらえることが肝要である。

■ 著 者 紹 介

富塚 良三（とみづか りょうぞう）

- 1923年　千葉県に生れる
- 1949年　東京大学経済学部卒業
  - 大原社会問題研究所研究員，福島大学経済学部助教授，中央大学名誉教授等を歴任
- 2017年　逝去
- 主 著　『恐慌論研究』（未来社）1962 年，『蓄積論研究』（未来社）1965 年
- 編 著　『経済分析入門』（有斐閣双書）1972 年

経済原論〔簡約版〕──資本主義経済の構造と動態

2007 年 3 月 15 日　初版第 1 刷発行
2021 年 10 月 10 日　初版第 10 刷発行

著　者　富塚　良三
発行者　江草　貞治
発行所　株式会社　有斐閣

郵便番号 101-0051
東京都千代田区神田神保町 2-17
電話（03）3264-1315〔編集〕
　　（03）3265-6811〔営業〕
http://www.yuhikaku.co.jp/

印刷　株式会社　精興社
製本　牧製本印刷株式会社

© 2007, 富塚エミ．Printed in Japan
落丁・乱丁本はお取替えいたします。

★定価はカバーに表示してあります
ISBN 978-4-641-16295-2

Ⓡ 本書の全部または一部を無断で複写複製（コピー）することは，著作権法上での例外を除き，禁じられています。本書からの複写を希望される場合は，日本複製権センター（03-3401-2382）にご連絡ください。